Bubishi

Roland Habersetzer

Bubishi

An der Quelle des Karatedô

Mit den 32 Formen des Kaisers Song Taizu

Aus dem Französischen
von Frank Elstner

Palisander

Der Verlag dankt Sven Hensel, Oliver Siegemund, Conrad Kassebaum und Janett Kühnert vom Chemnitzer Karateverein und Franz Scheiner, Mitglied des CRB aus Würzburg, für die fachliche Unterstützung bei der Redaktion. Weiterhin dankt der Verlag Maik Albrecht, Wuhan (China), für die Übersetzung und Kommentierung der Einleitung des 14. Kapitels des Ji Xiao Xin Shu und seine Anmerkungen zu den 32 Formen aus diesem Werk.

5. Auflage 2020
Titel der Originalausgabe:
Bubishi – à la source des karaté do

Deutsch von Frank Elstner

Umschlaggestaltung: Anja Elstner
Redaktion & Layout: Viola Rott und Frank Elstner
Illustrationen: Roland Habersetzer, Archiv Roland Habersetzer
Fotos: Gabrielle Habersetzer, Archiv Roland Habersetzer
Druck- und Bindearbeiten: Jelgavas tipogrāfija SIA
Printed in Latvia
ISBN 978-3-938305-00-3

www.palisander-verlag.de

Im Gedenken an Ôtsuka Tadahiko Sensei (1940-2012),
ohne den ich nicht von der Quelle hätte trinken können;
ihm gilt mein Dank.

All jenen, die durstig sind;
ihnen gilt meine Ermutigung.

R. H.

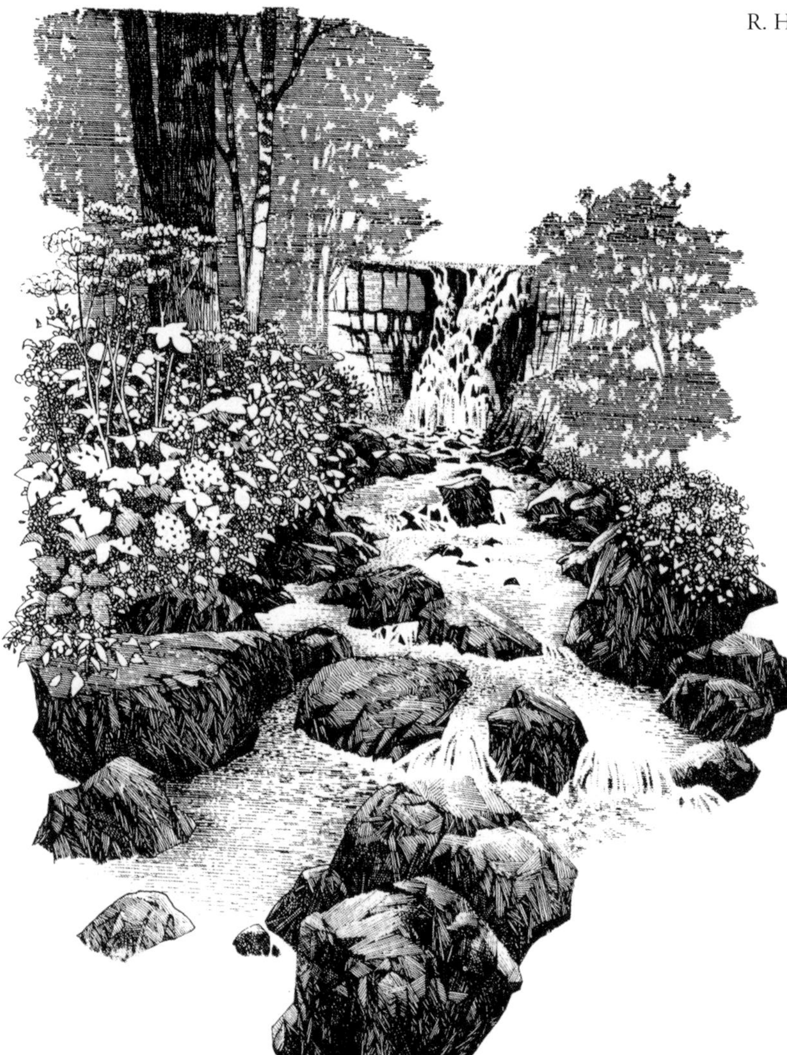

Der Autor

Sensei Roland Habersetzer, Jahrgang 1942, seit 1974 Leiter des von ihm gegründeten »Centre de Recherche Budo – Institut Tengu« (Budô Kenkyukai – Tengu Gakuin) begann 1957 die Kampfkünste zu erlernen, zunächst Jûdô und schon bald darauf Karate. 1961 wurde er einer der ersten französischen Schwarzgurtträger im Karate. Seither ist er mit Leidenschaft als Lehrer dieser Kampfkunst tätig.

Im Jahre 1968 erschien sein erstes populärwissenschaftliches Buch über die Kampfkünste. Heute besteht sein Werk aus nahezu 80 Büchern, was ihn zum Autor der weltweit bedeutendsten Buchreihe auf diesem Gebiet werden lässt. Seine Bücher, die zum Teil in mehrere Sprachen übersetzt worden sind, gelten in allen frankophonen Ländern als historisches, technisches und pädagogisches Standardwerk. Auch in vielen anderen Ländern besitzen sie hohes Ansehen. Zudem ist Roland Habersetzer Autor von fünf Romanen mit kampfkunstbezogener Handlung und einem Erzählband über die Krieger im alten Japan.

Durch sein Wirken im Rahmen des CRB, durch zahlreiche Lehrgänge und Seminare auf der ganzen Welt und natürlich auch durch seine technischen Handbücher und historischen Werke leistete er echte Pionierarbeit, damit die traditionellen Werte seiner Kunst nicht verloren gehen. Zwischen 1962 und 2002 unterrichtete er in seinem Dôjô in Straßburg Karate, Kobudô und Taijiquan. Stets umfasste sein Ausbildungskonzept sowohl die Kampftechniken als auch deren kulturellen Hintergrund. Nach wie vor ist er als Budôka sehr aktiv, auch wenn sich seine Lehrtätigkeit inzwischen auf wenige Lehrgänge und Seminare hohen Anspruchs pro Jahr beschränkt.

Nachdem er verschiedene Graduierungen in Frankreich, Japan und China erhalten hatte, wurde Roland Habersetzer im April 2006 in Japan durch Ô-Sensei Ogura Tsuneyoshi der Titel eines Hanshi (9. Dan des Gembuko-Dôjô) sowie der Titel eines Sôke (Meister-Gründer) für seinen eigenen Kampfkunststil »Tengu no michi« (»Weg des Tengu«) verliehen.

Roland Habersetzer
Centre de Recherche Budo – Institut Tengu (CRB-IT)
7b, rue du Looch
67530 Saint-Nabor (Frankreich)
www.tengu.fr

Deutsche CRB-IT Website:
www.wslang.de/karatecrb/

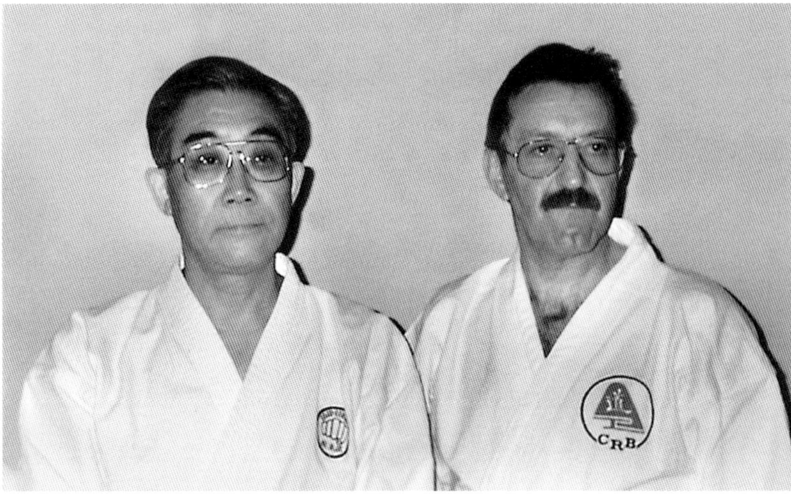

Foto 1: Ôtsuka Tadahiko, links, gemeinsam mit dem Autor (Straßburg, Oktober 1993)

Illustrationen

Außer den 48 Originalzeichnungen des Bubishi, den 32 Zeichnungen aus dem Ji Xiao Xin Shu, die ihm von Ôtsuka Sensei anvertraut wurden und einigen Illustrationen, deren Quellen angegeben wurden bzw. die lizenzfrei sind, entstammen alle Zeichnungen der Feder des Autors.

Die Fotografien, wenn nicht anders vermerkt, sind von Gabrielle Habersetzer und aus den Archiven des Autors bzw. entstammen lizenzfreien Quellen.

Die Fotos, die Ôtsuka Sensei bei seiner Vorführung der Happoren no kata zeigen, wurden von Jean-Claude Bénis und von Jean-Jacques Graff angefertigt.

Danksagungen

Der Autor dankt nachdrücklich Ôtsuka Tadahiko Sensei, 9. Dan, Leiter des Gôjûkensha von Tokio, dessen Wissen und dessen Freundschaft dieses Werk ermöglicht haben.

Gleichermaßen geht der Dank des Autors an Jean-Jacques Graff, 2. Dan, der ihm als Partner in zahlreichen Praxisstunden für die Herausarbeitung der Interpretationen der 48 Bildtafeln des Bubishi diente, sowie an Jacques Faieff, 4. Dan, und Bernard Bomati, 3. Dan, Ausbilder am CRB, welche ebenfalls auf einigen Fotos dieses Buches vertreten sind.

Der Autor weiß den ausgezeichneten Kontakt mit Patrick McCarthy zu schätzen, der eine eigene Studie über das Bubishi verfaßt hat und der dem Autor gestattet hat, auf eine Anzahl von Informationen und Überlegungen dieser Studie zurückzugreifen.

Der Autor dankt Claudia von Collani aus Würzburg, Danträgerin des CRB/Institut Tengu, Theologin, Japanologin und Sinologin, für ihre Recherchen, die die Einführungen zu den »32 Formen des Boxens des Kaisers Song Taizu« bereichert haben.

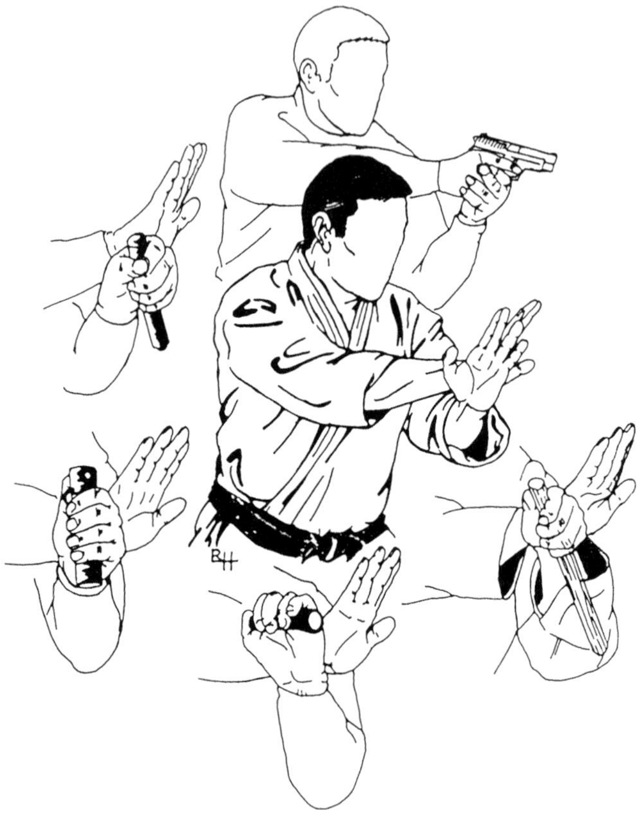

„Der Weg des Tengu" (Tengu no michi)
ist für Roland Habersetzer das Abbild einer
neuen Bewußtwerdung, eines Willens,
einer modernisierten Methode des Budô.
Geistige Einstellung und technische Mittel
entsprechen dabei den Anforderungen
der heutigen Welt.

Vorbemerkung zur 3. deutschsprachigen Auflage

Die 32 Formen des »Boxens des Kaisers Song Taizu«

Ôtsuka Tadahiko Hanshi, der Leiter des Gôjûkensha in Tokio, bat mich im Rahmen eines Besuches im Elsaß im Herbst 2007, die »32 Formen« von Qi Jiguang in Europa zu veröffentlichen (siehe S. 55 ff.). Diese sind auch Bestandteil des ersten Bubishi (Wu Bei Zhi) von Mao Yuan Yi (siehe S. 23 f.). Ich nutze die Gelegenheit der deutschsprachigen Neuauflage meines Buches über das okinawanische Bubishi, um diese bislang im Westen nicht veröffentlichte Arbeit zu publizieren. Dies stellt einen wichtigen Beitrag für die Erforschung der Wurzeln der Kunst der »leeren Hand« dar – des okinawanischen Tôde und des daraus hervorgegangenen japanischen Karate. Einmal mehr bin ich Ôtsuka Sensei zu großem Dank verpflichtet für das Vertrauen, das er mir entgegenbrachte, als er mir seine Übersetzungen des alten chinesischen Dokuments sowie einige Kommentare dazu anvertraute (mit einer Übertragung ins Französische, die durch seine Schüler Philippe Callens und Kyôko Momose ausgeführt wurde). Die dazugehörigen Abbildungen entstammen dem Werk »Ji Xiao Xin Shu« von Qi Jiguang, in der Version, wie sie ins Wu Bei Zhi von Mao Yuan Yi aufgenommen wurde.

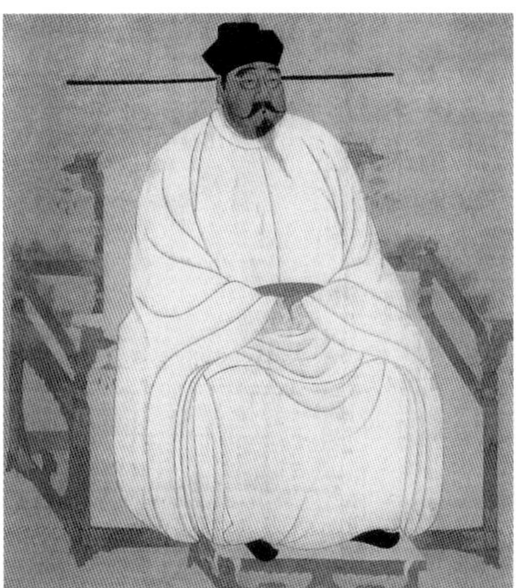

Kaiser Song Taizu (927-976), der Begründer der Song-Dynastie. Er gilt als Schöpfer eines eigenen Kampfkunststils, des Taizu Chang Quan (»Taizus lange Faust«), auf welchen die 32 Formen aus dem Ji Xiao Xin Shu zurückgehen.

Der Weg, dem wir in den Kampfkünsten folgen, ist eine der Erscheinungsformen des Tao. Ich glaube, daß dies auf menschlicher Ebene einfach nachzuvollziehen ist. Gleich dem Tao hat der Weg weder Anfang noch Ende. Seit es die Menschheit gibt, existiert er, spornt er an, folgt er bestimmten Vorgehensweisen. Und es wird ihn so lange geben, wie es Menschen gibt, die es dazu drängt, sich den Fragen zu stellen, die der Weg aufwirft. Den Weg zu erforschen kann bedeuten, zu versuchen, stromaufwärts zu seinen Quellen vorzustoßen – was eine Art archäologische Neugierde voraussetzt. Man kann aber auch versuchen, seinem Fluß stromabwärts zu folgen, angespornt von einer Zukunftsvision, so, wie ich es selbst mit meinem »Weg des Tengu« (Tengu no michi) versuche. Beides verlangt unendlich viel Gefühl für das rechte Maß, Respekt und Bescheidenheit. Ich bin sehr glücklich, daß ich dank der Freundschaft von Ôtsuka Tadahiko Sensei hier wieder die Gelegenheit hatte, den Weg in Richtung seiner Quellen erforschen zu können. Er, der genau verstanden hat, welche Ziele ich mit meinem »Weg des Tengu« verfolge, hat mir – im vollen Bewußtsein der Unterschiede unserer Vorgehensweisen – erneut sein vollkommenes Vertrauen geschenkt.

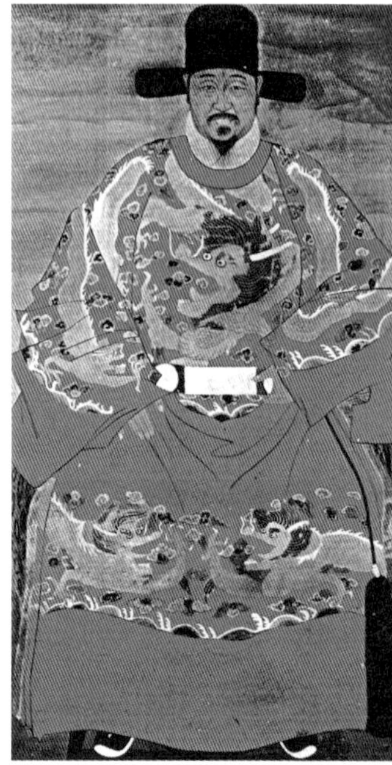

General Qi Jiguang (1528-1588). Er gilt als Autor des Ji Xiao Xin Shu, einem Handbuch für die militärische Ausbildung, das u. a. die 32 Formen des Taizu Chang Quan enthält.

Roland Habersetzer, Saint-Nabor im Frühjahr 2009

Die Bibel der Kampfkunst der »leeren Hand«

Das moderne japanische Karate mit seinen verschiedenen Stilrichtungen existiert seit den 30er Jahren des 20. Jahrhunderts[1]. Es entwickelte sich aus dem *Ryûkyû Kempô Karate Jutsu*, auch *Okinawa te* genannt. Verschiedene Strömungen der chinesischen Kampfkünste spielten zusammen, als sich im Verlauf der vergangenen Jahrhunderte die Techniken des Kampfes mit bloßer Hand herausbildeten. Diese Strömungen waren das *Tô-De* (»Kontinentaltechnik«)[2], auch »Hand der *Tang*« genannt, des weiteren jene Kampftechniken, die heute im Westen unter dem Gattungsnamen Kungfu (korrekter ist die Bezeichnung Wushu) bekannt sind, sowie die Prinzipien des *Ch'i kung* bzw. *Qigong* (Beherrschung der »Lebensenergie«). Kenntnisse über diese Techniken gelangten aus dem Reich der Mitte nach Japan und verbanden sich mit dort bereits vorhandenem Wissen. Die Insel Okinawa, die etwa 600 Kilometer südlich von Japan liegt, war das Bindeglied zwischen China und Japan, wirkte selbst aber als eine Art Tiegel, in dem unterschiedliche Strömungen der ostasiatischen Kampfkünste miteinander verschmolzen. Auf diese Weise wurde Okinawa zum Ursprungsort mehrerer durchaus eigenständiger Kampfkunststile, wie dem *Shuri te*, dem *Naha te* und dem *Tomari te*.

Die Umstände der alten, bekannten Verbindung China – Okinawa – Japan werden seit langem von den Historikern der Kampfkünste studiert. Die Untersuchungen über die Wurzeln der Kampfkunst mit bloßer Hand[3] führten diese Forscher schon bald über die Grenzen Japans und selbst über die Okinawas hinaus. Sie richteten ihr Augenmerk auf das südliche China, genauer gesagt, auf die Provinz Fujian (auf japanisch Fukien). Dort haben, wie es scheint, vor sehr langer Zeit alle Entwicklungen ihren Anfang genommen. Hier vermuteten die Historiker die Quelle, der die oft zueinander gegenläu-

---

[1] Bei den historischen Angaben in diesem Buch bezieht sich der Autor auf sein Werk Koshiki Kata – Die klassischen Kata des Karatedô. Chemnitz: Palisander Verlag 2009.

[2] Der Begriff *Kontinental*technik bezieht sich auf Festlandchina.

[3] … oder »leerer« Hand – den philosophisch gehaltvollen Begriff der Leere haben in diesem Zusammenhang verschiedene Meister aus Okinawa, unter ihnen Funakoshi Gichin, der Vater des *Shôtôkan*, in den 30er Jahren des 20. Jahrhunderts eingeführt und damit die nachhaltige Verbreitung ihrer Techniken in Japan vorangetrieben.

figen Strömungen entsprangen, die heute den Weg der reinen Kampfkunst überfluten. Den ernsthaft Praktizierenden befallen mitunter grundsätzliche Zweifel, wenn er darüber nachsinnt, was aus seiner inzwischen von Medien und Kommerz vereinnahmten »Kunst« geworden ist. Um so reizvoller der Gedanke, es existiere eine Quelle, rein, ungetrübt und ursprünglich[4]. Tatsächlich traten, um bei diesem Bild zu bleiben, die ersten Rinnsale, die am Ende jenen mächtigen Strom bildeten, der die Kampfkünste revolutionierte[5], in der Region von Fujian hervor, wahrscheinlich im Umkreis der Stadt Fuzhou. Hier wurde vor mehreren Jahrhunderten der Kampfstil des Weißen Kranichs (*Baihequan*, oder auf japanisch *Hakutsuru ken*) geboren. Der Name resultiert daraus, daß Körperhaltungen und Bewegungen von Vögeln imitiert werden, was zahlreiche Spuren in den Kampfkünsten hinterlassen hat, die sich vereinzelt selbst noch in den Techniken des modernen Karate wiederfinden: in einigen *Kata* (*Gankaku/Chintô*) oder in manchen Stellungen (*Tsuruashi dachi*). Und ebendieser Stil ist es, der das Zentrum des Bubishi bildet, einer Sammlung illustrierter Texte, die gleichfalls in jener Region entstanden ist und die den Gegenstand dieser Arbeit darstellt.

Das Bubishi ist ein kleines Buch, das vor rund 250 bis 300 Jahren entstand und dessen Autor unbekannt ist. Es wurde in einem mitunter schwer zu entschlüsselnden Altchinesisch verfaßt und mit einer Reihe von Zeichnungen in naivem Stil illustriert. Es stellt die Frucht der Erfahrungen mehrerer anonymer Meister der »leeren Hand« dar. Auch wenn es vielleicht nicht als *die* Quelle von allem, was die Techniken des waffenlosen Kampfes betrifft, angesehen werden kann, so ist es doch ein wesentlicher Beitrag dafür, daß wir heute manches über diese Quelle wissen. Kein ebenso altes Kampfkunst-Werk solch unschätzbaren Wertes ist uns gegenwärtig bekannt. Sein Text, wenngleich teilweise unverständlich, ist lebendig geblieben, er vermittelt eine Botschaft. *Bu Bi Shi* (oder *Bu Bi She*) lautet sein chinesischer Titel, der auch auf Okinawa beibehalten wurde. Ein programmatischer Name, der auf japanisch folgende Begriffe umfaßt: *Goshin* (Selbstschutz), *Sonaeru* (Vorbereitung) und *Hakitome Teoku* (Anmerkun-

[4] Dies stimmt freilich nur zum Teil, bedenkt man, daß auch eine Quelle ihre unterirdischen Zuflüsse hat.

[5] … zumindest in jenem Teil der Welt – es ist bekannt, daß noch andere Quellen existieren, vor allem in Nordchina, aber auch in anderen Gebieten Asiens und des Nahen Ostens.

gen). Das Buch besteht aus drei Teilen. Der erste Teil beschreibt die Geschichte des Stils des Weißen Kranichs und ist mit 48 Bildern von Nahkampftechniken, sehr einfach und roh gezeichnet, illustriert. Der zweite Teil enthält Anmerkungen darüber, wie im Kampf die Hände auf richtige Weise eingesetzt werden müssen, um auf die Vitalpunkte des Gegners einwirken zu können. Der dritte Teil handelt von der Pflege und Heilung von Verletzungen. Es scheint, daß dieses Manuskript, das heute alle Kampfkunst-Historiker einmütig für äußerst wertvoll erachten, seinen Weg nach Okinawa zuerst durch Higaonna Kanryô (1853-1916) gefunden hat.

Zwei Zweige des Karate verdanken dem Bubishi ihren Ursprung: das *Gôjû ryû*, das durch Miyagi Chôjun (1888-1953) entwickelt wurde, und das *Shitô ryû*, entwickelt durch Mabuni Kenwa (1889-1952). Diese beiden Meister haben unterschiedliche Kopien des chinesischen Bubishi besessen und gaben sie später weiter. Die Kopie Chôjuns war Grundlage einer Arbeit von Ôtsuka Tadahiko *Sensei*[6], und das Exemplar Kenwas diente Patrick McCarthy[7] als Vorlage.

Ôtsuka *Sensei* hat mir sein Exemplar des Bubishi anvertraut, damit es auch einer nicht-japanischen Öffentlichkeit zugänglich würde.[8] Das vorliegende Werk beruht allerdings gleichermaßen auf den ausführlichen Gesprächen, die ich mit Ôtsuka *Sensei* während seines Besuches im »Centre de Recherche Budo« (CRB) in Straßburg im Herbst des Jahres 1993 führte. Bei diesem Besuch lehrte er insbesondere die *Happoren no kata*, die im Bubishi erwähnt wird.

Ich habe nicht versucht, eine vollständige Übersetzung des Originaltextes zu unternehmen.[9] Anstelle dessen habe ich mich dazu entschlos-

---

[6] Ôtsuka, T.: Okinawa-den Bubishi. Tokio: Gôjûkensha Verlag 1975-1978.

[7] McCarthy, P.: The Bubishi – an Analytical Journey. Tokio: International Ryukyu Karate Research Society 1994.

[8] Mitte der 70er Jahre hatte ich Zugang zu einem anderen Exemplar des Bubishi, das durch Ogura Tsuneyoshi *Sensei* im Gembukan von Kôfu aufbewahrt wurde. Der Amerikaner George Alexander hat eine Studie, die auf jenem Exemplar gegründet ist, veröffentlicht.

[9] Eine solche Übersetzung wäre ein gewagtes Unterfangen, denn allzu viele Irrtümer bei der Interpretation dieses Textes sind möglich, nicht allein wegen des veralteten Vokabulars, sondern auch wegen Lücken, die sich bei seiner Weitergabe in Form von Kopien von Kopien eingeschlichen haben und die zu prinzipiellen Unverständlichkeiten geführt haben, was sich letztendlich als gefährlich erweisen könnte.

sen, mich auf drei Schwerpunkte zu beschränken. Als erstes werden die 48 Zeichnungen aus dem Bubishi vorgestellt und erläutert (auch wenn ich mich dabei möglicherweise der Gefahr allzu persönlicher Interpretationen ausgesetzt habe). Der zweite Schwerpunkt ist der Ablauf der *Hakufa no kata* des Weißer-Kranich-Stils, und der dritte besteht in der Geschichte und der Beschreibung der *Happoren no kata*.

Das Bubishi enthält die Schöpfungsgeschichte einer Linie der Kampfkünste. Alles darin ist noch ursprünglich, nichts deformiert. Man kann es mit der Bibel vergleichen, denn wenn in ihm auch nicht alles zu finden ist, was heute existiert, so finden sich doch alle Anfänge, verbunden mit der Frische und Unschuld, wie sie der Morgendämmerung zu eigen ist, der Stunde, bevor das marktschreierische Gehabe der falschen Propheten und alle anderen Verfälschungen sich wie Staub auf die frischen und echten Farben legen und die wahre Gestalt der Dinge verhüllen.

I

Einführung in die Untersuchung einer Reliquie: Vom chinesischen Shaolin quan zum japanischen Karatedô

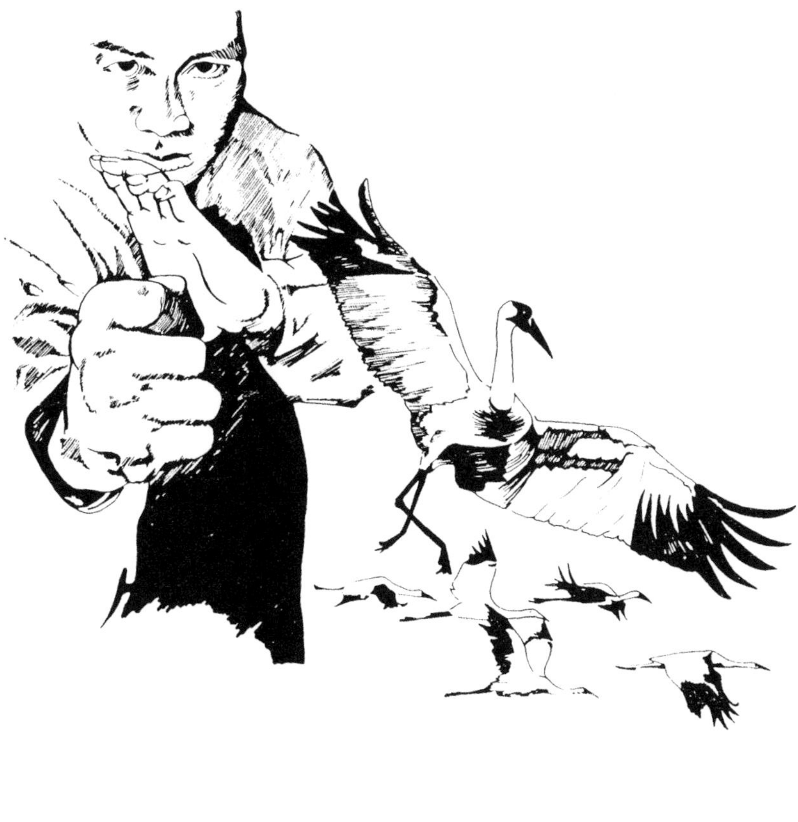

Das »fehlende Bindeglied«

Es ist bekannt, daß alles, was Historiker über die Entwicklung der Kunst der »leeren Hand«[10] in der Zeit vor Beginn des 20. Jahrhunderts aussagen, mit Vorsicht interpretiert werden muß und mit dem bereits bestehenden Wissen sorgfältig verglichen werden sollte. Jede voreilige »Erkenntnis«, die dem Enthusiasmus entspringt, der gerade auf diesem Forschungsgebiet jede neue Entdeckung zu begleiten pflegt, kann zu falschen Schlußfolgerungen und den Forscher in die verkehrte Richtung führen. Da einige dieser Irrwege äußerst verlockend erscheinen, fällt die Rückkehr dann oftmals nicht leicht. Größte Vorsicht ist also geboten, wenn man sich mit der Geschichte des *Okinawa te* oder des *Ryûkyû-Kempô*[11] im 19. Jahrhundert befaßt.

Unter diesen Voraussetzungen betrachtet, können nur wenige Fakten als historisch gesichert angesehen werden, denn es gab zu jener Zeit keine zuverlässigen Aufzeichnungen; alles beruhte auf der Geheimhaltung der einzelnen Stile, auf Rivalität, und Wissen wurde grundsätzlich mündlich weitergegeben. Aus dem Geflecht überlieferter Geschichten und Legenden konnten lediglich wahrscheinliche Aussagen über die tatsächlichen Geschehnisse extrahiert werden.

Und an diesem Punkt kam es plötzlich zur Wiederentdeckung des Bubishi. Mit seinem Text und seinen Illustrationen schien es *das* Dokument schlechthin zu sein über die traditionellen chinesischen Kampfkünste. Zugleich war es Inspiration für die ältesten Schulen des *Okinawa te*, deren Vertreter während der letzten Jahre das Bubishi in zunehmendem Maße offen als wertvolle Quelle ihres gegenwärtigen Wissens bezeichneten. Das fragliche Dokument war 100 bis 300 Jahre alt, und es war authentisch. Endlich zeichneten sich die Konturen der Brücke zwischen China und Okinawa deutlicher ab, über welche die Kampfkunst mit bloßer Hand, deren Wurzeln sich bis ins berühmte Shaolinkloster verfolgen lassen, auf die Ryûkyû-Inseln[12] gelangt war. Man hatte das »fehlende Bindeglied« der

---

[10] (Mögliche) Übersetzung von *kara te*.

[11] Siehe Habersetzer, R: Koshiki Kata. Chemnitz: Palisander Verlag 2009.

[12] Die Ryûkyû-Inseln gehören zur Provinz Okinawa. – Anm. d. Übers.

Übertragungskette gefunden. Auch wenn im Bubishi nicht auf alle Fragen eine Antwort gefunden werden kann, so stellt es doch einen gewichtigen Beitrag zur Kenntnis der Herkunft und der Urbestandteile des *Karatedô* dar. Es vermittelt uns auch eine Ahnung des Wunderbaren, das das Leben dieser alten Meister aus Okinawa durchdrang, die uns ein Erbe an Kampftechniken und Kultur hinterließen, dessen Fülle wir selbst heute noch nicht vollkommen erschlossen haben.

Für den *Karateka*, der wissen will, woraus das Karate, das er praktiziert, im Grunde besteht, ist dieses wieder und wieder mit größter Sorgfalt kopierte Manuskript *das* historische Dokument schlechthin. Es sollte ihm jedoch klar sein, daß selbst diese Quelle, so unverzichtbar und unersetzlich sie auch sein möge, seinen Wissensdurst nicht völlig stillen wird. Dennoch, auch wenn das Bubishi nicht als Handbuch der Techniken, der Geschichte und der Philosophie des Karate begriffen werden kann, erhellen seine theoretischen und praktischen Ausführungen auf eine Weise die Wurzeln der Kampfkünste, daß dieses kleine Buch in seinem Rang mit dem berühmten Werk »Die Kunst des Krieges« von Sun-Tsu oder auch mit Miyamoto Musashis »Buch der fünf Ringe« vergleichbar ist.

Ich halte es für wichtig und für nur allzu gerecht, hervorzuheben, daß es zum großen Teil Ôtsuka Tadahiko *Sensei* zu verdanken ist, wenn heute das lange Zeit unbekannte (oder zumindest in seinem Wert verkannte) Bubishi von Seiten der Spezialisten mit wachsendem Interesse bedacht wird.[13] Ôtsuka *Sensei*, Gründer und Leiter des *Gôjûkensha* in Tokio, ist einer der zeitgenössischen japanischen Meister, die all ihr Streben darauf richten, nach den Wurzeln des *Karatedô* zu suchen und es in seiner ursprünglichen Form zu rekonstruieren. Dank der Unterstützung durch Yang Ming-shi *Shifu*[14] und die okinawanischen Meister Iken Tokashiki *Sensei* und Mie Shimizu *Sensei* gelang Meister Ôtsuka die erste Übertragung des Bubishi ins moderne Japanisch. Bereits Mitte der 70er Jahre erzählte er mir von diesem Dokument, dessen Wert ich damals noch nicht in vollem Umfang

[13] Es ist mehr als wahrscheinlich, daß über dieses Thema in nächster Zeit viel geschrieben werden wird, was zweifellos auch die üblichen Übertreibungen und Interpretationsfehler zur Folge haben wird.

[14] Ein *Shifu* (*Sifu*) ist ein Lehrer chinesischer Kampfkünste, während ein *Sensei* japanische Kampfkunst lehrt. – Anm. d. Übers.

zu erkennen vermochte, und er hielt mich in der Folge über seine Forschungen und Veröffentlichungen zu diesem Thema auf dem Laufenden. In meinen Augen stellt er die unangefochtene Autorität für das Bubishi in Japan dar. Gewiß existieren weitere Kopien des Originalmanuskripts in den von den alten Meistern Okinawas, Chinas und Japans hinterlassenen Archiven, aber es war niemand anders als Meister Ôtsuka, der seine Arbeiten zum Bubishi der Öffentlichkeit zugänglich machte. Wir verdanken ihm außerdem eine bemerkenswerte Studie über die Übertragung der chinesischen *Tao*[15] auf die *Koshiki kata* aus Okinawa. Die Studie beruht auf der Wiederentdeckung einer sehr alten chinesischen *Kata* aus der Provinz Fujian (Fukien), die im Bubishi erwähnt wird und die den gemeinsamen Stamm der stark auf Atemtechniken orientierten modernen *Kata* des *Gôjû ryû* darzustellen scheint: der *Happoren no kata*. Mit seiner Erlaubnis und auf seine Anregung hin habe ich damit begonnen, diese Entdeckungen durch meine eigenen Bücher zu verbreiten. Dem Meister und auch Freund, der er mir geworden ist, sei hiermit für seine außerordentlichen Beiträge zum Wissen über die Tradition gedankt.

Ein geheimes Dokument

Das Bubishi stellt aus heutiger Sicht die gemeinsame Wurzel zumindest der wichtigsten Stile des *Ryûkyû Kempô Karate Jutsu* dar. Dieses historische Dokument, dessen Authentizität unangefochten ist, wurde lange Zeit von den alten Meistern Okinawas, in deren Hände es anscheinend in der zweiten Hälfte des 19. Jahrhunderts gelangte, geheimgehalten. Es ist bekannt, daß sowohl Higashionna Kanryô (1853-1915) als auch Itosu Ankô (1832-1916) ein Exemplar besaßen. Es scheint, daß Miyagi Chôjun (1888-1953) durch ein Kapitel des Bubishi inspiriert wurde, als er im Jahre 1929 seinen eigenen Kampfkunststil *Gôjû ryû* nannte. Darauf deutet die Verwendung der Begriffe *Gô* (Härte; das Ausatmen) und *Jû* (Weichheit; das Einatmen; aber auch: die Geschicklichkeit, sich aus einer mißlichen Lage zu befreien)

[15] Auch *Dao*: Kurzform für *Tao kuen* oder *Tao lu*, der Bezeichnung für die Formen der chinesischen Kampfkunststile; die japanische Entsprechung ist der Begriff *Kata*. – Anm. d. Übers.

hin. Andere, wie sich noch zeigen wird, wußten um die Existenz des Buches, ohne jedoch in jedem Fall die Möglichkeit zu einem intensiveren Studium der Schrift gehabt zu haben. Der erste, der das Dokument teilweise der Öffentlichkeit zugänglich machte, war Mabuni Kenwa (1889-1952), der Begründer des *Shitô ryû*. In seinem Buch »Studie der Seipa«, das 1934 in Tokio erschien, gab er einige Auszüge aus dem Bubishi wieder.[16]

Worum geht es nun im einzelnen auf diesen seit vielen Generationen von den Meistern an ihre Schüler weitergegebenen und immer wieder sorgfältig kopierten Seiten? In 32 Abschnitten werden die Techniken des Shaolin-Stils *Quan-fa* (*Chuan-fa*), die Techniken des *Kranichs* (auch *Weißer Reiher*) aus der chinesischen Provinz Fujian, die Übungen des *Qigong* (Beherrschung der inneren Energie), die geheimen Prinzipien des *Tuidi* (*Dianxue*, auf japanisch *Atemi*) und alle Formen des Angriffs auf die Vitalpunkte des menschlichen Körpers abgehandelt. Des weiteren werden das *Bunkai* (Anwendungsmöglichkeiten) der *Kata Happoren*, das Wissen über Heilkräuter und die Art ihrer Verwendung bei Kampfverletzungen beschrieben, und es werden moralische Richtlinien dargelegt, die durch jene, die in all diese Geheimnisse eingeweiht sind, zu befolgen sind.

Einerseits stellt das Bubishi einen äußerst bemerkenswerten Versuch dar, das Wissen über die Künste der »leeren Hand«, wie es in der Zeit der Entstehung des Buches bestand, als ein Ganzes zu begreifen. Andererseits sind die Informationen, die im Bubishi gegeben werden, nicht immer zusammenhängend dargestellt, und es ist auch nicht immer möglich, ihren praktischen Aspekt klar zu erkennen. Eine weitere Schwierigkeit der Textinterpretation ergibt sich daraus, daß es ursprünglich in dem chinesischen Dialekt, wie er in Fujian gesprochen wurde, verfaßt wurde und die heute existierenden Kopien auf Abschriften und auf Übersetzungen in andere Dialekte oder gar Sprachen beruhen. Dadurch haben sich zwangsläufig Irrtümer grammatikalischer und lexikalischer Natur eingeschlichen. Auf diese Weise bleibt das Bubishi gewissermaßen ein Text voller Geheimnisse, geschützt durch eine Art »Code«. Ähnlich wie bei einer alten *Kata*, die

[16] Mabuni hatte eine Kopie des Exemplars seines Meisters Itosu angefertigt. Diese Kopie vererbte er einem anderen berühmten Meister des *Karatedô*, Yasuhiro Konishi (1893-1983).

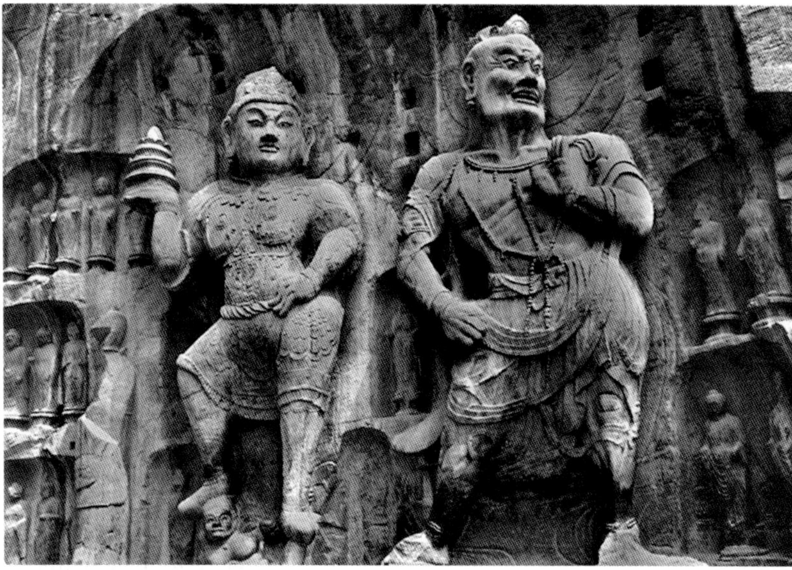

Foto 2: Die ersten Anfänge entwickelten sich höchstwahrscheinlich im alten Indien. Die riesigen Steinwächter am Eingang zur großen Höhle der Longmen-Grotten in der Nähe von Lo-Yang (China) nehmen verschiedene Haltungen aus der *Vajramukti*-Kampfkunst ein, die einst durch die Kriegerkaste des alten Indiens praktiziert wurde. Diese Positionen finden sich gleichermaßen in japanischen Götterstatuen (*Devas*) und in Figuren der Tempelwächter im mittelalterlichen Japan (*Kongo-Rikishi*) wieder. Auch in der alten Kampkunst der Mönche des berühmten Shaolin-Tempels lassen sich diese Körperhaltungen wiederfinden. Dieser Tempel liegt an einer von Indien nach China führenden Pilgerstraße, über die im übrigen auch der *Chan*-Buddhismus nach China gelangt ist.

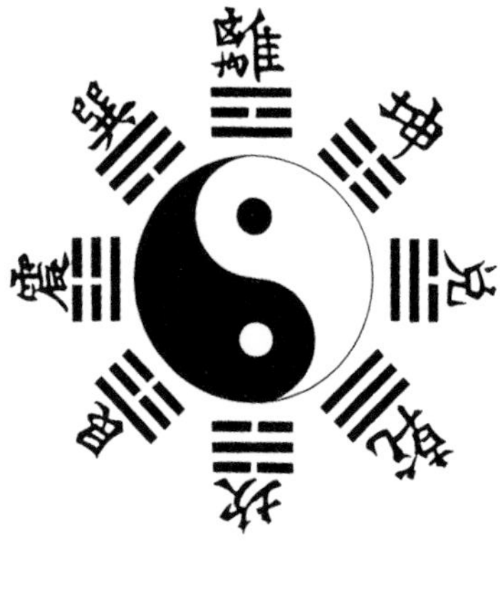

Das alte chinesische Symbol des *Tai Ji* repräsentiert das Universum im vollendeten Gleichgewicht gemäß den Prinzipien des *Yin* und des *Yang*, von denen jedes ein Teil des anderen enthält. Die Außenlinien der Begrenzungen fügen sich harmonisch in den Kreis, der das *Dao* symbolisiert. Alle aus China stammenden Kampfkünste, sowohl in ursprünglicher Gestalt als auch solche, die eine Synthese verschiedener Stilrichtungen darstellen, sind zutiefst von dieser taoistischen Sichtweise durchdrungen, die den philosophischen und religiösen Hintergrund für die Techniken bildet. Natürlich findet dies auch im Bubishi seinen Widerhall.

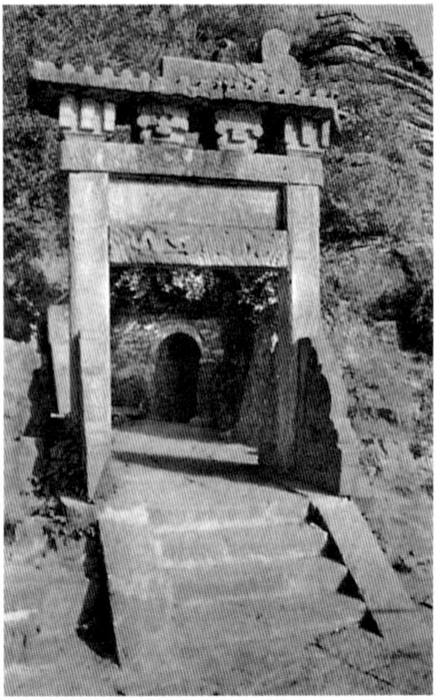
Foto 3

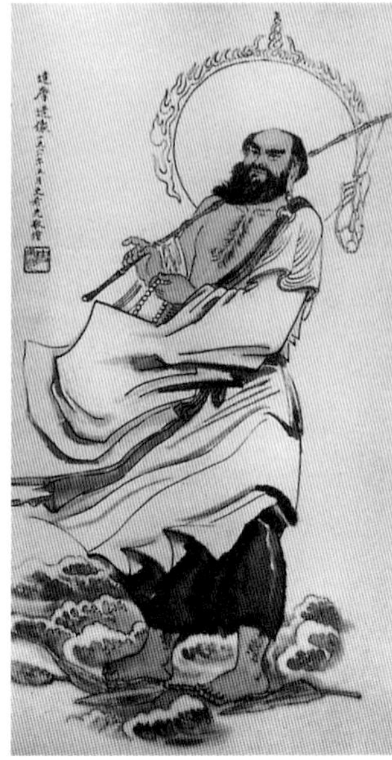
Foto 4

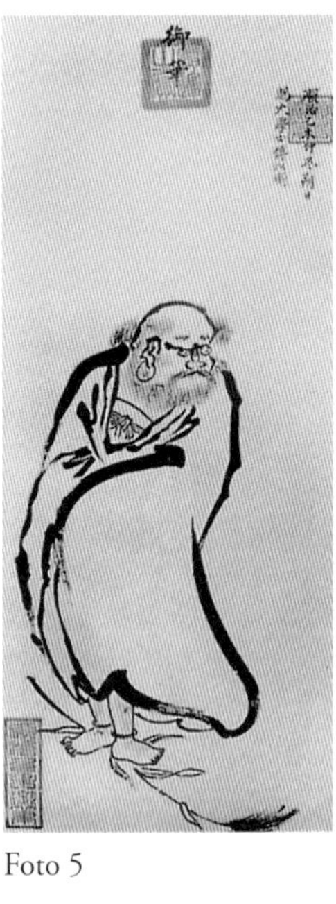
Foto 5

Foto 3: Um das Jahr 520 n. Chr. kam ein aus der Gegend von Madras stammender Mönch von Indien in die chinesische Provinz Henan und brachte das *Chan* (*Zen*) zum »Kloster des kleinen Waldes« (*Shaolin*). Es ist denkbar, daß er das *Vajramukti* kannte. Fest steht, daß er dort eine bestimmte Kampftechnik lehrte und sich schließlich neun Jahre lang in eine Höhle zurückzog, um dort zu meditieren (das Foto zeigt den Eingang zu dieser Höhle). Auf diese Weise begann die Legende der unbesiegbaren Shaolin-Mönche.

Foto 4: Bodhidharma (auf chinesisch Da-mo, auf japanisch Daruma) überquert den Jangtse-Fluß auf einen Schilfrohr. Eine von zahlreichen modernen Darstellungen dieser Episode, wie man sie in den Tempeln Südchinas finden kann.

Foto 5: Klassische Darstellung derselben Begebenheit. Die Zeichnung (Tinte auf Papier, Museum von Stockholm) aus dem Jahre 1655 stammt von Shih Tzu (bekannter unter seinem Kaisernamen Shunzhi, 1638-1661).

auch nicht durch bloße Übung all ihre *Bunkai*-Möglichkeiten enthüllt, werden, je nachdem, welchen Grad der Vollkommenheit (vielleicht auch der »Reinheit«) der Suchende erreicht hat, verschiedene Aspekte auf unterschiedliche Weise begriffen.

Der Name *Bu Bi Shi* (*Wu Bei Chi* oder *Wu Bei Zhi* auf Mandarin) bezieht sich auf die Kenntnis der Kriegskunst. *Bu* steht für Krieger, *Bi* für Wissen und Versorgen und *Shi* für Geist und Ehrgeiz. Die genaue Entstehungszeit und der Entstehungsort des Werkes werden wohl für immer im Dunkeln bleiben. Wenig ist über seine Autoren bekannt. Es könnte sich um die Arbeit mehrerer Meister handeln, die ein und dieselbe chinesische Quelle studiert haben und der Nachwelt eine Art Vermächtnis hinterlassen wollten. In den folgenden Abschnitten sollen einige Hypothesen über die Herkunft des Buches und seinen Weg auf die Insel Okinawa erörtert werden.

Die Ursprünge: Vom ersten zum zweiten Bubishi

Tatsächlich existieren zwei Werke, die den Titel *Bubishi* tragen. Beide stammen aus Fujian, aber hinsichtlich ihrer Entstehungszeit und ihres Umfangs unterscheiden sie sich beträchtlich voneinander. Uns interessiert hier vor allem das später entstandene, kleinere Buch, das jedoch viel von seinem Inhalt dem älteren Bubishi verdankt.

Das erste Bubishi ist ein monumentales Werk, das im Jahre 1621 durch Mao Yuan Yi (ca. 1594-1844) veröffentlicht wurde.[17] Der Autor hatte 15 Jahre seines Lebens damit verbracht, alles, was zu seiner Zeit über die Kunst des Krieges bekannt war, zusammenzufassen: Strategie und Taktik, Landkarten sowie Techniken des Einzelkampfes mit und ohne Waffen. Das Buch, von dem heute noch einige Kopien existieren, umfaßt 240 Kapitel. Die darin behandelten Nahkampftechniken mit und ohne Waffe wurden anhand von 32 Kampfpositionen – 16 Abbildungen mit jeweils zwei Personen – illustriert. Diese Kampfhaltungen ähneln stark den bereits 1561 durch den chinesischen General Qi Jiguang (1528-1588) in seinem Buch

---

[17] Es erschien somit in der Zeit der Ming-Dynastie (1366-1644).

»Ji Xiao Xin Shu« (auf japanisch »Kiko Shin Shô«) beschriebenen und auch denen des zweiten Bubishi. Allerdings werden in letzterem bedeutend mehr Positionen beschrieben. Mao Yuan Yis Bubishi wird in China bis zum heutigen Tag unter Verschluß gehalten, und lediglich hochrangige Militärs und Regierungsmitglieder haben ein Recht auf Einsichtnahme. Während der Qing-Dynastie (1644-1911) stand es sogar auf dem Index, weil es den Gegnern der Herrschenden als Anregung zum Widerstand hätte dienen können.

Der Kern des zweiten, bedeutend weniger umfangreichen Bubishi besteht aus dem Kampfstil, der »Weißer Kranich« (*Baihequan* oder auch *Hork Yang*; auf japanisch *Hakutsuru ken*) genannt wird. Dieser Kampfstil stammt aus dem in der Provinz Fujian gelegenen Dorf Yongchun. Das Buch wirkt wie ein »regionales Produkt«, dessen Gehalt durch Kenntnisse, die aus unterschiedlichen, weiter entfernt liegenden Quellen stammten, erweitert und vertieft wurde. Die zum Teil ungenau und grob ausgeführten Zeichnungen wie auch verschiedene zweifelhafte Übertragungen alter chinesischer Schriftzeichen setzen beim Leser umfangreiche Kenntnisse der Techniken, auf die im Text angespielt wird, voraus. Beispielsweise wird in dem Abschnitt, der den Heilkräutern und ihrer praktischen Anwendung bei Verletzungen gewidmet ist, offenkundig davon ausgegangen, daß derjenige, der den Text liest, bereits mit einer Vielzahl von Kräuterarten und Kräuterabsuden vertraut ist. Es ist klar, wie gefährlich es unter diesen Umständen sein kann, das entsprechende Kapitel falsch oder unzureichend zu erläutern. Das gleiche gilt natürlich für die Erklärungen zu Angriffen auf die Vitalpunkte. Die Ausführungen im Bubishi, die sich auf den »tödlichen Stoß« oder auf die »vergiftete Hand« (*Dianxue* oder *Tien hsueh* auf Mandarin, *Dim mak* im kantonesischen Dialekt) beziehen, sind relativ undeutlich. Auch in diesem Fall läßt sich mit den Elementen, die durch das Bubishi gegeben werden, nicht viel beginnen, wenn die Techniken nicht korrekt und zusammenhängend durch einen Experten entschlüsselt werden. Dem »Uneingeweihten« bleibt die praktische Anwendung somit verwehrt. All dies legt den Schluß nahe, das Bubishi sei eine Art »Notizbuch«, denn nichts darin wird tatsächlich ausdrücklich benannt, und nur jene, die »bereit« für dieses Wissen sind, können die Botschaft empfangen. Ihnen erlaubt es, das zu überprüfen, was sie bereits vermuteten, es weist ihnen die Richtung für weitere Forschungen und hilft ihnen, neue Fragen zu stellen. Die anderen, die nicht »bereit« sind, können hingegen mit dem zusammenhanglos wirkenden Informationsgeflecht keinen Mißbrauch treiben. Ihnen wird das Buch letztendlich überhaupt nichts »sagen«. So gesehen, hat das Bubishi aus Fujian etwas Hermetisches an sich. Zum ersten Mal in der Geschichte wurde der Versuch unternommen, gefährliches »Kriegerwissen« schriftlich weiterzugeben, und dies wurde verständlicherweise von entsprechenden Vorsichtsmaßnahmen begleitet.

Die Verbreitung: Die Verbindung zwischen China und Okinawa

Wie oben dargelegt, ist der Eckstein des jüngeren Bubishi der »Weiße Kranich«, ein Wushu-Stil. In dem 1983 von Liu Yinshan *Shifu* veröffentlichten Werk über diesen Kampfstil[18] stellt der Autor die These auf, daß unter den Mönchen, welche die Zerstörung des Shaolinklosters im Jahre 1674 überlebt hatten,[19] ein Mann namens Fang Houshu war. Dieser gelangte schließlich in die Provinz Fujian, wo er sich in dem Dorf Fuzhou niederließ. Verschiedene Quellen behaupten, daß Fang Houshu der Vater Fang Jiniangs war, die in dem Nachbardorf Yongchun aufwuchs und den Stil des Weißen Kranichs begründete. Dies würde bedeuten, daß der Stil im 18. Jahrhundert entstand. Weiterhin behauptet Liu Yinshan, daß diese Technik im Jahre 1922 durch Lin Deshun, einen Schüler der fünften Generation der von Fang Jiniang begründeten Schule nach Taiwan gebracht wurde. Er soll ebenfalls eine Kopie des Bubishi mit sich geführt haben. Nach Okinawa gelangte das Bubishi hingegen bedeutend früher, doch solch präzise Angaben wie über seinen Weg nach Taiwan können nicht gemacht werden.

[18] … welcher nur einen von zahlreichen Stilen darstellt, die durch das Verhalten von Tieren inspiriert wurden – Drache, Tiger, Leopard, Schlange, Affe und andere mythische und wilde Tiere standen ebenfalls Pate.

[19] Die Legende spricht davon, daß sich unter den überlebenden Mönchen fünf Meister der Kampfkünste befanden, die in den Süden flüchteten und die originalen Shaolin-Techniken mit sich in die Verbannung nahmen.

In seinem 1934 erschienenen Werk über das *Karatedô* behauptet Miyagi Chôjun, daß 1828 ein Stil des chinesischen Boxens von Fuzhou nach Okinawa gelangte, der zur Grundlage für das von ihm entwickelte *Gôjû ryû Kempô Karate* wurde. Über die Umstände, wie dieser Stil nach Okinawa gelangte, trifft er jedoch keine Aussage. Wurden die Grundlagen dieser Technik, wie allgemein angenommen wird, durch chinesische Meister (*Shifu*) eingeführt,[20] oder wurden sie von Okinawanern, die aus verschiedenen Gründen nach China gereist sein mochten, von dort in ihre Heimat mitgebracht? Falls letzteres der Fall war, stellt sich auch die Frage, ob diesen »Pilgern« Einblick in das Bubishi gewährt wurde und ob sie die Möglichkeit hatten, sich Kopien für den persönlichen Gebrauch anzufertigen. Es gibt guten Grund, zu vermuten, daß tatsächlich Okinawaner, die China bereisten, um ihren Kampfkunsthorizont zu erweitern, das Buch nach Okinawa brachten. Möglicherweise versahen sie den Text an verschiedenen Stellen sogar mit Ergänzungen, denn diese Meister, die ins Reich der Mitte reisten, waren bereits zuvor Experten der Kampfkünste. Letzte Aufklärung über all diese Fragen wird es wohl nie geben.

Ich habe in meinem Buch »Koshiki Kata – die klassischen Kata des Karatedô« ausführlich die Geschichte der Kunst der »leeren Hand« erörtert, ausgehend vom antiken China bis hin zum modernen Japan. Ich habe gezeigt, wie wesentlich für diese Entwicklung Okinawa als Schmelztiegel war. Ich werde daher an dieser Stelle zu dieser Thematik nur das erwähnen, was unbedingt notwendig ist, um das Phänomen Bubishi begreifen zu können. Jene, die mit dieser historischen Entwicklung vertraut sind, werden allerdings bemerken, daß ich einige neue und wichtige Präzisierungen, neue Teilchen des Puzzles, aus dem heute immer klarer und glaubwürdiger ein Bild entsteht, hinzugefügt habe.

[20] … was auch Funakoshi Gichin behauptet, der bekanntlich der erste Okinawaner war, der die Kunst der »leeren Hand« in Japan einführte und der der Begründer des *Shôtôkan ryû* ist. Dieses wurde zum Motor für eine neue Entwicklungsrichtung des *Karatedô*, die zunächst in Japan und später auf der ganzen Welt Fuß faßte. Funakoshi spricht in seinem 1922 erschienenen Werk *Ryûkyû Kempô Karate Jutsu* von einem »chinesischen Kampfkunstexperten«, der seine Kunst auf die Insel Okinawa mitgebracht hat.

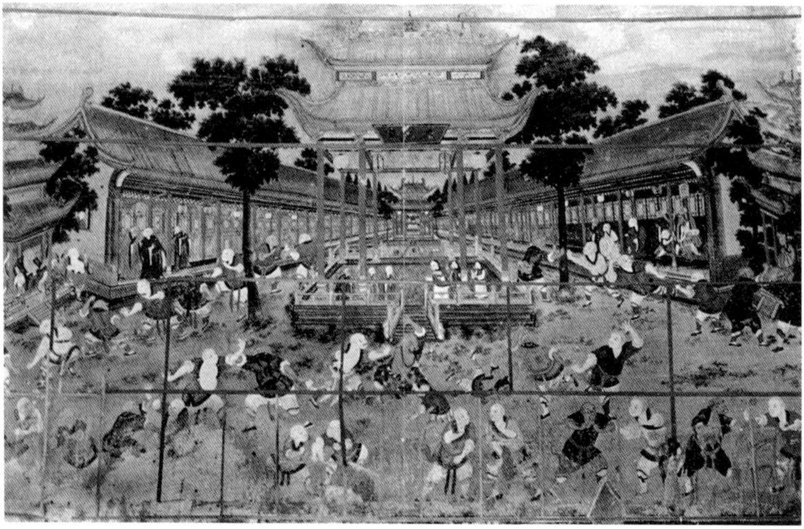

Foto 6: Bodhidharma lehrt im Shaolinkloster die »18 Hände des Lo Han«, Techniken, die als Grundlage aller chinesischen Kampfkünste angesehen werden. Auf den Mauern der *Baiyi*-Halle des heutigen Klosters kann man noch immer ein eindrucksvolles Fresko bewundern, das Mönche beim Training zeigt (siehe auch S. 48 ff.)

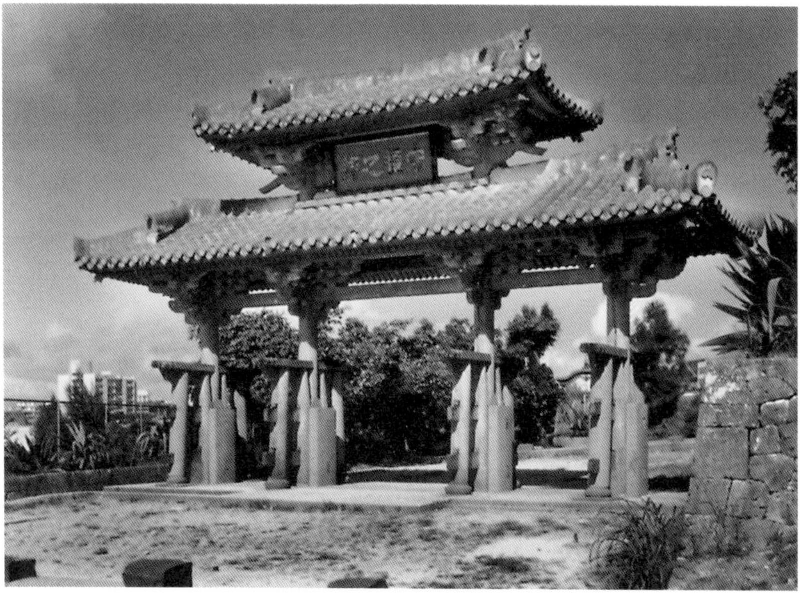

Foto 7: Shurei-no-Mon, das Portal zum alten Palast von Naha auf Okinawa.

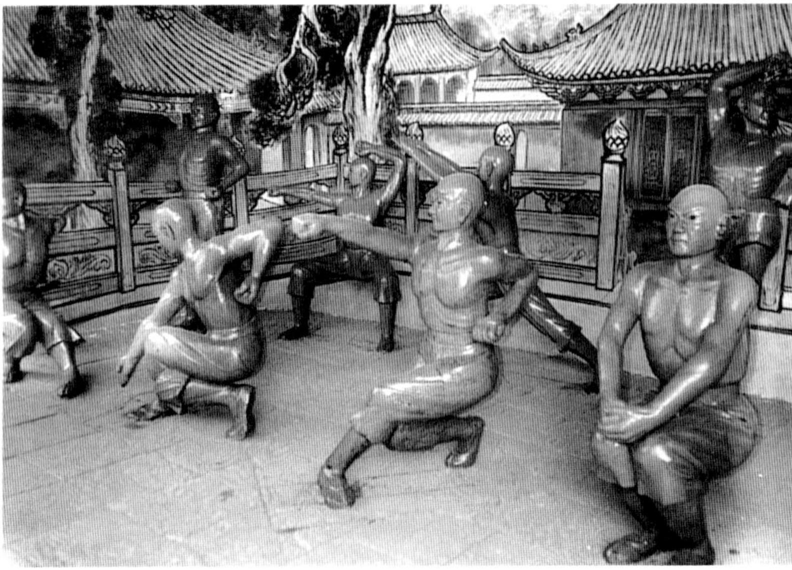

Foto 8: Statuen in Menschengröße, die die einst im Shaolinkloster praktizierten Kampfkünste repräsentieren. Von ihnen existieren einige Dutzend in einem der Höfe des heutigen Klosters. Bereits ein oberflächlicher Vergleich genügt, um die enge Verbindung zwischen den im Bubishi beschriebenen und den Shaolin-Techniken zu erkennen.

Foto 7 (vorhergehende Seite): Shurei-no-Mon, das aus dem 15. Jahrhundert stammende Portal zum alten Palast von Naha auf Okinawa. Durch die in der Nachbarschaft von Naha gelegene chinesische Kolonie Kumemura erhielten Mitglieder der okinawanischen Kriegerelite Kenntnis von verschiedenen Shaolin-Kampfkunsttechniken.

Kumemura: Die Eingangspforte

Die Bewohner Okinawas (die *Uchinanku*) entwickelten bis zum 19. Jahrhundert selbständig die Techniken des *Okinawa te* (der »Hand Okinawas«) aus lokalen, chinesischen und japanischen Kampfkunststilen. Der japanische Einfluß wird für gewöhnlich selten berücksichtigt. Es ist jedoch so gut wie sicher, daß die Inselbewohner bereits seit der *Heian*-Epoche (794-1192) Einblicke in die japanischen Militärwissenschaften gewinnen konnten. Aus den »Geschichten des *Hogen*-Krieges« (*Hogen Monogatari*) erfahren wir, daß nach der Niederlage, die Minamoto Tameyoshi im Kampf gegen Taira Kiyomori 1156 erlitten hatte, zahlreiche Anführer und Samurai des Minamoto-Klans ins Exil auf die bergige Halbinsel Izu und auf die Insel Oshima gingen. Zu ihnen zählte auch Minamoto Tametomo (1139-1170), der Sohn des Besiegten. Er, wie andere seiner Gefährten im Unglück, war ein Kundiger auf dem Gebiet der Kriegskünste, vor allem auf den Gebieten des Bogenschießens, des Schwertkampfes und des Kampfes mit bloßer Hand. Nachdem er sich die südlichste Insel Japans, Kyûshû, unterworfen hatte, begab er sich nach Okinawa, wo er den einheimischen Stammesführer, Ozato, in seiner Burg Urazoe besuchte. Er heiratete dessen Tochter, von der er einen Sohn bekam, Shunten. Dieser wurde im Jahre 1186 der erste König der Insel, und er begründete die Shunten-Dynastie (1186-1253). Shunten war zweifelsohne Erbe verschiedener Kampftechniken und kriegerischer Traditionen, die die Kämpfer (*Bushi*) seines Vaters auf die Insel gebracht hatten.

Zwei Jahrhunderte später gelang es nach etlichen Kriegen zwischen rivalisierenden Klanen einem mächtigen Anführer, Shô Hashi (1422-1439), die drei unabhängigen Königreiche auf der Insel unter seiner Herrschaft zu vereinigen und im Jahre 1429 eine Zentralregierung zu installieren. Er (oder einer seiner Nachfolger, Shô Shin) verbot den Besitz von Waffen aller Art. Es ist bekannt, daß dieses Verbot zu einem wiedererweckten Interesse an Methoden der Selbstverteidigung mit bloßer Hand führte und daß das königliche Edikt unbeabsichtigterweise zur Entwicklung des *Okinawa te* geführt hat. Zweihundert Jahre später erhielt diese Entwicklung einen weiteren Auftrieb, als im Jahre 1609 Scharen von Samurai aus dem Satsuma-Klan auf die Insel kamen. Diesen Kämpfern war der Weg zum *Shôgunat*[21] in Edo (dem heutigen Tokio) durch den überlegenen Tokugawa-Klan versperrt worden. Somit richtete sich die Angriffslust der Satsuma-Krieger gegen Okinawa. Sie eroberten die Insel und beherrschten sie bis 1879, als König Shô Tai abdanken mußte und Okinawa dem japanischen Kaiserreich einverleibt wurde. Von großer Bedeutung ist die Tatsache, daß Iehiza Shimazu, der Herrscher des Satsuma-Klans zur Zeit der Invasion, das Verbot für die einheimische Bevölkerung, Waffen zu tragen,

[21] *Shôgunat* (japanisch *Bakufu-jidai*): historischer Zeitraum (1185-1868), in der sich die tatsächliche militärische Macht und Regierungsmacht nicht in den Händen des Kaisers, sondern in denen des *Shôgun*, des jeweils mächtigsten Anführers der japanischen Klane, befanden. – Habersetzer, R. u. G., *Enzyklopädie der Kampfkünste*, Palisander Verlag, Chemnitz 2019.

erneuerte. Man konfiszierte selbst kleinste Eisenwerkzeuge und zerstörte die Schmieden. Shimazu belebte auf diese Weise ungewollt den Widerstandsgeist der Einheimischen. Eine neue Blütezeit der Nahkampftechniken, unbewaffnet oder mit landwirtschaftlichen Geräten[22], war die Folge des Hasses auf die japanischen Okkupanten. Das *Okinawa te* wurde somit weiter vervollkommnet. Techniken, die offensichtlich von den Besatzern kopiert wurden, flossen ein, und damit wieder einmal *japanische* Kampfkünste (*Jûjutsu, Jigen-ryû-Kenjutsu*).

Zumindest teilweise wurden diese Techniken offiziell durch Abgesandte des ehemaligen Königreichs von Okinawa (die *Uchinan no Peichin*) auf der Insel eingeführt, die in den Süden von Kyûshû und vor allem direkt in die Stadt Satsuma (das heutige Kagoshima) kamen. Es heißt beispielsweise, daß die *Kobudô*-Techniken des *Rokushaku-Bôjutsu* (Stock mit einer Länge von 6 Fuß) erst nach dem Aufenthalt des berühmten *Chikudon Peichin*[23] »Tôde« Sakugawa[24] und des *Chikudon Peichin* Tsuken Koura in der Zeit der Wende vom 18. zum 19. Jahrhundert aufkamen.

Eine weitere berühmte Persönlichkeit, die als einer der Gründerväter des Karate auf Okinawa angesehen wird, war der *Chikudon Peichin* Matsumura Sôkon (1792-1896), besser bekannt als »Bushi« Matsumura. Er begab sich gleichfalls nach Satsuma, wo er als Leiter der königlichen Leibwache diente. Später erhielt Matsumura das Recht, die Techniken des *Jigen ryû Kenjutsu* in Satsuma zu lehren. – Soweit zum unleugbaren japanischen Einfluß auf das lange Reifen dessen, was heute unter dem Gattungsbegriff *Okinawa te* bekannt ist, der Urform des Karate.

Von größerer Bedeutung für die Kampftechniken, die zu jener Zeit auf Okinawa existierten, sind jedoch die Techniken des *Tô-De* (*Tôde*, auch *Tô-Di*, »chinesische Hand«). Diese heute gut bekannte Entwicklungsgeschichte, an die hier nur in groben Zügen erinnert werden soll, begann

---

[22] Diese Techniken entwickelten sich zum *Kobudô*-Stil Okinawas, der mit *Sai*, *Tonfa*, *Kama* und anderen Waffen praktiziert wird.

[23] *Chikudon Peichin* ist ein Ehrentitel, der einem Japaner bürgerlicher Herkunft vom König für seine Verdienste verliehen wurde. Für Japaner aristokratischer Herkunft lautet der entsprechende Titel *Satunushi Peichin*.

[24] Sakugawa Kanga (1733-1815), auch »Karate Sakuwa« genannt, ein Meister des *Tôde*. Von ihm wird weiter unten noch die Rede sein.

im 14. Jahrhundert und liegt somit zwischen den beiden Perioden des japanischen Einflusses.

Im Jahre 1372 sandte der chinesische Kaiser Ming Zhu Yuanzhang erstmals Emissäre nach Chuzan, einem der drei miteinander rivalisierenden Königreiche auf Okinawa. Er verlangte Tribute. Der in Chuzan herrschende König Sattô (1350-1395) hatte keine andere Wahl, als sich dem Verlangen des mächtigen Nachbarn zu beugen. 20 Jahre später begann schließlich die berühmte Geschichte der »36 Familien«. Diese 36 Familien stellten die ersten offiziellen chinesischen Abgesandten dar, und sie ließen sich auf Okinawa in dem unweit der Stadt Naha gelegenen Kumemura (»das Dorf Kume« oder »das Dorf Kuninda«) nieder. Diese wichtige chinesische Abordnung setzte sich aus Diplomaten, Händlern und Experten aller Art zusammen, deren Auftrag darin bestand, die chinesische Kultur mit all ihren Facetten auf Okinawa einzuführen. Kumemura wurde somit zur Eingangspforte für die Sprache, die Kunst und die Sitten Chinas. In der Folge gelangten auf gleichem Wege auch militärische Kenntnisse aus dem Reich der Mitte nach Okinawa, darunter die Techniken des chinesischen Boxens (*Quanfa*). Im 19. Jahrhundert spielte Kumemura schließlich die Rolle einer Schaltstelle, von der aus diese Techniken sich weiterverbreiteten. Verschiedene Okinawaner erlangten hier Zugang zur chinesischen Quelle dieser Techniken oder konnten von hier aus gar ins Innere Chinas reisen.

Unter den ersten Kampfkunstlehrern, die von China nach Kumemura gekommen waren, gibt es einige Persönlichkeiten, deren Namen im Zusammenhang mit den Ursprüngen der modernen Karatestile immer wieder genannt werden, auch wenn zumeist über die genaueren Lebensumstände dieser Männer kaum etwas bekannt ist:

Ason unterrichtete seine Schüler Sakiyama, Nagahama, Gushi und Tomoyori aus Naha in den Techniken des *Shaolin Kempô* (*Shaolin ryû*, auch *Shôrinji Kempô* oder *Shôrei ryû*, auf chinesisch *Zhao Ling Liu*), aber diese erste Linie des *Naha te* endete mit Tomigusuku.

Ko Sho Kun (auch Ku Shan Ku, auf chinesisch Kwang Shang-Fu) kam im Jahre 1756 als Mitglied einer Delegation chinesischer Abgesandter nach Okinawa. Die *Kata Kûshankû*, aus der im *Shôtôkan* die *Kata Kankû* wurde, verdankt ihm seinen Namen. Über ihn ist lediglich bekannt, daß er fähig war, sich gegen einen Angreifer, der größer und schwerer war als er, zu verteidigen, indem er ihn mit Hilfe einer Technik, die heute als »Beinschere« bekannt ist, zu Boden warf. Man findet diese Technik gleichermaßen im *Jûjutsu* wie auch im später entstandenen *Jûdô*.

Ryû Ruko (Ru Ruku, Do Ryûko oder Ryû Ryûko, auf chinesisch Liu Lugong oder Liu Lu Kung oder Liu Lianguo genannt) soll von 1852 bis 1930 gelebt haben. Im Jahre 1874 nahm er Higaonna Kanryô als Schüler an, der aus Okinawa nach China gereist war, um sich in der Technik des *Tôde* zu vervollkommnen (er hatte diese Kampfkunst zuvor bei Aragaki Seisho, der von 1840 bis 1920 lebte, gelernt). Ryû Ruko wurde auf diese Weise zum Begründer eines Karate-Stils, den Miyagi Chôjun, der Nachfolger von Higaonna *Sensei*, *Gôjû ryû* taufte. Welche Techniken lehrte dieser Mann? Tokashi Iken, Leiter des »Okinawanischen *Gôjû Tomari te Karatedô Kyokai*«, schrieb in seinem 1993 erschienenen Werk »Gohaku«, Frucht ausführlicher Forschungen über den aus der Provinz Fujian stammenden *Quanfa*-Stil, daß Ryû Ruko (den er Xie Ruru nannte) am Anfang »eines der Stile« des Weißen Kranichs stand. Ryû Ruko besuchte Okinawa im Jahre 1914. Es besteht die Möglichkeit, daß er das Bubishi mitbrachte. Ebenso möglich ist es jedoch, daß er seinem Schüler Higaonna (1853-1916), der mehr als zehn Jahre bei ihm in China verbrachte, eine Kopie des Buches anvertraute.[25]

Wai Xinxian (Waishinzan oder Woo Lu-chin) ist eine geheimnisumwitterte Persönlichkeit. Es ist nicht einmal bekannt, ob Waishinzan und Woo Lu-chin tatsächlich ein und dieselbe Person gewesen sind. War er ein älterer Schüler Ryû Rukos oder gar Ryû Ruko selbst? Die Quellen widersprechen einander. Sicher ist allein, daß die Namen Ryû Ruko und Waishinzan am Anfang jenes Stils stehen, den Higaonna nach Okinawa brachte.

Wu Xianhui (auf japanisch Go Ken Ki) lebte von 1886 bis 1940. Dieser chinesische *Shifu* kam 1912 aus Fuzhou nach Okinawa, um dort als Teehändler zu leben. Er lehrte in Naha den Weißen Kranich, und unter seinen Schülern befanden sich einige der zukünftigen Meister der okinawanischen

---

[25] Man hat sogar vermutet, daß das Bubishi ein Tagebuch sein könnte, das Higaonna während seines Aufenthalts in China führte. Andere behaupten jedoch, daß Higaonna Analphabet war!

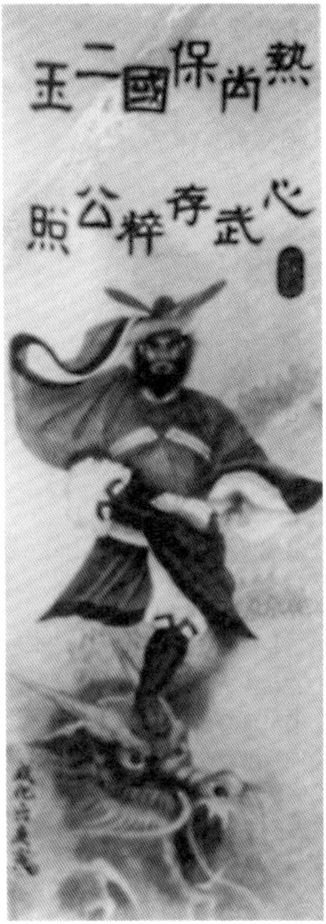

Foto 9: Zahlreiche Kampfkunstexperten aus Okinawa reisten nach China, um dort ihr Wissen über den Kampf mit bloßer Hand zu vervollkommnen. Für gewöhnlich gelangten sie zuerst in die Okinawa gegenüberliegende Provinz Fujian (Fukien). Einer der Reisenden, Matayoshi Shinkô (1888-1947), brachte von seiner ersten Fahrt nach Fuzhou nicht nur eine Kopie des Bubishi, sondern ebenfalls diese Grafik mit, die eine Kriegergottheit aus dem alten Zheng Li (der Name von Fujian im Altertum) darstellt. Es ist vorstellbar, daß es sich hierbei um eine andere »Version« der Darstellung einer Wächter- und Schutzgottheit aus der Provinz Zheng Li (Jiu Tian Feng Huo Yuan San Tian Dou, jpn. Busaganashi) handelt, die später von Fang Jiniang, der Schöpferin des Kampfstils des Weißen Kranichs (*Hequan*) zur Schutzgottheit ihrer Schule erwählt wurde. Diese Göttergestalt erscheint ebenfalls in dem Bubishi-Exemplar, das sich im Besitz Mabuni Kenwas, des Gründers des *Shitô ryû*, befand. Ebenfalls auffällig auf dem Bild von Matayoshi *Sensei* ist die Anwesenheit eines Drachen – zweifelsohne eine Anspielung auf den »Neun-Drachen-Tempel«. Dessen Existenz konnte zwar nie bewiesen werden, doch die Legende behauptet, er sei der Shaolin-Tempel des Südens gewesen, der im Chiu-Lung-Gebirge gestanden haben soll, unweit der Stadt Fuzhou in der Fukien-Provinz. Manche Quellen besagen, daß es die dortigen Lehren gewesen seien, die im Bubishi verschlüsselt wiedergegeben wurden. (Quelle: Ogura Tsuneyoshi)

Linie des Karate. Zu ihnen zählten Miyagi Chôjun, dem er gemeinsam mit anderen *Shifu* chinesisches Boxen beibrachte, Mabuni Kenwa, Matayoshi Shinpô (1921-1997) und Kiyôda Juhatsu (1887-1968). Letzteren lehrte er die *Kata Nepai*, die aus dem von Fang Jiniang entwickelten Weißer-Kranich-Stil abgeleitet worden war. Kiyôda Juhatsu gründete einen eigenen Stil, das *Toon ryû*. Go Ken Ki immigrierte schließlich nach Japan, wo er den Namen Yoshikawa annahm. Seine okinawanischen Schüler nannten ihn jedoch Busama-gunku, was Samurai bedeutet.

Im Jahre 1915 ebenfalls als Teehändler nach Naha gekommen war Tang Daji (To Daiki), der von 1887-1937 lebte. Er wurde für seinen Unterricht im »Tiger-Boxen« berühmt. Er war mit Miyagi Chôjun befreundet, und sein Stil übte einen beträchtlichen Einfluß auf die unterschiedlichen Richtungen des Karate aus, die sich in jener Zeit, der Taishô-Epoche (1912-1925), voll zu entfalten begannen.

Von anderen chinesischen Lehrmeistern des 19. und 20. Jahrhunderts sind uns, obwohl sie deutliche Spuren hinterlassen haben, die Namen nicht bekannt. Über weitere, wie beispielsweise Iwa, Wong-Chung-Yoh oder Shion-Ka, sind die überlieferten Angaben zu ungenau, als daß etwas Sinnvolles über sie gesagt werden könnte. Von Shion-Ka weiß man immerhin, daß er zahlreiche Schüler in dem Ort Tomari auf Okinawa unterrichtete, unter anderem Gusukuma (Shiroma), Matsumora Kôsaku, Kaneshiro, Yamasato und Nakasato.

Es wurden auch Sonderabgesandte durch den chinesischen Kaiserhof nach Okinawa geschickt – man nannte sie *Sapposhi* oder *Sappushi* und auch *Sakuhoshi* –, die gegebenenfalls im Rahmen ihres Auftrags den Inselbewohnern Demonstrationen ihrer Fertigkeit im chinesischen Boxen boten oder ihnen Unterricht darin erteilten.

So viele Möglichkeiten, wie das Bubishi nach Okinawa gelangt sein könnte! Und damit sind noch längst nicht alle erschöpft. Zahlreiche Okinawaner reisten vor allem im 19. Jahrhundert nach China. Es gab gewiß manche Gelegenheit, auf diesen Reisen mehr oder weniger zufällig auf dieses Dokument zu stoßen, in dem die Stile, die sich aus dem Shaolin-Boxen entwickelt hatten, beschrieben wurden, und es mit sich nach Hause zu nehmen.

Pilgerfahrten zur chinesischen Quelle

Einige Okinawaner wurden ermutigt, sich nach China zu begeben, um ihre Ausbildung zu vervollkommnen und ihre Kenntnis der chinesischen Kultur zu vertiefen, mit der sie bereits in Kumemura in Berührung gekommen waren. Man nannte sie *Uchinanku Ryûgakusei*, »ausländische Studenten aus Okinawa«, und man konnte sie in allen großen chinesischen Städten bis hin nach Peking finden, und natürlich auch in Fuzhou und in der gesamten Provinz Fujian. Andere Okinawaner gingen auf eigene Faust nach China, das Ziel vor Augen, den unmittelbaren Kontakt mit den

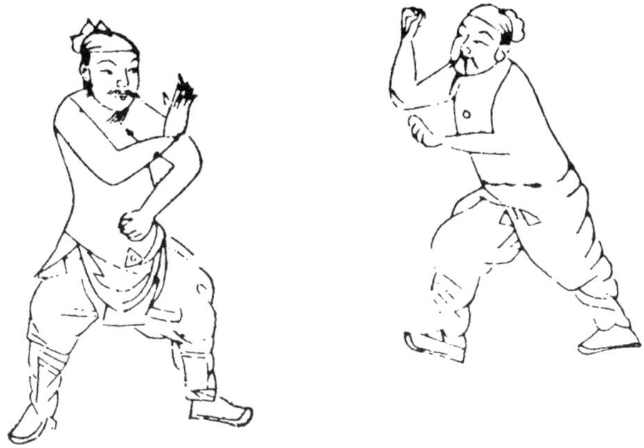

Abbildung oben: Alte chinesische Grafik, die zwei *Jiaoli*-Kämpfer darstellt. Diese Kampfkunst läßt sich bis in die Zeit der Streitenden Reiche (475-221 v. Chr.) zurückverfolgen.

Abbildungen unten: Auszug aus dem »Ji Xiao Xin Shu«, das im Jahre 1561 von Qi Jiguang veröffentlicht wurde, und in dem zum ersten Mal 32 Kampfstellungen dargestellt wurden. Sie wurden bereits in das erste Bubishi (siehe S. 23) aufgenommen und später im zweiten weiterentwickelt. – Sie auch S. 55 ff. und 295 ff.

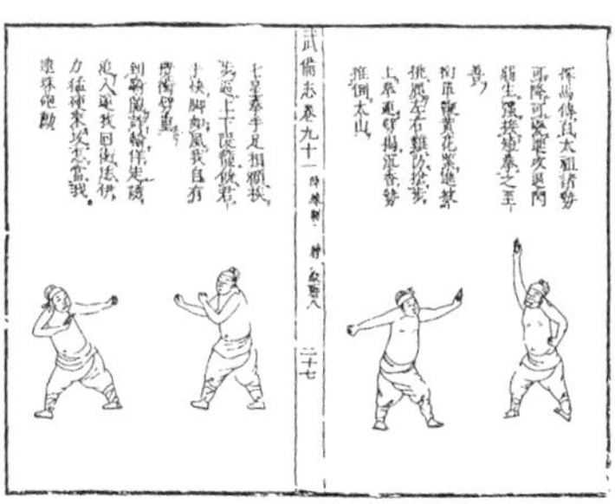

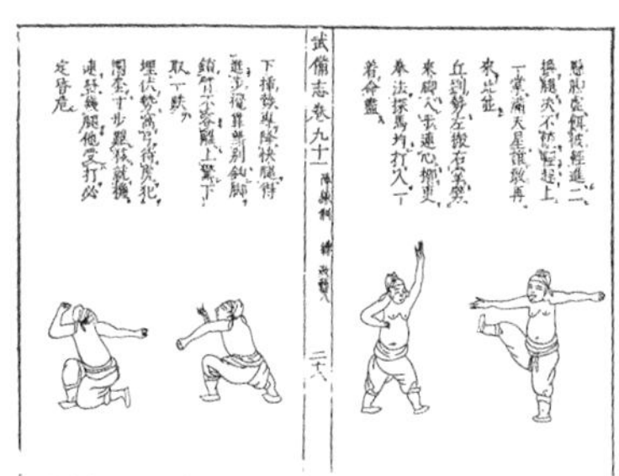

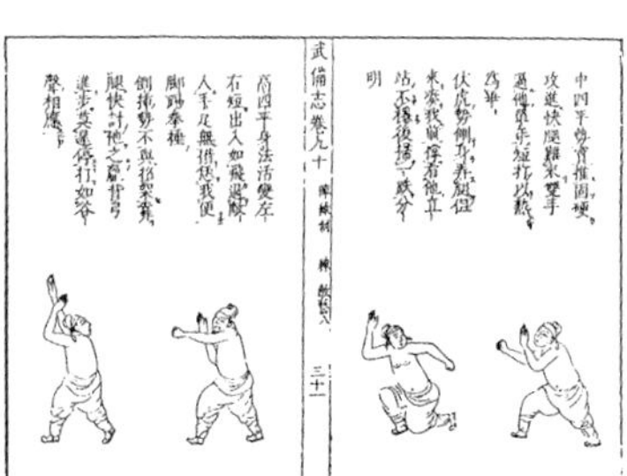

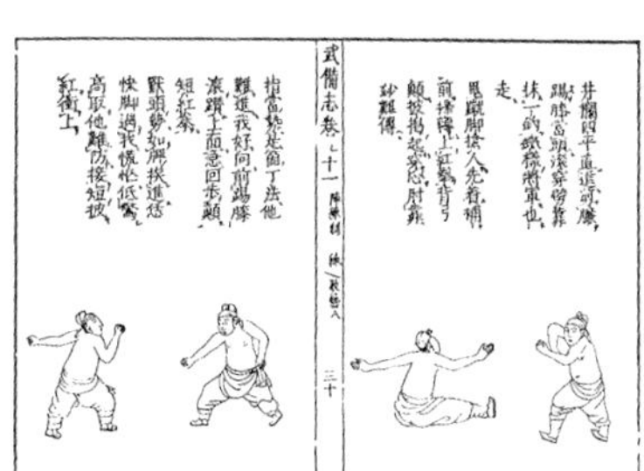

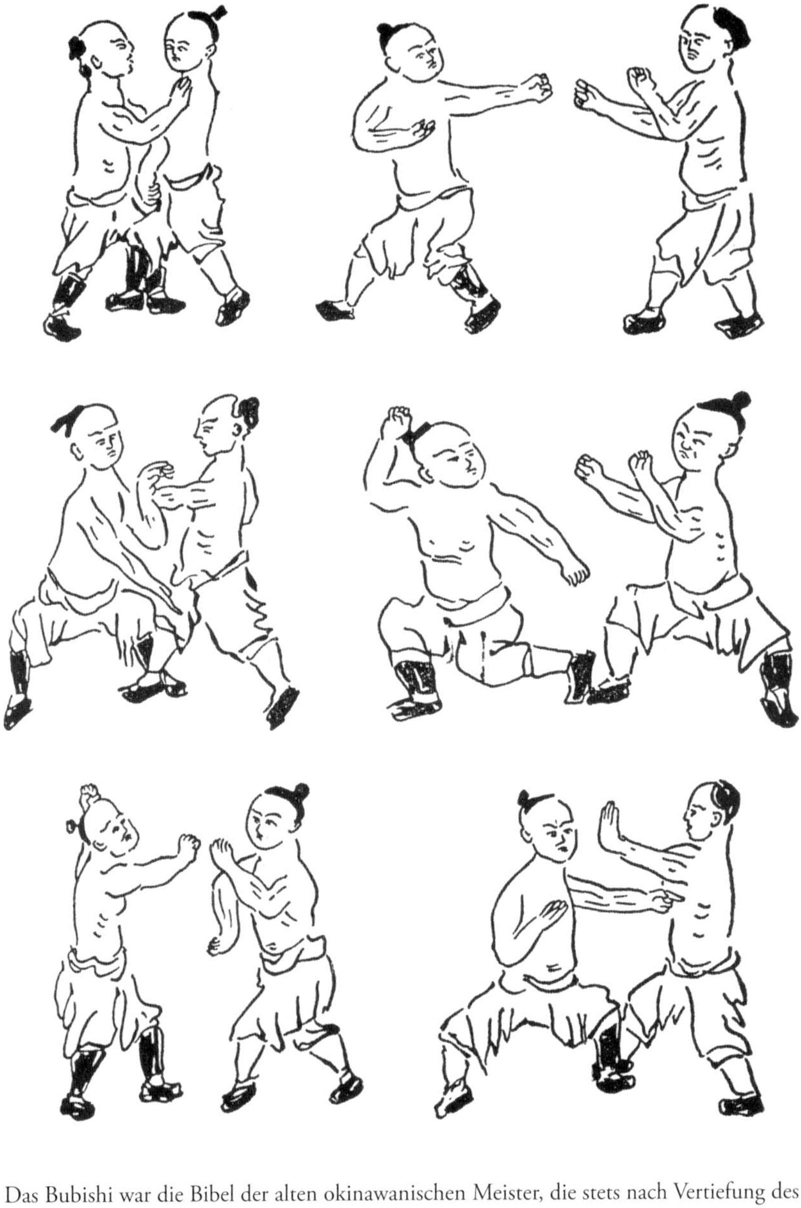

Das Bubishi war die Bibel der alten okinawanischen Meister, die stets nach Vertiefung des *Tôde* strebten. Seine Seiten wurden viele Male mehr oder weniger geschickt kopiert. Diese Zeichnungen sind Auszüge aus einem jener mit der Hand kopierten Exemplare, die einst auf die Insel Okinawa gebracht wurden.

chinesischen Kampfkünsten zu suchen. Manche von ihnen waren noch Neulinge auf diesem Gebiet, viele aber besaßen bereits ein bedeutendes, doch mehr oder weniger zusammengestückeltes Wissen über Techniken, die in ihren Herkunftsorten verbreitet waren. Sie alle kehrten – oftmals erst nach Jahren – um vieles reicher an Kenntnissen wieder in ihre Heimat zurück. Sie brachten ausgeklügeltere, vollständigere, verbesserte Systeme der Kampftechniken mit. Einige begannen nun ihrerseits, das erworbene Wissen an Schüler weiterzugeben. So entstand das Fundament, auf dem sich das heutige *Karatedô* gründet. Einige unter ihnen kamen zweifelsohne in China mit dem Bubishi in Berührung, manche brachten es sicherlich mit nach Okinawa, verbargen es dort jedoch wie einen eifersüchtig gehüteten Schatz in den Geheimarchiven ihrer Schulen, bevor sie es – manchmal – an den einen oder anderen ihrer treuesten Schüler (*Uchi deshi*) weitergaben.

Yara war der erste Okinawaner, von dem bekannt ist, daß er in der zweiten Hälfte des 18. Jahrhunderts in das *Reimyo-Tôde* (die »wunderbare chinesische Kunst«), auch *Shimpi-Tôde* (»geheimnisvolle chinesische Kunst«) genannt, eingeweiht wurde. Er blieb etwa 20 Jahre in China, wo er mehrere Stile des Kampfes mit und ohne Waffen lernte. Nach seiner Rückkehr gelang es ihm jedoch nicht, eine dauerhafte Schule zu errichten.

»Tôde« Sakugawa (1733-1815) wurde als Teruya Kanga in Shuri geboren. Er nahm den Namen Sakugawa an, als er in den Rang eines »*Chikudon Peichin*«[26] (Diener des Königs) erhoben wurde. Sakugawa hatte bereits in Kumemura das *Kwang Shang-Fu* studiert, und er vervollkommnete seine Kenntnisse in Fuzhou, aber auch in der japanischen Stadt Satsuma. Er wurde zum Wegbereiter des *Okinawa te*, und er gab sein Wissen vor allem an Matsumura Sôkon weiter.

Matsumura Sôkon, auch »Bushi« Matsumura Sôkon genannt, lebte von 1792 bis 1896.[27] Er trug gleichfalls den Titel eines »*Chikudon Peichin*«. Seinen Unterricht erhielt er aus drei Quellen. Von »Tôde« Sakugawa lernte

[26] Vgl. Fußnote 23 auf S. 30.

[27] Über Matsumuras Geburtsdatum sind sich die Historiker nicht einig. Nach verschiedenen Angaben soll er 1792, 1800, 1805 oder 1809 geboren worden sein. – Habersetzer, R. u. G.: *Enzyklopädie der Kampfkünste*, Palisander Verlag, Chemnitz 2019.

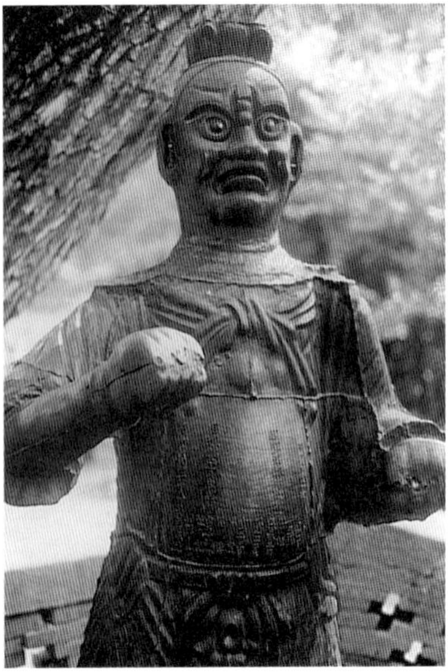

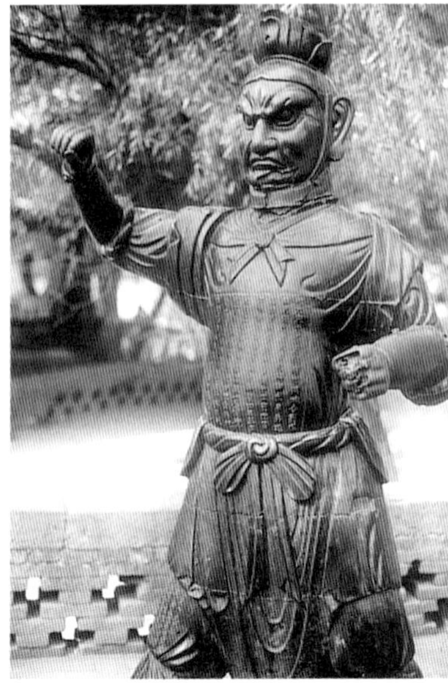

Fotos 10 und 11: Die »Metallmänner« von Jinci in der Provinz Shan Xi (China). Diese insgesamt sechs Gußstatuen in Menschgröße, von denen zwei aus dem 11. Jahrhundert stammen, stellen (ursprünglich bewaffnete) Krieger dar. Sie sind jüngere Versionen der »Terrakottakrieger«, die in der Grabstätte des Kaisers Huang-Ti gefunden wurden.

Derartige Figuren, die dem Betrachter das Gefühl vermitteln, daß sie Energie und Zerstörungskraft ausstrahlen, haben zu allen Zeiten an den Eingängen der Tempel des Ostens, von Indien bis nach Japan, gestanden. Ihre Stellungen, die oft naiv in der Ausführung sind und einen abschreckenden bzw. beschützerischen Eindruck erwecken, erinnern durchaus an die Zeichnungen des Bubishi. Wenige Schritte von dieser Figurengruppe entfernt gibt es, wie in anderen chinesischen Tempeln auch, einen »Pavillon des Weißen Kranichs« (*Bai He Ting*), was allerdings nicht zwangsläufig einen Bezug zum Kampfstil des gleichen Namens bedeuten muß.

er die traditionelle okinawanische Kampfkunst, in Fuzhou lernte er die Technik des Weißen Kranichs, weitere Kenntnisse eignete er sich in Satsuma an. Es ist verständlich, daß er sich um eine persönliche Synthese des Gelernten bemühte. Diese Synthese wurde zum Grundstein eines ersten echten »Systems« von Kampfkünsten, das Matsumura in der Umgebung der Stadt Shuri entwickelte und das den Namen *Shuri te* erhielt. Zahlreiche seiner Schüler in dieser Epoche wurden später selbst zu Begründern eigener Schulen. Unter ihnen finden sich Azato Ankô (1827-1906), Itosu Ankô (1832-1915), Bushi Ishimine (1835-1889), Matsumura Nabe

(1860-1930), Tawada Pechin (1851-1907), Yabu Kentsu (1866-1937), Funakoshi Gichin (1868-1957), Hanashiro Chômo (1869-1945), Kyan Chôtoku (1870-1945), Kiyuna Pechin und Sakihara Pechin.[28]

Die Wende vom 19. zum 20. Jahrhundert trieb die Entwicklung rasch voran. Die aus China stammende und durch die okinawanischen Pioniere der Kampfkünste adaptierte Kampfkunst der »leeren Hand« trat aus dem Schatten. Vor allem das Ende der Militärregierung (*Bakufu*) der Tokugawa und die Restauration des Kaisers Meiji brachte Fortschritte mit sich. Immer mehr Okinawaner konnten sich die Freiheit nehmen zu reisen. Unter den neuen Reisenden, bei denen es glaubhaft erscheint, daß sie das berühmte Dokument von Fujian auf die Insel brachten, waren folgende Meister der Kampfkünste:

Higaonna (oder Higashionna) Kanryô (1853-1916) hielt sich mehrere Jahre lang als Schüler bei Ryû Ruko in Fuzhou auf. Die Anhänger des *Gôjû ryû* sind überzeugt, daß er bei seiner Heimkehr im Frühjahr 1881 das Bubishi mit sich führte. In den Jahren nach seiner chinesischen Lehrzeit erarbeite er die Grundlagen des *Naha-te*-Stils, und zu seinen wichtigsten Schülern zählten Kiyôda Juhatsu (1886-1967), Miyagi Chôjun (1888-1953), Mabuni Kenwa (1889-1952) und Gusukuma Shinpan (1890-1954). Mabuni besaß auch ein Exemplar des Bubishi, aber er hat erklärt, daß es sich bei diesem nicht um eine Kopie von Higaonnas Exemplar, sondern um die Abschrift eines Originals aus dem Besitz von Itosu Ankô (1832-1916) handele, dem Gründer des *Shuri te*. Daraus könnte folgen, daß Itosu sein Bubishi vielleicht von seinem eigenen Lehrer »Bushi« Matsumura erhalten hat.

Uechi Kanbun (1877-1948), der Begründer des Stils *Uechi ryû*, begab sich im Jahre 1897 nach Fuzhou, um dort bei Zhou Zhihe *Shifu* (auf japanisch Shu Shi Wah, 1874-1926) das *Tiger-Boxen* (das in den Archiven seiner Schule als *Pangai Noon* bezeichnet wird) zu lernen. Es ist jedoch auch bekannt, daß Uechi zunächst bei Kojô Kaho (1849-1925) trainiert hatte.

[28] Als Ausbilder der Königlichen Garde von Okinawa brach Matsumura, der bereits zuvor den Stil des Weißen Kranichs studiert hatte, um 1860 erneut nach China auf, von wo er Iwa *Shifu*, einen Meister des Weißen Kranichs, mitbrachte. Es gibt eine nach Matsumura benannte Version des *Hakutsuru Ken*.

Die Familie Kojô (auf chinesisch auch Kogusuku oder Tsai genannt) war berühmt für ihre bedeutenden Kenntnisse auf dem Gebiet der Kampfkünste und vor allem auf dem Gebiet des Stils des Weißen Kranichs. Hierin ist wahrscheinlich die Ursache für die Mischung aus Tiger- und Kranichstil zu finden, die sich in manchen *Kata* des *Uechi ryû* erkennen läßt. Tomoyose Ryûyû (1897-1970), ein Schüler Uechis, hat ein Schriftstück – »Die Geheimnisse des Kempô Karate Jutsu« – verfaßt, in dem zahlreiche Bezüge zum Bubishi enthalten sind, vor allem auf das Kapitel über die Vitalpunkte.

Nakaima Norisato[29] wurde auf Empfehlung eines chinesischen Militärattachés in Kumemura 1870, im Alter von 19 Jahren, nach Fuzhou geschickt, wo er Schüler Ryû Ruhos wurde. Bei diesem studierte er mehrere Jahre lang den »Weg der Feder und des Schwertes« (*Bun Bu Ryû Dô*), das heißt, des nüchternen Weges des Philosophen und Kriegers. 1876 kehrte er nach Okinawa zurück, und in seinem Gepäck befanden sich Kopien aus den Büchern, die ihm sein Lehrer geliehen hatte. Einige Historiker gehen so weit, die Hypothese aufzustellen, daß das Bubishi von Okinawa in Wahrheit eine persönliche Zusammenstellung Nakaimas sei, die er auf Grundlage des Wissens, das er bei Ryû Ruho erlangt hatte, verfaßt habe. Zumindest hatte Nakaima alle Möglichkeiten, seine Kenntnisse zu vervollständigen, da er später weitere Reisen nach China unternahm, die ihn bis nach Peking führten.

Matayoshi Shinkô (1888-1947) gehörte jener Gruppe an, die im Jahre 1917 gemeinsam mit Funakoshi Gichin zum ersten Mal im Butokuden eine öffentliche Karate-Vorführung gab. 1921 erfolgte eine weitere Vorführung auf Schloß Shuri in Gegenwart des jungen kaiserlichen Prinzen, dem späteren Kaiser Hirohito. Matayoshi unternahm mehrere Reisen nach China, wo er verschiedene Kampfstile studierte. Er war im übrigen der erste, der China vom äußersten Norden Japans, über Hokkaidô und die Insel Sachalin kommend, bereiste. Er war zu jener Zeit 23 Jahre alt. Sein Wissen

[29] Nakaima Norisato, auch Kenri genannt, lebte von 1850-1927. Er begründete den Stil des *Ryûei ryû*, der zur Gruppe des *Naha te* gehört. Sein Stil umfaßte verschiedene chinesische Originalformen (*Dao, Kata*): *Ohan, Pachu, Aran, Paiku, Heiko* und *Paiho* (*Weißer Kranich*).

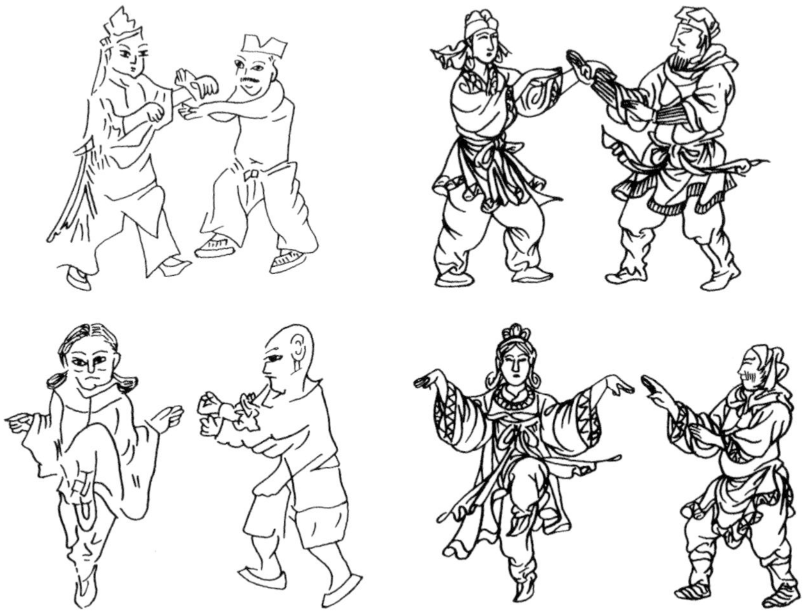

Abbildungen: Zwei naive Darstellungen aus einem Bubishi (links), die von einem japanischen Grafiker nach Hinweisen von Ôtsuka Tadahiko *Sensei* (siehe auch S. 164, 167 und 217) »auf alte Weise« nachgestaltet wurden (rechts).

Die Gestalt links unten ist eine weibliche Person, die eine Technik des Weißen Kranichs ausführt. Diese Zeichnung aus dem 28. Kapitel des Bubishi stellt zweifelsohne Fang Jiniang dar, die Begründerin des Stils. Bei der anderen Gestalt handelt es sich möglicherweise um Cheung Siu Shu, einen *Kempô*-Meister, in einer Position des Schwarzen Tigers.

über Kampfkünste erweiterte sich während seiner großen Rundreise, die ihn von der Mandschurei bis nach Shanghai führte. In Shanghai schloß er sich der berühmten *Jing-Wu*-Vereinigung (auf japanisch *Seibukan*) an, die ihren Ruf dem »Tiger mit dem gelben Gesicht«, Huo Yuan Jia (1862-1909) verdankte, der sein Leben verlor, als ein japanischer Kämpfer, den er besiegt hatte, ihn vergiftete. Auf dem Rückweg nach Okinawa gelangte Matayoshi auch nach Fuzhou. Man erinnert sich seiner auf Okinawa wegen seiner Kenntnisse auf dem Gebiet der Akupunktur, der Heilkräuter und der Beherrschung zahlreicher chinesischer Waffen, nicht zuletzt aber auch dafür, daß er den Stil des Weißen Kranichs praktizierte.

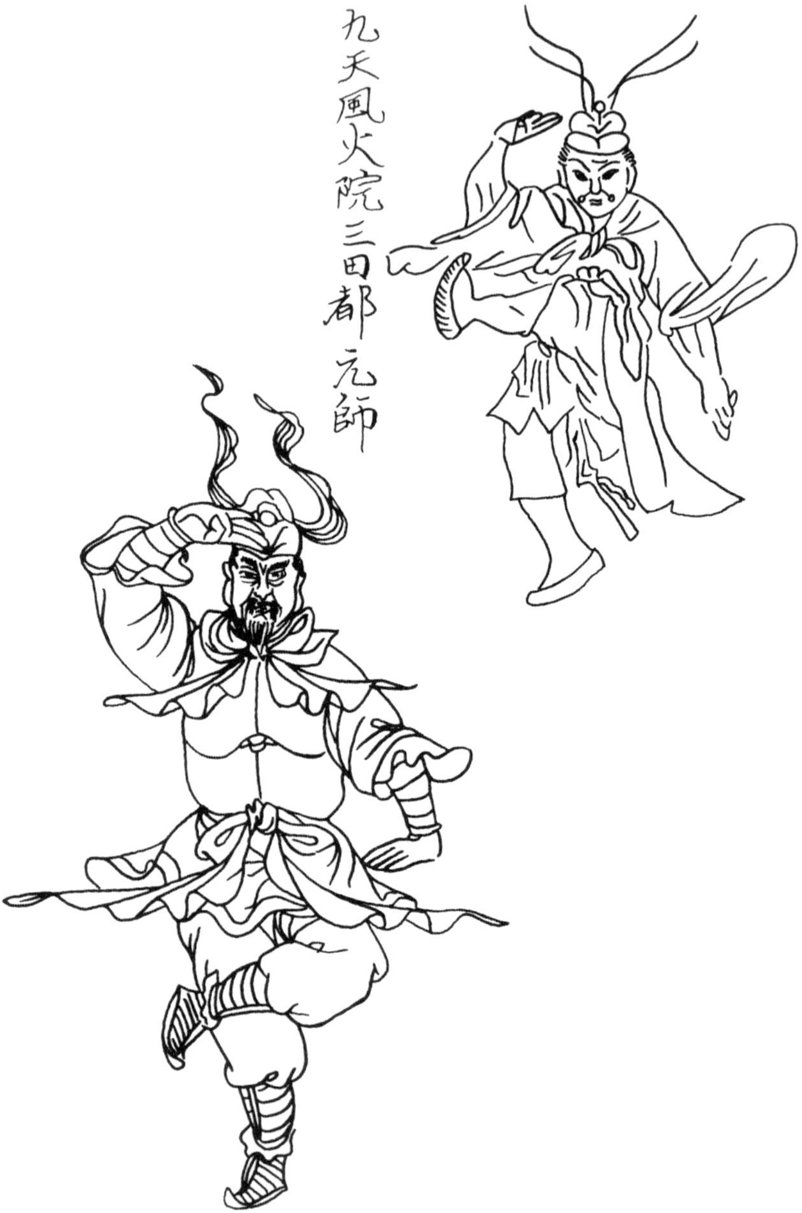

Eine Darstellung der im Bubishi erwähnten Gottheit Busaganashi, rechts oben in naiver Darstellung und links in moderner Ausführung (vgl. Foto 9, S. 33).

Zum neuen Kara des Karatedô

Die Meiji-Restauration (1868-1912) bedeutete für Japan einen eindrucksvollen Sprung ins moderne Zeitalter. Diese Entwicklung war jedoch begleitet von dem unbeugsamen Willen, nichts vom japanischen Wesen aufzugeben. Die traditionellen Werte, vor allem der Geist des *Bushidô*, des traditionellen Moralkodex der Samurai, sollten bewahrt bleiben. Vor dem Hintergrund dieses Nationalismus und später des offenen Militarismus, der seit den 20er Jahren herrschte, ertüchtigten sich die Anhänger des *Budô*, vor allem in den Kampfstilen des *Jûdô*, des *Kendô* und später auch des *Aikidô*. Dies geschah im Rahmens eines Ausbildungssystems, welches die Absicht verfolgte, die zukünftigen Führungskräfte des Landes heranzuziehen. Männer wie Itosu und Higaonna begriffen, daß es sich um eine unausweichliche Entwicklung handelte, und sie erblickten darin eine Möglichkeit, die Kunst der »leeren Hand« zu bewahren, die für eine hochtechnisierte Armee nicht mehr von Interesse war. Es ist vor allem das Verdienst Itosus, daß das *Ryûkyû Kempô Karatedô* Eingang ins Ausbildungssystem seiner Zeit fand. Damit hatte eine Kunst, die traditionell geheim gehalten worden war, ein modernes Gewand gefunden. Das war natürlich mit Zugeständnissen an den Zeitgeist verbunden, und es gab eine Reihe von Abänderungen, sowohl in Bezug auf den Geist der Kampfkunst als auch hinsichtlich der Praxis.

Von nun an stand der körperliche, sportliche Aspekt im Vordergrund, während das Kriegerische und der Gesichtspunkt der Verteidigung in den Schatten traten. Das wahre *Bunkai* (Anwendungsmöglichkeiten) der *Kata* wurde vernachlässigt, und der tiefere Sinn der Techniken, der einst im Vordergrund gestanden hatte, ging nach und nach verloren. Und damit sich alles noch mehr dem westlichen Boxen anglich, welches im damaligen Japan zunehmend Fuß faßte, weil es *modern* war, schloß man schließlich die Hände zu Fäusten. Ein neues Karate war entstanden, ähnlich, wie eine neue Stadt auf den verschütteten Ruinen einer alten entsteht. Die Wurzeln waren natürlich geblieben und würden es künftigen, wieder daran interessierten Generationen gestatten, Kenntnis von den Fundamenten, auf denen ihre Kampfkunst gegründet ist, zu erlangen. Itosu hatte nichts anderes getan, als auf äußerst opportunistische Weise das Wesen seiner Kunst zu verhüllen. Ohne sein Wirken würde man heute wahrscheinlich bedeutend weniger vom Wesentlichen der Kampfkünste wiederentdecken können.

All dies war jedoch noch immer zu wenig in den Augen der fremdenfeindlich und vor allem antichinesisch eingestellten Japaner. Um das aus Okinawa[30] stammende *Karatejutsu* damit adeln zu können, daß man es als gleichwertig zu den *Budô*-Kampfkünsten achtete, mußte nachgewiesen werden, daß es auf alten einheimischen Traditionen beruhte. Dieser Aufgabe nahmen sich jene Pioniere der okinawanischen Kampfkünste an, die als erste nach Japan gingen, um die alte geheime Kunst des *Ryûkyû* dorthin zu bringen – Funakoshi Gichin (1869-1957), der Vater des *Shôtôkan*, Miyagi Chôjun (1888-1953), Begründer des *Gôjû ryû* und Mabuni Kenwa (1889-1952), der Schöpfer des *Shitô ryû*. Japaner wie Yasuhiro Konishi und der *Jûjutsu*-Experte und Begründer des *Wadô ryû* Ôtsuka Hironori (1892-1982) wirkten in dieselbe Richtung. Auch sie wollten, daß die Japaner das Karate als wesentliche und achtenswerte Kampfkunst akzeptierten. Dies gelang, indem im Jahre 1936 dem Begriff *Kara* im Karate offiziell ein neuer Sinn verliehen wurde.

Ursprünglich bezog sich das chinesische Ideogramm für *Kara* (唐), das auch als *Tô* oder *Tou* gelesen werden konnte, auf die Dynastie Tang (618-907). Später galt es einfach als Synonym für »China«. Das zweite Ideogramm, aus dem der Begriff Karate gebildet wird, wird als *Te* (手; auch *De* oder *Di*) gelesen und bedeutet »Hand« (auch »Methode«). Bis zum Beginn des zweiten Weltkriegs interpretierten die okinawanischen Meister den Begriff *Karate* bzw. *Tôde* folglich als »chinesische Hand«. Es besteht eine gewisse Uneinigkeit über die Geschichte des folgenschweren Bedeutungswechsels des Begriffes *Kara*. War dafür Funakoshi Gichin verantwortlich, der 1929 die Entscheidung fällte, die Kunst, die er lehrte, *Dai Nippon Kempô Karatedô* zu nennen und dabei *Karate* die Bedeutung »leere Hand« zu verleihen?[31]

[30] Die Okinawaner waren zwar seit 1868 offiziell Japaner, wurden aber im japanischen Kaiserreich nach wie vor als Fremde betrachtet.

[31] Funakoshi vertrat damit eine diplomatische Haltung gegenüber den Japanern, die eine entschiedene Abneigung gegen die leiseste Anspielung auf eine chinesische Herkunft des von ihnen Praktizierten besaßen. Er ließ den chinesischen Ursprung der Technik in Vergessenheit geraten, indem er das Ideogramm *Kara* im Sinne von *Ku* interpretierte, was »leer« bedeutet.

Oder war es bereits Hanashiro Chômo (1889-1945), der in einer Veröffentlichung aus dem Jahre 1905 der Silbe *kara* durch Verwendung eines anderen Zeichens (空) den Sinn »leer« in seiner materiellen Bedeutung verlieh, jedoch auch die metaphysische Lesart *ku* oder *sora*, was »leer« bzw. »Himmel« bedeutet, zuließ? In jedem Fall war es in den 30er Jahren an der Zeit, der »plebejischen« Technik des *Karatejutsu* einen höheren Sinn zu geben, es als einen Weg zu betrachten, der zugleich nach innen und nach außen führt, zum Ziel des *Wa* (Harmonie). In einer hochoffiziellen Zusammenkunft, die im Oktober 1936 in Naha stattfand, kamen schließlich Kyan Chôtoku, Hanashiro Chômo, Motobu Chôki, Kentsu Yabu und Miyagi Chôjun überein, von nun an offiziell das *kara* im *Karatedô* in seinem neuen Sinn als »leer« zu interpretieren.

Und gerade zu dieser Zeit begannen dieselben Meister in aller Öffentlichkeit von jenem Archiv ihrer Kampfkünste zu sprechen, dem Bubishi. Bei ihren japanischen Schülern fand dies zunächst keinen Wiederhall. Zu beschäftigt waren sie mit ihrem nationalistischen Gedankengut oder – im günstigsten Falle – mit ihren sportlichen Aktivitäten. Es dauerte ein halbes Jahrhundert, bis schließlich einige »Archäologen« der Kampfkunst der »leeren Hand«, in Japan wie in Europa, damit begannen, diese drei Silben behutsam auszusprechen, die noch heute – selbst in den größten *Dôjô* – so undurchdringlich erscheinen:

武	備	志
bu	bi	shi

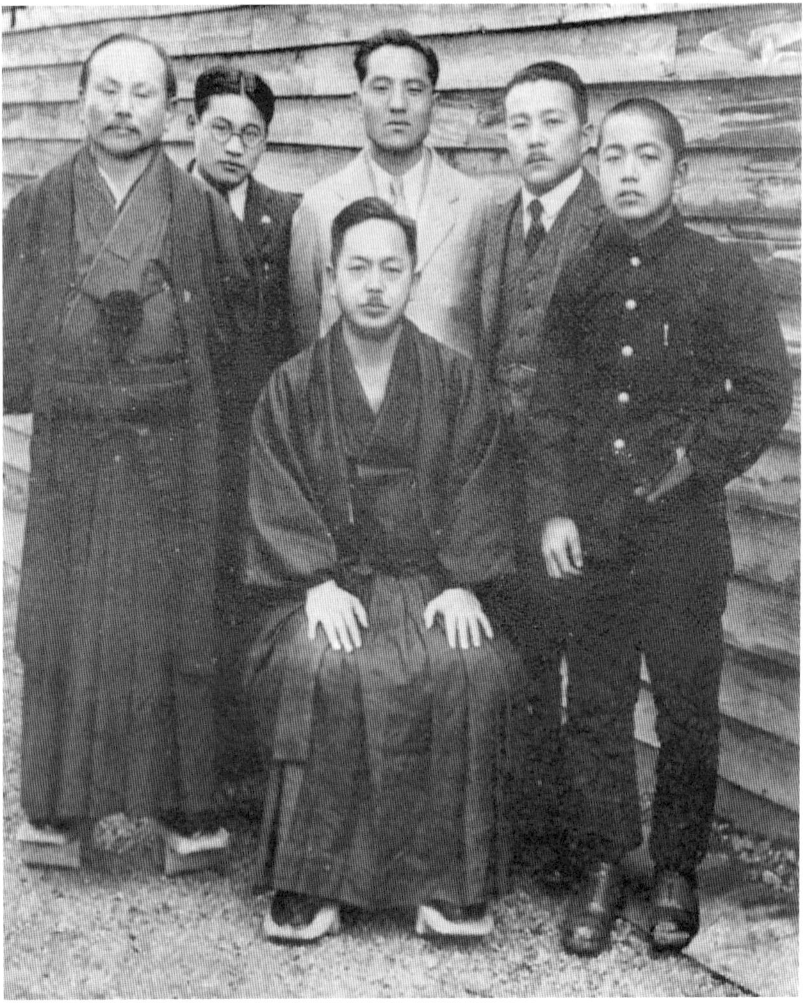

Foto 12: Zu den Erben der alten Techniken aus dem Bubishi zählt wahrscheinlich die gesamte Generation der Kampfkunstexperten des *Okinawa te*. Ihnen ist zu verdanken, daß die Kunst der »leeren Hand« von China nach Japan gelangte. Sie alle schöpften aus derselben Quelle und waren einander oft viel näher, als die gegenwärtige Zersplitterung des *Karatedô* in unterschiedliche Stilrichtungen vermuten läßt. Sitzend in der Mitte Mabuni Kenwa, der Gründer des *Shitô ryû*. Stehend von links nach rechts: Funakoshi Gichin (1869-1957), der Gründer des *Shôtôkan ryû*, Nakasone Genwa (1895-1978), unbekannt, Konishi Yasuhiro (1893-1983), der Gründer des *Shindô Jigen (Shizen) ryû*, Mabuni Kenei (1918-2015), der älteste Sohn Mabuni Kenwas und sein offizieller Nachfolger als Oberhaupt des *Shitô ryû*. Die Fotografie stammt aus dem Jahr 1930.

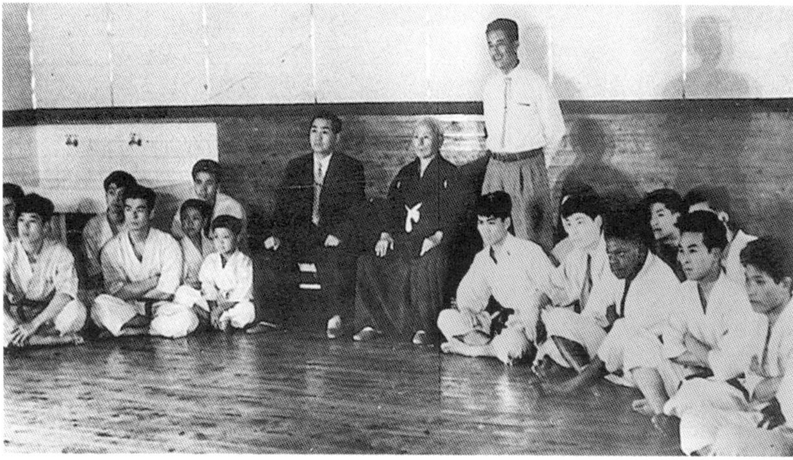

Foto 13: Funakoshi Gichin, sitzend in der Mitte des Bildes, als Vorsitzender bei einer Vorführung der »Japan Karate Association« (JKA). Das sportorientierte Karate des *Shôtôkan*-Stils, wie es sich gegen Ende seines Lebens herausbildete, hatte sich bereits beträchtlich vom Wesenskern des Bubishi entfernt. Die heutigen Vertreter des Karate scheinen dieses alte Dokument nun wiederzuentdecken.

Fotos 14-23: Die folgenden Seiten geben zehn der charakteristischsten Wandmalereien wieder, die auf dem Fresko in der *Baiyi*-Halle des »Ersten Klosters unter dem Himmel« (Shaolin) zu sehen sind, dem Heiligtum der chinesischen Kampfkünste. Sie gehen auf die Zeit der Ming-Kaiser zurück (das Fresko wurde im Jahre 1828 restauriert) und haben teilweise die schrecklichen Heimsuchungen, die das Kloster erleben mußte, überstanden (zum letzten Mal wurde das Kloster zu Beginn des 20. Jahrhunderts während der chinesischen Bürgerkriege zerstört). Heute werden die Wandmalereien erneut restauriert, wobei man sich streng an die Originale hält. Sie stellen nicht nur einen künstlerischen Schatz dar, sondern auch eine einzigartige und außergewöhnliche Quelle für alle, die heute Kampfkünste praktizieren, unabhängig davon, welche Stilrichtung sie betreiben. Es ist offensichtlich, daß der Künstler, der diese kämpfenden *Arhats* (buddhistische Heilige) gemalt hat, vollendete Kenntnisse über die Kampftechniken des alten Wushu besaß. Wir finden hier präzise Darstellungen von Blocks, Bereitschaftsstellungen, Fußtritten, Befreiungen und anderen Haltungen. Man beachte vor allem zwei simultan ausgeführte angetäuschte Fußtritte (Finten) und einen Fußtritt nach hinten (Foto 21) oder einen Block mit gleichzeitigem Ergreifen des Handgelenks (Foto 16). Darüber, was der uns unbekannte Künstler zum Ausdruck bringen wollte, indem er manche der Gegner mit dunklerer Haut darstellte, können wir lediglich spekulieren. Es ist denkbar, daß damit auf einen Fremdling hingewiesen werden sollte oder auf einen Kämpfer, der einen anderen Stil praktizierte. Die dunkle Hautfarbe könnte jedoch auch die rohe Gewalt im Gegensatz zur Technik des »Guten« oder ein böses *Ch'i* (*Qi*) symbolisieren.

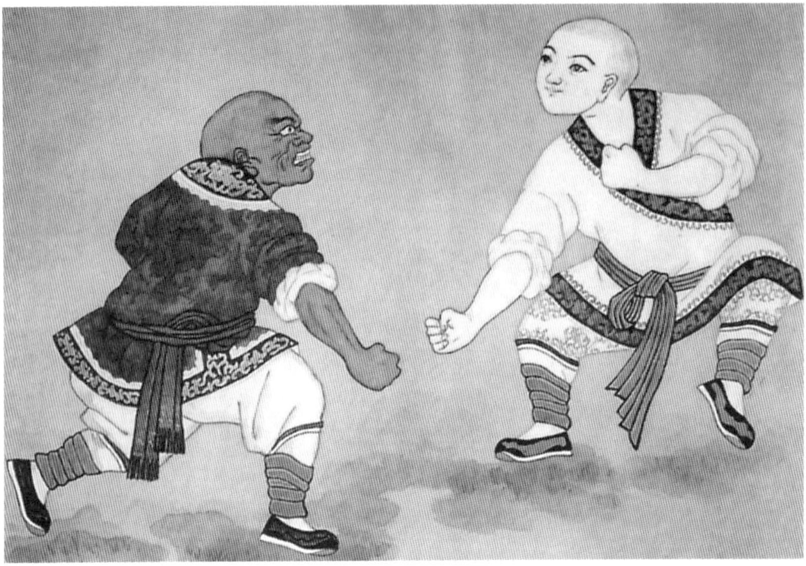

Foto 14

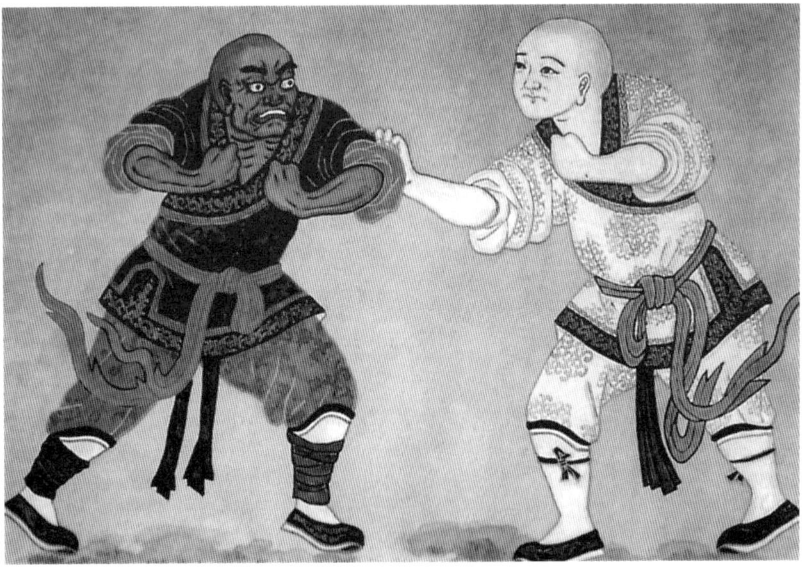

Foto 15

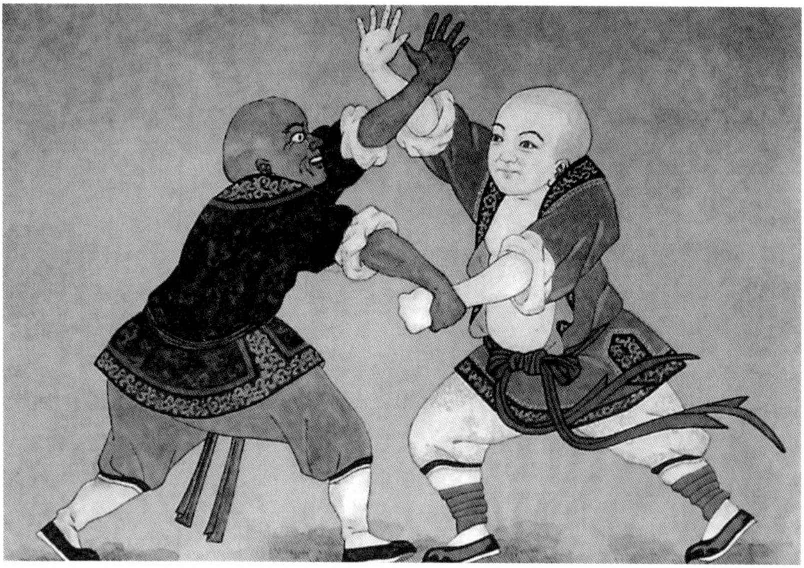

Foto 16

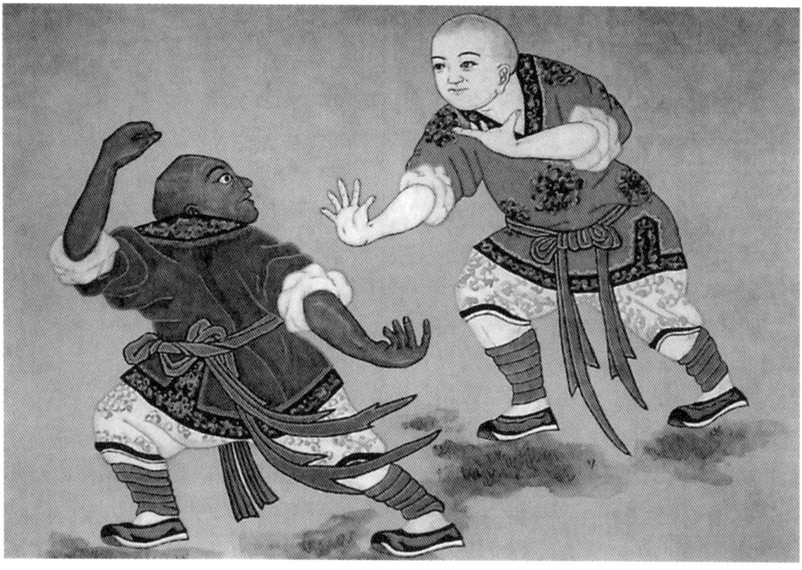

Foto 17

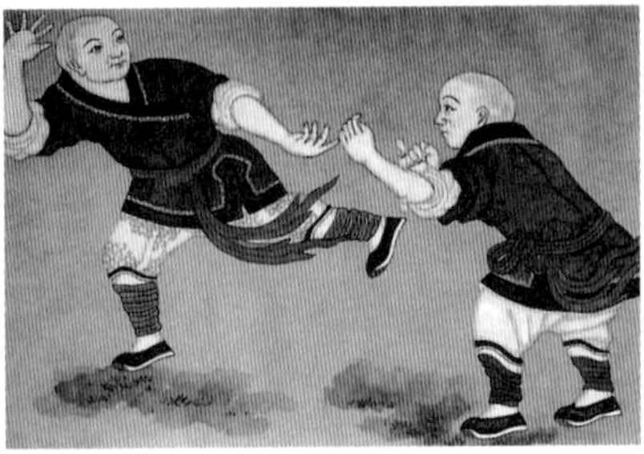

Foto 18

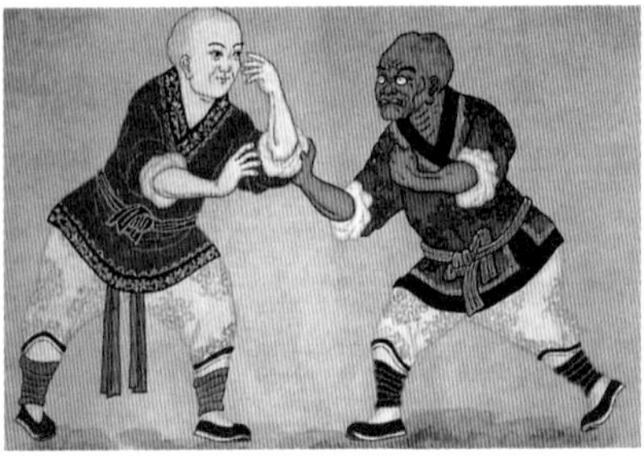

Foto 19

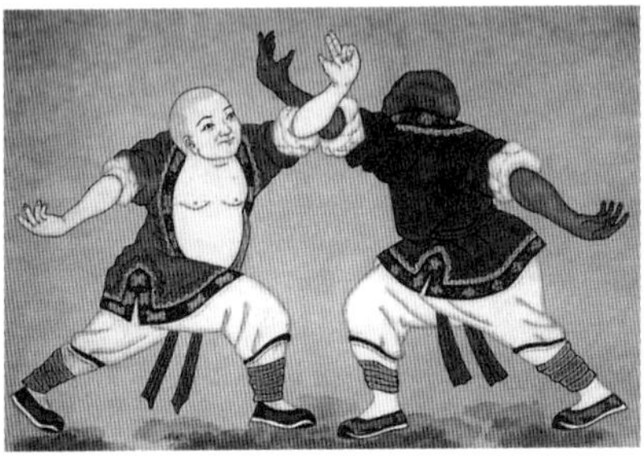

Foto 20

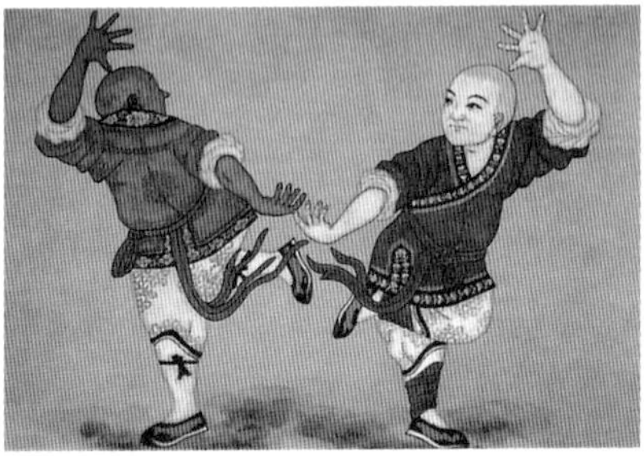

Foto 21

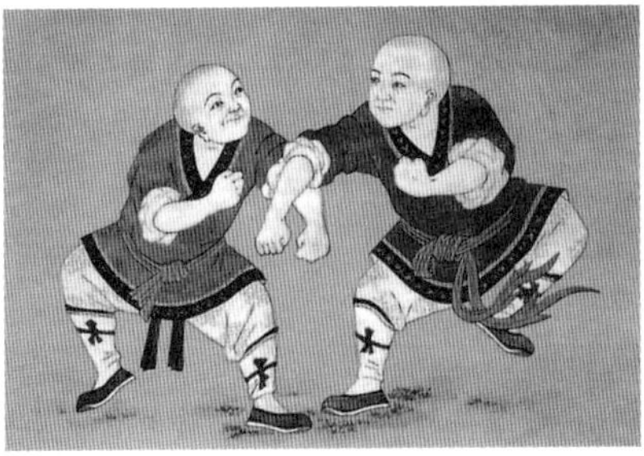

Foto 22

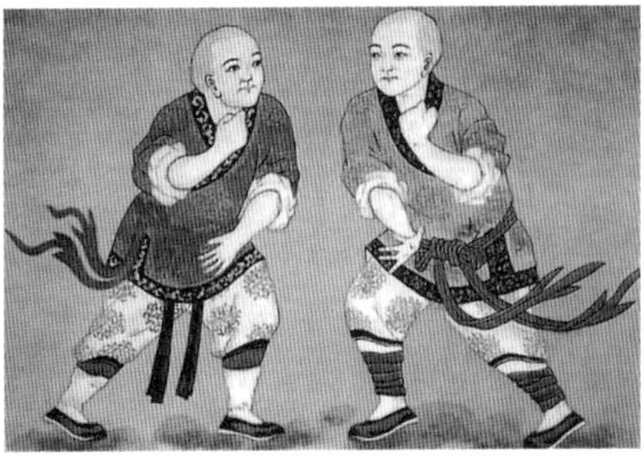

Foto 23

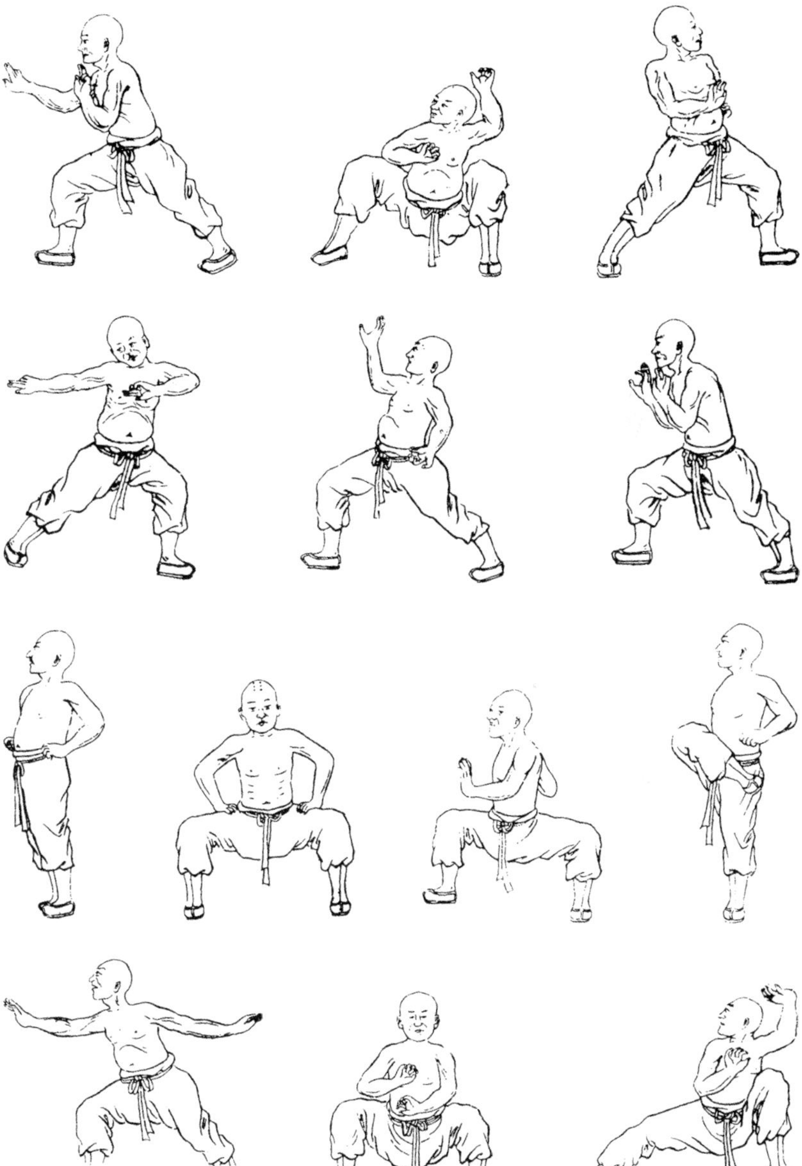

Figuren eines *Dao Lu* (*Quan*) des chinesischen Boxens. Sie wurden einer zeitgenössischen Kopie des zweiten Bubishi entnommen.

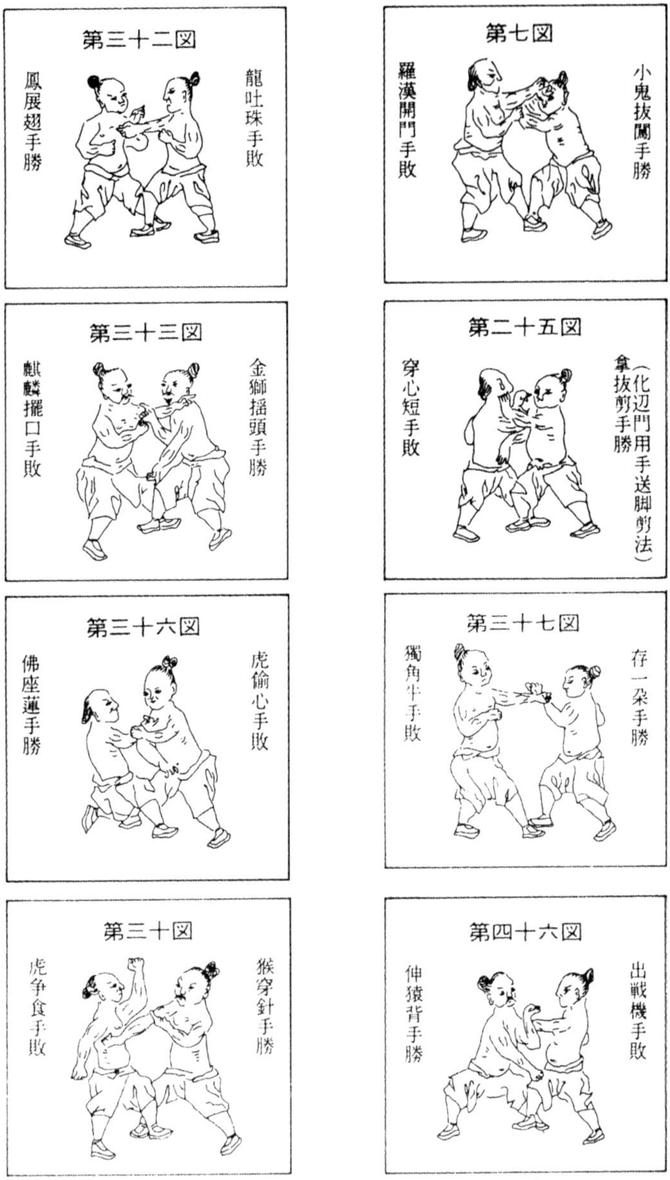

Figuren aus dem Bubishi in einer korrigierten Darstellung, wie sie Ôtsuka Tadahiko *Sensei* in einer Veröffentlichung seiner *Gôjûkensha*-Schule in Tokio verwendete. Die acht Kampfdarstellungen sind Teil der 48 Techniken, die im zweiten Teil dieses Buches vorgestellt werden.

II

Die 32 Formen des Kaisers Song Taizu

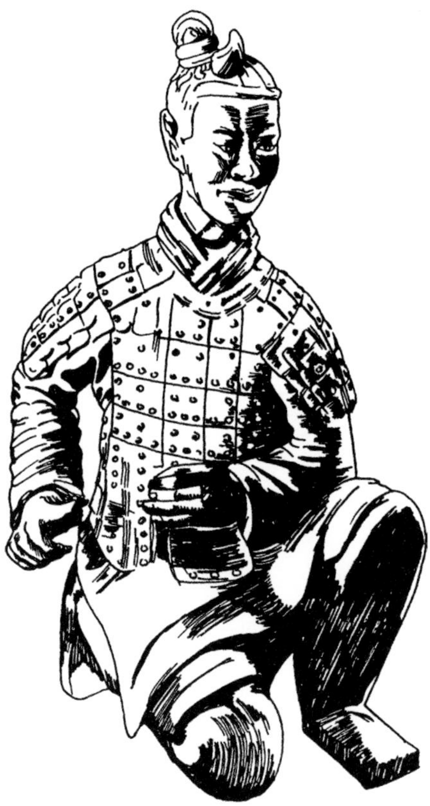

Lange vor dem okinawanischen Bubishi

Im Kapitel »Die Ursprünge – vom ersten zum zweiten Bubishi« (S. 23, siehe auch S. 35) wurde bereits kurz auf das erste Bubishi (Wu Pei Chi bzw. auf Mandarin Wu Bei Zhi) eingegangen. Von diesem monumentalen, reich illustrierten literarischen Werk Mao Yuan Yis (ca. 1594-1644), das im Jahre 1621 erschien, existieren noch heute einige Exemplare, die jedoch nach wie vor nicht öffentlich zugänglich sind. Lediglich hohe Militärs und Regierungsmitglieder haben das Recht, es einzusehen. Während der Qing-Dynastie (1644-1911) stand das Buch sogar auf dem Index, da es womöglich Hoffnungen auf erfolgreichen Widerstand gegen die neuen Herren des Reichs der Mitte hätte wecken können. Doch tatsächlich stellt dieses Werk nicht den Anfang der Geschichte des Bubishi dar. Bereits 1561 oder 1564 wurden die darin enthaltenen 32 waffenlosen Kampfhaltungen im Ji Xiao Xin Shu (»Buch zum Erlernen des Ausbildens von Soldaten«, jpn. Kikô Shinsho) veröffentlicht. Die 32 Formen wurden in diesem Werk auf 16 Tafeln mit je zwei Personen dargestellt. Als Urheber des Dokuments gilt der berühmte chinesische General Qi Jiguang (1528-1588, jpn. Seki Kei Ko). Diese kampftechnischen Darstellungen werden als Qijia Quan oder Taizu Chang Quan (»Taizus lange Faust«, jpn. Taiso ken) bezeichnet. Sie sind auch Teil des San Cai Tu Hui[32]. Sie sollen ihrerseits auf einer chinesischen Schrift aus der Song-Dynastie (960-1279) beruhen, die entweder vom Kaiser Song Taizu (auch Tai-tsou oder Tchao Kouang Yin, jpn. Sô Taiso, Regierungszeit 960-976) persönlich oder in seinem Auftrag erstellt wurde und im Jahre 1372 durch Chin Bo bearbeitet wurde. Diese 32 Kampf- oder Bereitschaftshaltungen des »Kanons des Boxens« stellen eine Synthese der Techniken der 16 Schulen dar, die zur Zeit des Qi Jiguang existierten und deren Kombinationsmöglichkeiten laut dem General »unendlich sind«.

---

[32] San Cai Tu Hui: Chn. »Zusammengestellte Illustrationen aus den drei Sphären«. Enzyklopädie, die durch Wang Qi und seinen Sohn Wang Siyi im Jahre 1607 herausgegeben wurde. In diesem aus ursprünglich 106 Faszikeln (Kapiteln) bestehenden Werk wird das Wissen über das traditionelle China in 14 Sachgruppen (Lèi) eingeteilt. Die Kampfkünste sind u. a. Gegenstand der Sachgruppe »Menschliche Angelegenheiten«. – Winter, M.: Enzyklopädien im chinesischen Kulturraum – die Ieishu. Aus Michel, P., Herren, M. u. Rüesch, M. (Hgg.): Allgemeinwissen und Gesellschaft. Aachen: Shaker 2007, S. 145 ff.

Die 16 Tafeln mit je zwei Personen ähneln auch Darstellungen des zweiten, im 19. Jahrhundert nach Okinawa gelangten Bubishi, auch wenn dieses mit seinen 48 Bildtafeln umfangreicher ist. Ähnlichkeiten sind ebenfalls mit einem koreanischen Dokument zu erkennen, das kurz nach der Veröffentlichung des chinesischen Dokuments entstanden ist, nur daß darin die Reihenfolge der Formen eine andere ist. Es ist bekannt, daß nach dem gescheiterten Versuch der japanischen Truppen unter Toyotomi Hideyoshi (1537-1598), am Ende des 16. Jahrhunderts Korea zu erobern, der koreanische König Seonjo (1567-1608) aus der Yi-Dynastie (auch Joseon-Dynastie, 1392-1910) ein Exemplar des chinesischen Ji Xiao Xin Shu erhalten hat. Er befahl daraufhin seinem General Han Kyo, sechs Methoden für den Zweikampf zu erarbeiten. Das Ergebnis von Han Kyos Arbeiten wurde unter dem Titel Muye Jebo (»Illustrierte Kampfkünste«) veröffentlicht. Unter König Yeongjo (1724-1776) wurde dieses Handbuch überarbeitet und als Muye Shinbo wiederveröffentlicht. König Jeongjo (1776-1800) schließlich beauftragte die Experten Yi Duk Moo, Park Ja Ga und Pak Dong Soo damit, das Werk zu einem umfassenden Militärhandbuch weiterzuentwickeln. Auf diese Weise entstand das Muye Dobo Tongji (»Illustriertes Handbuch der Kampfkünste«). Es enthält eine »Methode des Faustkampfes« (Kwon Bup Bo) für die militärische Ausbildung, die starke Ähnlichkeiten mit den Zeichnungen und Beschreibungen des »Kanons des Boxens« von Qi Jiguang aufweist. Aber auch Techniken, die im Subak, einem entfernten Vorläufer des heutigen Taekwondo enthalten sind, werden darin dargestellt.[33]

Das Ji Xiao Xin Shu von Qi Jiguang setzte auf dem Gebiet des Zweikampfes mit und ohne Waffen echte technische Standards. Es kann als ältestes Handbuch der Kampfkünste für Soldaten angesehen werden. Dennoch, die 32 einfach ausgeführten und im Detail oft ungenauen Zeichnungen interpretieren zu wollen, ist ein gewagtes Unterfangen. Die Gefahr ist groß, daß man sich dabei – ausgehend vom heutigen Wissensstand – zu intellektuellen Spekulationen verführen läßt. Die originalen Beschreibungen, die durch Ôtsuka Tadahiko übersetzt worden sind, sind äußerst

[33] Für historische, biographische und technische Details wird auf das folgende Werk des Autors verwiesen: Habersetzer, R. u. G.: *Enzyklopädie der Kampfkünste*, Palisander, Chemnitz 2019.

knapp und enthalten zudem oft unnütze und naive Aussagen. Auch stellt sich die Frage, ob die Haltungen – Bereitschafts- und Angriffspositionen – als Ausgangsstellungen für Kampfsequenzen zu interpretieren sind, die man sich vorzustellen hat, oder ob es sich eher um Augenblicksdarstellungen während einer solchen Sequenz handelt. Es ist denkbar, daß es sich einfach um eine Art Gedächtnisstütze handelt, bei der es darum geht, im Betrachter, für den das Handbuch bestimmt war, alles Vorhergehende und Nachfolgende wachzurufen. Auf diese Weise wäre gewährleistet gewesen, daß niemand, der nicht entsprechend ausgebildet war, aus den Informationen des Buches hätte Nutzen ziehen können.

Es ist auch unsicher, ob jede der Zeichnungen für sich allein betrachtet werden muß oder ob sie aufeinander Bezug nehmen und eine bestimmte Abfolge darstellen. So wäre es beispielsweise vorstellbar, daß, wenn eine Person Haltung 3 einnimmt, ihr Gegner mit Einnehmen der Haltung 4 kontert. Möglicherweise kann man die Haltungen auch uneingeschränkt miteinander kombinieren wie die Karten eines Kartenspiels. Man kann sogar die Möglichkeit in Betracht ziehen, daß es sich um Übungen handelt, die eher der Körperertüchtigung der Soldaten dienen sollten als sie auf effektives Kämpfen in der Schlacht vorzubereiten. Immerhin waren Qi Jiguang und seine Zeitgenossen der Ansicht, daß die individuelle Fertigkeit beim Kampf mit bloßer Hand in keinem Zusammenhang mit der Effektivität von Truppenbewegungen auf dem Schlachtfeld steht. Man praktiziert auch heute noch gymnastische Übungen in China, die mit Kampfpositionen und Körperhaltungen, bei denen es um energetische Aspekte in der Art des Qigong geht, in Zusammenhang stehen. Weiterhin könnte man vermuten, daß die Darstellungen »Überleitungstechniken« veranschaulichen sollen – also beispielsweise eine Technik mit der Waffe, gefolgt von einer waffenlosen Technik usw.

In seinem Handbuch schreibt Qi Jiguang: »Die Effektivität muß in einer einzigen Bewegung liegen. Wer die Körperhaltung nicht richtig begreift, wird auch mit zehn Bewegungen ineffizient sein.«

Anmerkung: Eine Übersetzung und Kommentierung der Einleitung des Kapitels über die Faustkampftechniken aus dem Ji Xiao Xin Shu durch den Wushu-Experten Maik Albrecht findet sich im Anhang dieses Buches (S. 295 ff.).

Die 32 Kampfhaltungen des Kaisers Song Taizu

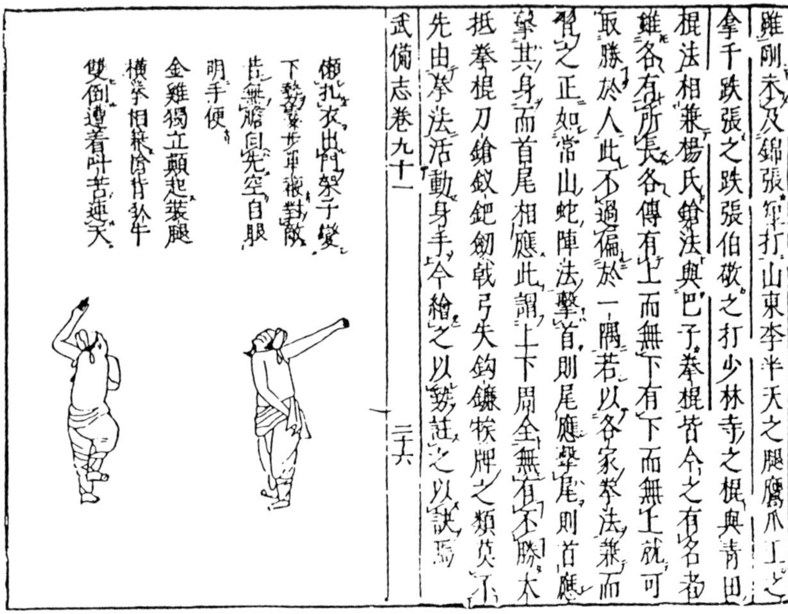

雖剛未及綿張短打山東李半天之腿鷹爪王之
拿千跌張之跌張伯敬之打少林寺之棍與青田
棍法相兼楊氏鎗法與巴子拳棍皆今之有名者
雖各有所長各傳有上而無下有下而無上就可
取勝於人此不過偏於一隅若以各家拳法兼而
習之正如常山蛇陣法擊首則尾應擊尾則首應
擊其身而首尾相應此謂上下周全無有不勝大
抵拳棍刀鎗叉鈀劒戟弓矢鉤鐮筅牌之類莫不
先由拳法活動身手今繪之以勢註之以訣以
武備志卷九十一　二十六

懶扎衣出門架子
變下勢霎步單鞭
對敵若無膽向
先空自眼
明手便

金雞獨立顛起裝腿
橫拳相兼搶背臥牛
雙倒遭着叫苦連天

Rechts: Letzter Teil (Spalten 18-26) der Einleitung (für die Übersetzung siehe S. 295 ff.). Links: Formen 1 und 2 (die erste Form entspricht der rechten Figur).

Erste Form: Lǎn Zhā Yī – Das Gewand sehnsuchtsvoll festmachen

Lǎn Zhā Yī bedeutet, daß man das Gewand auf »sehnsuchtsvolle« Weise festmacht.[34] Das heißt, diese Position ist eine Bereitschaftsstellung, die in dem Augenblick eingenommen wird, in dem der Kampf beginnt. Sie ent-

[34] Im alten China trug man lange Gewänder (Chang Pao), die an den Beinseiten einen Schlitz hatten. Für den Kampf waren die langen Kleidungsstücke allerdings hinderlich, und aus diesem Grund nahm man zuvor die Bereitschaftsstellung Lǎn Zhā Yī ein. Dabei befestigte man das lange Unterteil des Kleidungsstückes an seinem Hosenbund. (Zha bedeutet festbinden oder etwas binden.) Dies erfolgte in einer schnellen, fließenden Bewegung, an der man bereits das Niveau eines Kämpfers erkennen konnte. Mit dieser Handlung brachte dieser zum einen seine Bereitschaft zum Kampf zum Ausdruck und zum anderen diente sie dazu, in den Zustand des leeren Geistes zu gelangen. Je besser er das machte, desto mehr konnte er den Gegner bereits vor dem eigentlichen Kampf beeindrucken. – Anm. M. Albrecht.

wickelt sich aus einer tiefen Stellung (Xià Shì), und nach einem unverzüglichen und raschen Ortswechsel (Shà Bù) wird sie mit einem Schlag mit der Handfläche abgeschlossen (Dān Biān). Mit Bezug auf den Gegner ist es wichtig, daß man sich in einem Zustand geistiger Leere (jpn. *munen muso*) befindet, wenn man sich auf ihn zu bewegt. Durch die Leere des Geistes wird der Blick klar und die Bewegungen werden flüssig; auf diese Weise wird es möglich, seine Technik den verschiedensten Veränderungen anzupassen.

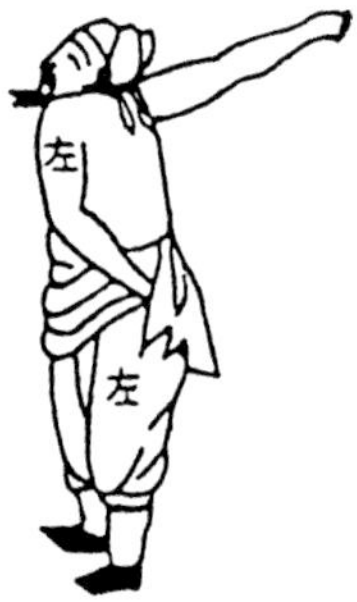

Zweite Form: Jīn Jī Dú Lì – Der goldene Hahn steht auf einem Fuß

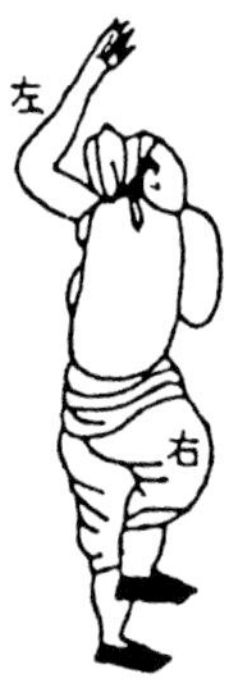

In der chinesischen Faustkampfkunst benutzt man verschiedene Ausdrücke, um Heldenmut zu bezeichnen, so z. B. »goldener Hahn«, »goldener Löwe« oder »goldener Karpfen«. Jīn Jī Dú Lì ist die Haltung des Hahns, der auf einem Fuß steht und seine Flügel ausbreitet.[35] Diese Position wird eingenommen, um den Gegner zu einem Fußtritt zu verleiten. Der gehobene Fuß kann sowohl für den Angriff als auch zur Verteidigung verwendet werden. Aus dieser Position kann man jederzeit einen Fußtritt ausführen. Diese Bereitschaftshaltung gestattet auch Gegenangriffe durch aufeinanderfolgende seitliche Schläge. Trotzdem hat die Haltung ihre Schwächen: Die Tatsache, daß man auf nur einem Fuß steht, hat den Nachteil, daß man nur nach vorn angreifen oder sich verteidigen kann. Außerdem kann, wenn man von hinten ergriffen wird, der Kampf nur dadurch endgültig beendet werden, daß man sich zusammen mit dem Gegner rückwärts fallen läßt und sich somit in die Position der »sitzenden Kuh« begibt. Es ist sicher, daß der Schmerzensschrei, der die Folge dieser Technik ist, bis zum Himmel vernommen werden kann.

---

[35] Dú Lì bedeutet auch »souverän«. Das heißt, man steht auf einem Bein, ist aber dabei dennoch souverän. – Anm. M. Albrecht.

Dritte Form: Tàn Mǎ – Den Hals des Pferdes tätscheln

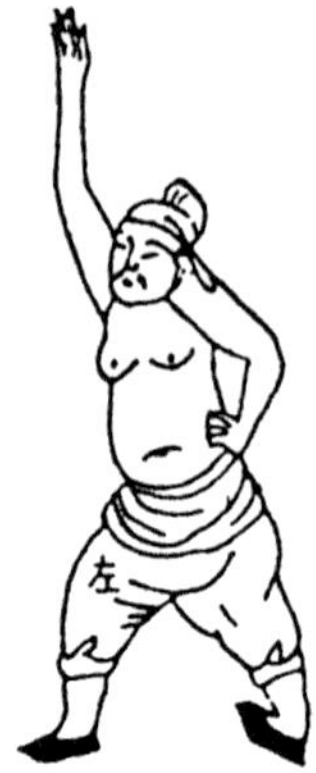

Es heißt, daß Tàn Mǎ eine Technik ist, die durch Kaiser Song Taizu überliefert worden ist. Mǎ heißt Pferd, und der Begriff repräsentiert die Kraft des Gegners. Tàn Mǎ ist eine Bereitschaftshaltung, die es gestattet, die Geschicklichkeit des Gegners einzuschätzen. Sie verfolgt das Ziel, ihn dazu zu verleiten, anzugreifen. Beherrscht man diese Bereitschaftshaltung, so wird sie zur Ausgangsbasis für zahlreiche Techniken und ermöglicht es, schnell entsprechend den Umständen zu reagieren. Indem man die Fähigkeiten des Gegners einschätzt, kann man entweder nach vorn angreifen oder aber sich schnell zurückziehen. In beiden Fällen kann man, wenn der Gegner plötzlich angreift, mit geringem Kraftaufwand einen wirkungsvollen Gegenangriff führen. Am besten ist es, den Kampf mit einem kurzen Fauststoß zu beenden.

Vierte Form: Ào Dān Biān – Die gebogene Peitsche

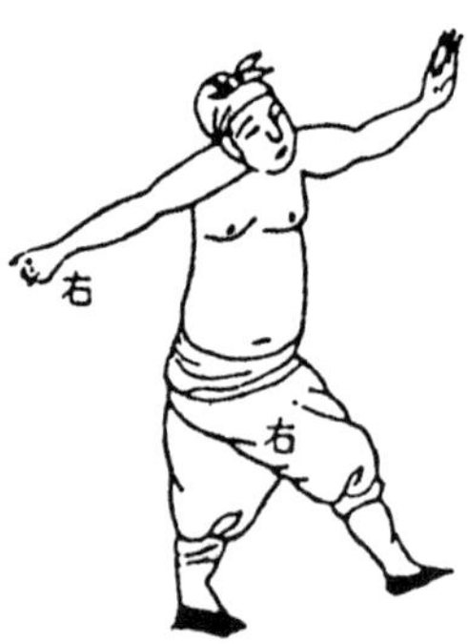

Dān Biān ist kein Peitschenschlag mit dem Handgelenk, sondern ein Schlag mit der Handfläche. Diese Haltung ermöglicht eine große peitschende Bewegung des ganzen Arms, beginnend von der Schulter. Ào bedeutet Angriff aus einem Stand mit entgegengesetzt gestellten Füßen als Ausgangsstellung, im Gegensatz zu Shùn, was Angriff auf dem nach vorn gestellten Fuß bedeutet.[36] Während man mit Hilfe der linken Hand den Abstand abschätzt, geht man einen Schritt nach vorn, wobei der rechte Arm mit offener Hand ausgestreckt nach hinten gehalten wird; das Gefühl (der Kraft) konzentriert

[36] D. h., die Kraft für den »Peitschenschlag« kommt aus einer Drehbewegung des Körpers, die aufgrund der Ausgangsstellung der Beine entwickelt wird. – Anm. M. Albrecht.

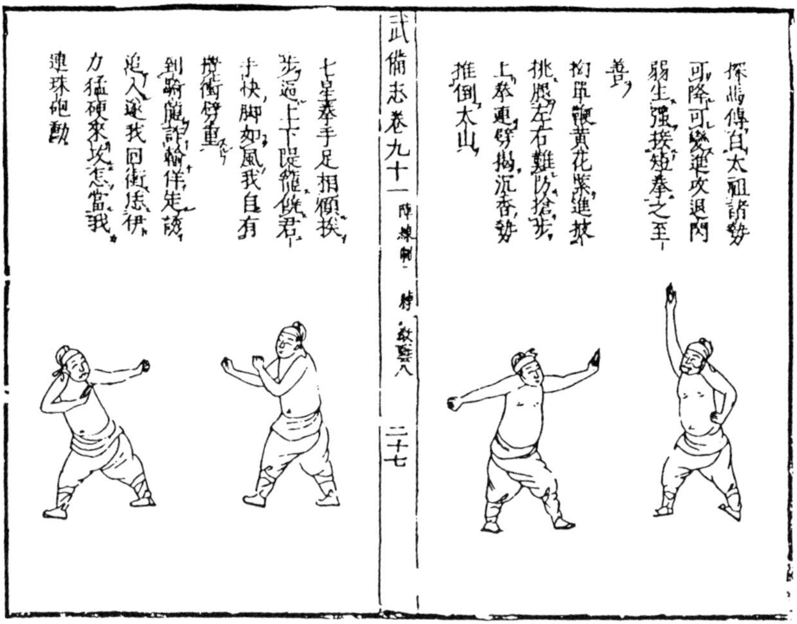

Formen 3 bis 6 (von rechts nach links).

sich in der Handfläche, begleitet von der Absicht, zuzuschlagen. Wird der Angriff mit einem gesprungenen Fußtritt ins Gesicht fortgesetzt, so wird es für den Gegner schwierig, sich gegen seitliche Angriffe zu schützen. Der Angriff wird weitergeführt mit einer Serie von hohen Faustschlägen. Es heißt, daß man selbst einen Gegner besiegen kann, der unüberwindlich wie ein Berg ist, oder einen Experten, der über eine außergewöhnliche Technik verfügt, wenn man mit einem Angriff mit der Handkante nach unten (Pishou) fortfährt, gefolgt von einem nach oben geführten Angriff (Jieda).

Fünfte Form: Qī Xīng Quán – Die Faust der sieben Sterne

Die sieben Sterne (Qī Xīng) repräsentieren das Sternbild des Großen Wagens. Während man den Abstand zum Gegner verkürzt, um ihn zu schlagen, hält man ein Gleichgewicht zwischen dem oberen und dem unteren

Niveau aufrecht, indem man die oberen und unteren Gliedmaßen synchron koordiniert. Man bewegt sich dabei, als trüge man zwei Körbe. Selbst wenn die Hände des Gegners schnell und seine Füße flink wie der Wind sind, ist es wichtig, daß man aufeinanderfolgende horizontale und vertikale Angriffe gegen ihn führt.

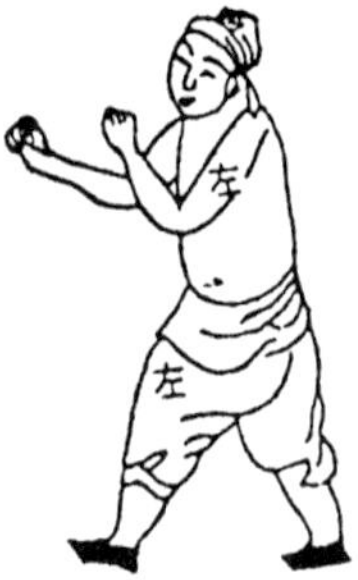

Sechste Form: Dào Qí Lóng – Die Falle auf dem Rücken des Drachens

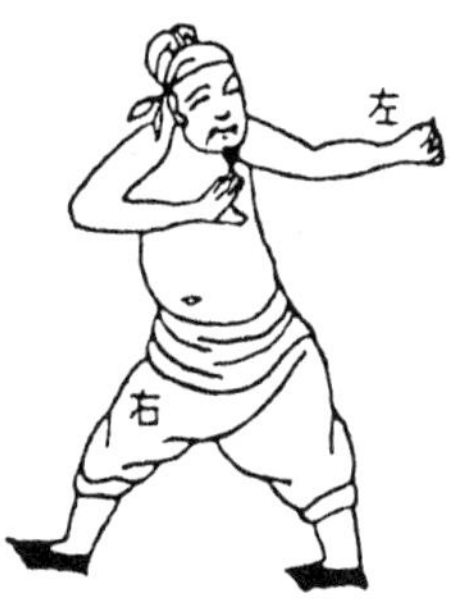

Dào Qi Lóng bedeutet, daß man den Gegner, der auf dem Drachen reitet, niederstreckt, indem man ihn anlockt. Man täuscht vor, sich geschlagen zu geben und die Flucht zu ergreifen. Tappt der Gegner in die Falle (indem er »auf den Rücken des Drachens steigt«) und nimmt die Verfolgung auf, wird er umgangen, während man den Abstand zu ihm kontrolliert, und man nähert sich ihm von neuem, um ihn zu schlagen. Selbst wenn der Gegner hart und mit Kraft und Wildheit angreift, kann er gegen die aufeinanderfolgenden Angriffe nicht gewinnen.

Siebte Form: Xuán Jiăo Xû Ĕr – Das Bein als Köder heben

Xuán Jiăo Xû Ĕr stellt eine einladende Haltung dar, bei der das erhobene Bein als Köder eingesetzt wird. Der Gegner nähert sich mit leichten Schritten. Wenn er das erhobene Bein unter Kontrolle bringen oder fegen will, wird es wieder abgesetzt, ohne daß dabei die Spannung im Bein vermindert wird, und es wird unverzüglich wieder angehoben, um einen Fußtritt auszuführen. Der Angriff wird mit einem Schlag der Handfläche nach oben fortgesetzt. Es heißt, daß, wer diese Technik beherrscht, keinen ebenbürtigen Gegner hat.

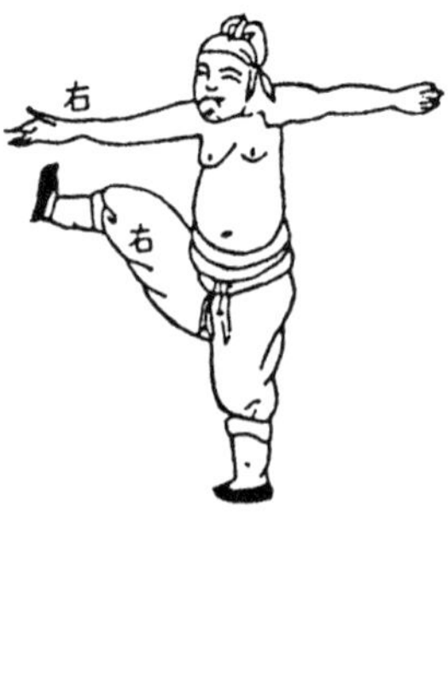

Achte Form: Qiû Liú Shì – Die Streitaxt von oben herab schwingen

Qiû Liú Shì ist eine einladende Haltung im Halbprofil. Die linke Hand ist über den Kopf gehoben, die rechte befindet sich am unteren Ende des Brustkorbes (an der Hüfte). Als würde man mit einer Streitaxt zuschlagen, wird nun von oben nach unten ein Fußtritt des Gegners abgewehrt, während man selbst simultan dazu mit der rechten Handfläche zuschlägt.

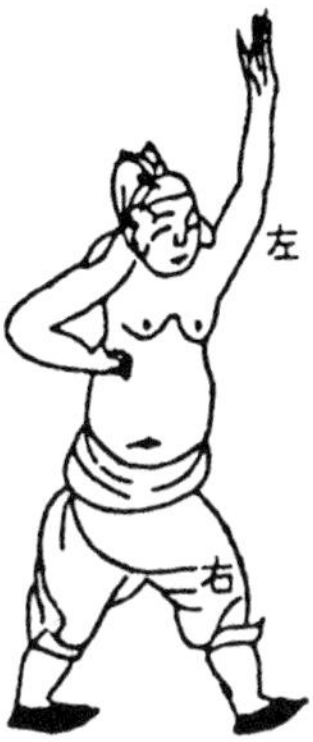

Der Bewegungsablauf wird fortgesetzt, indem man den Abstand zum Gegner verkürzt und Schläge auf Vitalpunkte ausführt. Abgesehen vom Einsatz der Hände ist die Haltung Qiû Liú Shì identisch mit der Bereitschaftshaltung Tàn Mă. Allerdings steht man bei letzterer dem Gegner direkt gegenüber und bei ersterer im Halbprofil. Bei beiden Techniken profitiert man vom Ungleichgewicht, das durch die Kontrolle des angreifenden gegnerischen Beins bewirkt wird, um den Gegner zu schlagen. Dies gestattet es, einen einzigen und tödlichen Schlag auszuführen.

Neunte Form: Xià Chā Shì – Nach unten hineinstecken

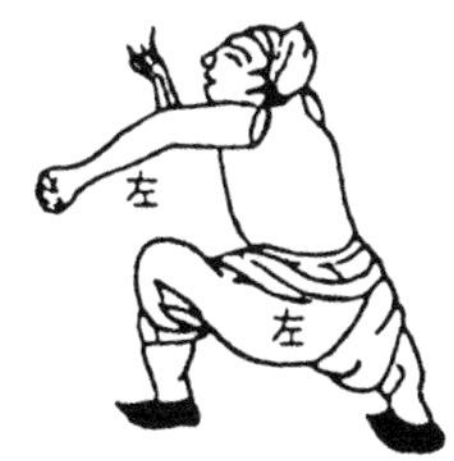

Xià Chā bedeutet »nach unten hineinstecken«. Es handelt sich um eine Technik, bei der der gegnerische Fuß schaufelnd ergriffen wird. Sie dient hauptsächlich dazu, einen Fußtritt rasch unter Kontrolle zu bekommen. Man bewegt sich nach vorn und begibt sich in eine vorteilhafte Position, ungeachtet des Abstands, und man ergreift das gegnerische Bein, indem man es mit dem Unterarm verhakt. Die Kontrolle über den Gegner wird weiter gewonnen, indem man das Bein mit der Innenseite des Ellbogens blockiert.[37] Während man die Nähe zum Gegner

[37] Chā bedeutet auch »verriegeln«, d. h., das gegnerische Bein wird in die Ellenbeuge »hineingesteckt« und somit »verriegelt«. – Anm. M. Albrecht.

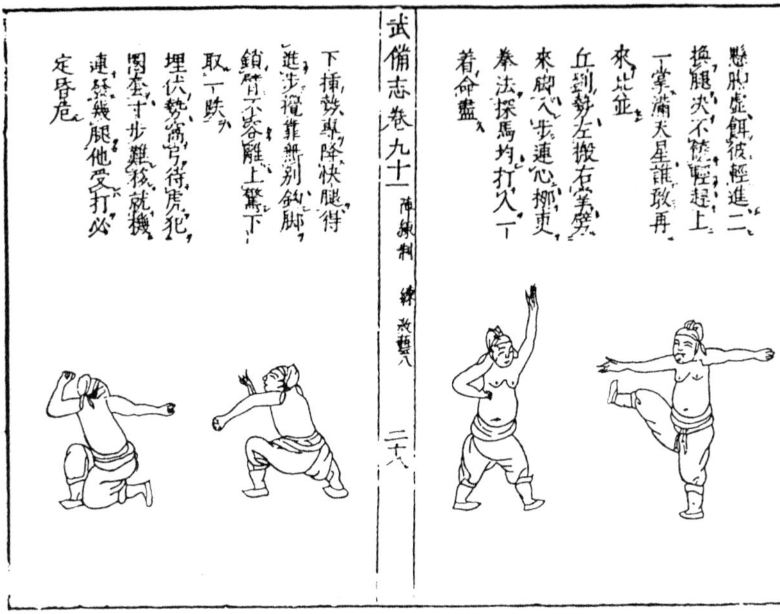

Formen 7 bis 10 (von rechts nach links).

beibehält, überrascht man diesen, indem man ihn gegen den Kopf schlägt, während man einen *Kiai* ausstößt. Der Kampf wird beendet, indem der Gegenangriff mit einem Tritt in den Unterleib fortgesetzt wird.

Zehnte Form: Mái Fú Shì – Bereitschaft im Hinterhalt

Man wartet darauf, daß der Tiger (der Gegner) in die eigene Verteidigungszone eindringt, wobei man die Hände und die Füße verborgen hält (der »Bogen« wird versteckt). In dem Moment, in dem der Gegner noch einen Schritt machen will, wird er mit mehreren Fußtritten attackiert. Bei einem solchen Angriff ist es sicher, daß er das Bewußtsein verliert, vielleicht sogar das Leben.

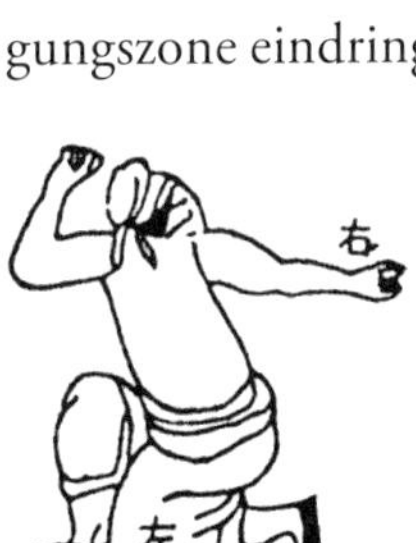

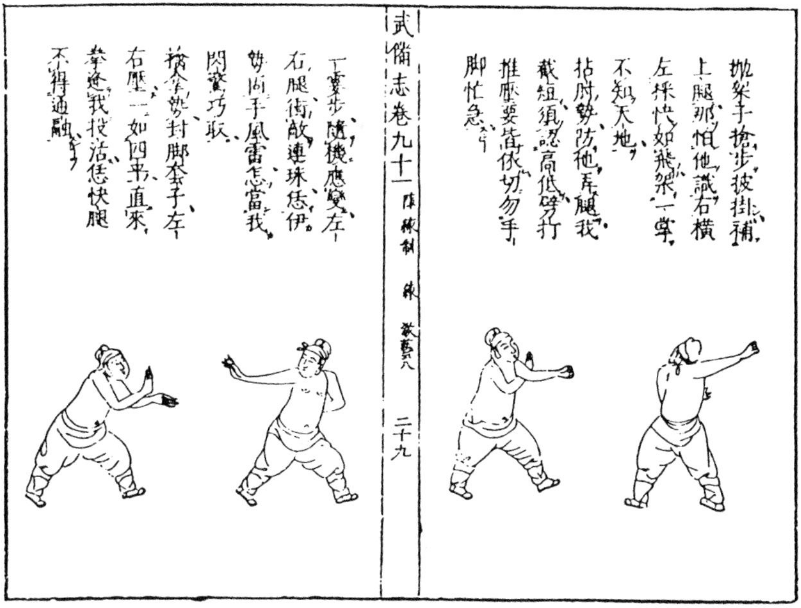

Formen 11 bis 14 (von rechts nach links).

Elfte Form: Pāo Jià Zǐ – Die Bereitschaft für Haken und Wurf

Diese Technik besteht darin, daß man den Abstand zum Gegner verkürzt und ihn dabei dazu verleitet, einen Fußtritt auszuführen. Tut er dies, so verhakt man ohne zu zögern dessen Bein mit dem rechten Arm und zieht es nach oben. Dies geschieht ohne die geringste Furcht, daß der Gegner die eigenen Absichten erraten könnte. Erfaßt man dessen Bein mit dem rechten Arm, so zieht man es nach links. Diese Technik wird mit der Schnelligkeit eines Sprungs ausgeführt, und indem man den Arm noch weiter nach oben führt, wirft man den Gegner. Auf diese Weise wird er nicht mehr wissen, wo oben und unten ist.

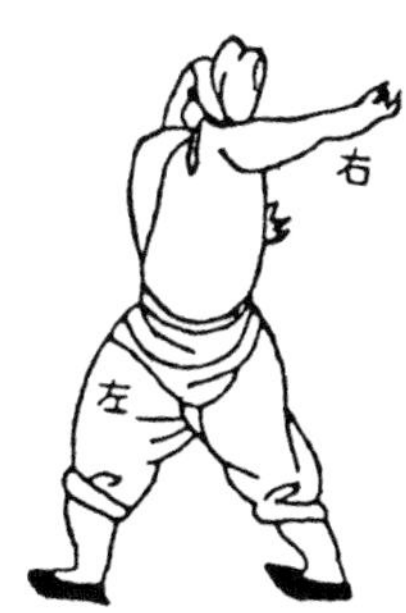

Zwölfte Form: Niān Zhōu Shì – Haltung für Abwehr mit dem Ellbogen

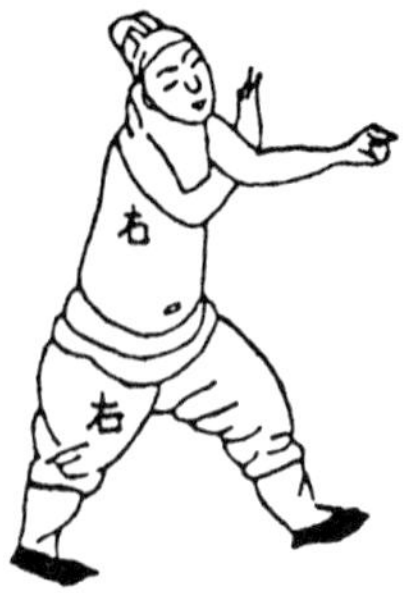

Die Bereitschaftshaltung Niān Zhōu Shì ermöglicht es, sich mit dem Ellbogen vor einem Täuschungsmanöver des Gegners zu schützen, der einen Scheinangriff mit dem Fuß ausführt. Man greift daraufhin an, indem man einen kurze und schneidende Fegebewegung ausführt. Man muß dabei unbedingt über vertikale Bewegungsfreiheit verfügen. Man schlägt nach vorn, entweder mit der Faust oder mit der Handfläche, je nachdem, was angemessener erscheint. Dabei paßt man seine Körperhaltung der Technik an. Ohne etwas zu überstürzen achtet man darauf, daß ein gutes Gleichgewicht zwischen den Armen und den Beinen besteht.

Dreizehnte Form: Yī Shà Bù – Unverzüglicher Ortswechsel

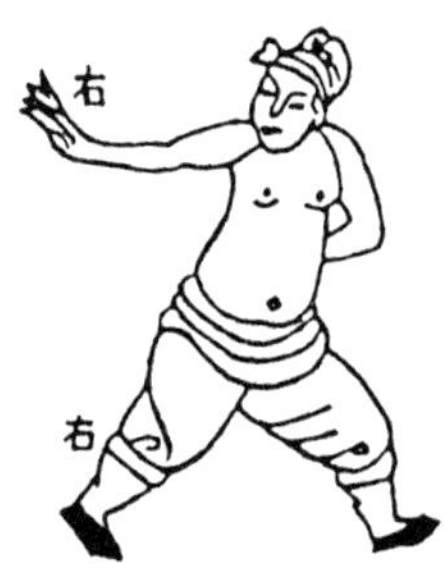

Shà Bù bedeutet eine schnelle Ortsveränderung, die durch eine Drehung um die eigene Achse eingeleitet wird (jpn. *Irimi*). Entsprechend den jeweiligen Gegebenheiten muß man in der Lage sein, sich an Veränderungen anzupassen, indem man sich nach links oder nach rechts bewegt, und man muß dabei den rechten Moment für eine Folge von Gegenangriffen abwarten. Selbst wenn die Technik des Gegners hart und stark ist wie der Wind und das Gewitter, wird man nicht besiegt, wenn man sich schnell und präzise bewegt und das Überraschungsmoment und günstige Gelegenheiten ausnutzt. Alles in allem geht es bei dieser Technik darum, eine schnelle Ortsveränderung auszuführen, den Gegner mit einem *Kiai* zu überraschen und geschickt im günstigen Augenblick zuzuschlagen.

Vierzehnte Form: Qín Ná Shì – Ergreifen und blockieren

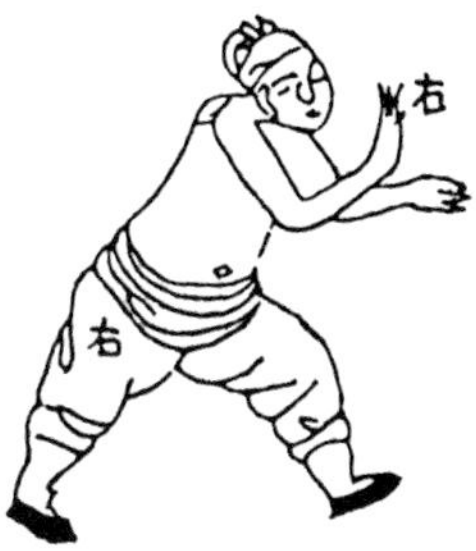

Qín Ná bedeutet »Ergreifen und Ruhigstellung des Körpers«. Diese Technik wird hier als Schutz vor einem möglichen Fußtritt des Gegners eingesetzt. Mit der Bereitschaftshaltung wird Druck auf den Gegner ausgeübt, indem die Hände auf einer vertikalen Ebene gehalten werden, ähnlich wie in der Bereitschaftshaltung Zhông Sì Píng (15. Form). Greift der Gegner mit einem direkten Fauststoß an, bekommt man sein Ellbogengelenk unter Kontrolle und kann ihn werfen. Greift er mit einem Fußtritt an, wird er ebenfalls den Kampf verlieren, da er durch einen Gegenangriff, bei dem analog zum Angriff mit einem Fauststoß das Kniegelenk unter Kontrolle gebracht wird, das Gleichgewicht verliert und geworfen wird.

Fünfzehnte Form: Zhông Sì Píng – Die Bereitschaft in der Mitte auf vier Ebenen

Die Bereitschaftshaltung Zhông Sì Píng gestattet es, nach vorn zu gehen, um anzugreifen, indem starker Druck, der auf einer festen Bereitschaftshaltung beruht, auf den Gegner ausgeübt wird. Auf diese Weise wird es für ihn schwierig, schnelle Fußtritte auszuführen. Man greift ihn an, während man nach vorn geht und dabei beide Hände in Bereitschaftshaltung nach vorn hält. Wird daraufhin der Druck noch verstärkt, indem man ihm aus kurzer Distanz einen Schlag versetzt, wobei die andere Hand in Bereitschaft bleibt, nimmt man ihm jede Möglichkeit zu einem Sieg.

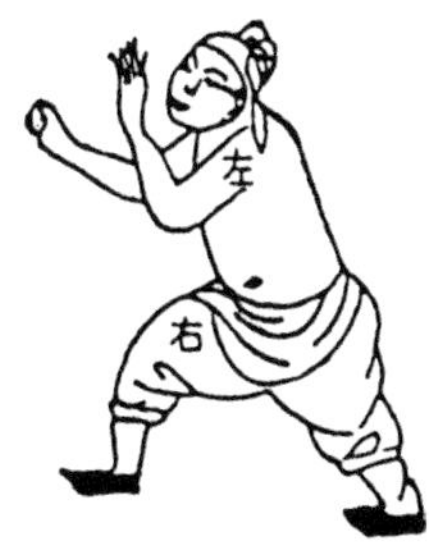

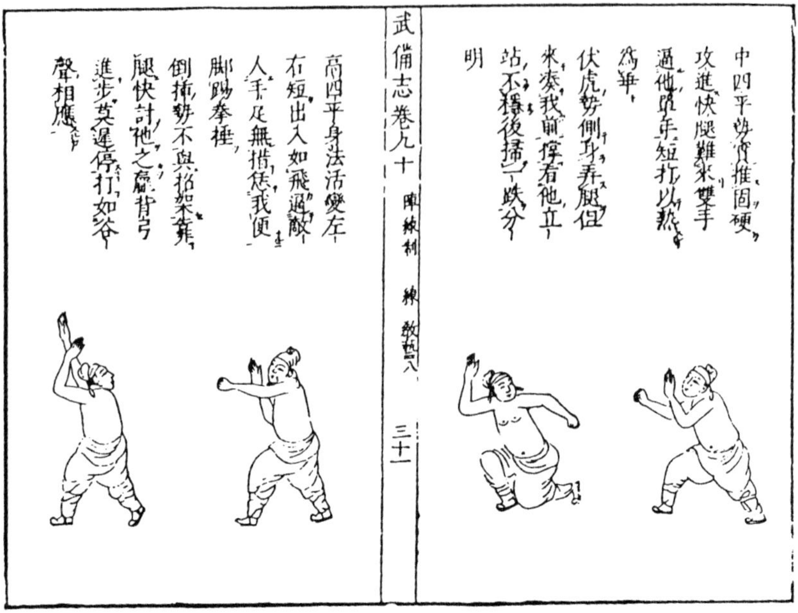
武備志卷九十 陣練制 練 教藝八 三十一

中四平勢實推固硬
攻進快腿難來雙手
逼他單手短打以熟
為強
伏虎勢側身弄腿但
來湊我前撐看他立
站不穩後掃一跌分
明

高四平身法活變左
右短出入如飛逼敵
人手足無措恁我便
腳踢拳捶
倒插勢不與招架靠
腿快討他之贏背弓
進步莫遲停打如谷
聲相應

Formen 15 bis 18 (von rechts nach links).

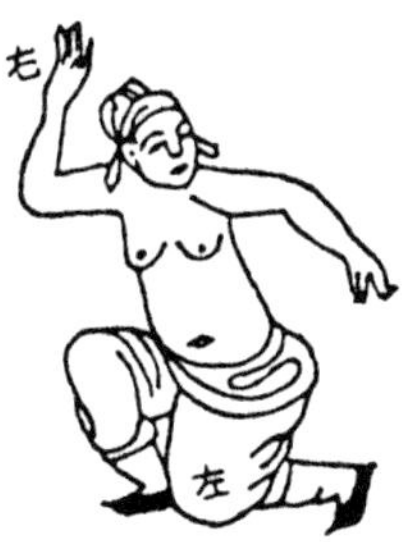

Sechzehnte Form: Fú Hŭ Shì – Der liegende Tiger

Fú Hŭ Shì bedeutet, daß man eine tiefe seitliche Haltung einnimmt, um so einem Fußtritt des Gegners auszuweichen. Daraufhin nutzt man die unvorteilhafte Position des Gegners auf einem Bein, indem man sein Standbein fegt. Auf diese Weise wird man den Sieg erringen.

Siebzehnte Form: Gāo Sì Píng – Hohe Bereitschaft auf vier Ebenen

Bei der Bereitschaftshaltung Gāo Sì Píng kommt es darauf an, den Körper so zu aktivieren, daß er in der Lage ist, sich an unterschiedliche Situationsveränderungen anzupassen. Zunächst versucht man sich dem Gegner zu nähern, als ob man springen wollte, während man leichte Stöße mit der rechten und linken Faust ausführt. Kommt es schließlich zum Kontakt, darf bei den Fauststößen oder den Fußtritten keine Rücksicht mehr genommen werden. Man führt einen Tritt gegen das Bein des Gegners aus und fährt damit fort, ihn mit den Fäusten anzugreifen. Diese Technik zeigt, daß man schnell auf Situationsveränderungen und die Entwicklung, die ein Kampf nimmt, reagieren muß.

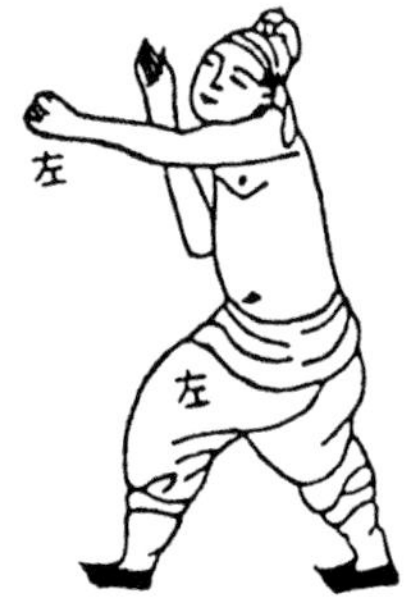

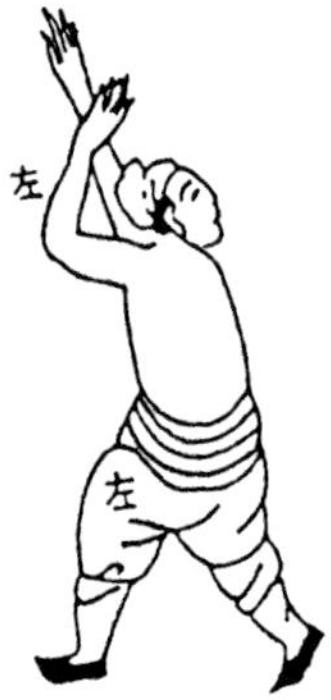

Achtzehnte Form: Dào Chā Shì – Rückwärtsschlag

Diese Technik ohne Bereitschaftshaltung besteht darin, den Sieg durch eine Kehrtwendung (schnelles Umkehren auf der Stelle) und einen raschen Angriff auf Schwachpunkte des Gegners zu erlangen. Man rundet dabei den Rücken, und nach einer Kehrtwendung auf der Stelle, gefolgt von einem Schritt, führt man unverzüglich eine Folge von Schlägen aus, deren Aufprall wie ein Echo in den Bergen klingt.

Neunzehnte Form: Jĭng Lán Sì Píng – Die Bereitschaft des Brunnens auf vier Ebenen

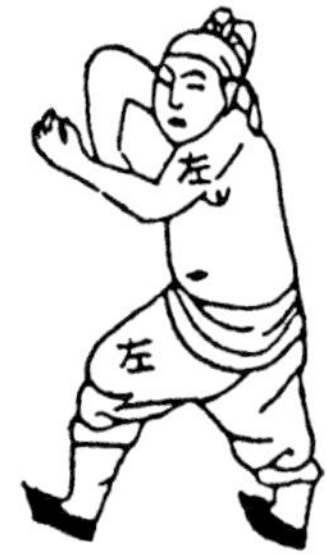

Jĭng Lán bedeutet »Brunnenform«. Sie stellt eine Bereitschaftshaltung dar, deren viereckige Form an einen Brunnen erinnert. Ausgehend von der klassischen dreieckigen Bereitschaftshaltung wird dabei der Ellbogen des hinteren Arms nach vorn gestreckt, was zur Vierecksform führt. Während man diese Haltung einnimmt, geht man nach vorn und führt einen Tritt gegen das Schienbein des Gegners aus. Um dessen Bein unter Kontrolle zu bekommen, erfolgt daraufhin ein Tritt gegen das Knie. Danach versetzt man ihm einen Schlag ins Gesicht. Nach einem peitschenden Schlag, gefolgt von

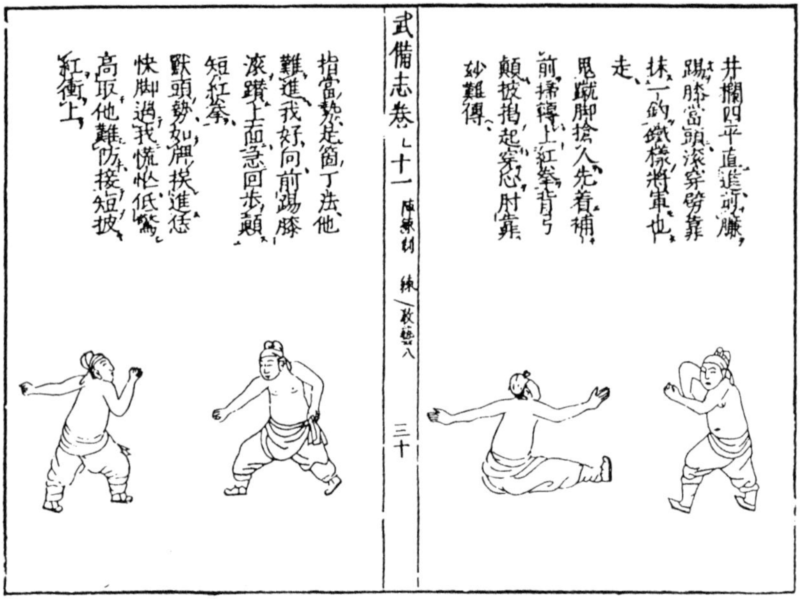

Formen 19 bis 22 (von rechts nach links).

einem Handkantenschlag (*Shutô*), dreht man sich auf der Stelle nach innen (*Irimi*), um sich dem Gegner zu nähern. Versetzt man diesem nun, um den Kampf zu beenden, einen abschließenden Stoß mit dem Ellbogen, wäre selbst ein General aus Eisen gezwungen, den Rückzug anzutreten.

Zwanzigste Form: Guĭ Cù Jiăo – Den Fußtritt eines Dämons unwirksam machen

Bevor sich der Gegner in Reichweite für einen Angriff befindet, positioniert man sich vor ihm mit dem Fuß nach vorn. Während man das Standbein

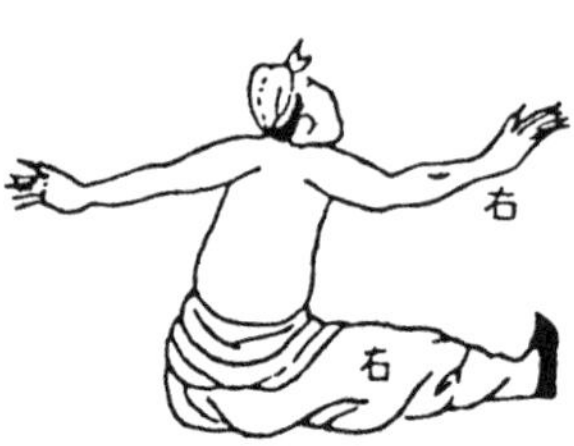

wechselt, wird der Abstand angepaßt, damit man einen Feger nach vorn ausführen kann, um dem Gegner die Kraft seines Beins oder seines Fußtritts zu nehmen. Dadurch wird es möglich, einen nach oben gerichteten Fauststoß vorzunehmen. Daraufhin krümmt man den Rücken, als wollte man eine Feder spannen, und die Federkraft wird freigesetzt, um dem Gegner mit dem Ellbogen gegen Vitalpunkte zu stoßen, was den Sieg garantiert. Es heißt, daß diese Technik mit Worten nur schwer wiederzugeben sei.

Einundzwanzigste Form: Zhǐ Dàng Shì – Die gerichtete Bereitschaftshaltung für den Schlag

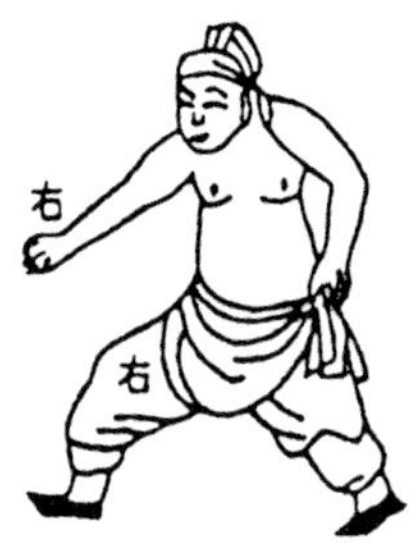

Zhǐ Dàng Shì stellt eine Bereitschaftshaltung dar. Sie gestattet es, sich dem Gegner zu nähern, während man den Abstand einschätzt. In dem Moment, in welchem er zögert, nach vorn zu gehen, führt man einen Fußtritt in Richtung seines Knies aus. Daraufhin stellt man seinen Fuß auf den des Gegners und schlägt ihm mit der Faust ins Gesicht. Während man sich ihm schnell noch weiter nähert, kann man den Kampf mit einer Folge von kurzen Fauststößen beenden.

Zweiundzwanzigste Form: Shòu Tóu Shì – Die Haltung des Kopfs des wilden Tieres

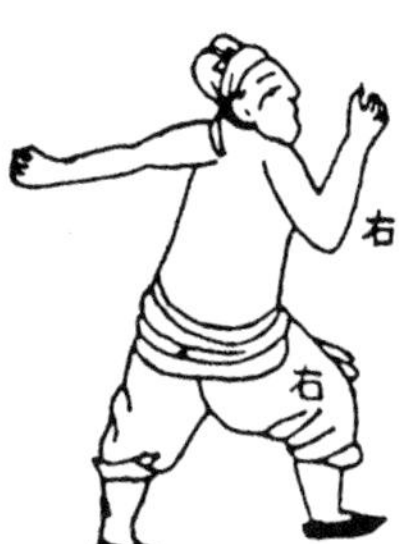

Shòu Tóu Shì ist eine Bereitschaftshaltung, bei der man sich nach vorn bewegt, während man Schläge ausführt, wobei der Unterarm senkrecht gehalten wird, als hielte man einen Schild. Selbst, wenn der Gegner mit einem schnellen Fußtritt angreift, bringt man ihn aus der Fassung, indem man sich ihm weiter nähert. Durch diese aggressive Haltung wird er überrascht. Man verlagert dabei seinen Schwerpunkt nach unten. Führt man nun den Angriff auf *Jôdan*-Höhe fort, indem man sich wieder aufrichtet, wird es schwierig für ihn, sich zu schützen. Nun kann man sich ihm weiter nähern und ihm einen klassischen Fauststoß ins Gesicht versetzen.

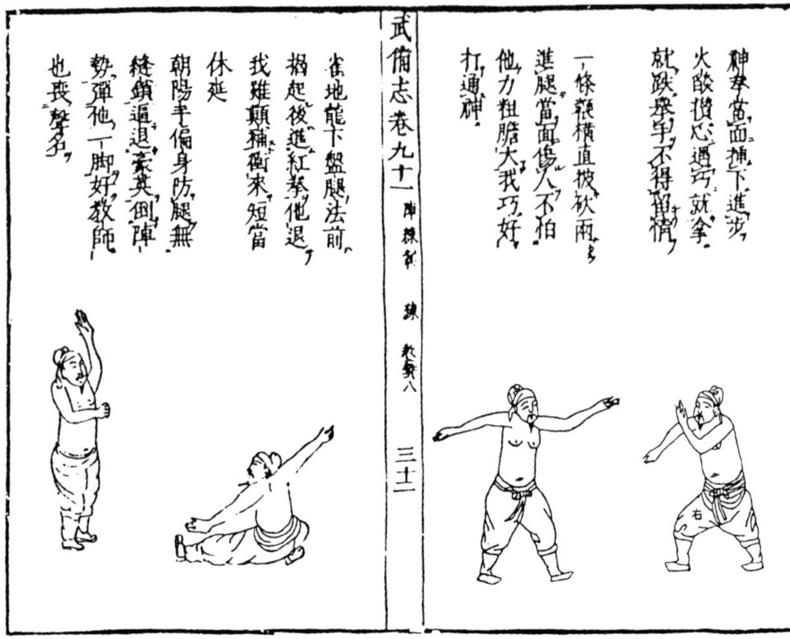

神拳當面插下進步
火燄攢心遇巧就拿
就跌舉手不得留情
一條鞭橫直披砍兩
進腿當面傷人不怕
他力粗膽大我巧好
打通神

武備志卷九十二
三十二

雀地龍下盤腿法前
揭起後進紅拳他退
我雖顛補衝來短當
休延
朝陽手偏身防腿無
縫鎖逼退豪英倒陣
勢彈他一腳好教師
也喪聲名

Formen 23 bis 26 (von rechts nach links).

Dreiundzwanzigste Form: Shén Quán – Die göttliche Faust

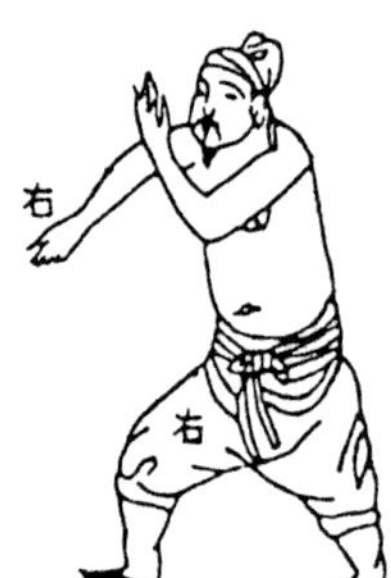

Mit Shén Quán zielt man auf die obere Körperebene des Gegners. In dem Moment, indem dieser sich auf diese Stelle konzentriert, wird ein Schlag auf tieferem Niveau ausgeführt. Daraufhin geht man nach vorn und greift mit der Faust, die den Flammen des Feuers gleicht, Vitalpunkte an. Selbst wenn man es mit einem erfahrenen Kämpfer zu tun hat, muß man ihn, sobald der Angriff begonnen hat, unverzüglich und gnadenlos mit der Faust und dem Fuß angreifen.

Vierundzwanzigste Form: Yī Tiáo Biān – Die Peitsche

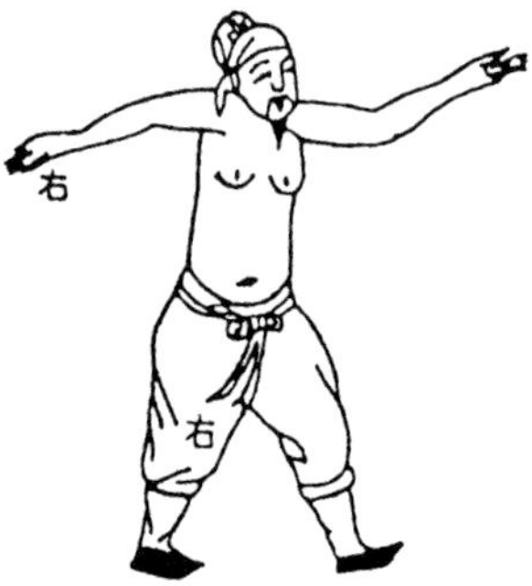

Aus dieser Bereitschaftshaltung, bei der beide Arme offen auf horizontaler Ebene gehalten werden, schlägt man mit den offenen Händen zu. Man macht einen Schritt nach vorn und führt einen peitschenden Schlag auf des Gesicht des Gegners aus. Man darf sich nicht durch dessen Kraft und Stabilität beeindrucken lassen. Die »authentische Technik« ist durchführbar, wenn man die Kraft des peitschenden Schlags mit Geschick entfalten kann.

Fünfundzwanzigste Form: Què Dì Lóng Xìa: Der Drache tanzt auf dem Boden[38]

Què Dì Lóng Xìa ist eine Technik, die es gestattet, einem Fußtritt auszuweichen. In dem Augenblick, da der Gegner sich nähern will, um anzugreifen, erhöht man die eigene Position und führt einen Gegenangriff mit einem klassischen Fauststoß aus. Weicht er zurück, verfolgt man ihn, und wenn er einen Schlag ausführen will, so schlägt man aus kurzer Distanz zurück. Man muß vermeiden, die Arme, die Beine und den Körper zu strecken.

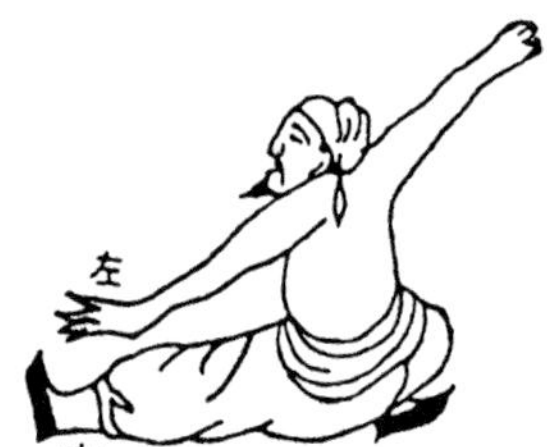

[38] Im Text wird Bezug auf das Hóng Quán genommen, einen alten Kampfkunst-Stil, der sich bis in die Qin-Dynastie (221-206 v. Chr.) zurückverfolgen läßt. Dieser Stil hängt eng mit Volkstänzen zusammen, ähnlich, wie Zusammenhänge zwischen Kampfkunst und Volkstanz z. B. auf Okinawa zu finden sind (*Ukansen Odori*) oder in Thailand. Siehe auch S. 295 ff. – Anm. M. Albrecht.

Sechsundzwanzigste Form: Zhāo Yáng Shǒu – Die Hand der Morgensonne

Zhāo Yáng Shǒu ist eine Bereitschaftshaltung im Halbprofil. Während man sich vor einem Fußtritt schützt, begibt man sich so nah wie möglich

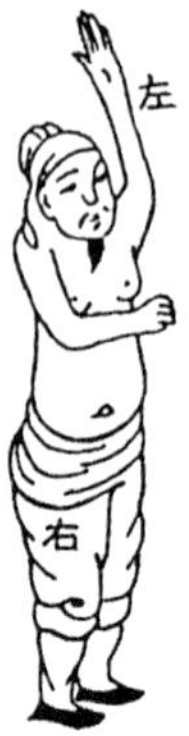

zum Gegner, indem man sich ihm mit makelloser Konzentration nähert, und führt einen direkten Angriff aus. Das ist der Grund, aus dem es heißt, daß diese Bereitschaftshaltung selbst die Tapfersten zurückweichen läßt. Führt der Gegner einen direkten Fußtritt aus, wird dessen Angriff »abgeschnitten«, als würde man ihn beiseite fegen. Danach kehrt man die Haltung der Hände um: Die untere Hand (die hakende Hand) hebt das Bein des Gegners an, während die obere Hand nach unten schlägt (ähnlich wie bei der 11. Form, Pāo Jià Zǐ). Es heißt, daß bei Anwendung dieser Technik selbst ein erfahrener Experte als Gegner seinen Ruf verlieren kann.

Siebenundzwanzigste Form: Yàn Chì Shì – Das Flügelschlagen der Wildgans

Aus dieser Bereitschaftshaltung bewegt man sich im Halbprofil ohne innezuhalten schnell auf den Gegner zu. Man versetzt ihm einen Fußtritt, der so kraftvoll ist, als wollte man den Boden durchstoßen und bricht damit seine Haltung auf. Um dem Kampf ein Ende zu setzen, wird ihm nun ein Handkantenschlag versetzt, gefolgt von einem Angriff auf das Gesicht und schließlich von einem Schlag mit der Handfläche oder der Faust.

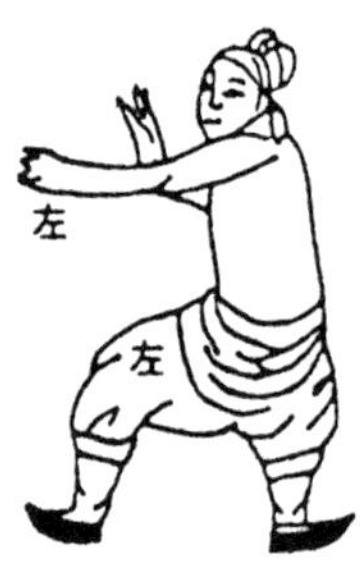

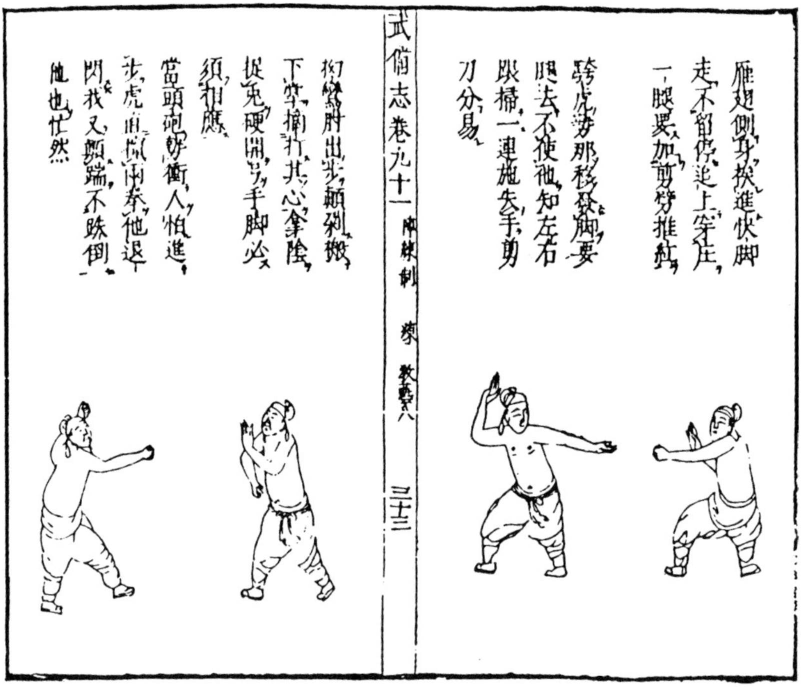

雁翅側身挨進快脚
走不留停追上穿庄
一腿要加剪劈推紅
跨虎勢那移發脚要
腿去不使他知左右
跟掃一連施失手剪
刀分易

武備志卷九十一 陣練制 教藝八 三十三

拗鸞肘出步顛剁搬
下勢掩打其心拿陰
捉兔硬開弓手脚必
須相應
當頭砲勢衝人怕進
步虎直攛兩拳他退
閃我又顛踹不跌倒
他也忙然

Formen 27 bis 30 (von rechts nach links).

Achtundzwanzigste Form: Kuà Hǔ Shì – Sich auf den Tiger schwingen

Nähert sich der Gegner und greift mit einem Fußtritt an, weicht man mit einer leichten seitlichen Ortsveränderung aus. Der Gegner darf diese Bewegung nicht bemerken. Am Ende seines Angriffs wird er mit dem rechten oder dem linken Fuß gefegt. Wird sein Bein mit dem rechten oder dem linken Fuß genau in dem Moment, indem er es absetzt, gefegt, verliert er auch die Kontrolle über seine Hände, und auf diese Weise ist es einfach, seine Bereitschaftshaltung zu zerbrechen, um ihn mit einem Handkantenschlag »in Stücke zu hauen«.

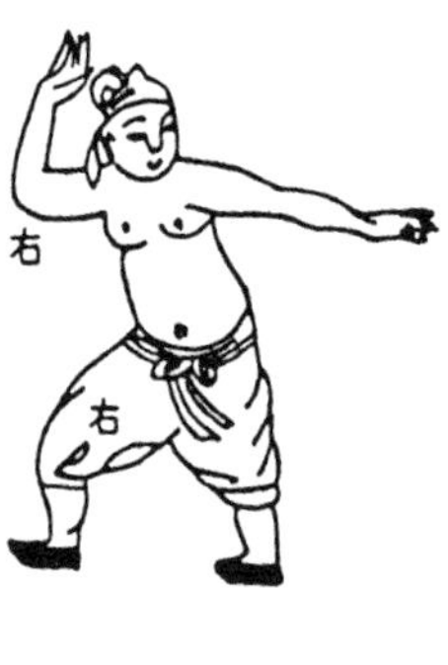

Neunundzwanzigste Form: Ào Luán Zhŏu – Der Flügelschlag des Phönix im Wechselgang

Ào Luán Zhŏu bedeutet, daß man sich dem Gegner im Wechselgang (Ào Bù, jpn. *gyaku*) nähert, um einen Schlag auszuführen, während man ihn umgeht. Während der linke Fuß vorn ist, fegt die linke Hand nach unten, wobei zugleich mit dem rechten Ellbogen Vitalpunkte des Gegners anvisiert werden. Der Sieg wird erreicht, indem man sich so bewegt, als hielte man einen Falken in der linken Hand und ergriffe mit der rechten einen Hasen. Auf dieselbe Weise, auf die man einen Bogen spannt, wird eine Spannung in den Gliedmaßen aufgebaut, und wie beim Loslassen des Pfeils (der Ausführung des Schlages) müssen die Hände und Füße vollkommen synchron agieren.

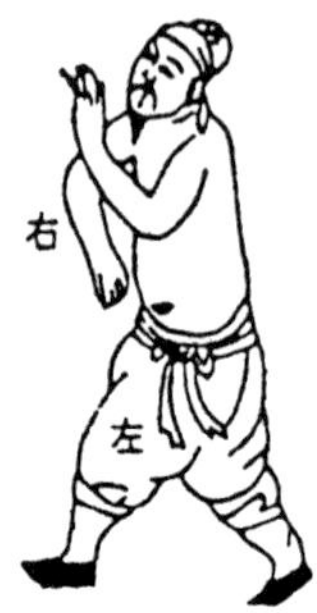

Dreißigste Form: Dàng Tóu Pào – Der höchste Kanonenschlag

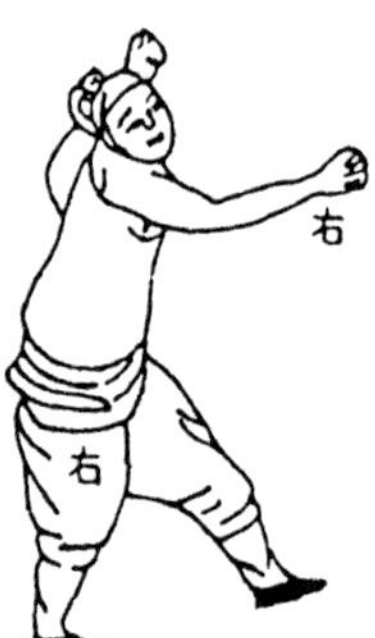

Dàng Tóu Pào ist eine Bereitschaftshaltung, bei der die Fäuste auf mittlerem und hohem Niveau gehalten werden. Zunächst wird geblockt, und anschließend greift man an. Diese Haltung beeindruckt den Gegner, denn mit ihr geht man wie der Tiger vor, um mit beiden Fäusten anzugreifen. Zieht sich der Gegner rasch zurück, um einen Fußtritt auszuführen, wird sein Angriff abgewehrt, und man bringt ihn zum Stolpern, um ihn zu Boden zu werfen. Davon überrascht, wird er keinen Ausweg mehr sehen.

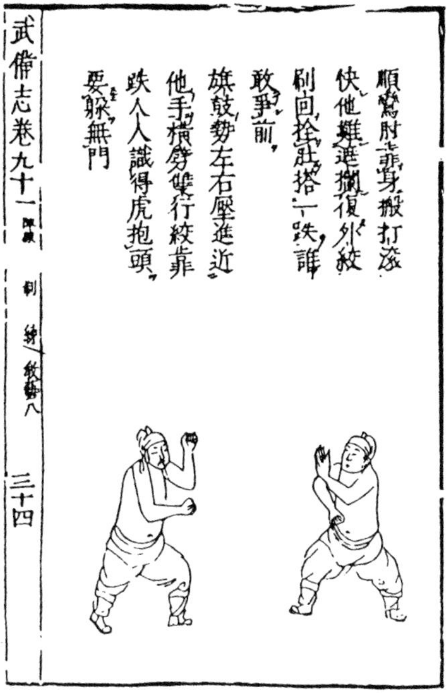

Formen 31 und 32 (von rechts nach links).

Einunddreißigste Form: Shùn Luán Zhǒu – Der Flügelschlag des Phönix

Mit dieser Bereitschaftshaltung wird der Abstand, der einen vom Gegner trennt, kontinuierlich verkleinert und so sein Angriff provoziert. Dieser Angriff wird unter Kontrolle gebracht, und ein Gegenangriff erfolgt mit einem schnellen Schlag gegen das Gesicht (gleich emporschießendem Wasser). Diese Technik ist schwer abzuwehren. Die Bewegung wird weitergeführt, indem man den Gegner nach außen aus seiner Angriffsrichtung drängt. Man dreht sich nun selbst nach innen, um den Gegner von hinten unter Kontrolle zu bringen. Anschließend kann man den Kampf endgültig entscheiden, indem man einen Fußtritt in den Unterleib des Gegners ausführt. Beherrscht man diese Technik, wird es niemand mehr wagen, einen zum Kampf herauszufordern.

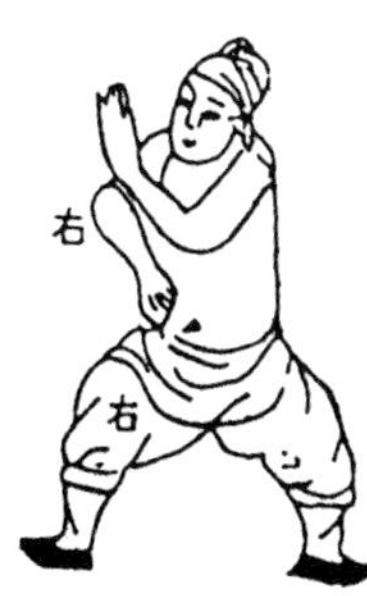

Zweiunddreißigste Form: Qí Gŭ Shì – Die Bereitschaft der Fahne und des Trommlers

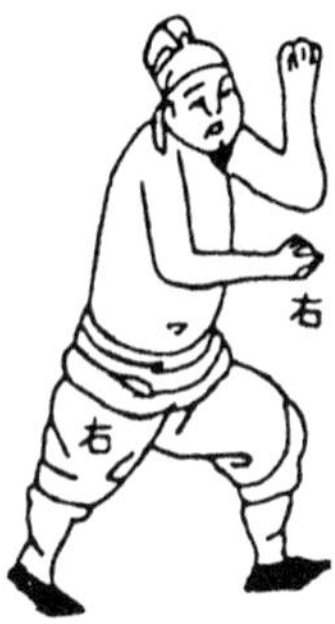

Mit der Bereitschaftshaltung Qí Gŭ Shì nähert man sich dem Gegner, während man ihn davon abhält, nach rechts oder links auszuweichen. Dabei werden zwei Techniken ausgeführt: ein seitlicher Schlag und ein Schlag ins Gesicht. Anschließend wird der Gegner durch einen Fußtritt bedroht. Da der Gegner die Technik Hŭ Pào Tóu (»den Kopf des Tigers ergreifen und beiseite drücken«) erkennt, will er seine Position verändern, aber es gibt für ihn keinen Ausweg mehr.

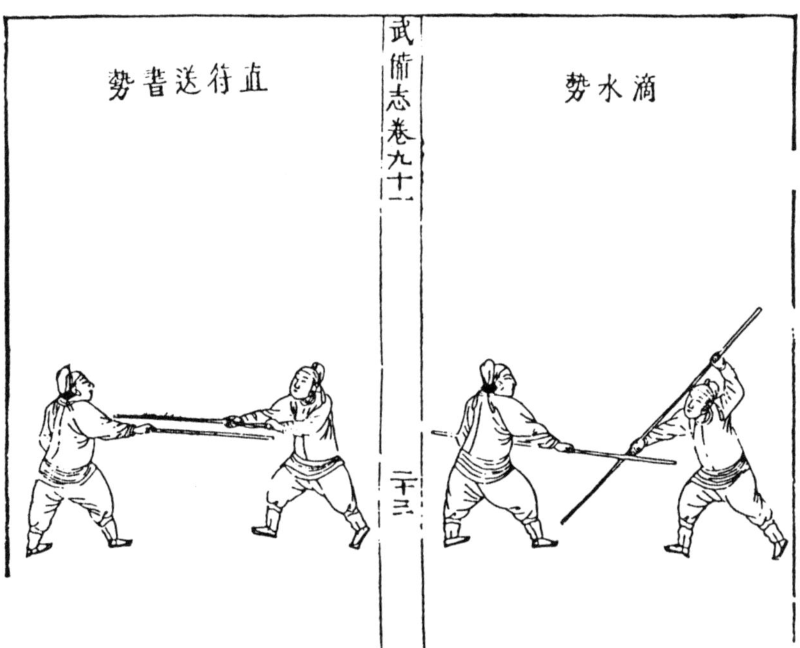

Auch Stocktechniken sind Gegenstand des Ji Xiao Xin Shu.

III

Die Lehren des Bubishi

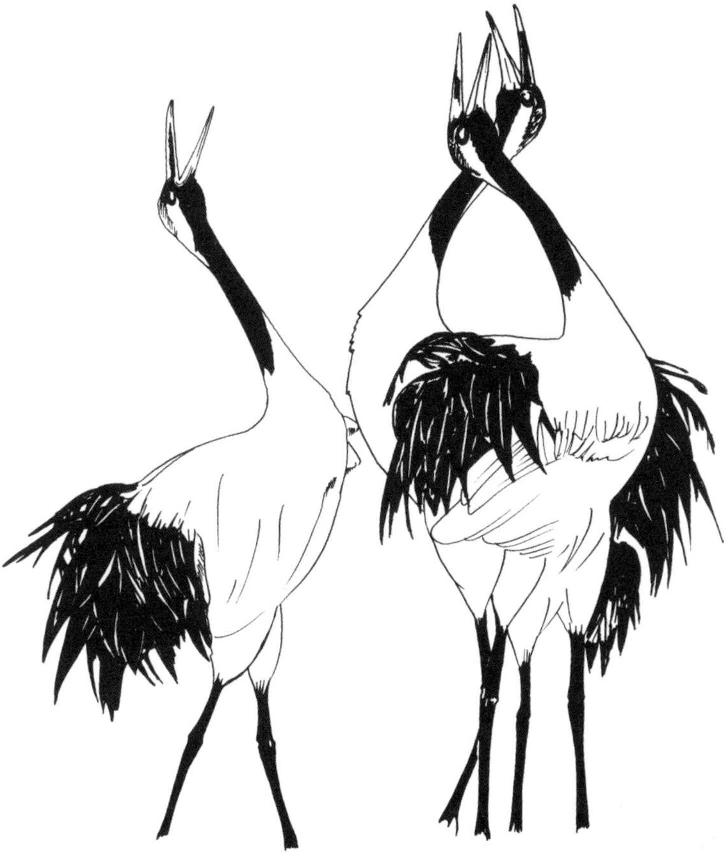

Die 48 Nahkampftechniken

Im Zentrum des Bubishi stehen 48 Bildtafeln, die in naiven Zeichnungen je zwei Kämpfer darstellen, die sich entweder in Bereitschaftshaltung gegenüberstehen oder in Angriff bzw. Abwehr verwickelt sind. Die Abbildungen sind von 1 bis 48 durchnumeriert, und die Reihenfolge ist in allen verschiedenen Kopien des Bubishi, die sich bis heute auffinden ließen, die gleiche. Eine der Anordnung zugrundeliegende Logik ist jedoch nicht zu erkennen. Im vorliegenden Buch wurde die Reihenfolge beibehalten. Es ist allerdings auch eine Einteilung in sieben Gruppen möglich, die auf grundlegenden Gemeinsamkeiten verschiedener Abbildungen beruht:

1. Haltungen (Bereitschaftspositionen)
2. Abwehr von Fauststößen
3. Abwehr verschiedener Angriffe mit der (offenen) Hand
4. Abwehr von Fußtritten
5. Abwehr von Greiftechniken
6. Reaktionen in besonderen Situationen
7. Abwehr kombinierter Angriffe

Einige Zeichnungen sind authentische Kampfszenen (*Kumite*), während andere, statischere Darstellungen taktische Hinweise für die bestmögliche Nutzung der Energie bei Ausweichbewegungen auf Stöße und Schläge geben. Hier handelt es sich nicht immer um Techniken im eigentlichen Sinne.

Selbst wenn die Strichführung oft ungenau und der Kommentar mehr als knapp ist, wird bei näherer Analyse schnell klar, daß auf den Tafeln stets das Wesentliche dargestellt ist. Dies gilt sowohl für die Bilder, wo die Zeichnung hinsichtlich des Einsatzes der Hand oder der Faust immer präzise ist, als auch für die Texte, die zu zielgerichtetem und fruchtbarem Nachdenken anregen. Das Vermögen der kommentierten Bildtafeln, Wissen zu vermitteln, hängt offenkundig stark von den bereits vorhandenen Kenntnissen des Lesers ab. Ist er Anfänger, wird das Bubishi ihm nichtssagend erscheinen, der Experte jedoch wird es zu schätzen wissen und aus ihm lernen.

Die Zeichnungen des Bubishi sind präzise Anhaltspunkte für das, was sein Autor oder seine Autoren aus den unterschiedlichen Stilen des *Quanfa*[39] für am wichtigsten erachtet haben. Manche der Stellungen lassen sich in den chinesischen *Tao* (*Kata*) wiederfinden, wie auch in den *Kata* des okinawanischen *Karatedô* und selbst in manchen *Kata* des modernen Karate, auch wenn sie in letzteren ohne jeden Zusammenhang erscheinen. Um dies erkennen zu können, muß man die Bilder zu »lesen« verstehen. Man muß in der Lage sein, zu vergleichen, zu interpretieren und Schlüsse zu ziehen. Zwar wurden die Darstellungen im Bubishi etwas ungeschickt zu Papier gebracht, aber nichts wäre unangebrachter, als die Bildtafeln mit nachsichtigem Lächeln durchzublättern. Bei näherer Betrachtung stellt sich heraus, daß sich aus ebendiesen Techniken und Bewegungsabläufen, die uns hierdurch überliefert wurden, die Techniken des *Jûjutsu*, des *Jûdô*, des *Aikidô* und des *Karatedô* entwickelt haben. Das Bubishi entpuppt sich damit als nichts geringeres als die »Bibel des Kampfes mit bloßer Hand«. Trotz allem ist es eher eine Gedächtnisstütze als ein Handbuch. Für jede Technik gibt es bloß ein einziges Bild, das für sich allein die Entwicklung und Lösung einer bestimmten Kampfsituation zusammenfassen soll. Dieses Bild stellt entweder den Zustand vor der Kampfhandlung, während des Kampfes oder unmittelbar danach dar. Niemals wird dargestellt, wie ein Angriff zu erfolgen hat, sondern es geht in jedem Fall um die Verteidigung.

Dieses Kapitel stellt die 48 originalen Bildtafeln des Bubishi[40] in ihrer ursprünglichen Anordnung vor sowie die überlieferten knappen Erläuterungen zu denselben. Der Autor des vorliegenden Buches hat zu jedem der Bilder eigene Interpretationen entwickelt, und diese durch eigene Zeichnungen und Fotografien ergänzt.

Der Einfachheit halber hat der Autor in einigen seiner Kommentare den Angreifer als Tori und den sich Verteidigenden als Uke bezeichnet. In den ergänzenden Zeichnungen wird Uke, auf den sich die Beschreibungen der Bewegungen stets beziehen, mit schwarzen Haaren und schwarzem Gürtel dargestellt.

---

[39] *Quanfa* ist die chinesische Bezeichnung für das von den Shaolinmönchen entwickelte »chinesische Boxen«.

[40] In der Fassung, wie sie durch die Stilrichtung des *Gôjû ryû* überliefert wurde.

Die Zeichnungen des Autors, auf denen die Position Ukes der in der entsprechenden Originalzeichnung dargestellten entspricht, sind durch einen schwarzer Punkt gekennzeichnet.

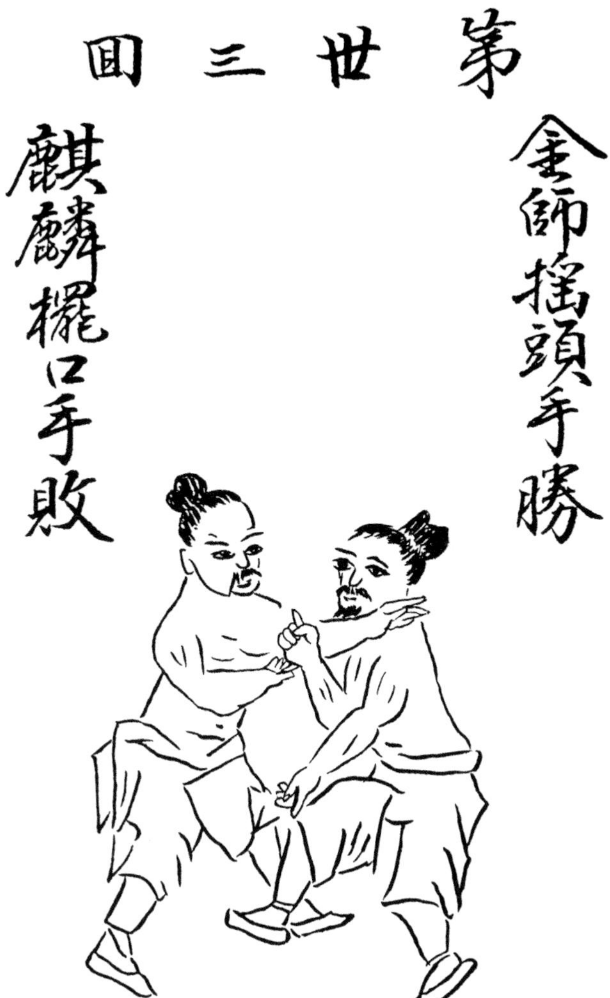

Die 33. Bildtafel des Bubishi in der ursprünglichen Gestalt, wie sie dem Autor von Ôtsuka Tadahiko *Sensei* anvertraut wurde. Die Anordnung von Figuren und Schriftzeichen auf den folgenden Seiten wurde der Übersichtlichkeit halber bei allen 48 Bildtafeln modifiziert.

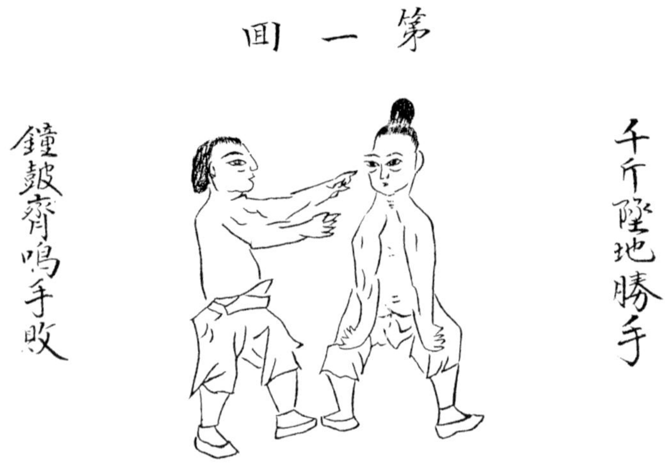

Die 1. Bildtafel des Bubishi

Versucht ein Angreifer, Sie nach Art des Bären zu umklammern, entschlüpfen Sie dieser Umklammerung und lassen Sie sich in eine Stellung sinken, als presse Sie ein großes Gewicht zu Boden (1a: rechts).

Kommentar: Die Zeichnung stellt die empfohlene Verteidigung vor.

Zu beachten ist die Ausweichbewegung nach hinten um einen vorn liegenden Drehpunkt, so daß man seitlich zur Angriffsrichtung steht; die Beine sind gebeugt und die Fußspitzen zeigen nach außen (*Shiko dachi*), die Arme sind parallel zum Rumpf, die Hände zeigen zum Boden. Die Zeichnung aus dem Bubishi läßt angespannte Arme und nach außen gedrehte Handflächen erkennen. Diese Haltung ist ähnlich der Eröffnungstechnik verschiedener Ausführungsformen der *Kata Seienchin* (*Saipa*), obgleich dort die Handflächen zueinander zeigen (Foto 25 auf S. 86).

Die Position mit mehr oder weniger gebeugten und nach außen weisenden Ellbogen (Foto 27) hat sich zum *Harai uke* derselben *Kata Seienchin* (jedoch mit zur Faust geschlossenen Händen) entwickelt. Sie läßt sich gleichermaßen in den Stilen des *Shaolin*-Boxens, wie z. B. dem *Hunggar* wiederfinden und auch in den Praktiken des *Qigong*. Die statische Kraft wird während der Zeit des Ausatmens entwickelt (Bauchatmung), verbunden mit dem Gefühl, senkrecht nach unten zu sinken.

Zeichnung 1c zeigt eine von zahlreichen möglichen Entwicklungen nach der im Bubishi beschriebenen Handlung, z. B. die Abwehr eines nachfolgenden Faustschlags, indem einfach der Unterarm nach oben gerissen wird; der Ellbogen dient dabei als fester Punkt, die andere Hand nimmt die Position *Hikite* ein und ist bereit, einen Schlag auszuführen (*Kata Seienchin*, Foto 28).

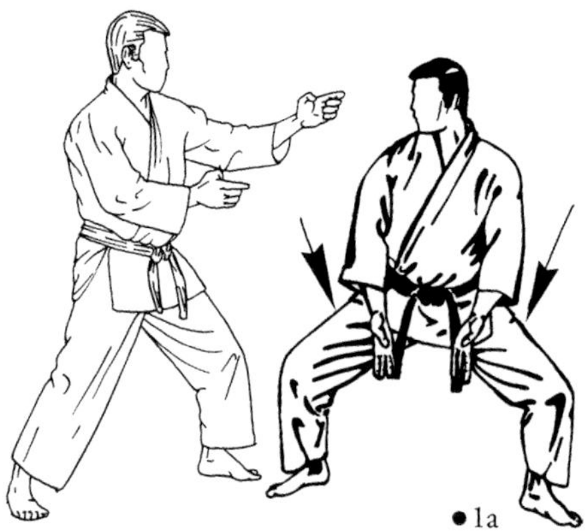

● 1a

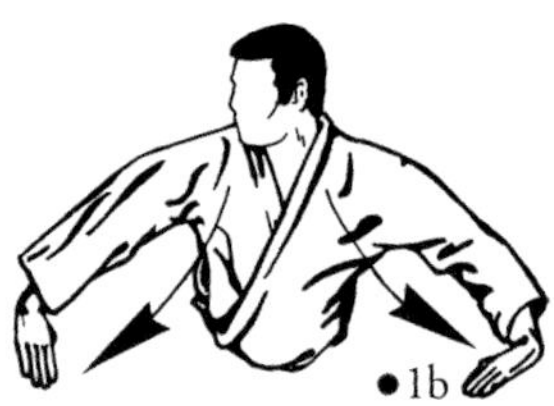

● 1b

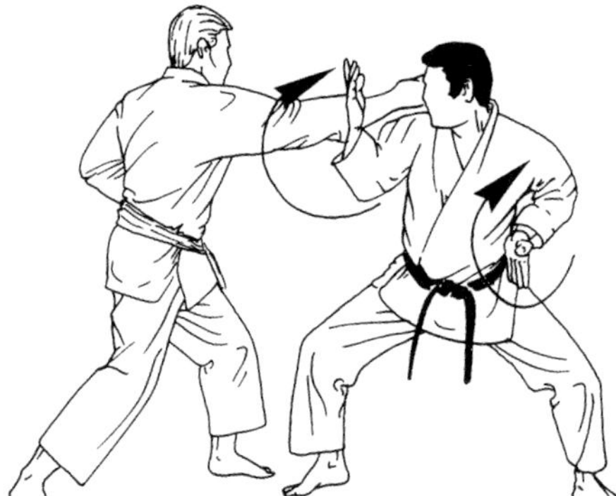

1c

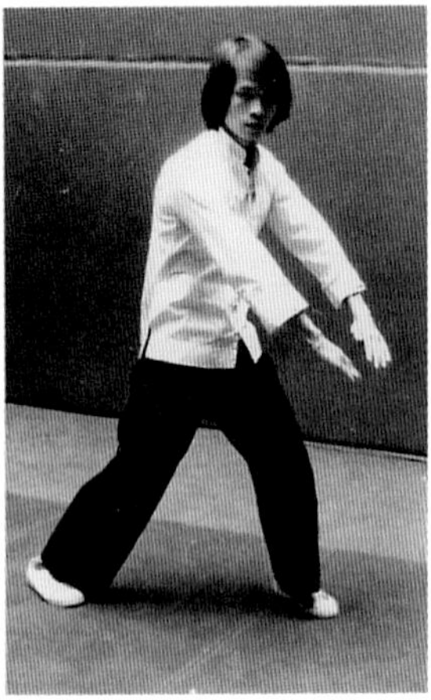

Foto 24

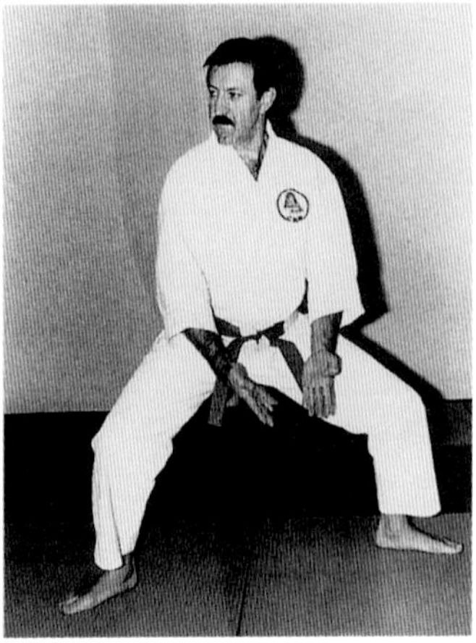

Foto 25

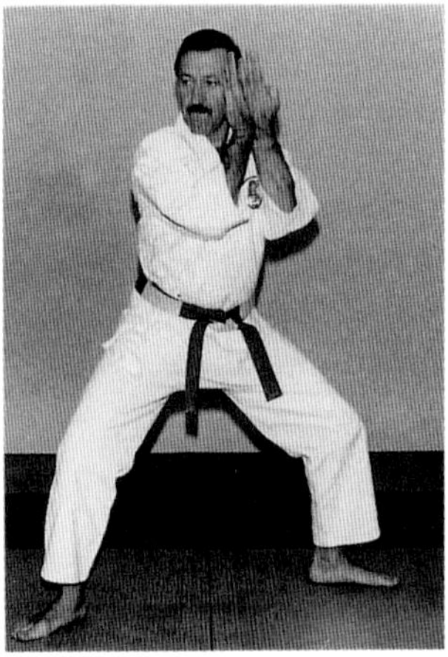

Foto 26

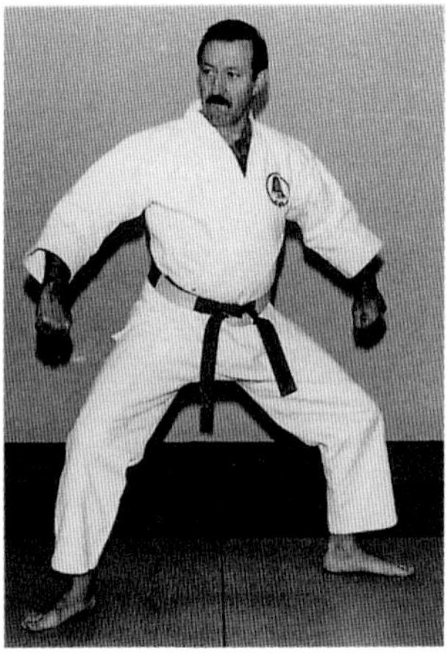

Foto 27

Zahlreiche *Dao Lu* des chinesischen Boxens (*Quanfa*, vor allem der *Hunggar*-Stil) und *Kata* des *Karatedô* enthalten eine sehr ähnliche oder gar identische Form wie die auf dem ersten Bild des Bubishi dargestellte Abwehrbewegung. Es handelt sich hierbei um ein Ein- und Ausatmen, das von einem Stoßen der Hände nach unten begleitet wird, worauf eine Verankerung in tiefer Position folgt (verbunden mit einem kraftvollen Ausatmen – Foto 24). Tatsächlich ist dies eine alte Technik des *Qigong* (Beherrschung der inneren Energie durch den Atem), die seit Jahrhunderten durch die chinesischen Kampfkunstschulen verwendet wird und Eingang in einige *Koshiki Kata* des *Karatedô* gefunden hat.

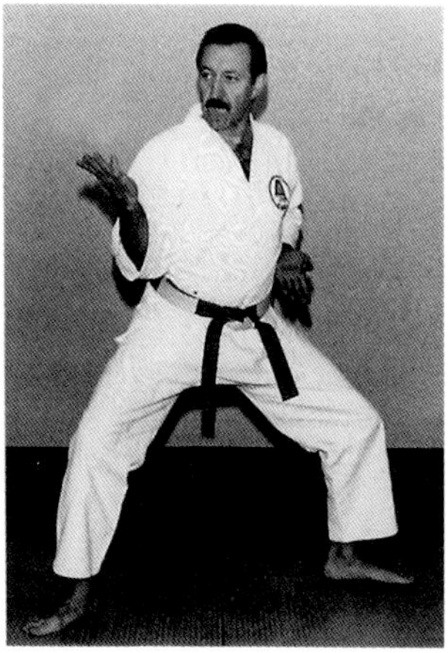

Foto 28

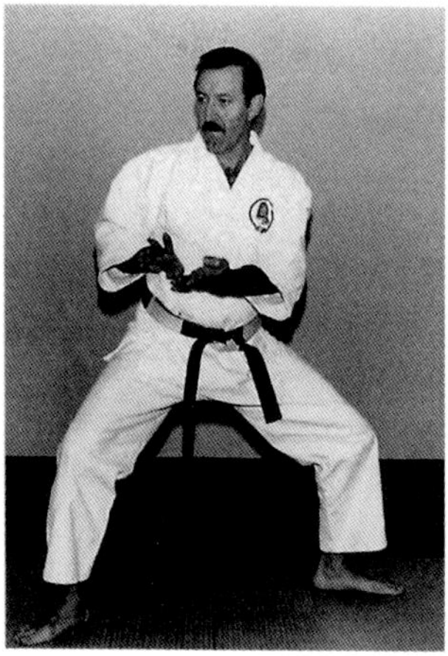

Foto 29

Fotos 25-29: Eröffnungstechniken der *Kata Saipa* (oder *Seienchin*) des *Gôjû ryû*, Ausatmen (25), Einatmen (26), Ausatmen (27), Einatmen (28) und Ausatmen in Verbindung mit dem Gegenangriff *Nukite* (29).

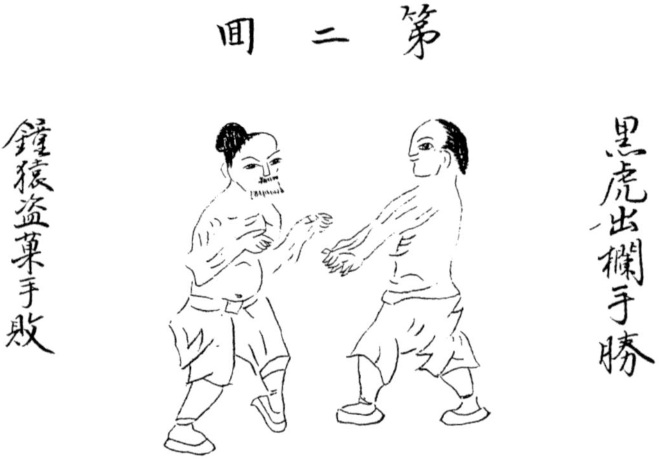

Die 2. Bildtafel des Bubishi

Bereitet ein Angreifer sich vor, einen Stoß auf Vitalpunkte auszuführen, stoppen Sie den Angriff im Zentrum, so wie der schwarze Tiger aus seiner Höhle springt (2a: rechts).

Kommentar: Die Zeichnung stellt den Beginn des Gegenangriffs dar.

Dies ist nicht sehr klar zu erkennen, da Uke sich noch außerhalb der Reichweite eines reellen Kontakts befindet (2a). Wenn man einen kürzeren Abstand annimmt, läßt sich ein doppelter Faustschlag gegen den Körper vorstellen (2b), auf den möglicherweise eine Befreiung durch Hochreißen der Unterarme von innen folgt (2c).

Zu beachten ist die Anspielung auf den »schwarzen Tiger« (siehe auch Tafel 11, S. 114), die darauf hinweist, daß die Hände des Uke nicht geschlossen sind, sondern die Haltung von »Tigerkrallen« mit leicht gebogenen Fingern haben.

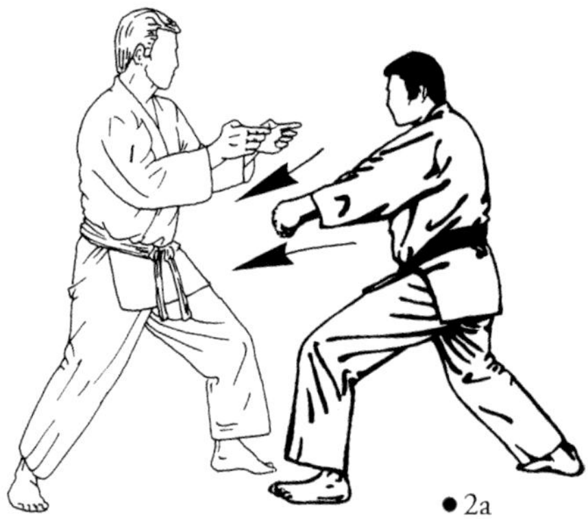

● 2a

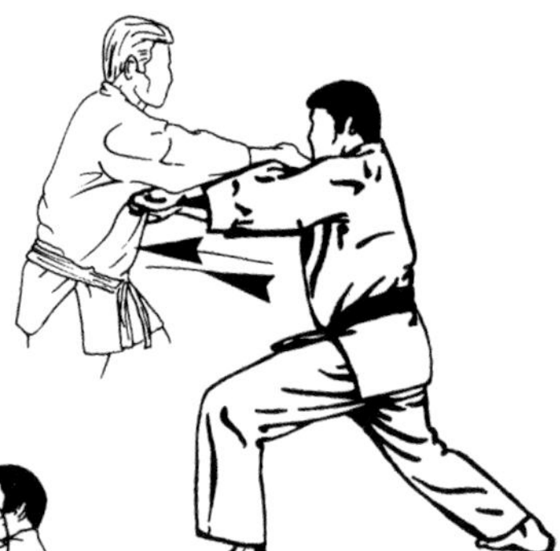

● 2b

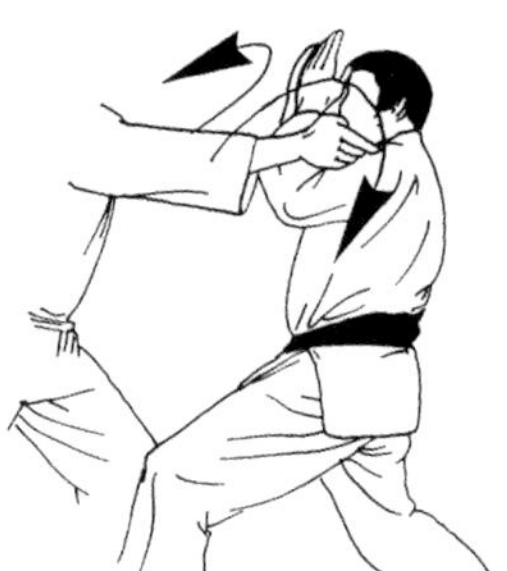

2c

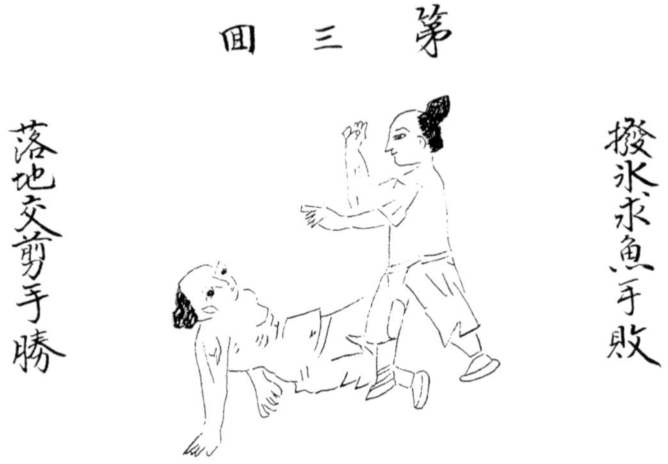

Die 3. Bildtafel des Bubishi

Wenn ein Angreifer mit einer kraftvollen Bewegung versucht, Sie mit den Händen zu packen, als wollte er einen Fisch in bewegtem Wasser ergreifen, lassen Sie sich rasch zu Boden fallen und führen Sie eine Beinschere aus (3a: links).

Kommentar: Die Zeichnung stellt den empfohlenen Gegenangriff dar.

Der Angriff wird nicht präzise ausgeführt. Er wirkt unkoordiniert und verworren. Vom Boden aus nimmt Uke das Bein von Tori in die Schere, wobei Uke sein rechtes Fußgelenk hinter die Ferse des Angreifers hakt und die linke Ferse gegen Toris Innenseite des Kniegelenks drückt (3a). In der Zeichnung des Bubishi wird Uke direkt gegenüber Tori dargestellt, wie er sich auf seine hinter dem Körper befindlichen Hände aufstützt.

Man könnte sich aber auch eine Bewegung vorstellen, bei der Uke sich seitlich zu Tori befindet (3b), um den Körper mit angespannten Beinen in eine kraftvollere Drehbewegung zu versetzen, die Tori zu Fall bringt. Somit würde Uke zuerst Position 3b einnehmen und gelangte dann durch die Drehbewegung zu Position 3a.

Wenn Uke sich hingegen weiterdreht, so daß seine Brust auf den Boden zeigt, befindet er sich in der idealen Stellung, um mit der Ferse nach

oben zu stoßen, was dem Beginn eines *Ushiro geri gedan* (3c) entspricht.
Vergleiche auch Tafel 9 des Bubishi (S. 110).

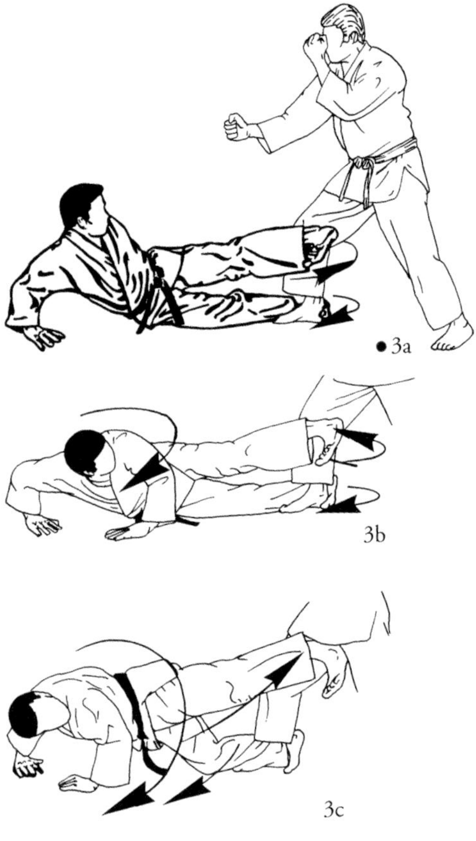

● 3a

3b

3c

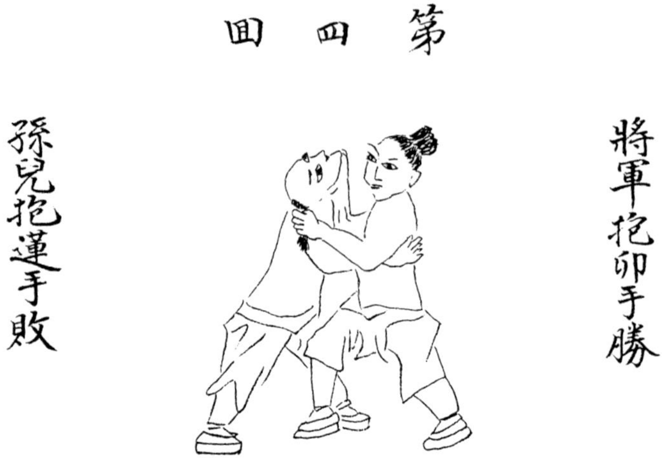

Die 4. Bildtafel des Bubishi

Klammert sich ein kleinerer Angreifer an Sie, als wollte er mit Gewalt eine Lotusblüte herausreißen, ergreifen Sie ihn mit einer Hand am Hinterkopf oder packen Sie ihn an den Haaren, während Sie sein Kinn mit Hilfe der anderen Hand nach oben drücken und ihm so seinen Kopf verdrehen (4a: rechts).

Kommentar: Die Zeichnung stellt den empfohlenen Gegenangriff dar.

Diese Körper-an-Körper-Technik beruht auf dem Prinzip der schmerzhaften Verdrehung des Genicks, die Tori dazu zwingt, loszulassen, um seine Schmerzen zu verringern (4a). Sie zählt zu den Methoden des alten *Jûjutsu* und des alten *Aikijutsu*. Besonders einfach anzuwenden war diese Gegenwehr in der Zeit, als es in China üblich war, einen Zopf zu tragen. Eine unmittelbarere Variante, bei welcher der Kopf von Tori mit der rechten Handfläche nach hinten gedrückt wird, ergibt sich, wenn ein Arm von Tori blockiert wird, indem er am Ellbogengelenk nach innen gedrückt wird (4b).

Siehe auch Tafel 17 (S. 126).

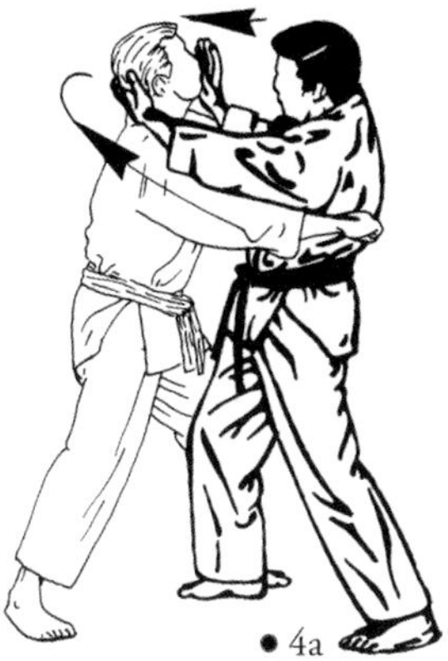

• 4a

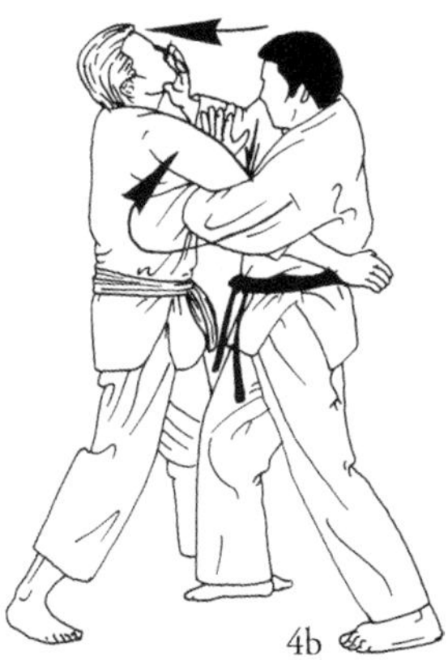

4b

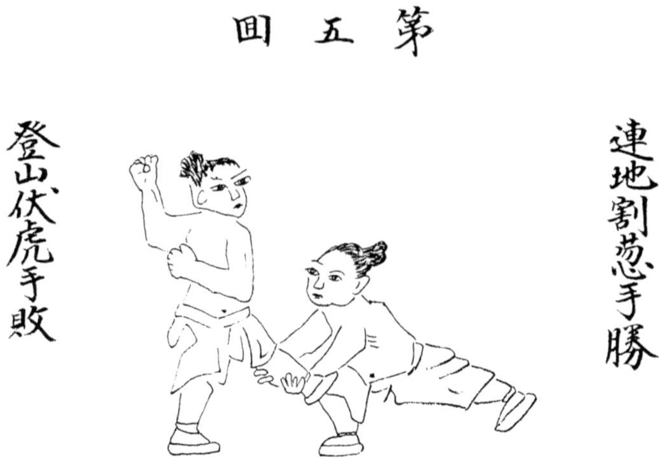

Die 5. Bildtafel des Bubishi

Eine gute Strategie besteht oft darin, das Bein des Angreifers zu fassen, wenn dieser unvorsichtigerweise einem Angriff mit der Faust einen Fußangriff folgen läßt, was sein Gleichgewicht beeinträchtigt (5a: rechts).

Kommentar: Die Zeichnung stellt das dem Gegenangriff zugrundeliegende Prinzip dar.

Die Darstellung ist nicht sehr genau. Hält man sich so weit wie möglich an die Darstellung im Bubishi, ergibt sich eine doppelte »Schaufel«-Verteidigung mit den Händen (*Morote sukui uke*), wobei die Hände das Bein an der Wade und am Knöchel anheben, während der Körper seitlich steht (5a). Es genügt, das Bein mit Kraft anzuheben, um Tori zu Fall zu bringen. Indem Uke die linke Hand mit der Vertiefung zwischen Daumen und Zeigefinger auf Toris Knie drückt, während er zugleich die rechte Hand zum Fußknöchel gleiten läßt, kann er Toris Knie blockieren. Dies stellt einen Kniehebel dar, wie er im *Karatejutsu* bekannt ist (5b; siehe auch Fotos 30-32, S. 96 f.).

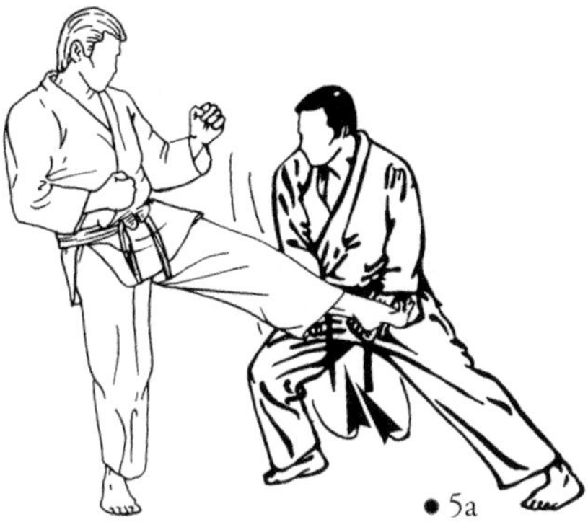

• 5a

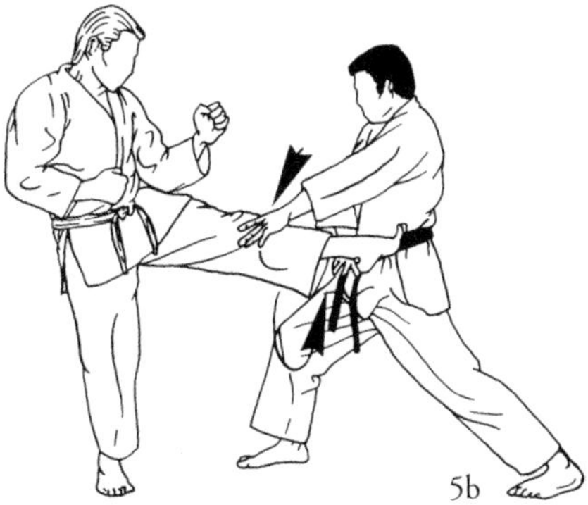

5b

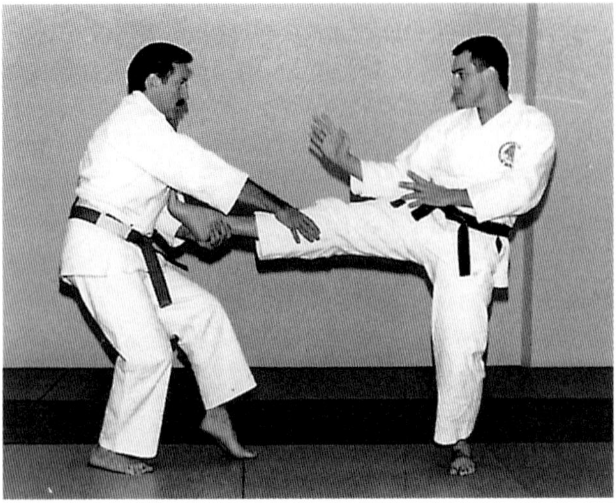

Foto 30

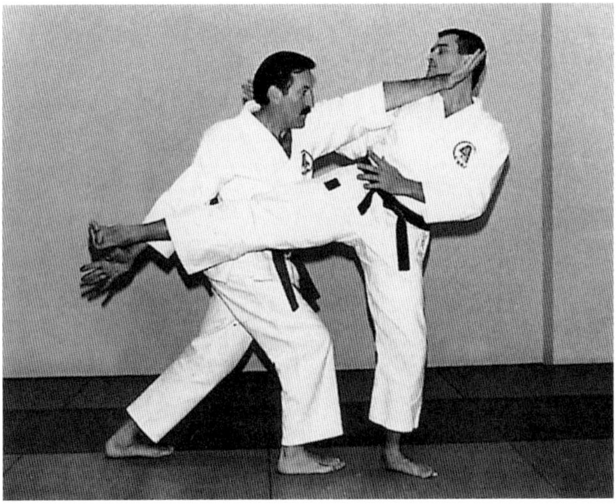

Foto 31

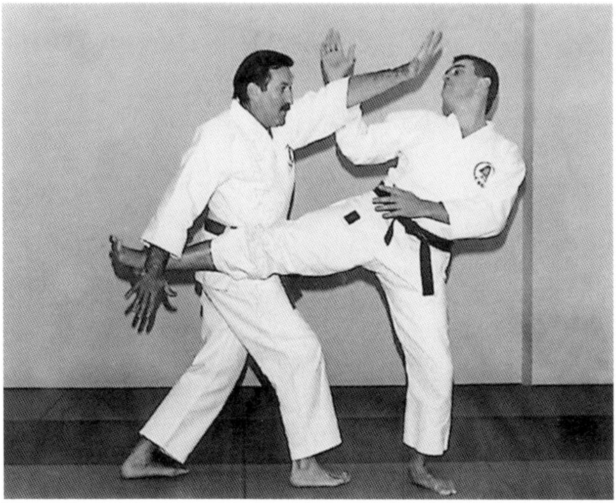

Foto 32

Fotos 30-32: *Bunkai* der *Kata Wankan* in der *Shôtôkan*-Variante: Abwehr mit *Koko hiza kuzushi* aus *Nekoashi dachi*, danach Wurf des Gegners mit *Tai kuzushi*, nach Vorsetzen des rechten Fußes und *Tate shuto* links; die rechte Hand Ukes zieht das gestreckte Bein Toris nach hinten (Foto 31) oder drückt es gegen die Hüfte (Foto 32).

Die moderne Ausführung dieser *Kata*, die auch unter den Namen *Shiofu* oder *Hito* bekannt ist (repräsentativ für den okinawanischen Stil des *Tomari te*), ist in den Stilrichtungen des *Shôrin ryû*, des *Shitô ryû* und des *Shôtôkan* sehr unterschiedlich. Die *Shôtôkan*-Variante erinnert noch am ehesten an die Darstellung der 5. Bubishi-Stellung, aus der sich auf sehr natürliche Weise die Blockade von Toris Knie mit der Vertiefung zwischen Daumen und Zeigefinger der Hand entwickeln läßt (*Koko zuki dachi*). Vergleiche Abbildungen auf S. 95.

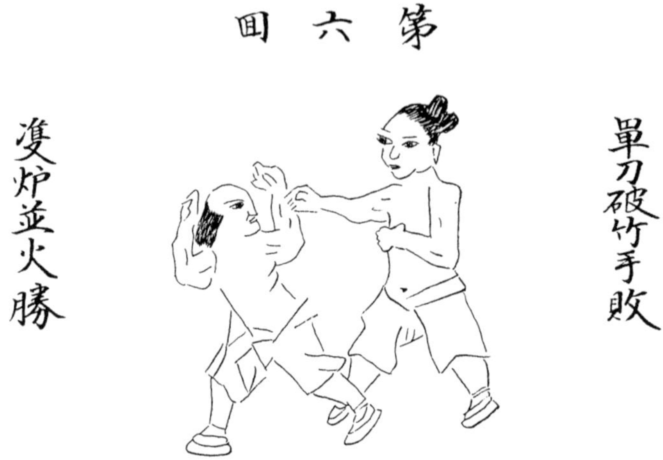

Die 6. Bildtafel des Bubishi

Läßt der Angreifer seine Absichten erkennen, indem er sich langsam mit kraftvollen, ausholenden Bewegungen nähert, nutzen Sie den Abstand zu ihm, um seinem Angriff auszuweichen, indem Sie die Arme so heben, daß sie zu einem wirksamen Gegenangriff bereit sind (6a: links).

Kommentar: Die Zeichnung stellt das dem Gegenangriff zugrundeliegende Prinzip dar.

Die Darstellung ist nicht sehr genau. Sie deutet die günstige Kampfdistanz (*Maai*) an, ab der ein Gegenangriff wirkungsvoll wird. Die Haltung der erhobenen Arme mit vertikalen Unterarmen kann eine Stellung (*Kamae*) oder eine Blocktechnik wie in der *Jitte no kata* (*Yama no gamae*) darstellen. Uke pariert von außen nach innen (6a: *Soto uke*) oder entgegengesetzt (6d: *Uchi uke*). Er kann durch zusätzliches Schwenken des Oberkörpers den Schlag »ableiten« (6b: *Nagashi*) und anschließend den Oberkörper wieder zurückschwenken, wie zum Beispiel in der *Tekki no kata* (6c).

Siehe auch Fotos auf S. 100 f.

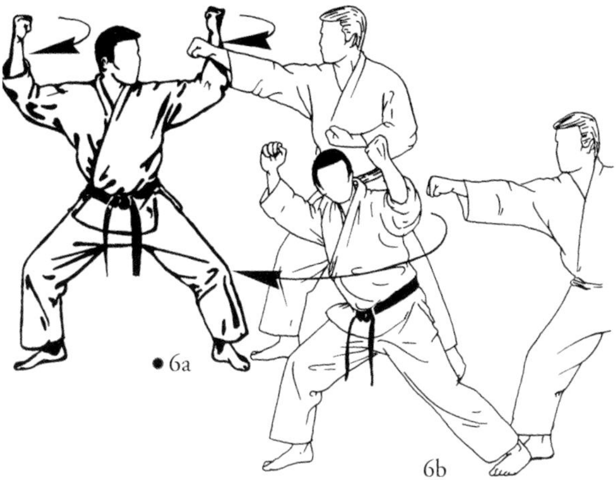

• 6a

6b

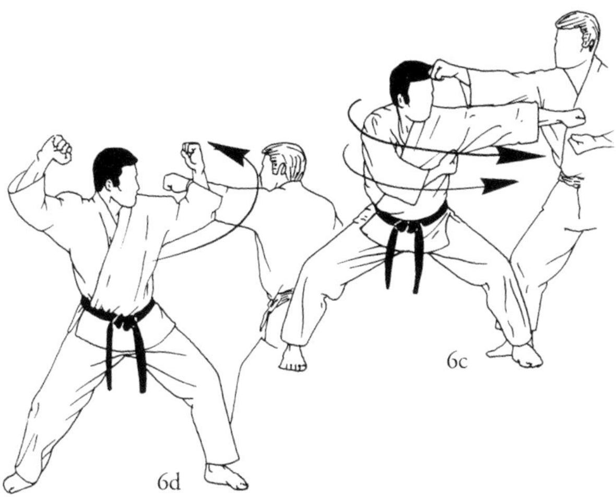

6c

6d

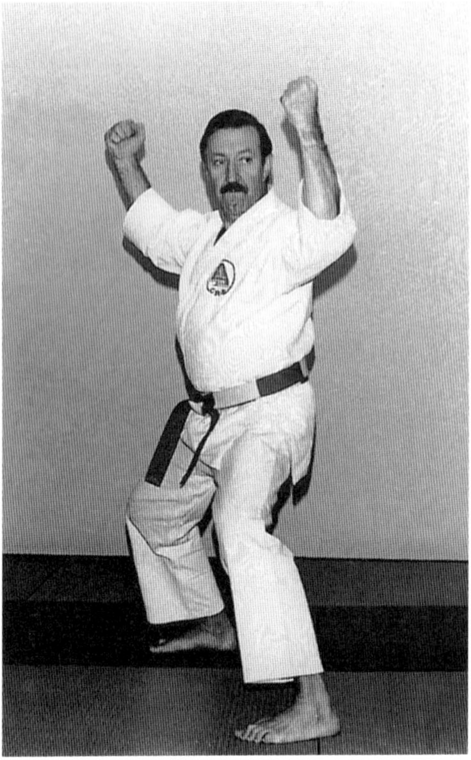

Foto 33

Fotos 33 und 34: Ausschnitt der *Shôtôkan-Kata Jitte*. Das Hochhalten der Fäuste im *Yama gamae* läßt sich in verschiedenen alten und modernen Stilen wiederfinden, die aus dem okinawanischen *Tomari te* abgeleitet wurden. Im *Shôtôkan ryû* wurde ein *Yoko fumikomi*

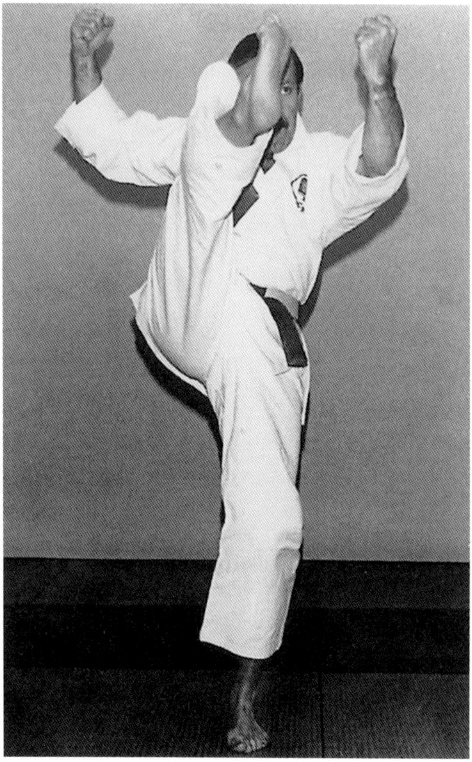

Foto 34

hinzugefügt, nachdem der Fuß gedreht und wie für den *Mikazuki geri* weit nach oben gerissen wird. Die 6. Tafel des Bubishi legt eine Anwendung dieser Position für die Verteidigung des Rumpfes nahe (*Yama uke*).

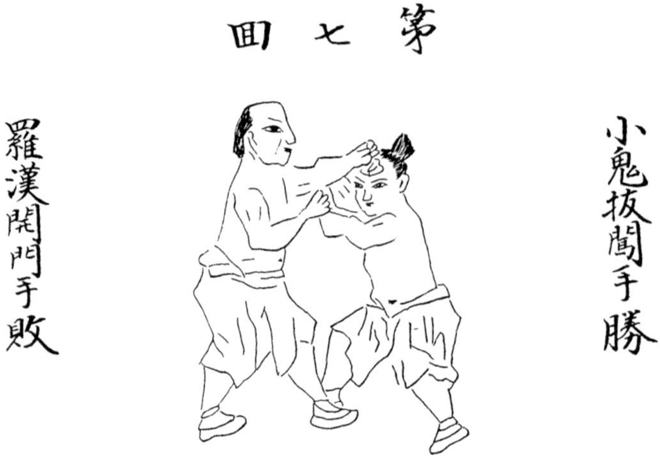

Die 7. Bildtafel des Bubishi

Wenn Sie mit einem »Eisenhammer« auf den Kopf geschlagen werden, nähern Sie sich unter dem Angriff ihrem Gegner und kontern Sie mit der kleinen »Dämonenfaust«. Blockieren Sie, und schlagen Sie gleichzeitig gegen den Körper (7a: rechts).

Kommentar: Die Zeichnung stellt Verteidigung und Gegenangriff dar.

Die beiden Techniken erfolgen simultan. Nach dem Prinzip des »Eindringens« (*Irimi*) wird ein Schritt nach vorn gegangen. Eine eingehende Studie der Darstellung deutet tatsächlich darauf hin, daß das Parieren des Schlages nicht von unten nach oben (wie *Age uke*) erfolgt, sondern daß der gesamte Unterarm von der Faust bis zum Ellbogen mit dem Vorderarm Toris von außen in Kontakt gebracht wird (7a), was es ermöglicht, seinen Arm ohne übermäßigen Kraftaufwand nach innen zurückzustoßen (siehe Fotos 36 und 37).

Zeichnung 7b zeigt den Unterschied zu einer klassischen Blockade. Die »Dämonenfaust« bedeutet eine Einknöchelfaust, von der es mehrere Varianten gibt und mit welcher man aus sehr kurzer Distanz zustößt.

Siehe auch Fotos 35 - 38, S. 104 f.

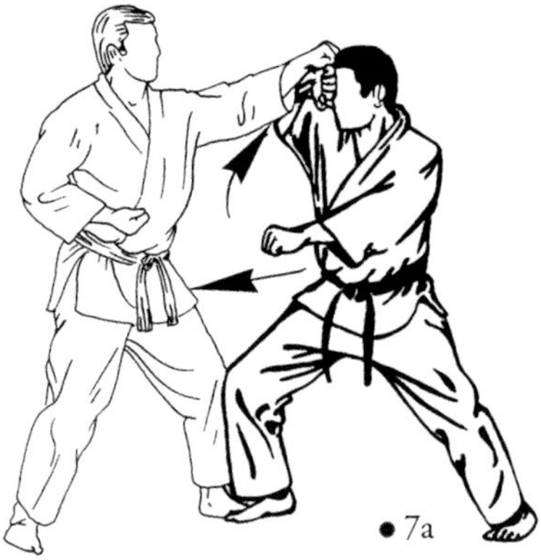

• 7a

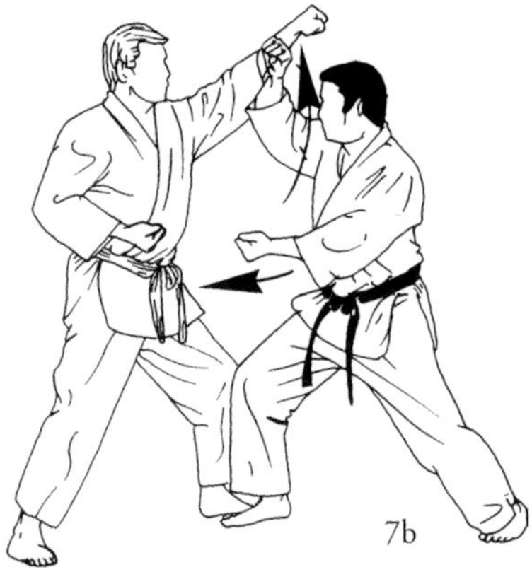

7b

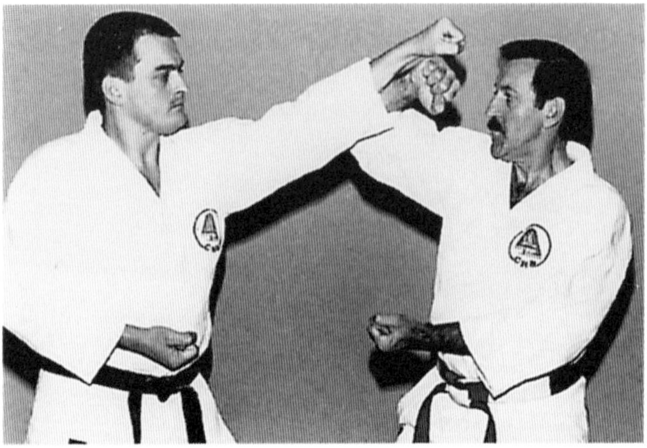

Foto 35

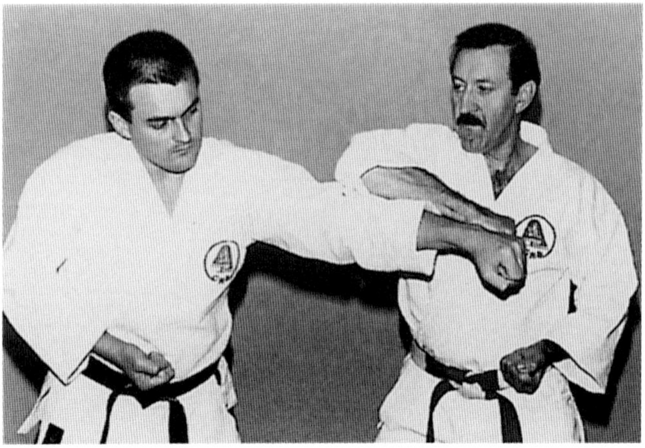

Foto 36

Fotos 35 und 36: Nimmt man genau die auf Tafel 7 des Bubishi dargestellte Haltung ein, wird der Fauststoß des Angreifers nicht direkt von unten abgeblockt, sondern durch Einsatz des gesamten Unterarms. Ukes Ellbogen berührt dabei den Ellbogen Toris (35). Es ist für Uke sehr einfach, die Richtung des Angriffs von außen nach innen zu leiten, indem er den Oberkörper zur Seite wendet (36). Hierdurch begibt er sich außerhalb des gefährlichen Bereichs.

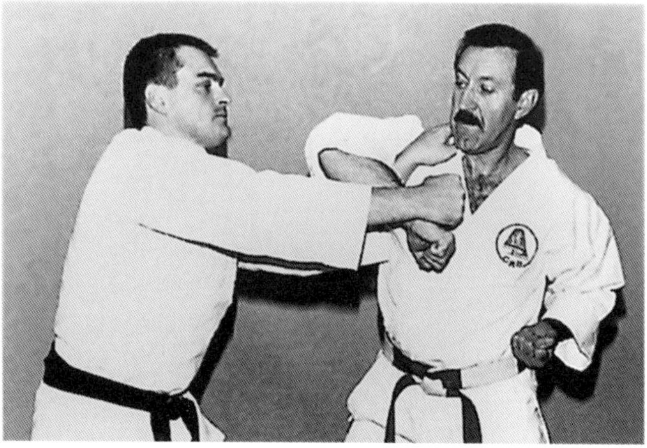

Foto 37

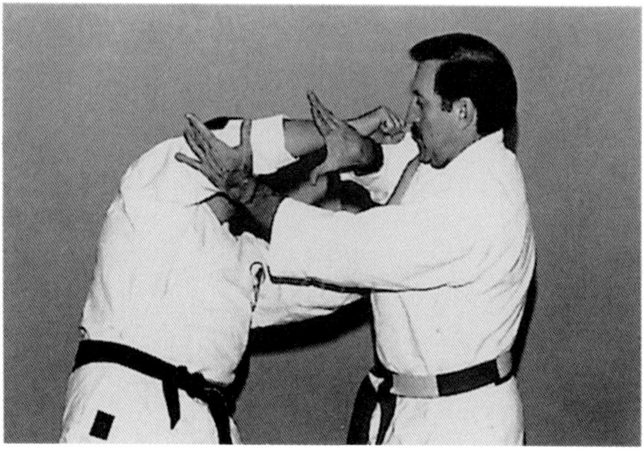

Foto 38

Fotos 37 und 38: Dieses Prinzip wird hier in seiner Anwendung beim *Jûjutsu* gezeigt. Tori versucht einen Faustst0ß mit der Rechten, nachdem Uke seinen linken Arm in einen Haltegriff genommen hat. Uke hebt den Unterarm und löst somit das Halten; er wehrt den Stoß ab, indem er den Ellbogen hochhebt und den Oberkörper seitwärts wendet (37). Ohne zu versuchen, Toris linken Arm erneut festzuhalten, wendet er seinen Oberkörper in die Gegenrichtung und kontert mit einem Armhebel (Verdrehung von links nach rechts: 38).

第八画

獨拳金獅手勝

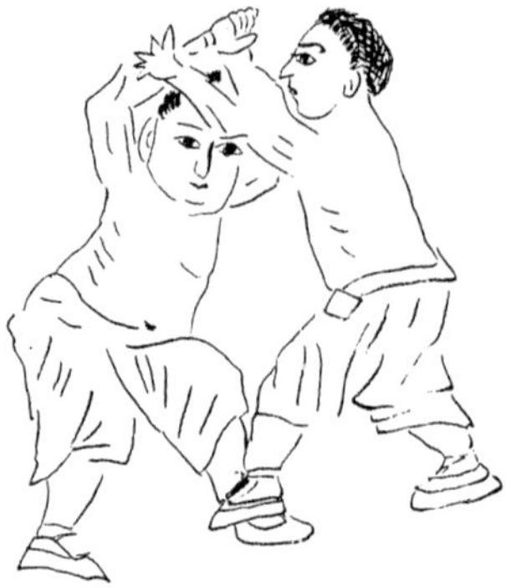

叟龍戲水手敗

Die 8. Bildtafel des Bubishi

Während eines Kampfes, in welchem der Angreifer versucht, Sie gegen den Kopf zu schlagen, blocken Sie den Schlag, ergreifen den Arm des Angreifers und wenden einen Ellbogenhebel an, um den Kampf zu beenden (8a: links).

Kommentar: Die Zeichnung stellt den anfänglichen Block dar.

In manchen Kopien des Bubishi läßt sich klarer erkennen, daß die hier dargestellte Form eine von unten nach oben erfolgende Abwehr (*Age uke*) des rechten Arms darstellt, die unterstützt wird, indem die linke Hand das eigene rechte Handgelenk ergreift (8b). Der Körper ist zu drei Viertel abgedreht. Uke gelingt es leicht, einen Gelenkhebel am Ellbogen von Tori anzusetzen, entweder, indem er mit der rechten Hand von unten kommt (8c), oder indem er die linke Hand von oben einsetzt (8d), was dem klassischen *Kansetsu-waza*-Griff des *Jûjutsu* entspricht.

Siehe auch Fotos 39 und 40, S. 108 f.

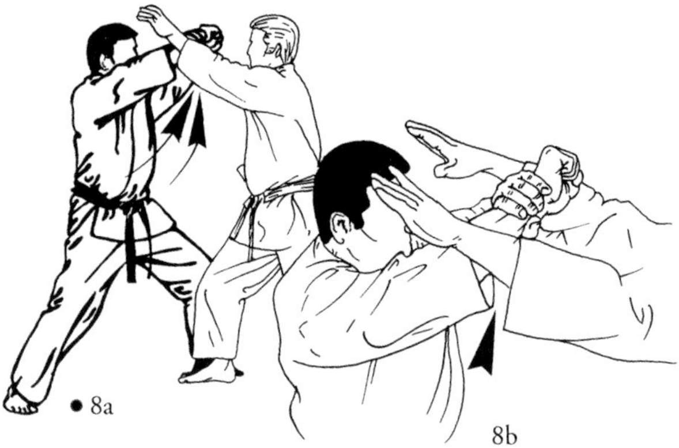

8a 8b

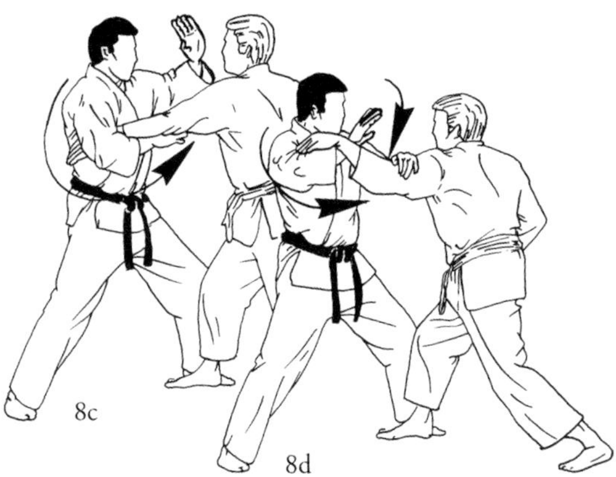

8c 8d

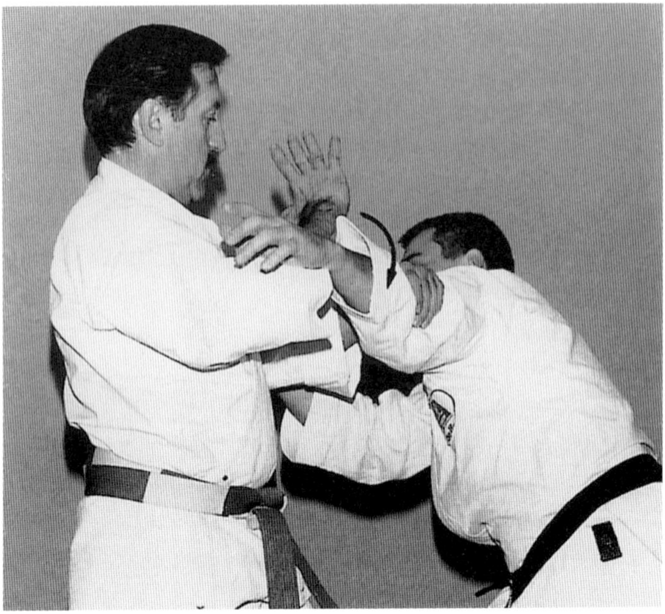

Foto 39: Aus Position 8c (vorhergehende Seite) kann Uke die Abwehr wie auf diesem Foto (bzw. in Position 8d) dargestellt zu Ende führen.

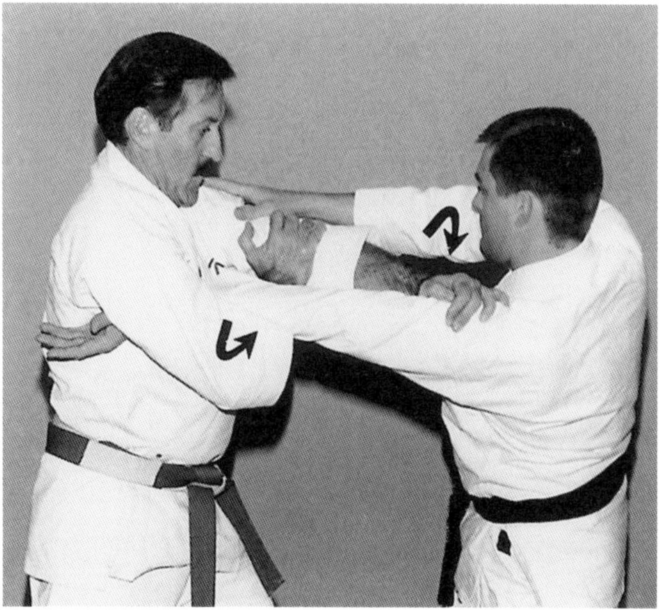

Foto 40: Eine andere Möglichkeit, die Abwehr aus Position 8c zu vollenden besteht darin, daß Uke den ausgestreckten Arm von Tori von außen umfaßt und ihn an sich zieht, während er ihn mit der anderen Hand mit ausgestrecktem Arm an die Schulter greift, um sie zu blockieren. Dies stellt einen Armhebel dar, wie er im *Jûjutsu* praktiziert wird, und mit dem Tori zum Aufgeben gezwungen wird.

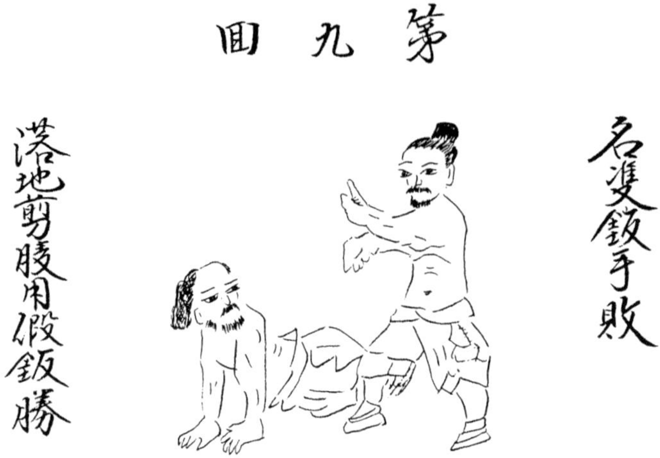

Die 9. Bildtafel des Bubishi

Versucht ein Angreifer, Sie mit beiden Händen zu packen, lassen Sie sich zu Boden fallen und führen Sie eine Beinschere aus, um ihn zu Fall zu bringen (9a: rechts).

Kommentar: Die Zeichnung stellt den Gegenangriff dar.

Diese Form ähnelt sehr der in Tafel 3 vorgestellten Abwehr, aber der Körper ist stärker gedreht und die Hände stützen sich nach vorn auf. Damit entspricht sie der Zeichnung 3b, die bereits als mögliche Weiterentwicklung der 3. Bildtafel vorgestellt wurde (S. 90 f.).

Ôtsuka *Sensei* glaubt, daß es möglich ist, hier eine neue Variante der Technik einzuführen: Ukes linker Fuß »verhakt« sich hinter Toris Fußgelenk, während seine rechte Ferse gegen dessen Knie gedrückt wird (9a). Damit wird Tori gezwungen, sich nach hinten fallen zu lassen, um sich aus der schmerzhaften Schere zu befreien.

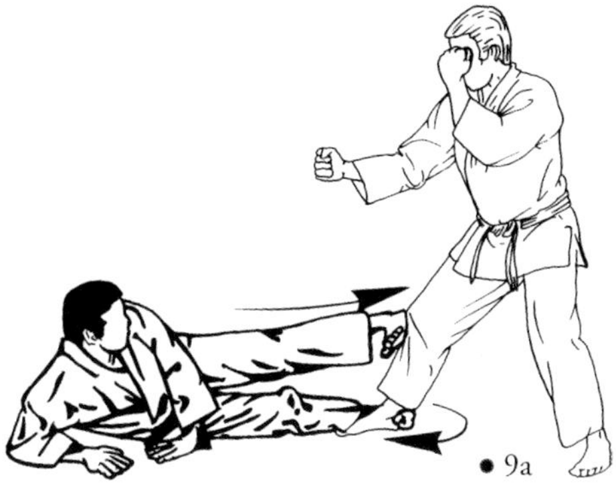

• 9a

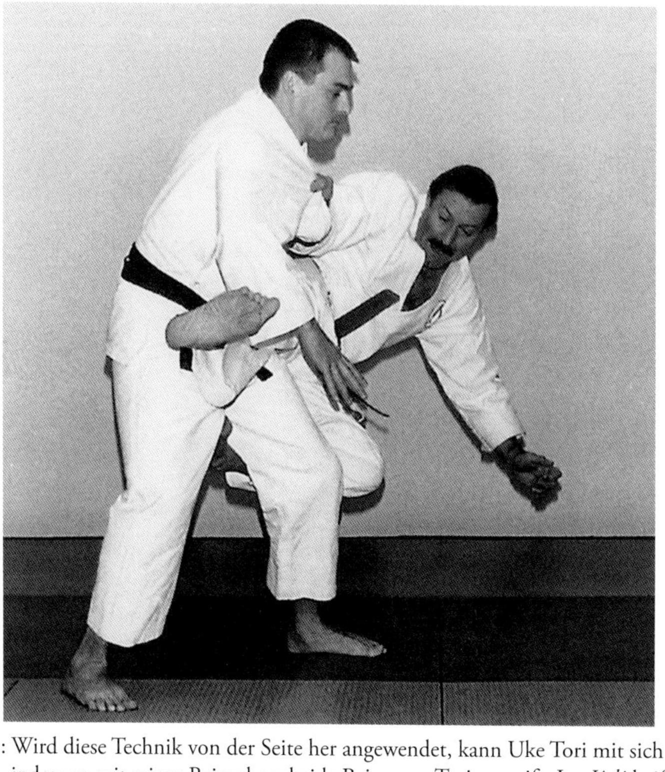

Foto 41: Wird diese Technik von der Seite her angewendet, kann Uke Tori mit sich zu Fall bringen, indem er mit seiner Beinschere beide Beine von Tori angreift. Im *Jûdô* heißt diese Technik *Kani basami* (Scherenwurf).

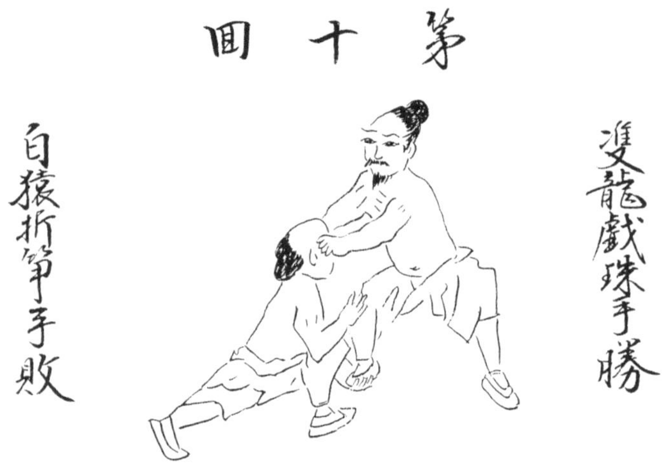

Die 10. Bildtafel des Bubishi

Versucht ein Angreifer, Sie zu Boden zu werfen, indem er Ihr Bein packt, wehren Sie den Angriff ab, indem Sie ihm kraftvoll mit zwei Fingern gegen die Schläfen schlagen oder ihm mit den Händen auf die Ohren schlagen (10a: rechts).

Kommentar: Die Zeichnung stellt den Gegenangriff dar.

Der sehr schmerzhafte doppelte Faustschlag auf die Ohren kann mit nach oben (10a) oder nach unten (10c, wie im Bubishi) weisenden Faustinnenseiten erfolgen. Die zweite Form findet sich in der *Yang*-Bewegungsabfolge des *Taijiquan*, während erstere in die *Gôjû-ryû-Kata Saifa* (auf chinesisch *Zuofa*: eine Faust, die in horizontaler Richtung auf die gegenüberliegende Hand schlägt) und *Kururunfa* (das Boxen aus den Kunlun-Bergen) Eingang gefunden hat.

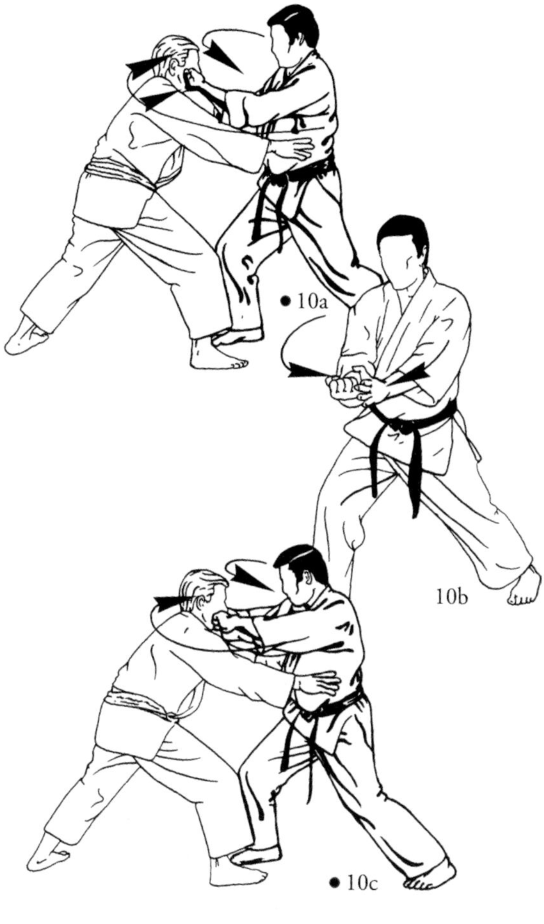

● 10a

10b

● 10c

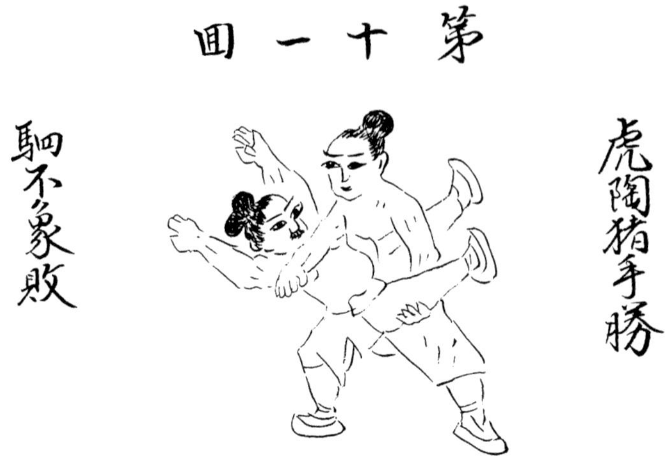

Die 11. Bildtafel des Bubishi

Gelingt es Ihnen, während eines unkoordiniert geführten Angriffs die Gelassenheit zu bewahren, können Sie den Gegner besiegen, indem Sie die Technik des *Tao zhu shou* (den Gegner auf den Rücken werfen, indem Sie eines seiner Beine hochheben) anwenden, gleich einem Tiger, der einen wilden Bären von den Füßen reißt (11b oder 11c: rechts).

Kommentar: Die Zeichnung stellt den Abschluß der Handlung dar.

Diese Darstellung spielt zunächst auf einen während des Kampfes herrschenden Geisteszustand (Gelassenheit) an; um so schärfer in der Folge der Kontrast zur Wildheit des Tigers (der hier bekanntlich nicht zum ersten Mal im Bubishi erwähnt wird) in der entscheidenden Situation. Da diese so dargestellt wird, daß der Griff an der Innenseite des angreifenden Beins angesetzt wird, kann man sich vorstellen, daß Uke zunächst ausgewichen ist, indem er ein Bein hinter das andere über Kreuz stellte (11a: *Kake dachi*), bevor er mit dem vorderen Bein einen Sprung gegen oder hinter das Standbein Toris ausführt. Gleichzeitig mit dem Sprung setzt Uke die rechte Hand ein, um letztendlich den Gegner zu werfen (11b und 11c).

Siehe auch Tafel 21 und Fotos 43 und 44, S. 134 ff.

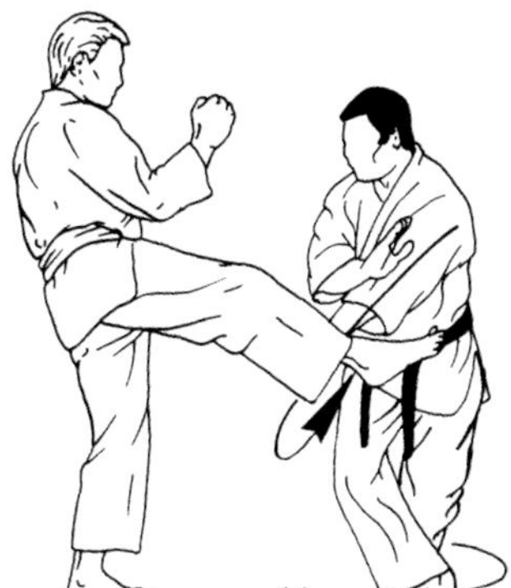

11a

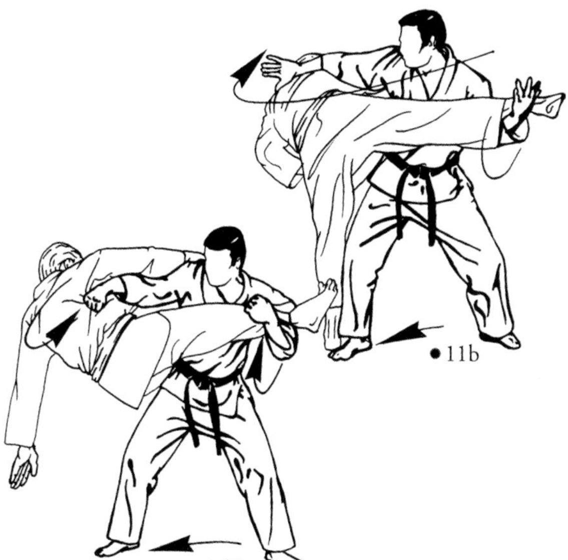

• 11b

• 11c

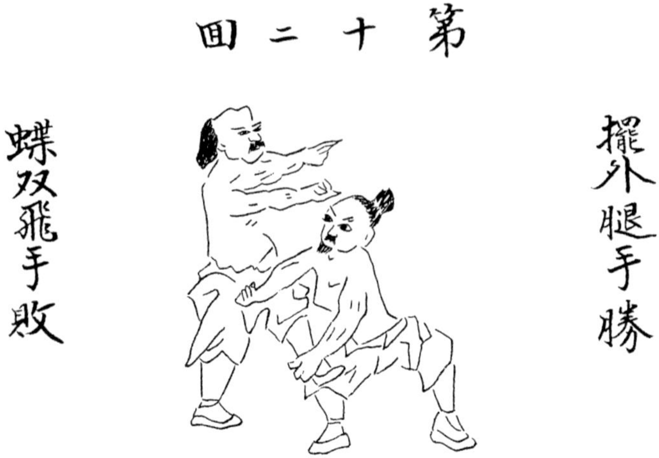

Die 12. Bildtafel des Bubishi

Wenn ein Angreifer Ihnen wie ein Schmetterling, der mit den Flügeln schlägt, hintereinander mehrere kräftige Fauststöße versetzt, können Sie sich dagegen verteidigen, indem Sie sich tief nach unten sinken lassen und sein Bein hochheben, während Sie gleichzeitig an der Innenseite seines Oberschenkels angreifen (12a: rechts).

Kommentar: Die Zeichnung stellt den Abschluß der Handlung dar.

Wieder einmal geht es darum, einem Angriff nach unten auszuweichen und das Bein des Angreifers zu packen. Die Darstellung im Bubishi zeigt, wie der Fuß des Gegners von innen am Knöchel erfaßt wird. Zugleich sticht die rechte Hand mit nach unten gerichtetem Daumen in den Bereich des gegnerischen Schrittes (12a). Wenn Uke aus der beschriebenen Situation heraus das andere Bein Toris ergreift, kann er mit dem Ellbogen gegen den Innenbereich des gegnerischen Oberschenkels schlagen (12b).

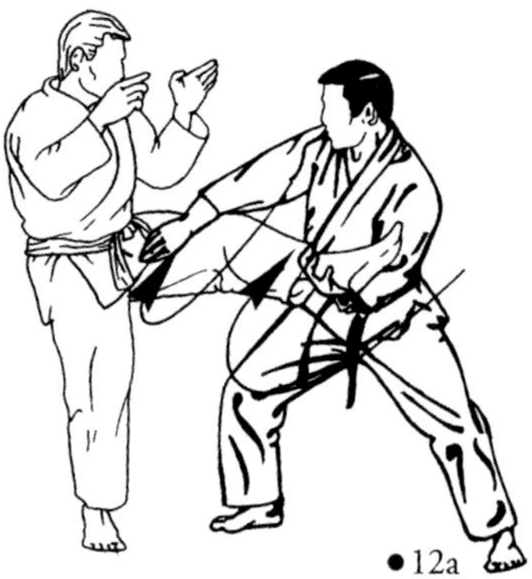

●12a

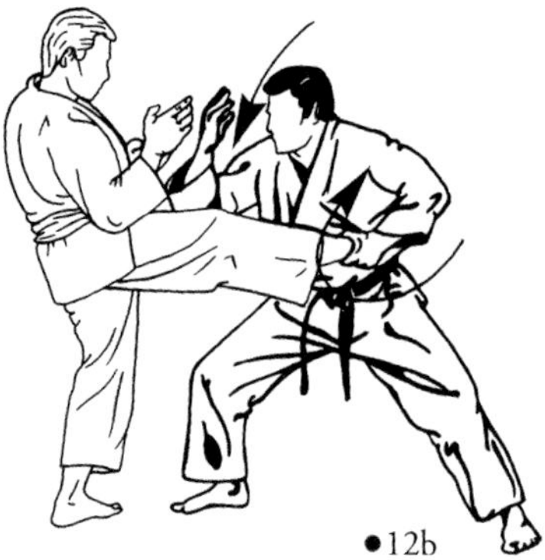

●12b

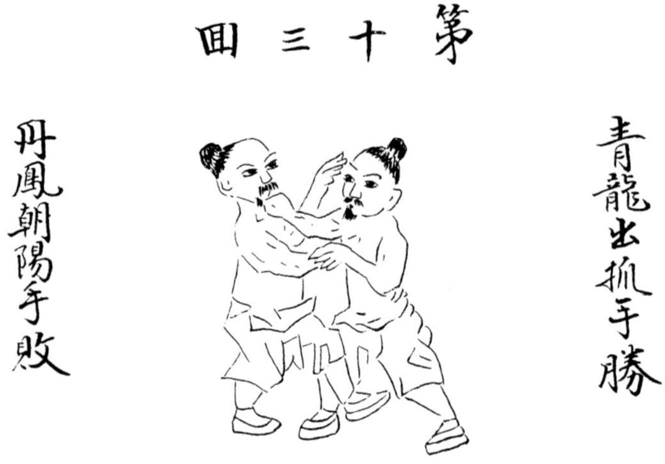

Die 13. Bildtafel des Bubishi

Täuscht der Gegner einen Angriff mit einer Hand vor, um überraschend einen Fauststoß mit der anderen auszuführen, vor allem einen von unten nach oben geführten Schlag, müssen Sie die Täuschung vereiteln, in den Angriff hineingehen, den Fauststoß abfangen und zugleich den Hals des Gegners mit einer »Schlangenmaul«-Hand packen (13a: rechts, Foto 42).

Kommentar: Die Zeichnung stellt den beschriebenen Gegenangriff dar.

Diese Darstellung führt den Begriff des Vortäuschens, der Finte, in einem Kampf ein. Diese Finte wird vereitelt, indem in den Angriff hineingegangen wird. Der Gegenangriff ist ein Stoß, der mit den Fingerspitzen oder mit der »Handgabel« (dem Bogen, der durch den abgespreizten Daumen und den Zeigefinger gebildet wird) geführt wird, um den Kehlkopf zu zerquetschen (13a und Foto 42).

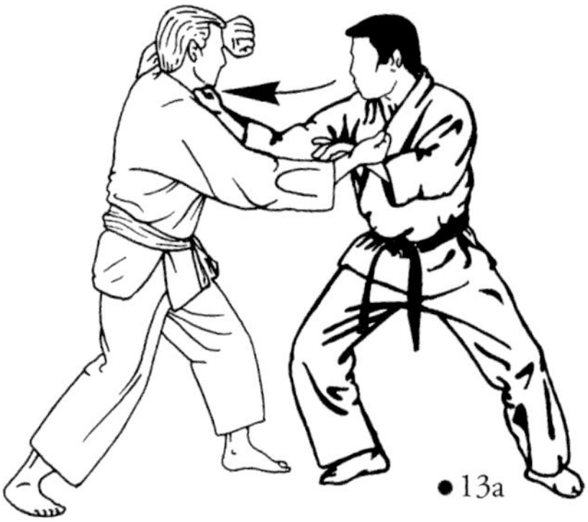

● 13a

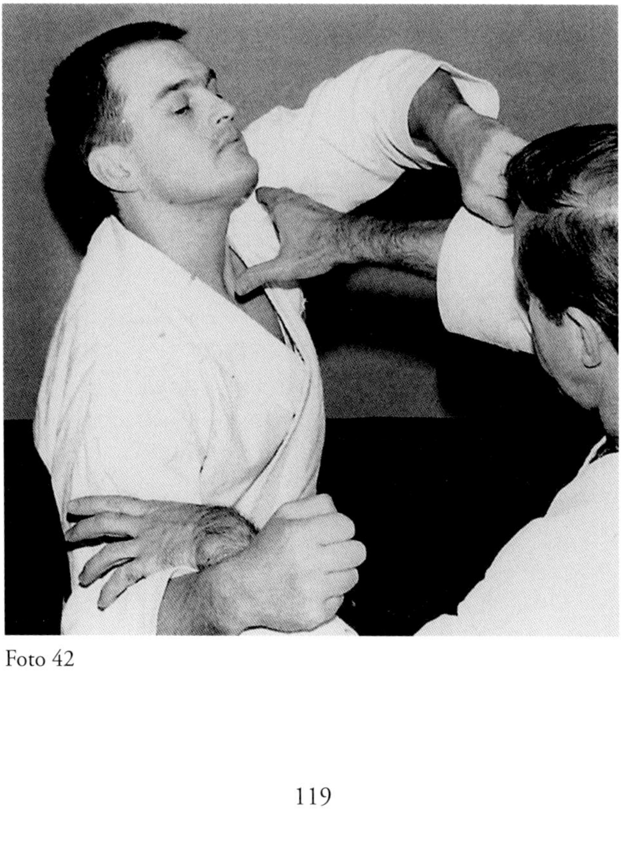

Foto 42

第十四囬

身化辺門用三角戰手勝

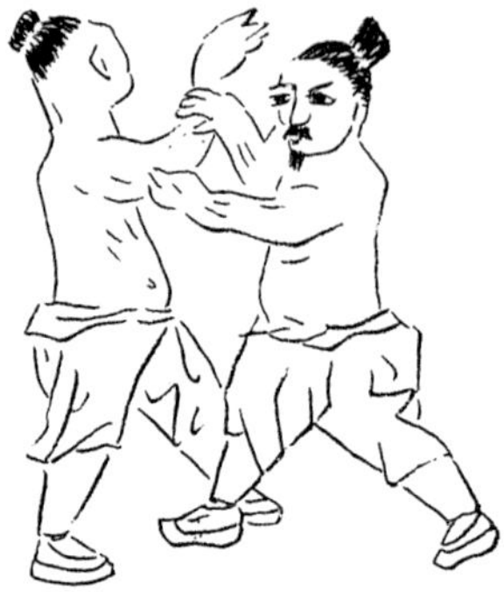

進步草機手存要節敗

Die 14. Bildtafel des Bubishi

Versucht ein Angreifer, Sie zu packen, zu stoßen oder zu schlagen, leiten Sie seine Angriffsenergie um und bringen Sie einen Gelenkhebel an, um den Angreifer zu besiegen (14a: rechts).

Kommentar: Die Zeichnung gibt den Beginn der Handlung wieder.

Diese Darstellung führt das Prinzip der energetisch sparsamen Verteidigung auf den Plan und ebenso die Idee, die Energie des Angreifers optimal auszunutzen. Die Zeichnung ist recht eindeutig: Uke leitet die Angriffsrichtung nach oben um und richtet sie zugleich nach innen, indem er gleichzeitig den Arm Toris am Handgelenk und am Ellbogen von unten und von außen ergreift (14a). Die Abwehr kann einfach zu Ende geführt werden, indem Uke Toris Arm verdreht (14b oder 14c) und ihn so zu verrenken droht. Dies ist eine Technik, die in vielen Kampfkunststilen bekannt ist.

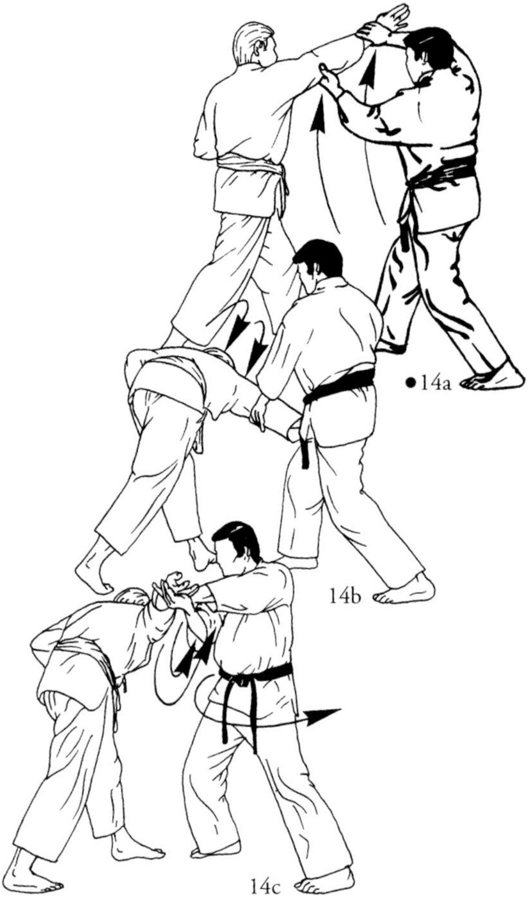

●14a

14b

14c

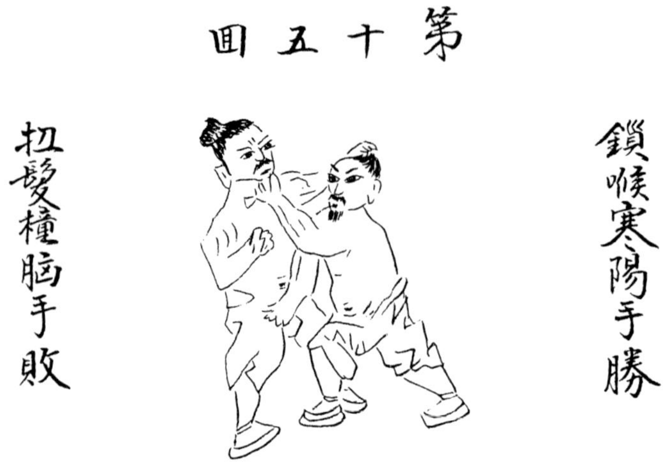

Die 15. Bildtafel des Bubishi

Ergreift ein Angreifer Sie an den Haaren, reagieren Sie schnell, indem Sie zugleich seine Kehle und seine Hoden packen (15a: rechts).

Kommentar: Die Zeichnung stellt die gleichzeitige Verteidigung mit Gegenangriff dar.

In dieser Nahkampftechnik führt Uke direkt von vorn einen Gegenangriff mit beiden Händen aus (15a). Hiervon ausgehend ergeben sich ähnliche Formen, wie sie im *Karatedô* bekannt sind, wie z. B. *Morote zuki* (15b) und *Yama zuki* (15c). Zeichnungen 15d und 15e zeigen eine mögliche Weiterentwicklung aus der Position 15a: Auf einen *Koko osae uke* (15d) folgt ein *Osae nage* (15e), wie in dem *Bunkai* der *Empi no kata* (*Wanshu*).

Siehe auch Tafel 25 (S. 148).

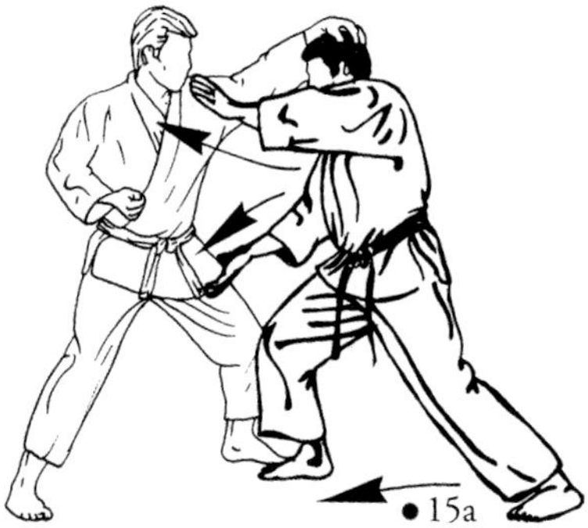

15a

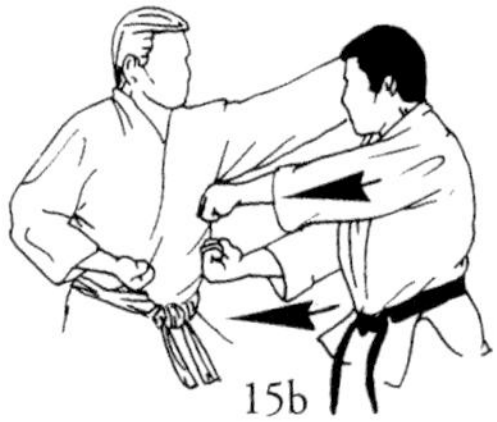

15b

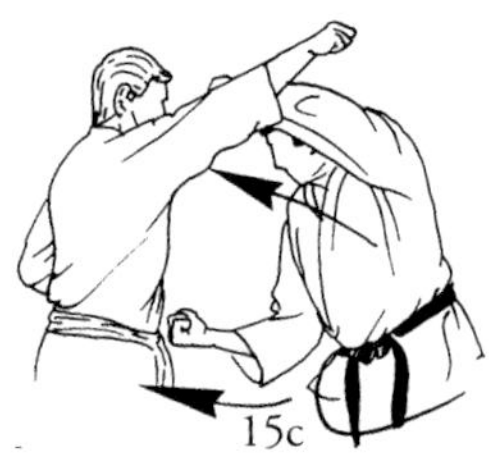

15c

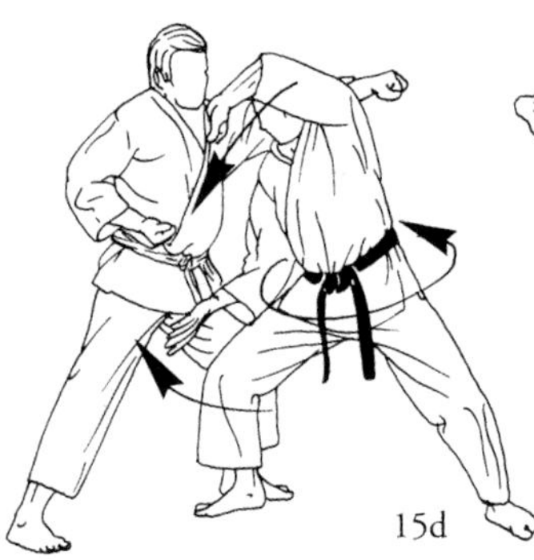

15d

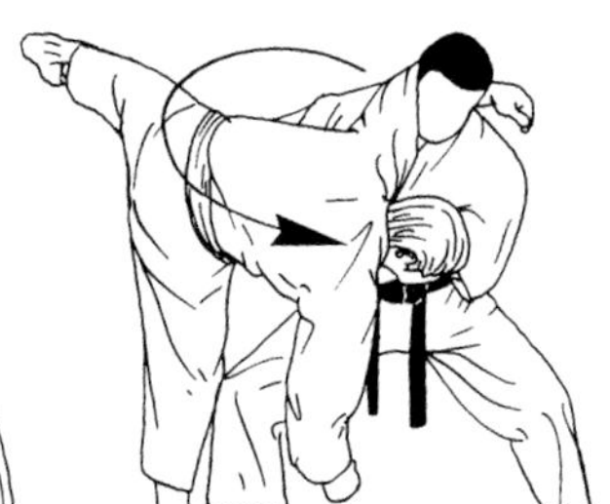

15e

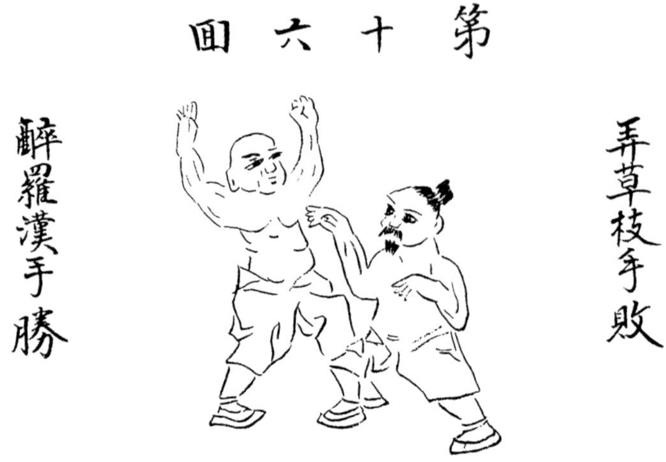

Die 16. Bildtafel des Bubishi

Oftmals ist es von größter Bedeutung, den Gegner zu täuschen, um eine Öffnung zu schaffen. Wenn Sie in eine Konfrontation verwickelt werden, seien Sie bereit, Gebrauch vom Prinzip der »trunkenen Faust« zu machen, weil es Ihnen helfen kann, die notwendige Lücke zu erzeugen (16a: links).

Kommentar: Die Zeichnung illustriert das beschriebene Prinzip.

In der 16. Tafel des Bubishi wird auf eine neue strategische Regel hingewiesen: die Suche nach einer Öffnung in der Verteidigung des Angreifers. Der Gebrauch der »trunkenen Faust« spielt auf den chinesischen Kampfstil »Betrunkener Mann« (*Ts'ui ch'uan*, *Zuiquan* oder *Ts'ui Pa Hsien*) an. Der »Betrunkene Mann« führt den Gegner durch seine unvorhersehbaren und unsteten Bewegungen in die Irre, er verwirrt ihn und bekommt so Gelegenheit, die entscheidende Aktion auszuführen (z. B. 16b oder 16c – nachdem Tori hinsichtlich der tatsächlichen Reichweite Ukes getäuscht wurde, verkürzt Uke abrupt die Distanz). Alles in allem läßt sich diese Darstellung sehr frei interpretieren.

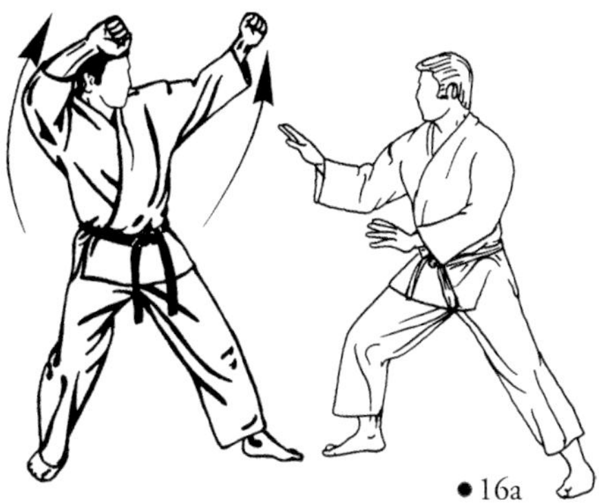

• 16a

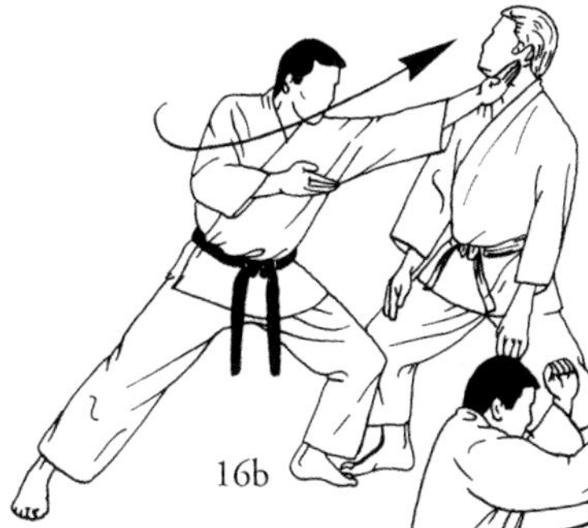

16b

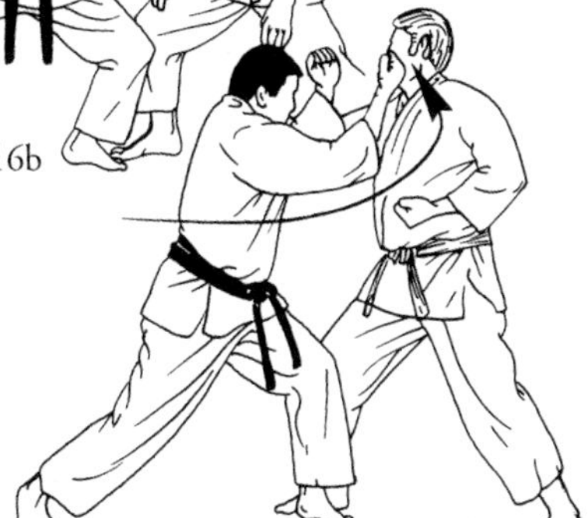

16c

第十七回

姜女梳粧手勝

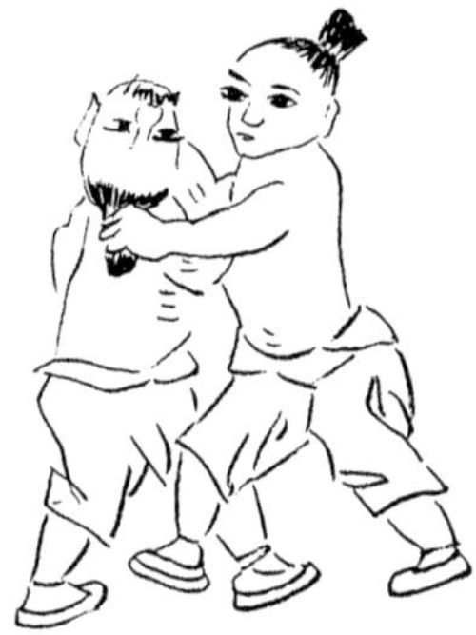

錦鯉明天手敗

Die 17. Bildtafel des Bubishi

Bereitet sich im Verlauf eines Kampfes der Angreifer auf einen Fauststoß vor, gehen Sie auf ihn zu und greifen Sie ihn am Hals und an den Haaren, um die Kontrolle über seinen Kopf zu gewinnen und auf diese Weise den Sieg herbeizuführen (17b: rechts).

Kommentar: Die Zeichnung stellt den Gegenangriff dar.

Diese Darstellung scheint ein weiteres Mal die Tafel 4 (S. 92) aufzugreifen; auch der Kommentar ist ähnlich, abgesehen von einer Einzelheit: dem gleichzeitigen Gegenangriff auf den Hals. Es ist auch zu beachten, daß Toris rechtes Bein hier nach vorn gestellt ist, was es Uke sowohl erleichtert, Toris Kopf zu verdrehen als auch, ihn aus dem Gleichgewicht zu bringen.

Unabhängig davon zeigen die Zeichnungen 17a bis 17c ein Prinzip des Bubishi, das darauf beruht, einem Angriff nach außen auszuweichen, den gegnerischen Arm zu blockieren und seinerseits den Gegner anzugreifen, indem die Handfläche oder der ganze Arm gegen dessen Hals eingesetzt wird. Diese Technik findet sich vor allem im *Irimi nage* des *Aikidô* wieder.

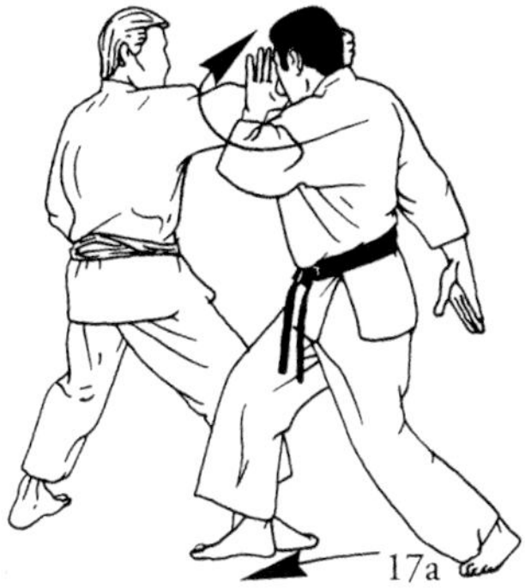

17a

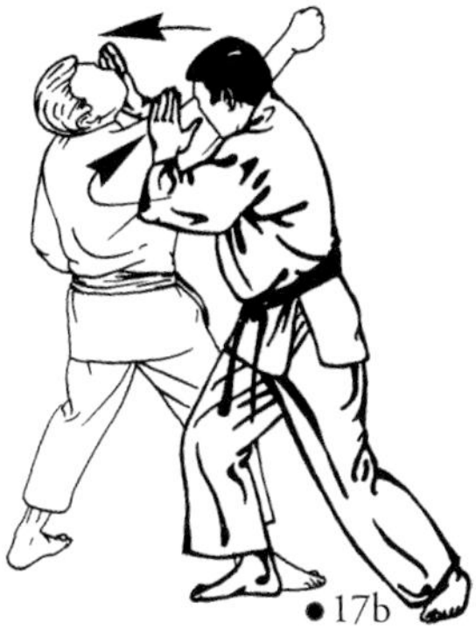

● 17b

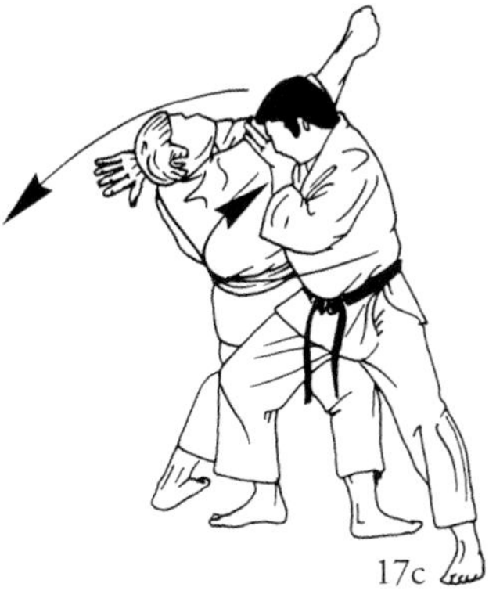

17c

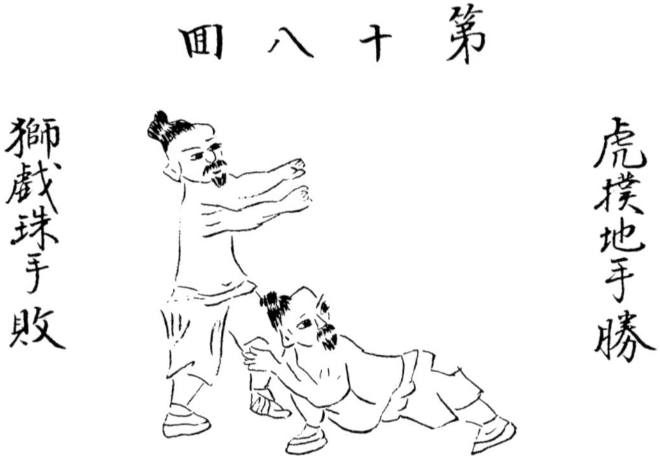

Die 18. Bildtafel des Bubishi

Gleichgültig, wie groß ein Gegner ist oder wie stark – Sie können ihn zu Fall bringen, indem Sie mit einer Hand sein Bein ergreifen und mit der anderen gegen die Knieinnenseite oder gegen das Hüftgelenk drücken (18a, 18b oder 18c; rechts).

Kommentar: Die Zeichnung stellt den beschriebenen Gegenangriff dar.

Die Beschreibung ist weniger allgemein gehalten als jene für Tafel 5 (S. 94). Von Tafel 12 (S. 116) unterscheidet sie sich durch die Anregung, Tori aus dem Gleichgewicht und am Ende zu Fall zu bringen, indem Druck gegen das Kniegelenk oder gegen das Hüftgelenk ausgeübt wird, während zugleich das Fußgelenk ergriffen wird. Der Gegenangriff stellt demzufolge hier kein *Atemi* (Schlag auf den Körper, insbesondere auf einen Vitalpunkt) dar, sondern einen Druck auf die Schwachstelle eines Gelenks. Die Positionen 18a und 18b stellen einige Möglichkeiten hierfür dar (Zeichnung 18a ist dem Original aus dem Bubishi am nächsten). Zeichnung 18c stellt die in Zeichnung 18b vorgestellte Situation unter einem anderen Winkel dar. Man beachte, daß jedes Mal, wenn im Bubishi gezeigt wird, wie Uke ein Bein seines Gegners ergreift, seine Stellung sehr tief und ein Bein im Ausfallschritt nach vorn gestellt ist.

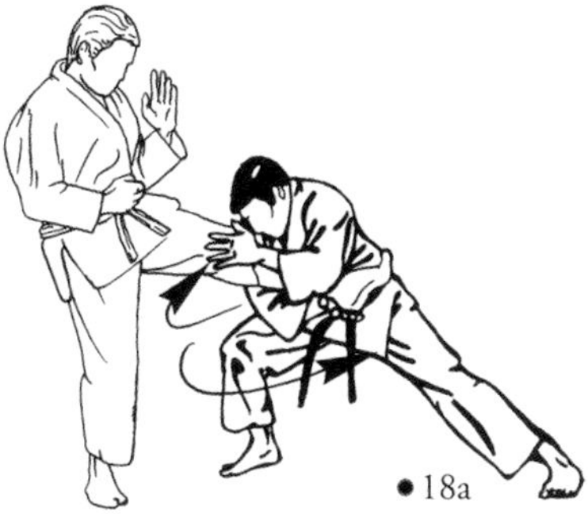

• 18a

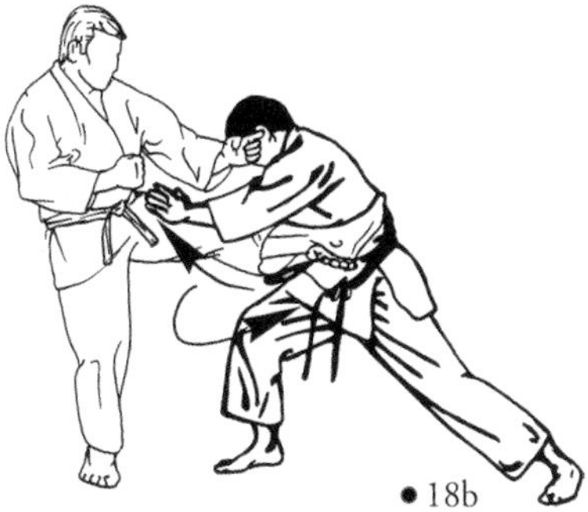

• 18b

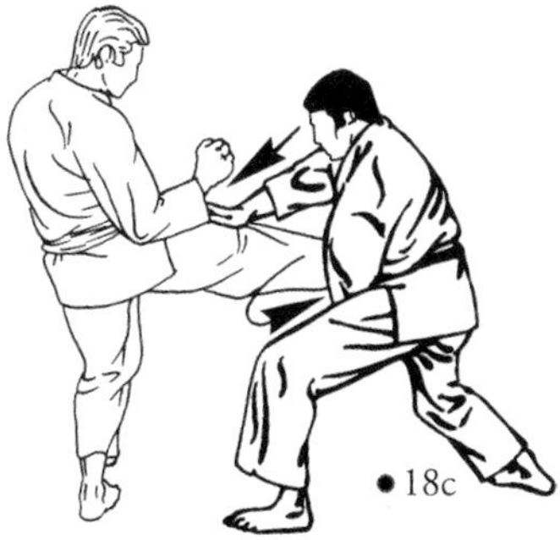

• 18c

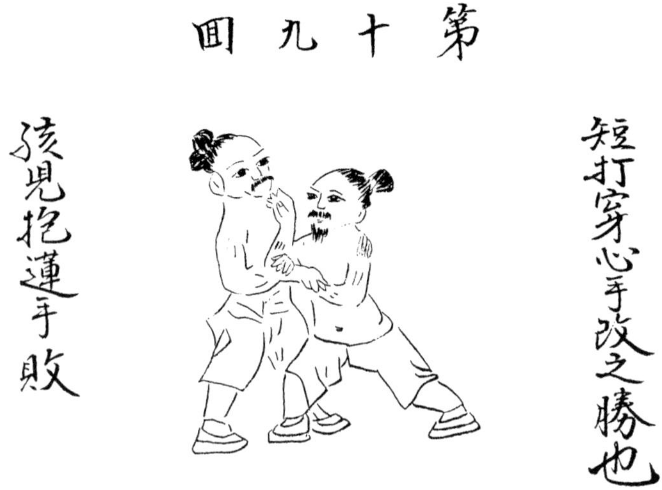

Die 19. Bildtafel des Bubishi

Mangelt es Ihnen während eines Kampfes an Bewegungsraum, können Sie Ihre Angriffe auf die Schwachpunkte des Gegners konzentrieren, beispielsweise auf Augen, Ohren, Nase oder Kehle (19a: rechts).

Kommentar: Die Zeichnung stellt Abwehr und Gegenangriff dar.

Hier wird erneut der Begriff des Vitalpunkts ins Spiel gebracht. Ein Gegenangriff, der darauf beruht, aus kurzer Distanz mit großer Genauigkeit auf derartige Punkte am Körper einzuwirken, ermöglicht in einer schwierigen Situation den sicheren Sieg. In der Zeichnung wird ein Stoß mit den Fingerspitzen, die wie ein Vogelschnabel gehalten werden, dargestellt (19a).

Diese Art und Weise, die Fingerspitzen zusammenzuführen, um einen Stich auszuführen, ist aus zahlreichen Wushu-Stilen bekannt, vor allem aus dem *Hunggar* und aus dem *Pak Hok Pai* (*Baihequan* – siehe auch Seite 237 ff.). Die Fingerstellung trägt dort die Bezeichnung *Heou Keou*. Uke kann auch zunächst, die Finger und das Handgelenk bereits in Vogelschnabelhaltung (19b), Toris angreifenden Arm abwehren, bevor er seinen frontalen Gegenangriff ausführt (19c).

Siehe auch Tafeln 23, 33 und 35.

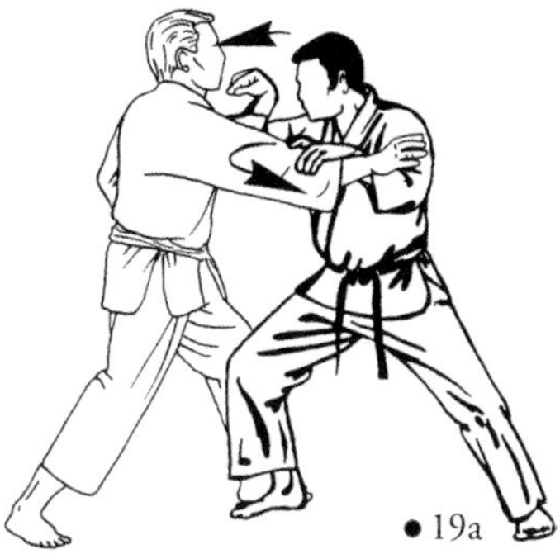

● 19a

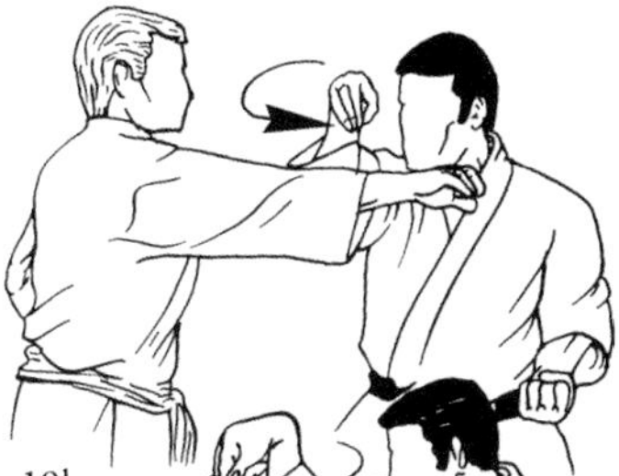

19b

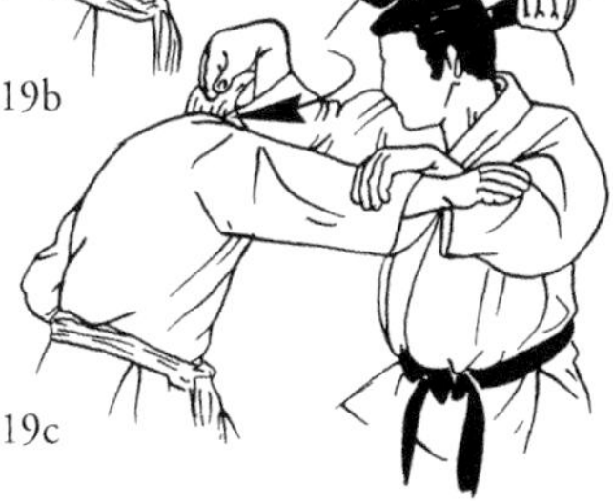

19c

第二十回

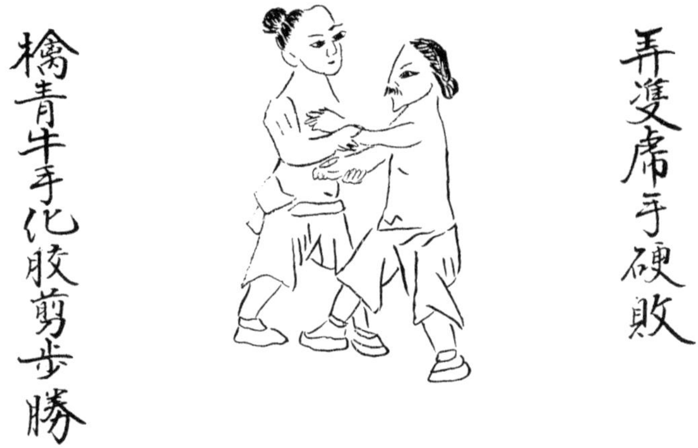

Die 20. Bildtafel des Bubishi

Sie bringen Ihren Gegner aus dem Gleichgewicht, indem Sie seine Handgelenke verdrehen. Dies ermöglicht Ihnen, seine Beine zu fegen (20c: links).

Kommentar: Die Zeichnung stellt die zentrale Phase der beschriebenen Handlungsfolge dar.

Es ist deutlich zu erkennen, daß Uke Tori an den Handgelenken gepackt hat und dessen Arme vorn über Kreuz zieht. Damit zwingt er dem Angreifer eine Bewegung auf, die ihn am Ende zu Fall bringen wird (20c). Für diesen Zweck genügt es, wenn Uke geschickt das Ungleichgewicht ausnutzt, das durch das Fegen eines Beines entsteht (20d).

Die Zeichnungen 20a und 20b stellen eine optimale Möglichkeit dar, den Griff anzusetzen.

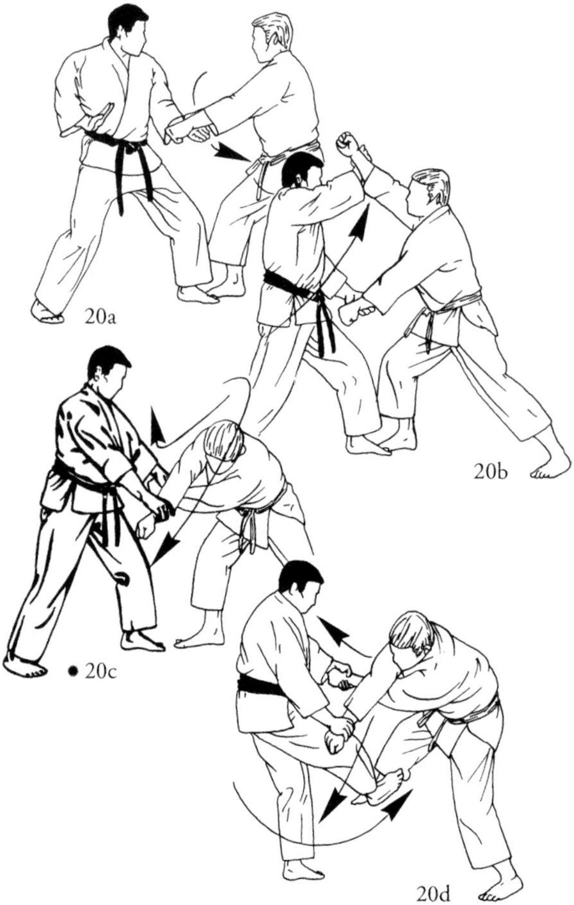

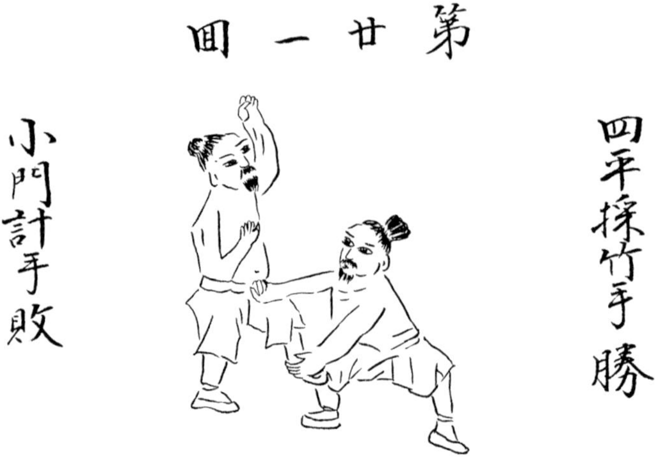

Die 21. Bildtafel des Bubishi

Eine weitere Möglichkeit, den Gegner zu besiegen besteht darin, eines seiner Beine zu ergreifen und das andere zu fegen (21a: rechts).

Kommentar: Die Zeichnung stellt die Position kurz vor Toris Fall dar.

Was die zeichnerische Ausführung betrifft, unterscheidet sie sich kaum von Tafel 12. Allerdings findet sich hier in der – eher vagen – Beschreibung kein Hinweis auf einen vorherigen oder gleichzeitigen Angriff auf einen Vitalpunkt. Zeichnung 21a kommt der Originalzeichnung am nächsten (vergleiche auch Zeichnung 12a, S. 117).

Zeichnungen 21b bis 21e und Fotos 43 und 44 (S. 136) stellen zwei mögliche Arten dar, ein Bein zu ergreifen und das andere zu fegen. Dies geschieht hier nach einem *Mae geri* Toris. In beiden Fällen nutzt Uke geschickt die Position *Kake dachi* oder *Kosa dachi* (auf chinesisch *Tao-Bo*, die Stellung des »gestohlenen Fußes«), um Toris Fußstoß abzuwehren und seinen Fuß zu ergreifen, während er dem Stoß ausweicht.

Foto 45 stellt eine Möglichkeit dar, zur Stellung von Zeichnung 21a, also der im Bubishi beschriebenen Position, zu gelangen und sich zugleich gut zu schützen.

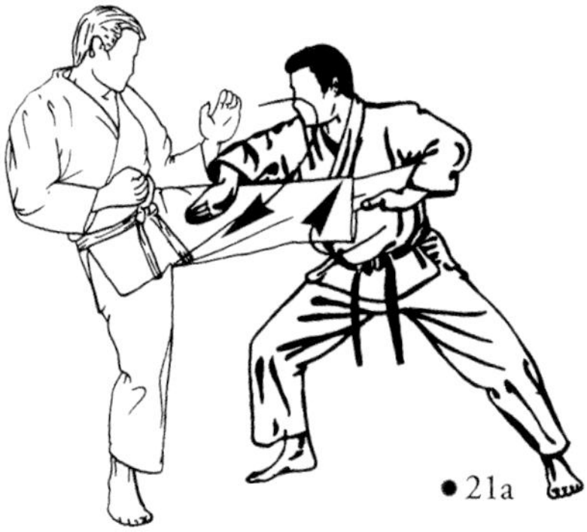

● 21a

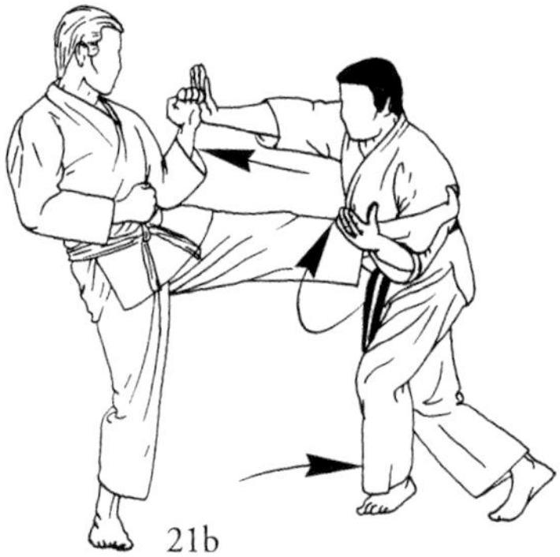

21b

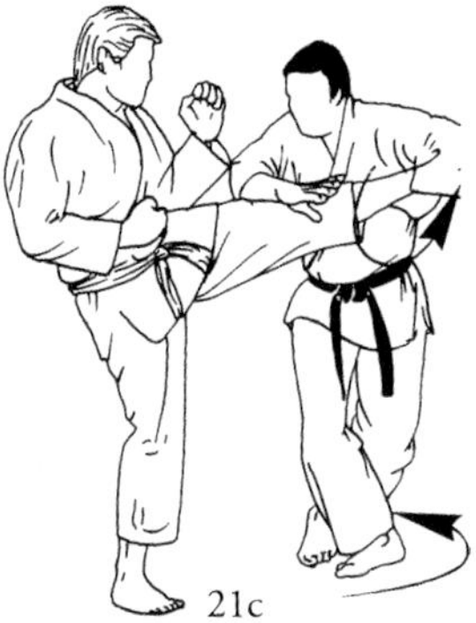

21c

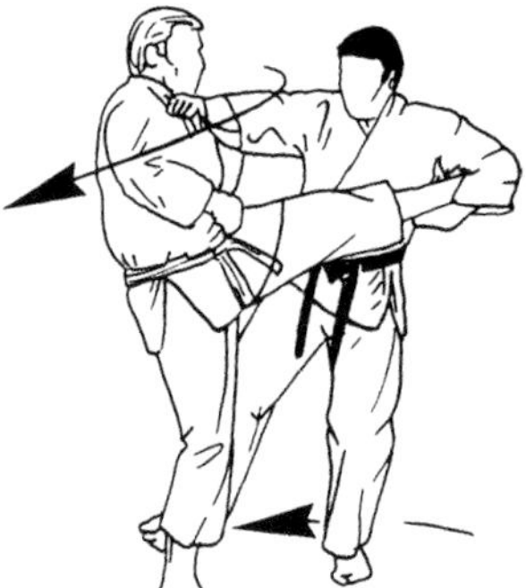

21d

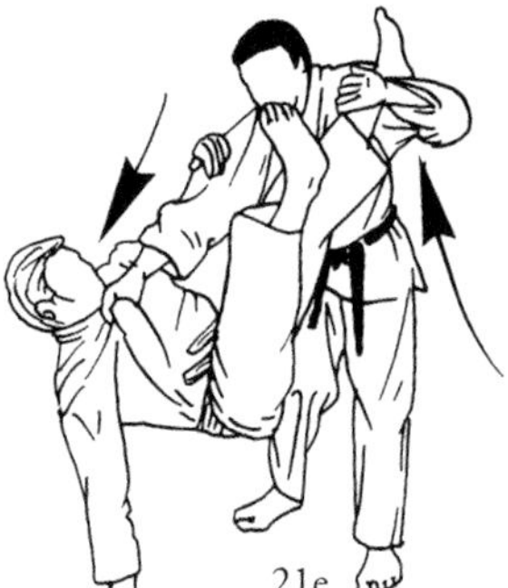

21e

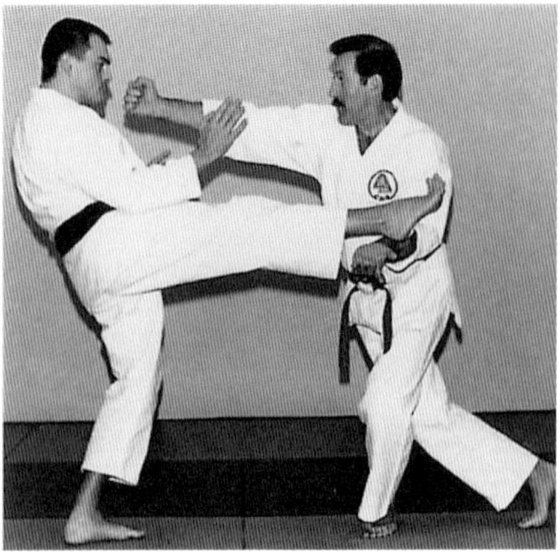

Foto 43

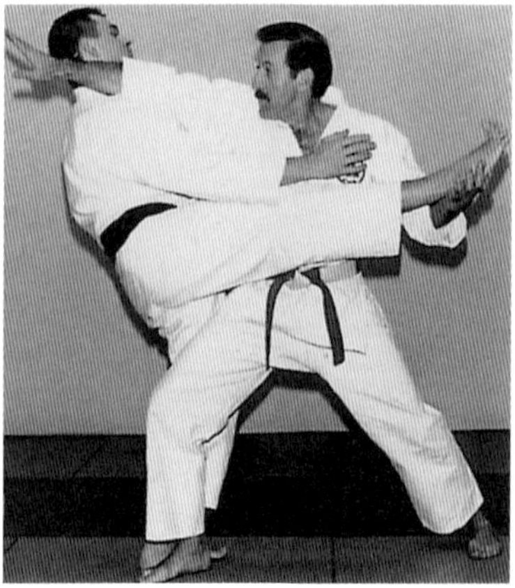

Foto 44

Fotos 43 und 44: Aktion in den Angriff hinein (siehe vorherige Seite): Abwehr im *Kake dachi* mit Fauststoß zum Stoppen des Angriffs. Die Abwehr wird von einem Gleichgewichtsbrechen nach hinten begleitet (43). Es folgt ein Wurf, indem Uke sein Bein hinter das Standbein von Tori stellt (44).

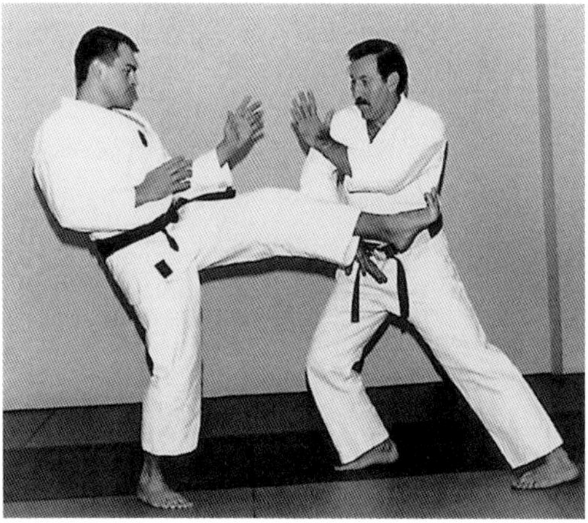

Foto 45

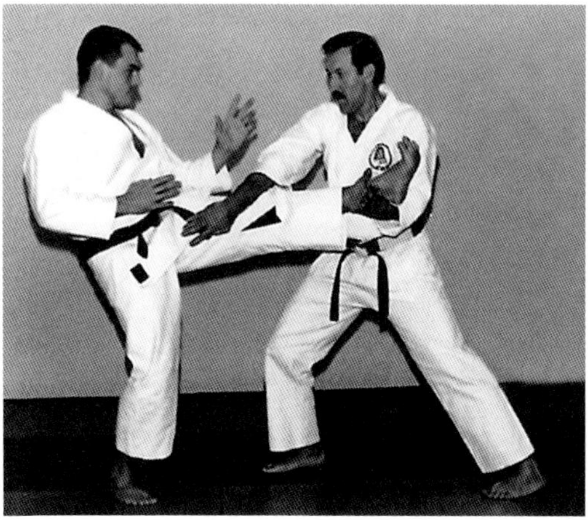

Foto 46

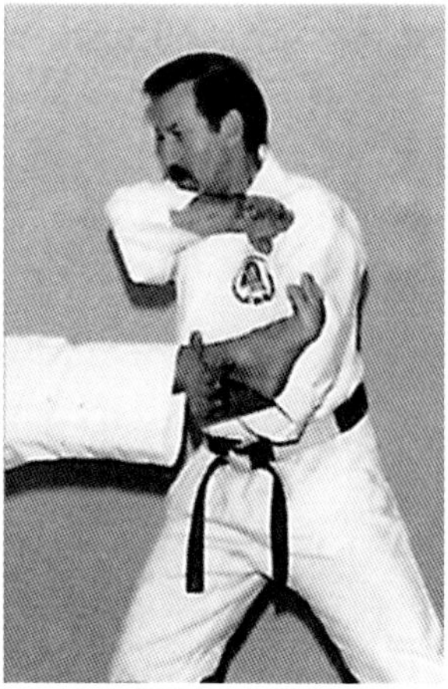

Foto 46a

Fotos 45 und 46: Die Aktion erfolgt von der Außenseite des Angriffs, getreu der 21. Tafel des Bubishi (das heißt, die Wurftechnik, mit welcher der Gegenangriff abgeschlossen wird, wird nicht gezeigt). Zu beachten sind der Handwechsel und die Vorbereitung eines Angriffs mit den Fingerspitzen, der an den auf Tafel 12 (S. 116) dargestellten Gegenangriff erinnert (Foto 46a).

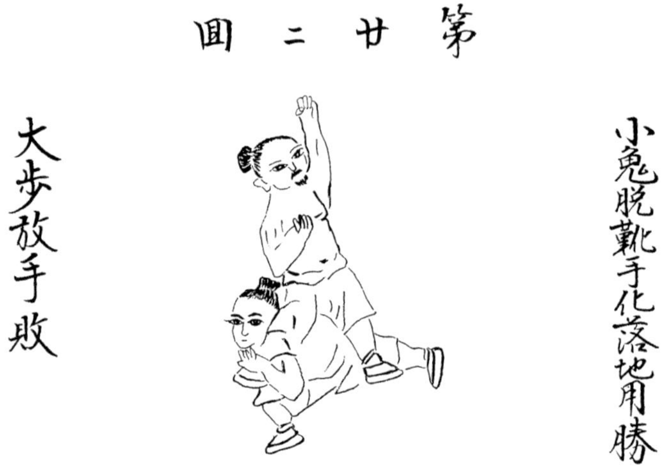

Die 22. Bildtafel des Bubishi

Versucht der Angreifer, einen Schritt zu machen, oder versucht er einen Fußtritt, können Sie sein Bein ergreifen und es hochheben, um ihn zu Fall zu bringen (22b: links).

Kommentar: Die Zeichnung stellt die Abwehr und den Beginn des beabsichtigten Ungleichgewichts dar.

Der wieder sehr allgemein gehaltene Kommentar weist von neuem auf die Möglichkeit hin, das gegnerische Bein zu ergreifen, um den Kampf zu beenden. Die Darstellung zeigt, daß es sich empfiehlt, so tief wie möglich zu gehen, ein ausgestrecktes Bein hinter das Standbein Toris zu plazieren und das andere Bein Toris dann mit dem Ellbogen oder sogar mit der Schulter hochzuheben (22b). Die Technik kann ein *Sukui uke* (22a) sein, begleitet von einer starken Drehung des Oberkörpers, um das Bein Toris zu strecken.

Uke kann soweit gehen, ein Knie auf den Boden zu setzen (Foto 48 auf S. 140 oder Zeichnung 22c), um entweder einen Feger nach hinten (Foto 49) auszuführen oder um sich schwungvoll wieder aufzurichten und das Bein Toris in die Höhe zu reißen. Er kann auch seine Wendung nach hinten durch Einsatz der Knie verstärken (Abfolge auf den Fotos 47 und 48).

Eine weitere mögliche Fortsetzung der Abwehr wird auf den Zeichnungen 22d und 22e (S. 141) dargestellt, sowie auf Fotos 50 und 51.

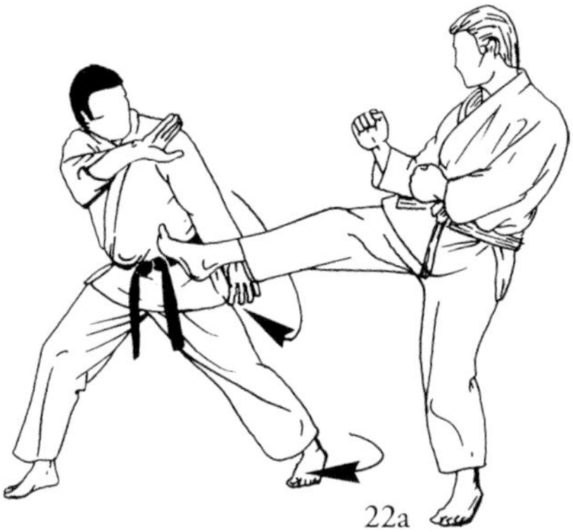

22a

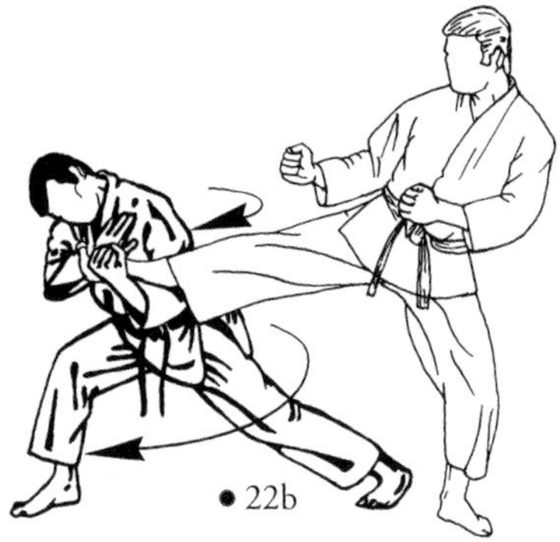

• 22b

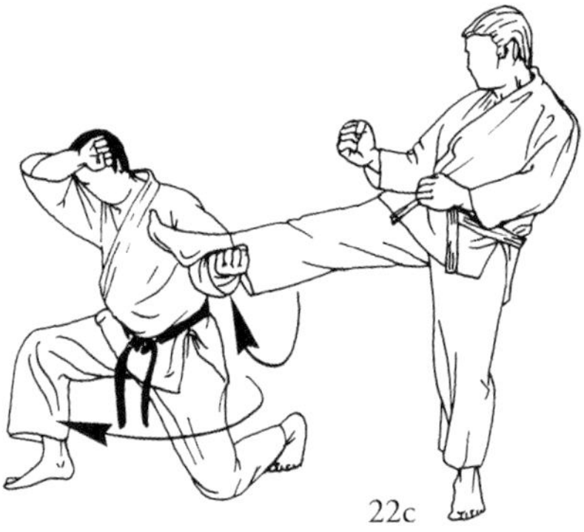

22c

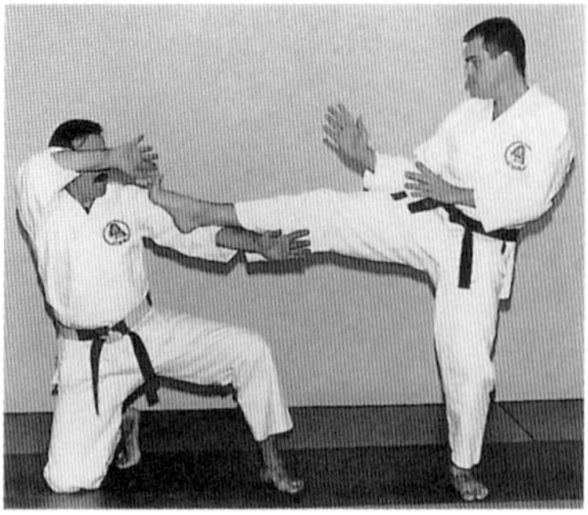

Foto 47

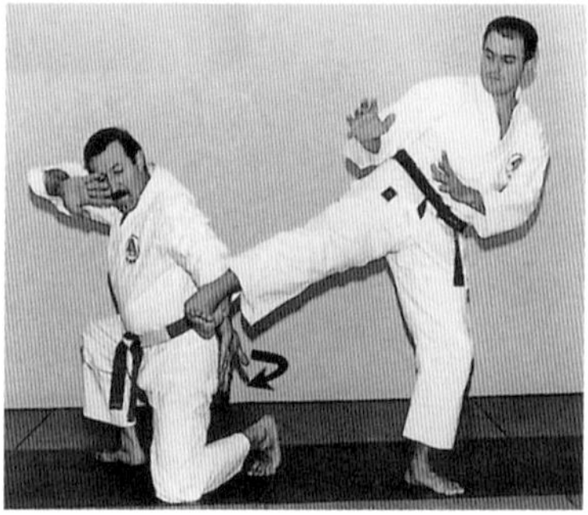

Foto 48

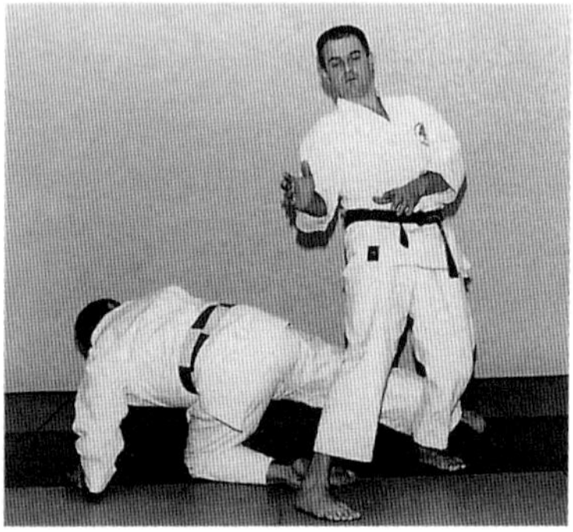

Foto 49

Fotos 47 bis 49: Abwehr mit einem in knieender Haltung ausgeführten *Sukui uke* (Foto 47: Beachten Sie den Schutz mit der hinteren Hand), der unverzüglich durch Drehung und Umkehr der Position weitergeführt wird (Foto 48: Das linke Knie wird auf den Boden gesetzt, während das rechte aufgerichtet wird. Der Oberkörper bleibt aufrecht). Uke dreht sich weiter von links nach rechts über sein linkes Knie und fegt das hintere Bein von Tori mit einem Feger von hinten (Foto 49).

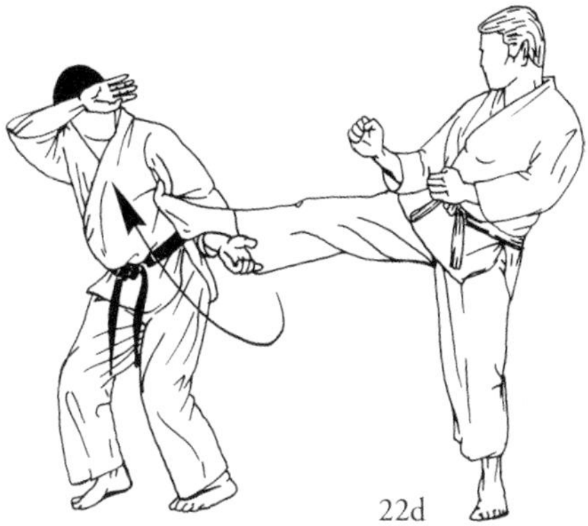

22d

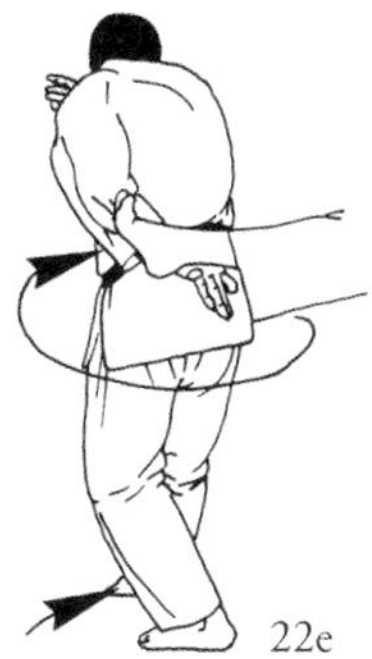

22e

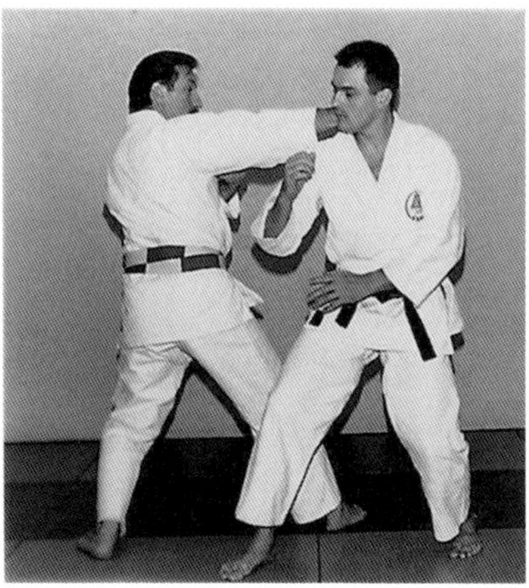

Foto 50

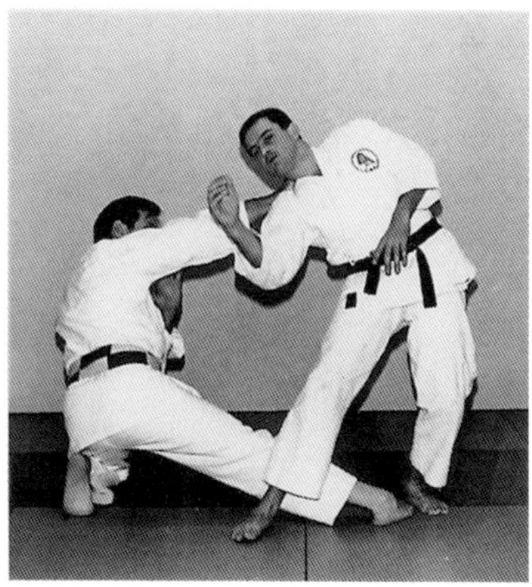

Foto 51

Zeichnungen 22d und 22e, Fotos 50 und 51: Eine mögliche Weiterführung nach einem im Stehen ausgeführten *Sukui uke*. Von der Stellung 22a (S. 139) setzt Uke seinen hinteren Fuß zum vorderen (22d), dreht auf diesem neuen Standpunkt und läßt den Angriff hinter seinem Rücken an sich vorbei (22e). Danach stellt er sein Bein hinter das vordere Bein Toris, um dessen Angriff mit einem *Uraken* oder einem gegen das Genick ausgeführten *Shuto* zu kontern (Foto 50). Eine andere Möglichkeit, die Abwehr zu Ende zu führen, besteht darin, daß Uke sich auf sein linkes Knie niederläßt und Tori über sein ausgestrecktes Bein zu Fall bringt (Foto 51).

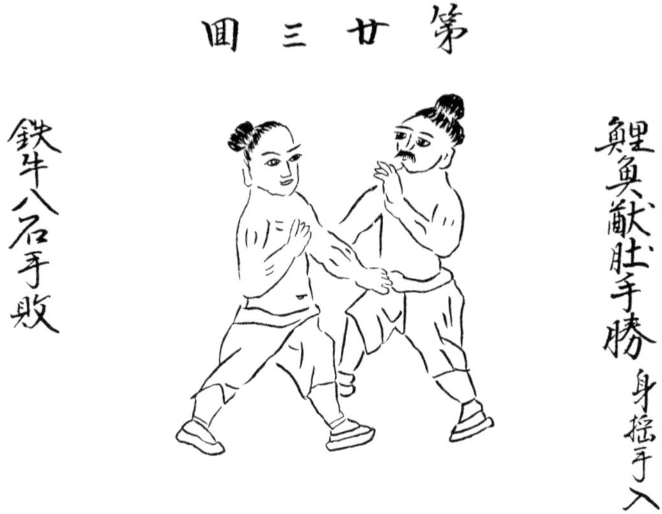

Die 23. Bildtafel des Bubishi

Die Kunst der Täuschung ist eine wirkungsvolle Waffe. Gelingt es Ihnen, den Angreifer glauben zu lassen, Sie hätten mangels genügender Konzentration eine Lücke in Ihrer Verteidigung gelassen, kann sein Angriff leicht vorhergesehen und gekontert werden (23a: links. Achtung: In der Originalzeichnung des Bubishi befindet sich Uke rechts).

Kommentar 23: Die Zeichnung stellt den Gegenangriff dar.

Diese Darstellung hebt eine weitere strategische Idee hervor: die Finte. Tori muß dazu gebracht werden, zu handeln, indem sein Selbstvertrauen gestärkt wird. Die Abwehr wird aus kürzester Distanz durchgeführt, und gleichzeitig erfolgt der Gegenangriff. Die Verteidigung mit dem »Schwingen-Arm« (*Bong Sao* aus dem *Wingchun*) ist jene Reaktion, die Tori nicht erwarten soll (23a: Abwehr von außen nach innen, gefolgt von einem Fingerstich in die Augen).

Diese anfängliche Abwehr, die getrennt vom späteren Gegenangriff erfolgt, wird auch in den Zeichnungen 23d bis 23f und den Fotos 52 bis 54 (S. 144 f.) als Ablauf dargestellt.

Man beachte folgendes: Wenn Uke sich vollständig seitlich zur Richtung des Angriffs begibt, das heißt, in die Stellung *Shiko dachi* oder *Kiba dachi*, so nimmt er damit eine *Kata*-Position aus dem *Shôtôkan* oder dem *Gôjû ryû* ein; der Ellbogen ist dabei stark angewinkelt und die Faust auf Höhe der Hüfte zurückgezogen.

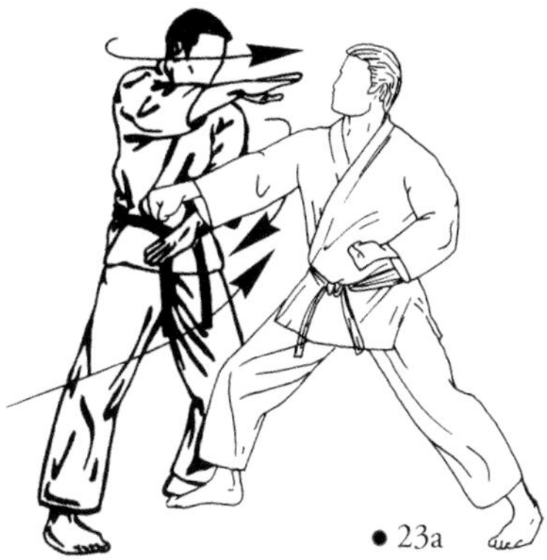

● 23a

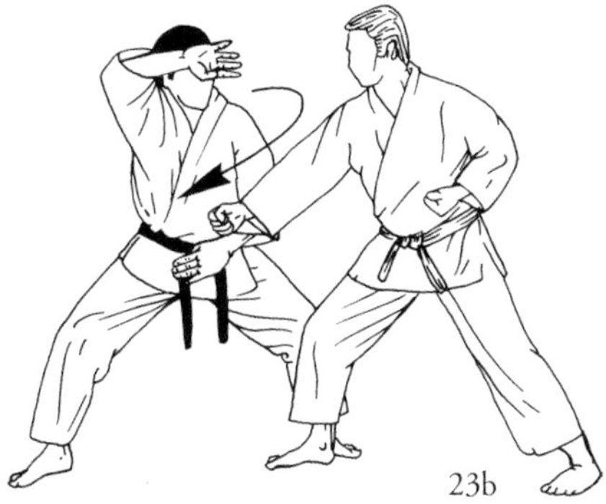

23b

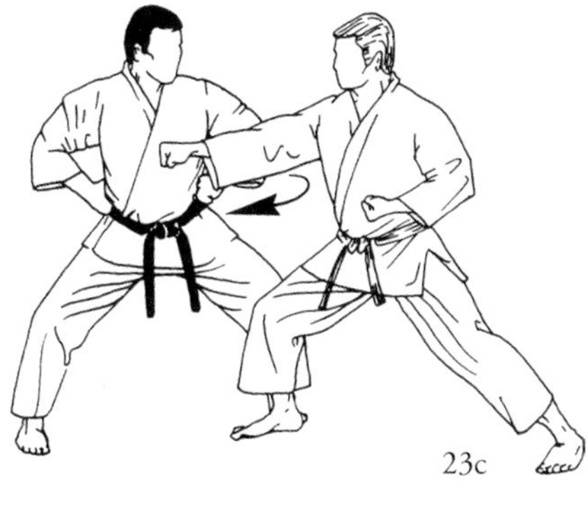

23c

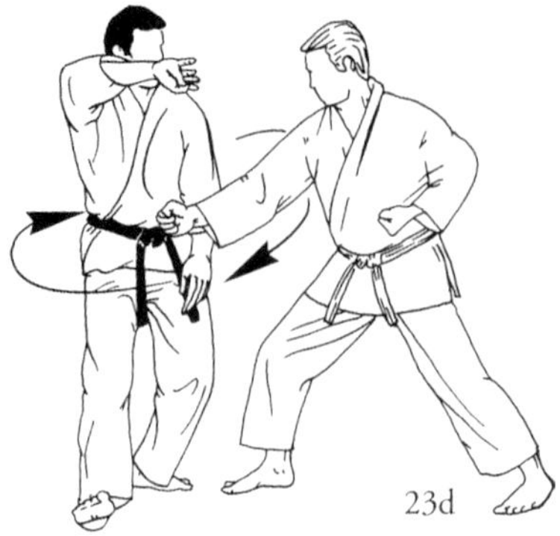

23d

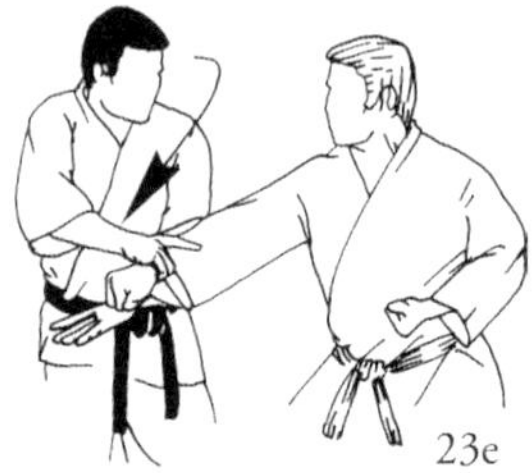

23e

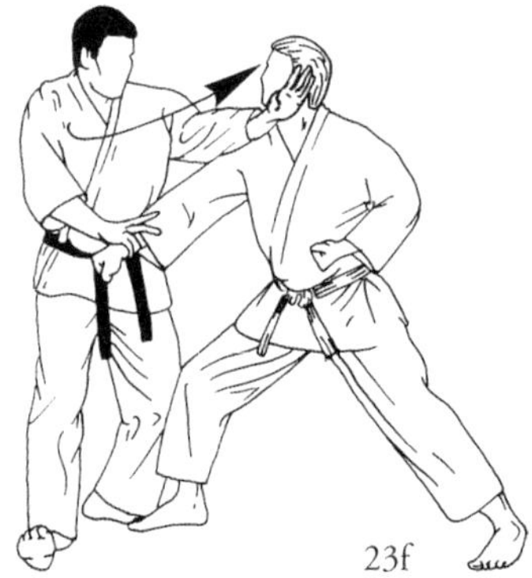

23f

Zeichnungen 23d-23f und Fotos 52-54: Eine Ausweichbewegung mit gleichzeitigem »Schwingen-Arm« (*Bong Sao*) als Block, wie sie typisch für den *Wingchun*-Stil des Wushu ist. Uke wehrt die Attacke mit der Außenseite seines angewinkelten Unterarms ab (vom Ellbogen bis zu den gestreckten Fingern), indem er den Ellbogen wie ein Vogel, der einen Flügel öffnet, von außen gegen den Angriff hebt. Der Unterarm wird schräg nach unten geführt, und die andere Hand wird zum Schutz erhoben. Zu beachten ist die starke Drehung

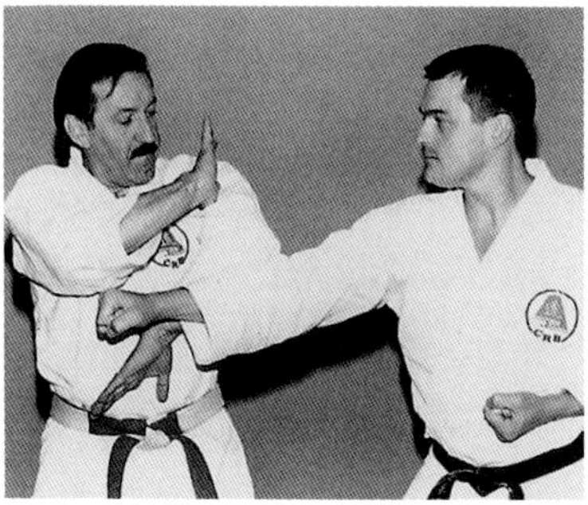

Foto 52

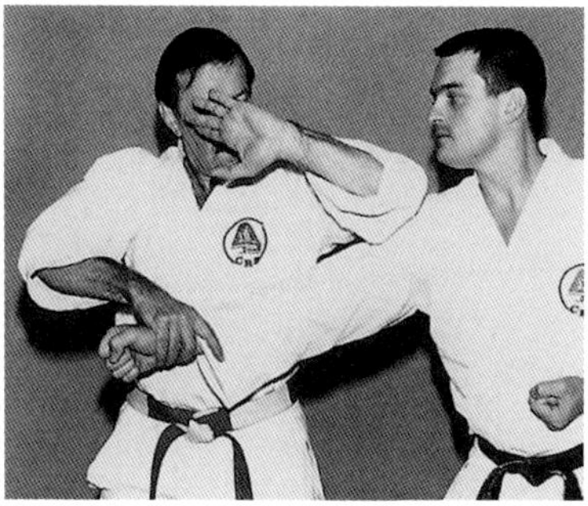

Foto 53

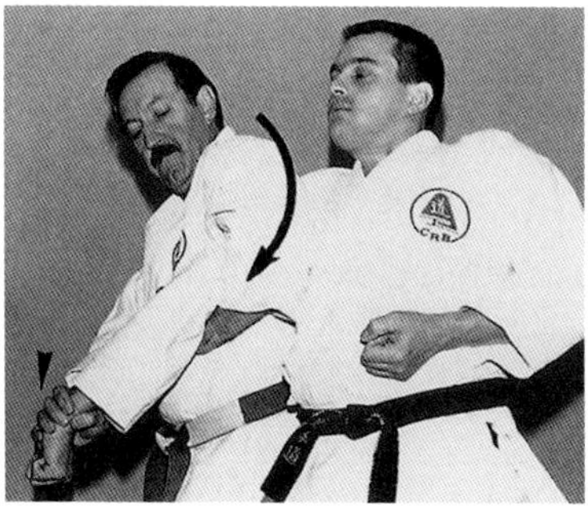

Foto 54

des Körpers und der sichere Stand des Fußes auf der Seite, von der aus die Abwehr erfolgt. Uke ergreift nun das Handgelenk von Tori (Zeichnung 23e und Foto 53) und kontert mit einem Schlag der Hand (oder des Ellbogens), welche(r) die Abwehr ausgeführt hat (Zeichnung 23f und Foto 53), oder er beendet die Aktion durch einen Armhebel (Foto 54: *Kansetsu waza* des *Jûjutsu*).

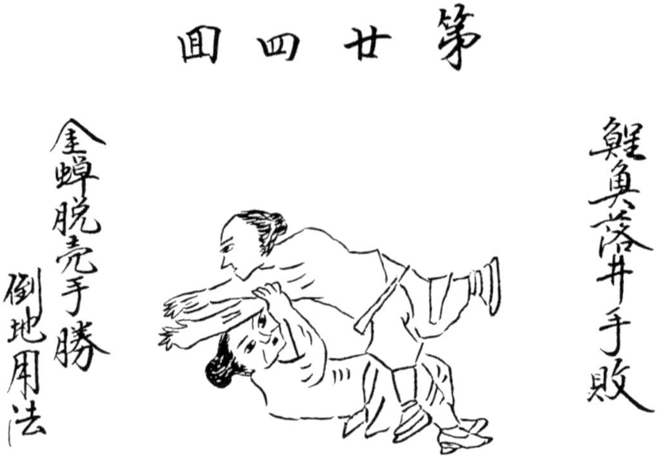

Die 24. Bildtafel des Bubishi

Versucht ein Angreifer, Sie zu ergreifen, indem er seine Hände nach Ihnen ausstreckt, so können Sie ihn überrumpeln und ihn über sich hinweg werfen, gleich einer »Heuschrecke, die sich ihrer Hülle entledigt«. (24a: links).

Kommentar: Die Zeichnung stellt die Schlußphase der Handlung dar.

Leicht kann man in dieser Technik das Prinzip der Verteidigung durch eine »Opfer«-Bewegung (*Sutemi waza*) erkennen, und zwar den bogenförmigen Wurf (*Tomoe nage*) aus dem *Jûdô*. Der Kommentar hebt hervor, daß es notwendig ist, Tori zunächst aus dem Gleichgewicht zu bringen.

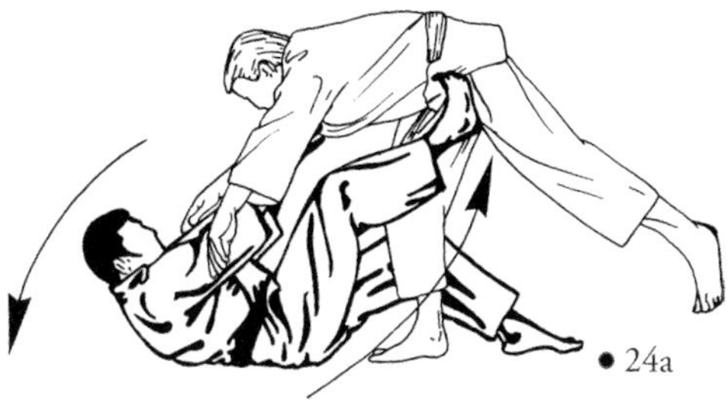

● 24a

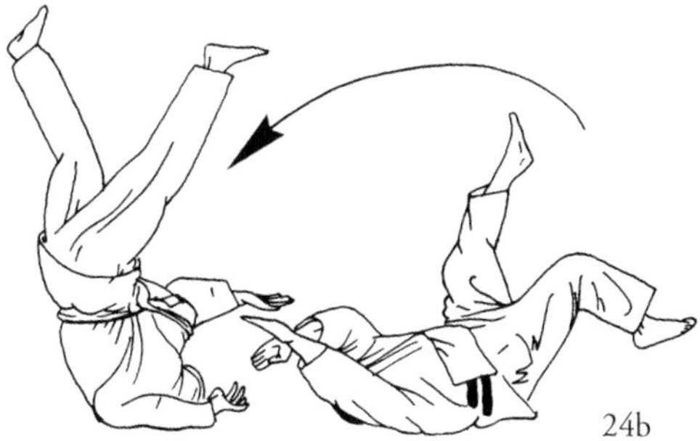

24b

第廿五図

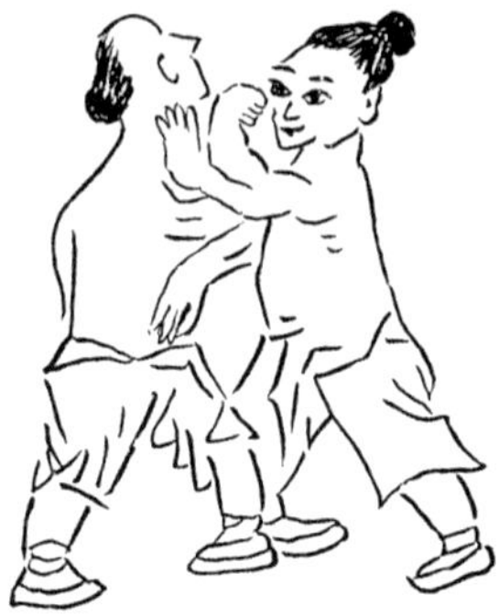

Die 25. Bildtafel des Bubishi

Versucht ein Angreifer, Sie zu stoßen oder Ihre Augen anzugreifen, können Sie seine Angriffsenergie umleiten, indem Sie sich auf die Außenseite des Angriffs begeben und das Prinzip des *Jian-Shou* anwenden, was bedeutet, den Stoß zu vereiteln und zugleich hinter den Ohren und unter den kurzen Rippen anzugreifen (25c: rechts).

Kommentar: Die Zeichnung stellt die Verteidigung und den simultanen Gegenangriff dar.

Die Reaktion Ukes unterscheidet sich nicht von der in Tafel 15 beschriebenen, aber der Angriff ist verschieden. Tori greift mit einem Schlag oder einem frontalen Faustoß an. Uke pariert, indem er sich auf die Außenseite des Angriffs begibt (z. B. in die Positionen 25a und 25b, wie in der *Nijûshihô no kata* oder der *Seishi no kata*), bevor er mit beiden Handflächen zugleich unten und oben seinen Gegenangriff unternimmt (25c). Er steht dabei Tori nach wie vor direkt gegenüber, eine Stellung, die auch vom *Gôjû ryû* übernommen wurde. Falls Tori einen weiteren Fauststoß folgen läßt, z. B. einen *Mae te* nach einem *Gyaku zuki*, beschränkt sich Ukes Gegenangriff auf die untere Hand, während die obere simultan dazu eine hohe seitliche Abwehr vornimmt (25d).

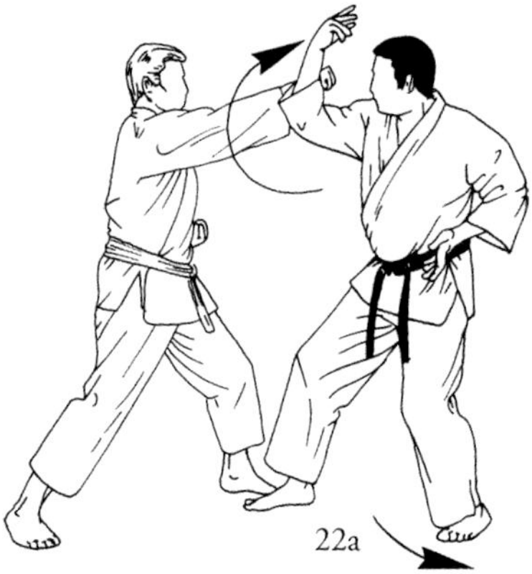

22a

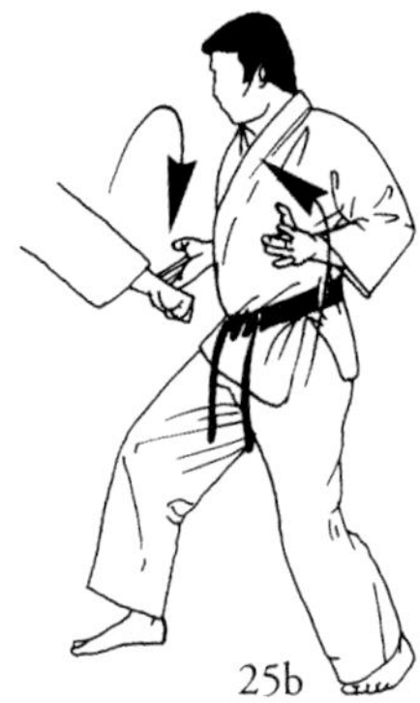

25b

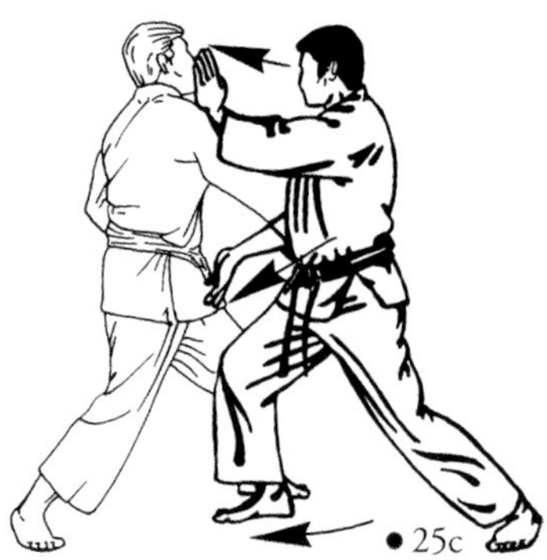

25c

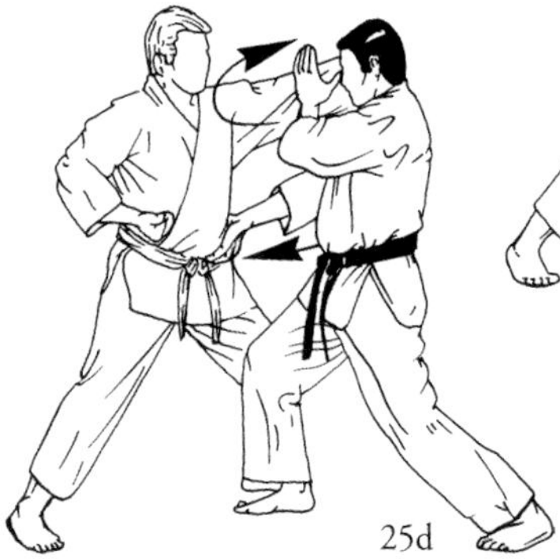

25d

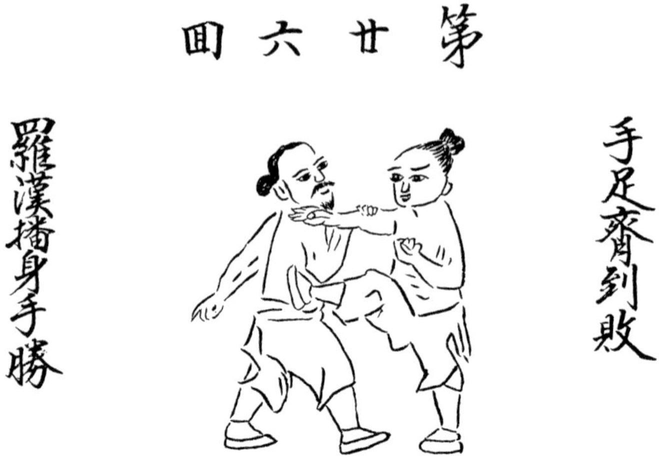

Die 26. Bildtafel des Bubishi

Gegen einen Angreifer, der Sie zugleich seitlich mit Fuß und Faust angreift, nutzen Sie die Methode des Ausweichens aus dem Kampfstil der Mönche: Fangen Sie den Faustsstoß ab und begeben Sie sich auf die Außenseite des Angriffs, um zum Sieg zu gelangen (26b: rechts. Achtung: In der Originalzeichnung des Bubishi befindet sich Uke links).

Kommentar: Die Zeichnung stellt das Ende der Verteidigung durch Ausweichen dar.

Der Angriff Toris erfolgt aus seitlicher Richtung mit Fuß und Faust zugleich. Uke beschränkt sich darauf, den Faustsstoß abzuwehren und begibt sich dabei aus der Linie des Angriffs (Ausweichmanöver).

Die Illustration des Bubishi scheint nicht davon auszugehen, daß es notwendig ist, den Fußtritt abzuwehren. Daraus kann man entweder den Schluß ziehen, daß Uke sich vollständig auf sein Ausweichmanöver verläßt, in dessen Verlauf er sich ausschließlich mit dem Faustsstoß Toris befaßt, oder daß er bereits zuvor wie in Zeichnung 26a dargestellt gehandelt hat (z. B. durch einen simultanen Doppelblock). Hieraus kann Position 26b abgeleitet werden, die eher der originalen Tafel 26 ähnelt, zumal die Aktion der rechten Hand Ukes sowohl als Konter als auch als unterstützende Bewegung eines seitlichen Fußfegers interpretiert werden kann.

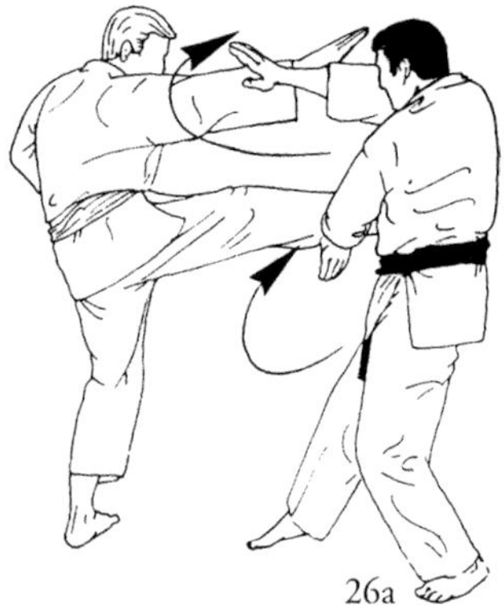

26a

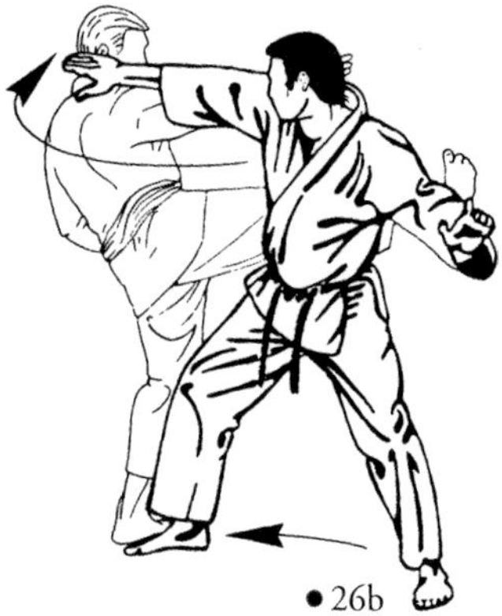

• 26b

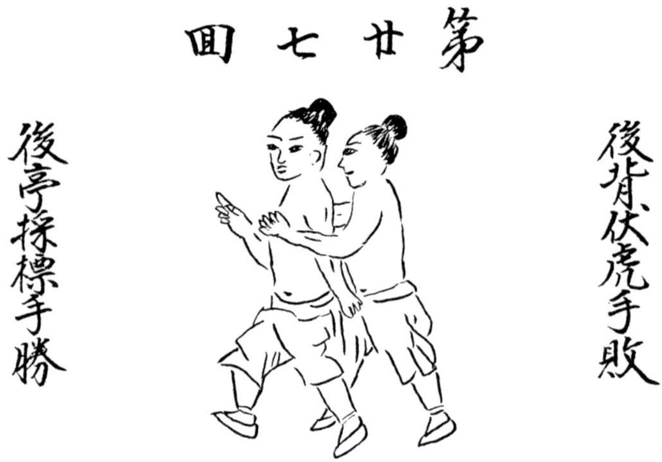

Die 27. Bildtafel des Bubishi

Versucht jemand, Sie von hinten zu ergreifen, machen Sie einen Schritt nach vorn und heben Sie dabei einen Arm, damit der Angreifer aus dem Gleichgewicht gerät; packen Sie zugleich mit der anderen Hand kraftvoll seine Hoden (27a: links).

Kommentar: Die Zeichnung stellt den beschriebenen Gegenangriff dar.

Die Aktion des vorderen Arms von Uke ist in der Bubishi-Darstellung nur flüchtig skizziert, sie sollte eher der Darstellung in Zeichnung 27a ähneln. Hingegen ist gut zu erkennen, wie die hintere Hand agiert. Die beiden gleichzeitig ausgeführten Handlungen bewirken, daß Tori nach vorn aus dem Gleichgewicht gerät, wenn er dem Griff in die Genitalien ausweichen will. Aus dieser Situation heraus kann Uke Tori mit Leichtigkeit werfen.

Zeichnung 27b stellt eine rückwärts gerichtete Reaktion mit Ellbogen und Faust dar, wie sie auch in der *Kata Heian* (*Pinan*) *sandan* zu finden ist.

Positionen 27c und 27d zeigen die Abwehr eines Fauststoßes und einen darauf folgenden Gegenangriff nach dem gleichen Prinzip: Nach einem Übersetzschritt, welcher der Abwehr dient (27c), geht Uke mit einem zweiten Schritt frontal an den Gegner, um aus einer ausgeprägten Ausfallposition heraus und mit einer Handstellung (*Chûdan ura kake uke* und *Gedan teishô uchi*), wie man sie oft im *Gôjû-ryû-Karate* findet (z. B. in den *Kata Saifa no* oder *Shisochin no*), agieren zu können.

Eine andere Anwendungsmöglichkeit dieser Technik wird auf den Fotos 55 und 56 (folgende Seiten) dargestellt.

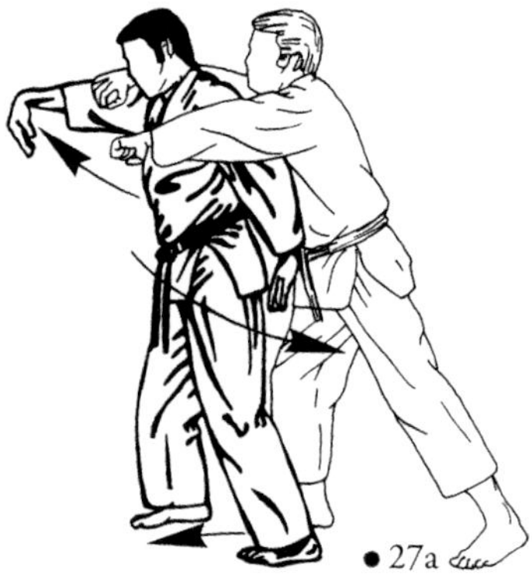

• 27a

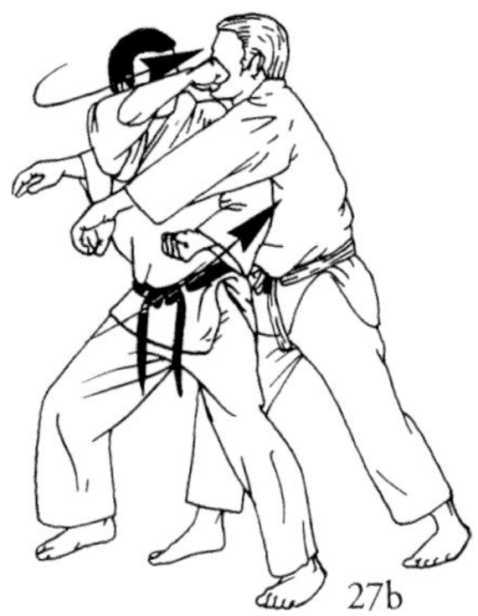

27b

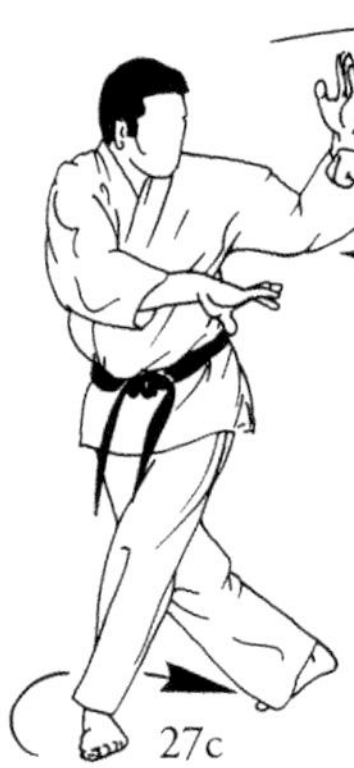

27c

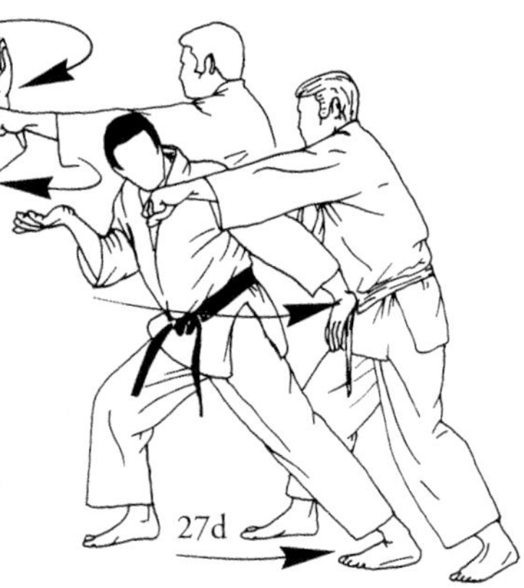

27d

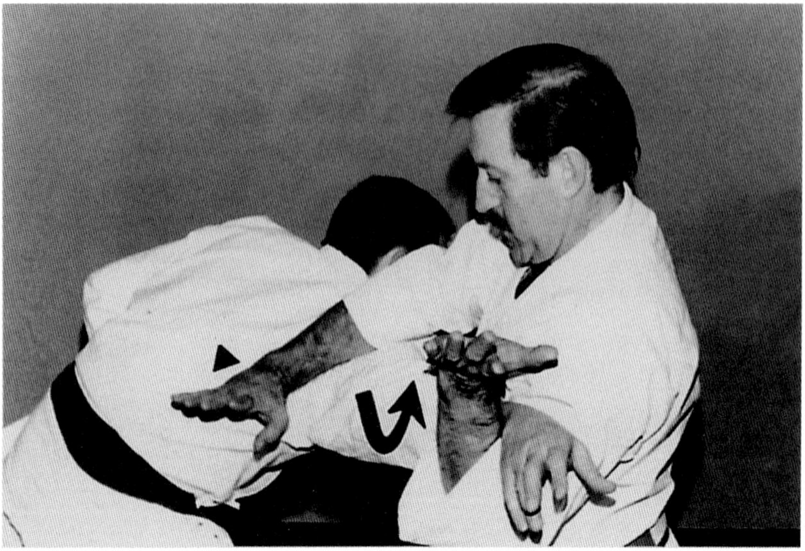

Foto 55

Fotos 55 und 56: Eine Möglichkeit, diese Technik, wie sie in Zeichnung 27d dargestellt wurde, seitlich anzuwenden, besteht in folgendem: Nach der Abwehr mit dem Unterarm begibt sich Uke aus dem Angriff heraus und hebt den Arm, um Toris Handgelenk mit

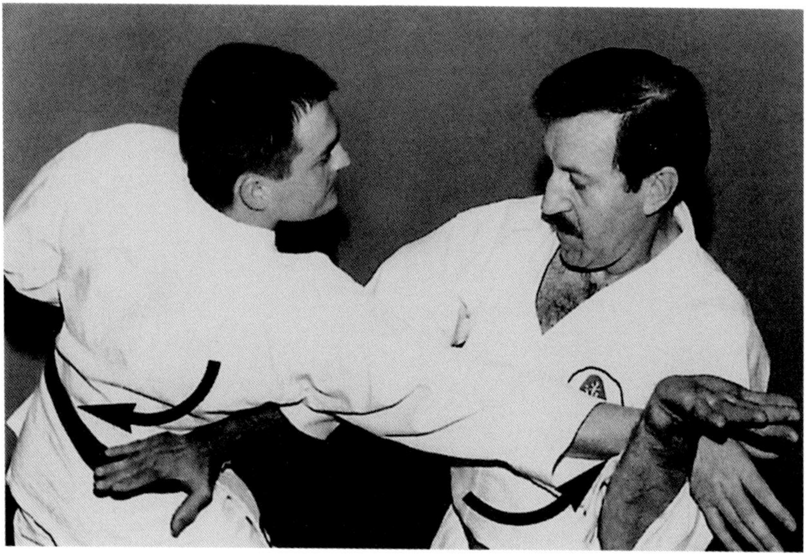

Foto 56

seiner Armbeuge festzuhalten. Zugleich schlägt er mit der anderen Hand von oben nach unten, entweder auf das Ellbogengelenk des Gegners (Foto 55: Verrenkung) oder unter dessen ausgestreckten Arm direkt in Toris Rippen (Foto 56).

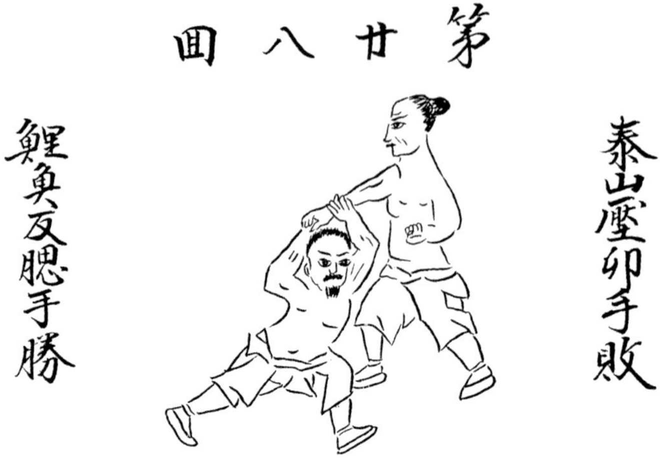

Die 28. Bildtafel des Bubishi

Schlägt der Angreifer Ihnen gegen den Kopf, wehren Sie den Schlag mit gekreuzten Armen ab, verdrehen Sie seinen Arm und werfen Sie ihn (28b: links).

Kommentar: Die Zeichnung stellt die Verdrehung des Arms dar, also ein einziges Detail aus dem Handlungsablauf der Verteidigung und des Angriffs.

Zu beachten ist, wie Uke dem Angriff begegnet, indem er mit einem großen Ausfallschritt seinen Fuß schräg vor Tori setzt und dabei eine tiefe Position einnimmt. Man kann erahnen, wie Uke Toris Handgelenk in die Höhe hebt und verdreht. Die Wirksamkeit dieser Verteidigung entsteht durch die Kombination einer Verschiebung und einer Drehung der Hüften.

Die Stellungen 28a bis 28c zeigen, wie die Aktion fortgesetzt wird: Auf einen *Jôdan zuki* folgt die Verteidigung mit *Juji uke* (28a), mit dem linken Fuß wird eine Sperre errichtet, zugleich hebt Uke das Handgelenk Toris, das er ergriffen hat und beginnt es zu verdrehen (28b, identisch mit der im Bubishi dargestellten Position). Die Drehung der Hüften wird beendet, während der verdrehte und gestreckte Arm Toris (Ellbogen- oder Schulterhebel) nach unten gezogen wird, was Tori nach vorn aus dem Gleichgewicht bringt (28c).

Jûjutsu, *Shaolin-Kempô*, *Aikidô* und *Karatedô* bieten nun etliche unterschiedliche Möglichkeiten, die Handlungsfolge von Stellung 28b ausgehend zu beenden, während bis zu diesem Punkt die gleichen Handlungsweisen befolgt werden. Beispiele finden sich in den Fotos 57 bis 59 und 60 bis 68 (folgende Seiten).

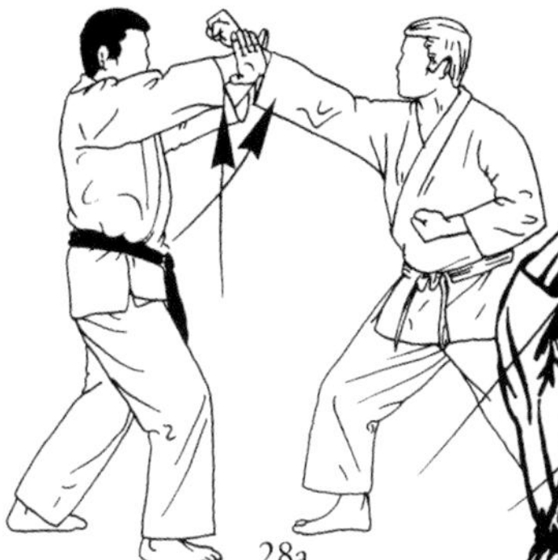

28a

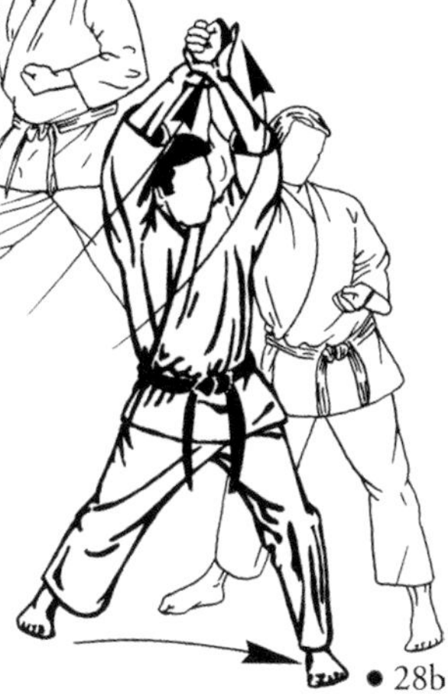

28b

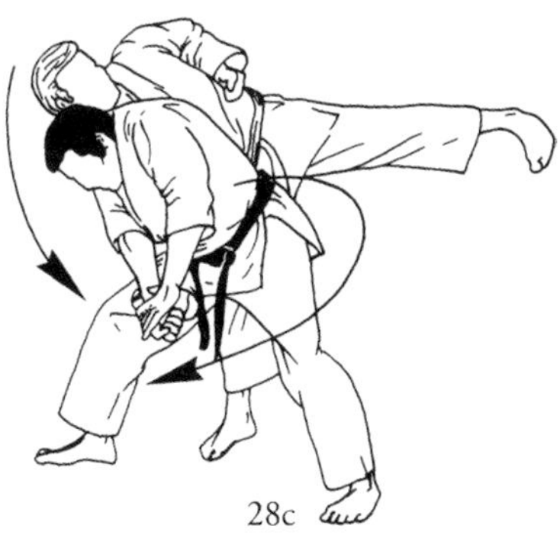

28c

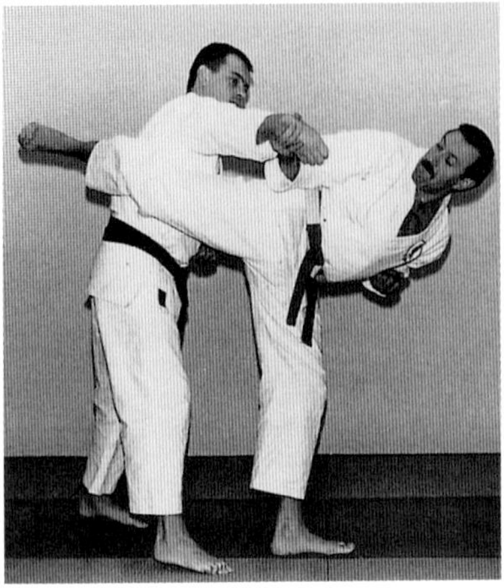

Foto 58

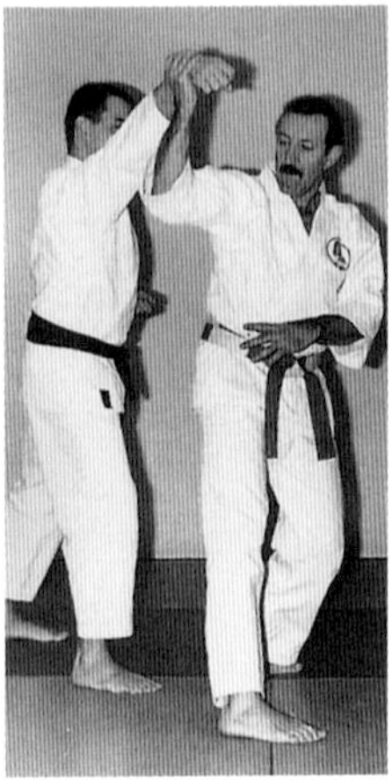

Foto 57

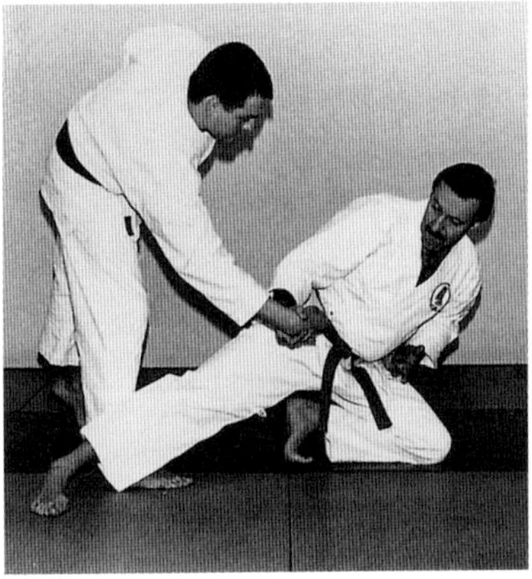

Foto 59

Fotos 57-59: Zwei weitere Möglichkeiten, den im Bubishi beschriebenen Bewegungsablauf von der in Zeichnung 28b (Foto 57) dargestellten Position aus zu beenden, sind folgende: Uke führt einen geschnappten Fußtritt nach hinten aus (Foto 58: *Ura mawashi geri*), oder er reißt Tori vornüber mit sich zu Boden, indem er sein ausgestrecktes Bein als Hindernis vor ihn stellt (Foto 59). Vergleiche auch Fotos 60-68.

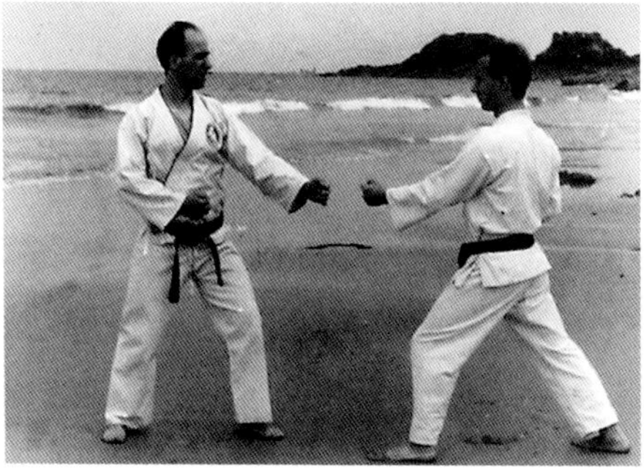

Foto 60

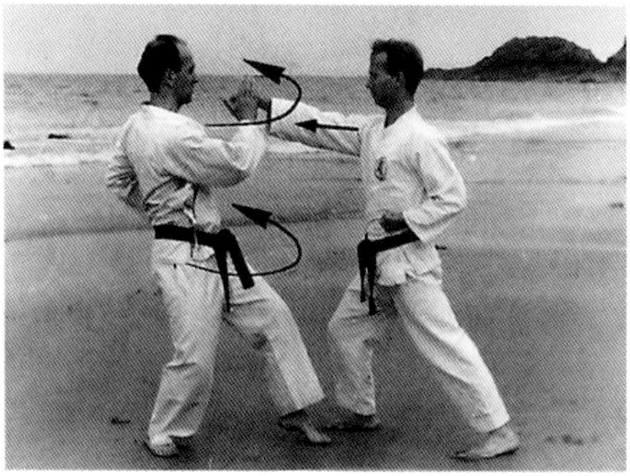

Foto 61

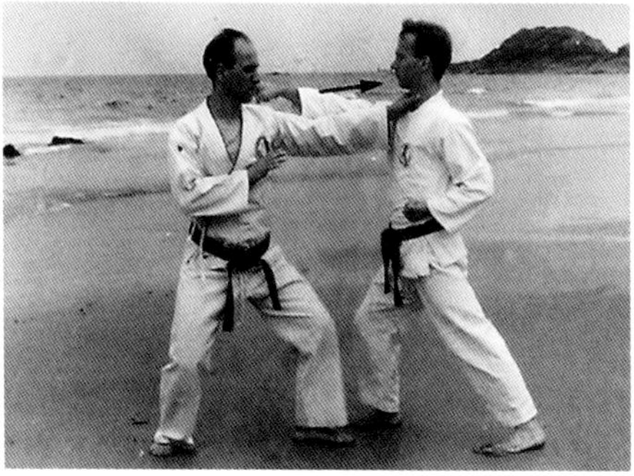

Foto 62

Fotos 60-68: Das Prinzip der 28. Tafel des Bubishi, sich nach einem abgewehrten Angriff mit Hilfe einer starken Körperdrehung von außerhalb der Angriffsrichtung nach innerhalb zu begeben, erlaubt zahlreiche Möglichkeiten für die weitere Entwicklung der Handlung. Ein Beispiel ist der nach hinten gerichtete geschnappte Fußtritt (*Ura mawashi geri*), der auch in einigen Stilrichtungen des chinesischen Boxens als »Schwanz des Drachen« bekannt ist (der Tritt erfolgt in horizontaler Richtung, im Gegensatz zu der auf Fotos 82 bis 90 (S. 205 ff.) dargestellten Entwicklung, einer anderen »Drachen«-Technik, bei der die Schnappbewegung des Fußes vertikal gerichtet ist). Diese Technik muß, um tatsächlich wirkungsvoll zu sein, aus sehr kurzer Distanz eingesetzt werden. In ihr verbinden sich die Wirkung des Stoßes mit der Ferse (Aufschlagsenergie) mit der Kraft der Fegebewegung des Beins (Atemenergie), die den Angreifer nach hinten taumeln läßt, falls er richtig getroffen wird. Die Technik wird hier als Ende einer Handlungsfolge vorgeführt. Es ist wichtig, die Einleitung der Technik so zu wählen, daß das Standbein auf richtige Weise positioniert werden kann.

Vergleiche auch Fotos 57 bis 59.

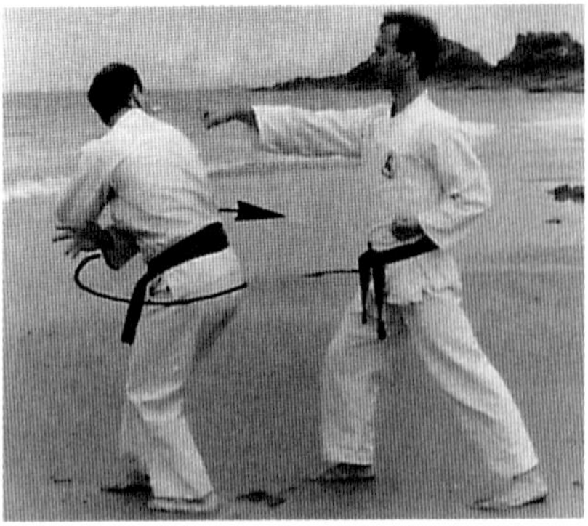

Foto 63

Fotos 60-68 (Fortsetzung): Tori und Uke sind im *Ai gamae* (60). Ohne die Füße zu versetzen, wehrt Uke Toris *Jôdan oi zuki* mit einem *Nagashi uke* ab, der Oberkörper wird dabei leicht zurückgenommen (61). Daraufhin erfolgt ein Gegenangriff zum Hals (62). Letzterer kann mit der Abwehr eines *Gyaku zuki* verknüpft werden (66). Uke zieht sein linkes Bein zurück und dreht sich von links nach rechts (63). Er greift nach dem gegnerischen Arm (63) und setzt sein Bein ein (65).

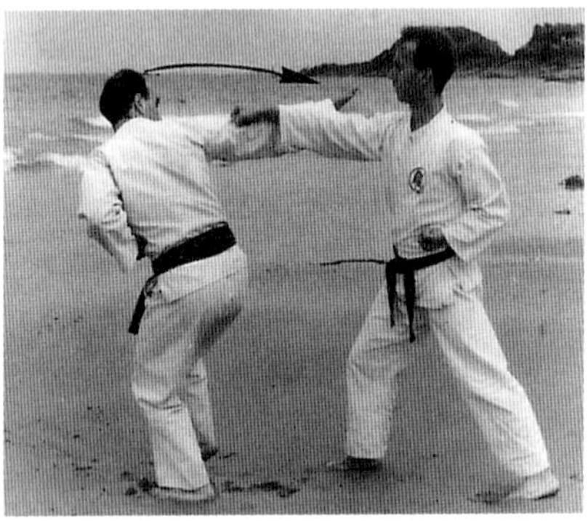

Foto 64

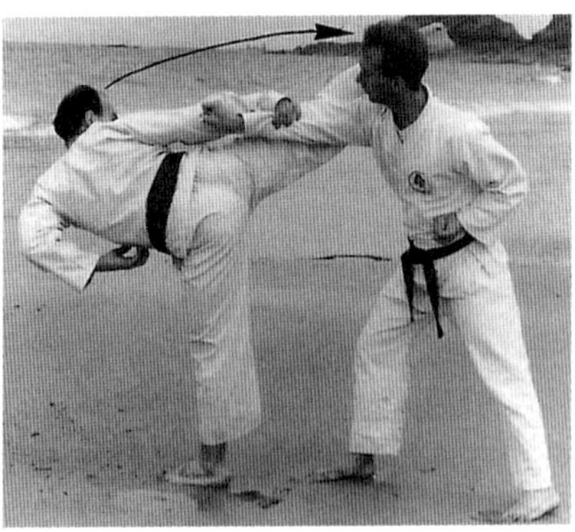

Foto 65

Fotos 60-68 (Fortsetzung): Falls Tori seinen Angriff mit einem *Gyaku zuki* begonnen hat, ist folgende Entwicklung möglich: Aus der in Foto 66 gezeigten Stellung blockt Uke den gegnerischen *Zuki* nach oben (67) und dreht seinen Körper, um wie oben beschrieben mit dem Fuß zuzutreten (68).

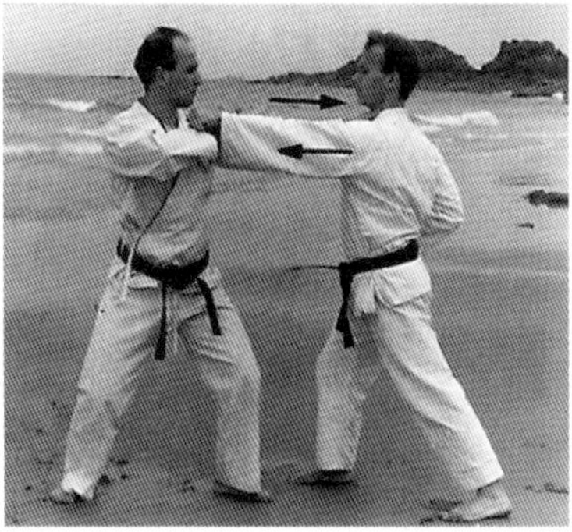

Foto 66

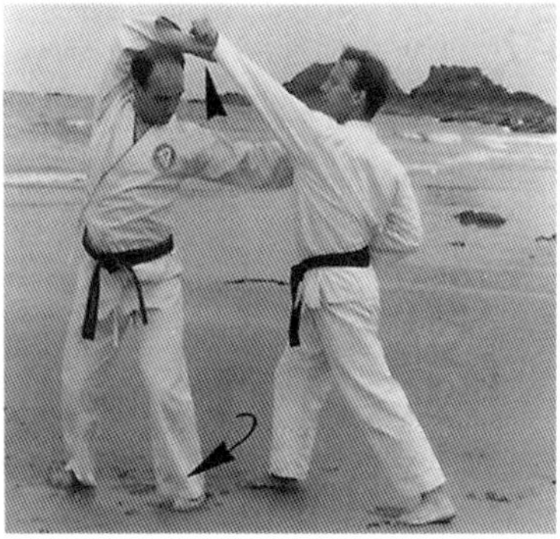

Foto 67

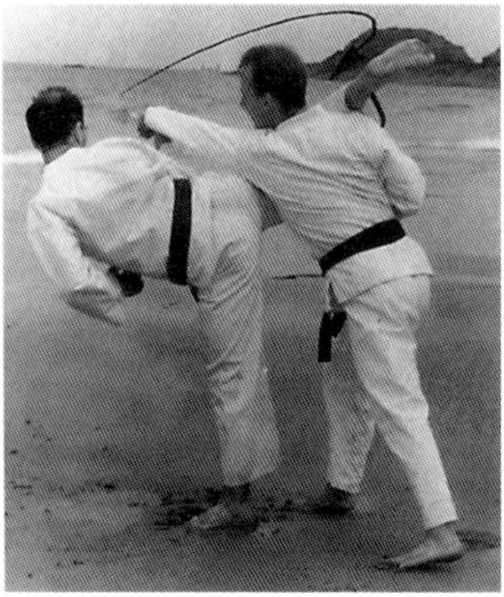

Foto 68

第廿九回

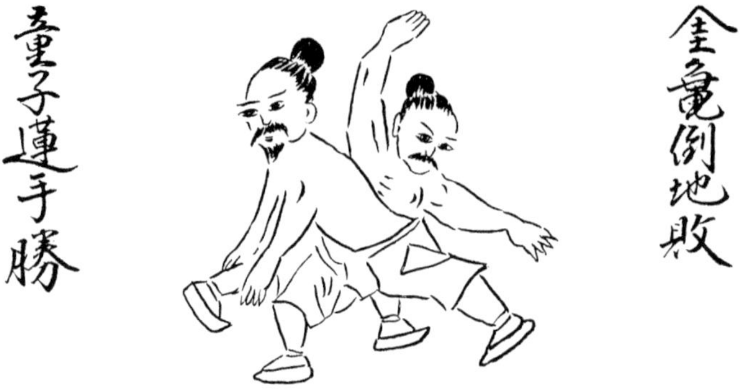

Die 29. Bildtafel des Bubishi

Sie können einen Angreifer unschädlich machen, wenn Sie sein Bein hochheben, um ihn gleich einer Schildkröte auf den Rücken zu werfen (29b: links).

Kommentar: Die Zeichnung stellt die beschriebene Handlung dar.

Die Verteidigung ist nicht sonderlich originell; wieder einmal wird das Bein des Gegners ergriffen, um ihn zu werfen (wie bereits in den Tafeln 5, 11, 12, 18, 21 und 22). Es ist aber zu erkennen, daß im Unterschied zu Tafel 22 Uke sich hier auf der Innenseite des Angriffs befindet. Alles andere ist eher vage. Verschiedene Vorgehensweisen sind denkbar, nimmt man diese einzige Einzelheit, die in der Originalzeichnung präzise dargestellt ist, als Voraussetzung.

Ein Beispiel, dargestellt in den Zeichnungen 29a bis 29c, ist die Abwehr eines *Mawashi geri* oder eines *Yoko geri*, nach der Uke sich ins Innere der Angriffsbewegung begibt. Hierbei blockiert er das ergriffene Bein Toris und nähert sich dem Gegner mit einem Übersetzschritt. Anschließend dreht er sich in die Gegenrichtung und hebt zugleich Toris Bein, wodurch dieser zu Fall gebracht wird. Siehe auch Fotos 69 bis 73, S. 164 f.

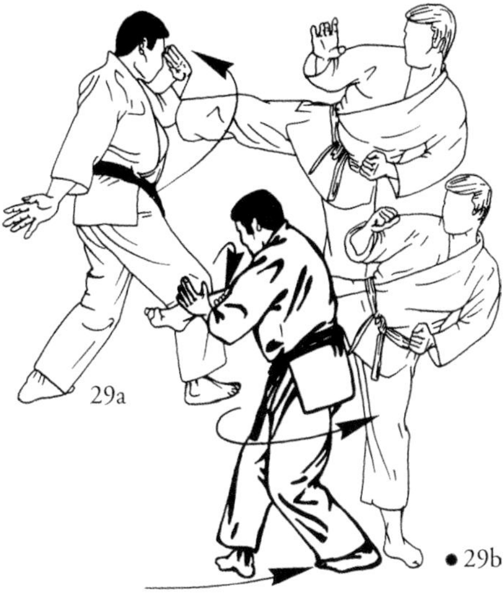

29a

29b

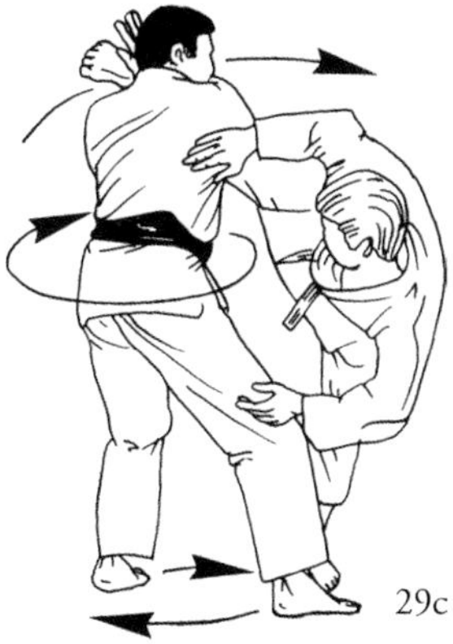

29c

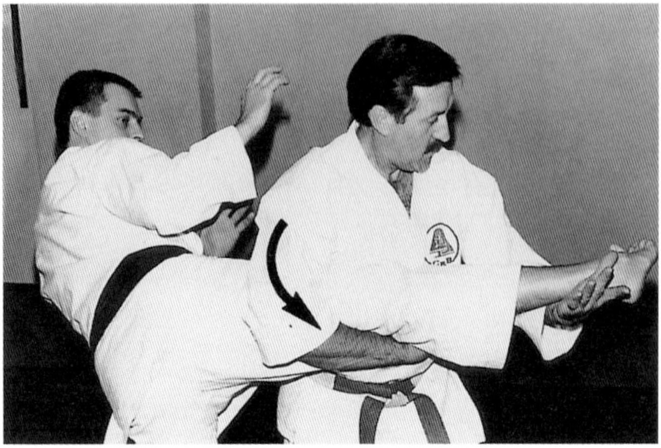

Foto 69

Foto 69 wie auch die unten dargestellte Zeichnung – eine zeitgenössische Interpretation durch einen Künstler aus dem *Gôjûkensha* von Ôtsuka *Sensei* – zeigen den Griff aus dem Bubishi, vollendet durch eine Blockade des Kniegelenks, während die andere Hand das Bein Toris nach oben hebelt.

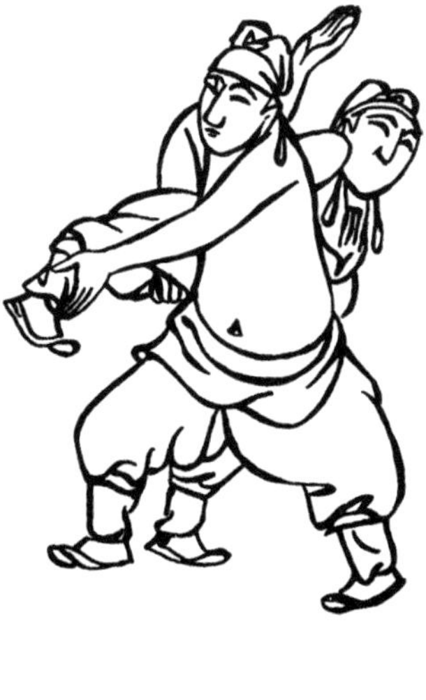

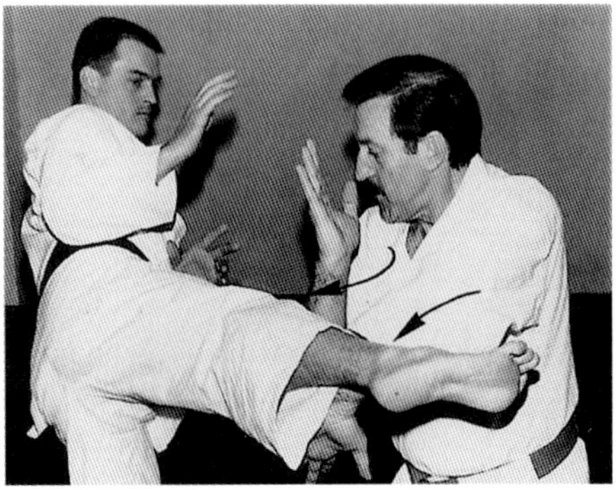

Foto 70

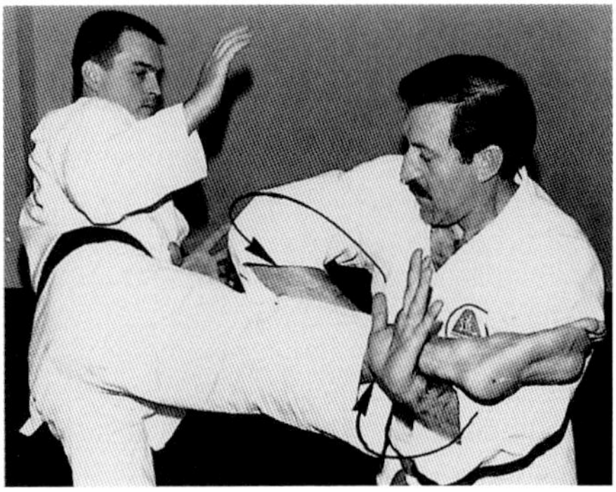

Foto 71

Fotos 70-73: Ein *Mawashi geri* wird durch einen *Yoko juji uke* abgewehrt (70). Darauf folgt eine andere Methode, einen Kniehebel am Bein Toris anzusetzen: Nachdem Uke Toris Angriff abgewehrt hat, nimmt er die linke Hand nach oben, um das Bein Toris festzuhalten. Zugleich hebt er den rechten Ellbogen (71). Uke stellt nun sein rechtes Bein als Hindernis vor Tori und wendet sich nach links (72). Er bringt Tori zu Fall, indem er gleichzeitig mit der Außenseite seines rechten Unterarms gegen das Schienbein und mit dem anderen Arm gegen die Rückseite von Toris Bein drückt. Beachten Sie den Blick Ukes, dessen Richtung sich mit der Drehung der Hüften ändert und nicht auf den Sturz Toris fixiert ist (73).

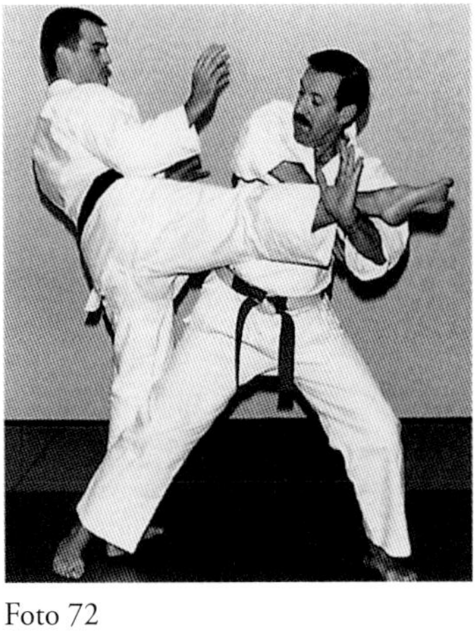

Foto 72

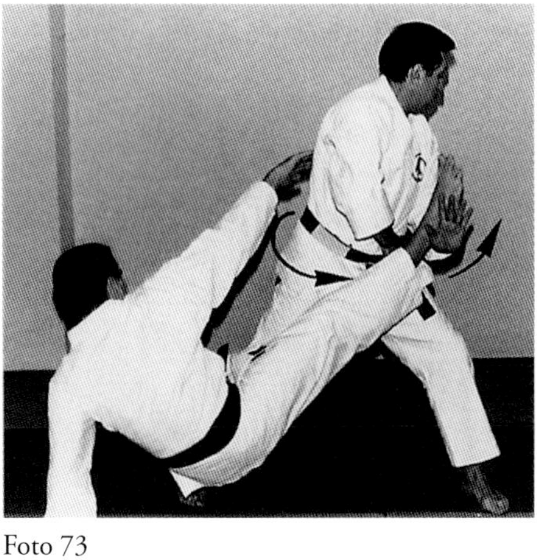

Foto 73

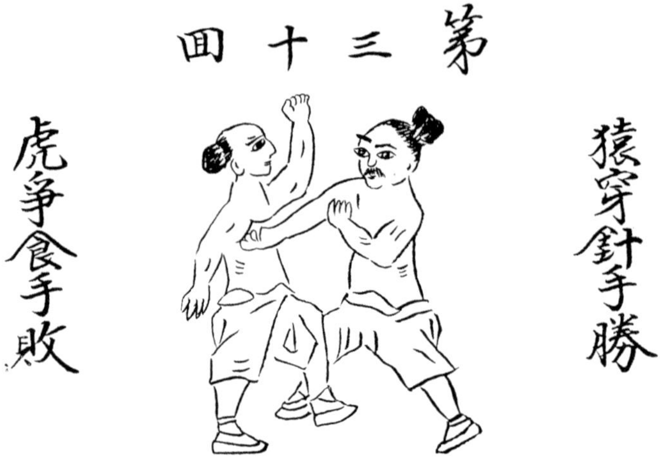

Die 30. Bildtafel des Bubishi

Es ist leicht, einen unerfahrenen Gegner zu besiegen, indem sein Angriff abgeblockt und einer seiner Vitalpunkte angegriffen wird (30a: rechts).

Kommentar: Die Zeichnung stellt die beschriebene Handlung dar.

Auch in dieser Darstellung läßt sich wenig Neues entdecken. Einmal mehr wird das Prinzip, einen bestimmten Vitalpunkt anzugreifen, beschworen. Indem auf die Unerfahrenheit des Gegners angespielt wird, scheint das Bubishi herauszustreichen, daß der große Vorteil, eine solche Technik anzuwenden, in der Schnelligkeit ihrer Ausführung und im Überraschungsmoment liegt.

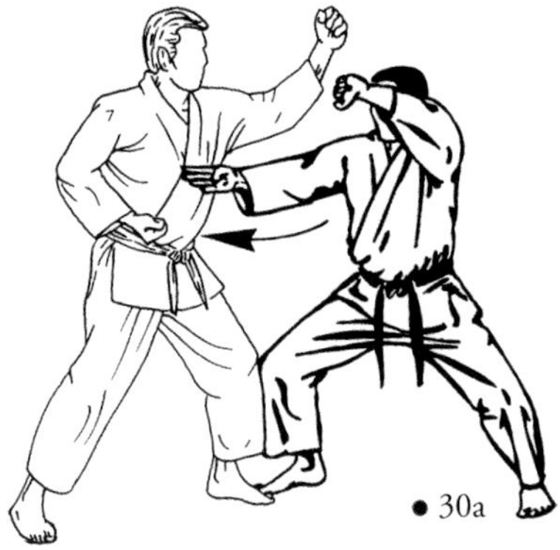

• 30a

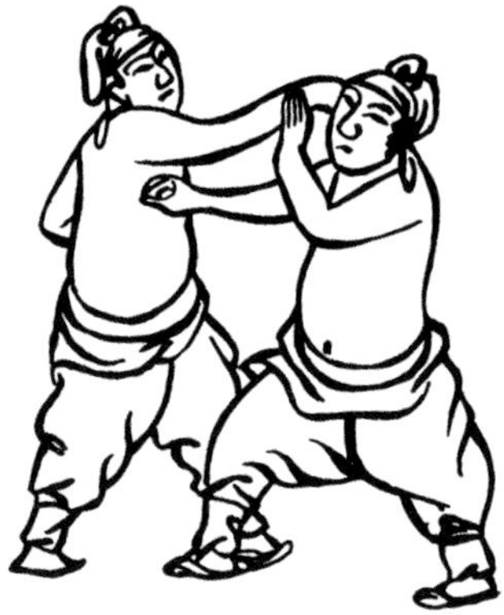

Ohne ausdrückliche Hinweise in den Kommentaren zeigen zahlreiche Illustrationen des Bubishi mit der größten dem Zeichner möglichen Präzision, daß Uke vor allem danach trachtet, sogenannte »Vitalpunkte« des Gegners anzugreifen. – Die untere Zeichnung ist eine moderne Interpretation eines *Gôjûkensha*-Künstlers.

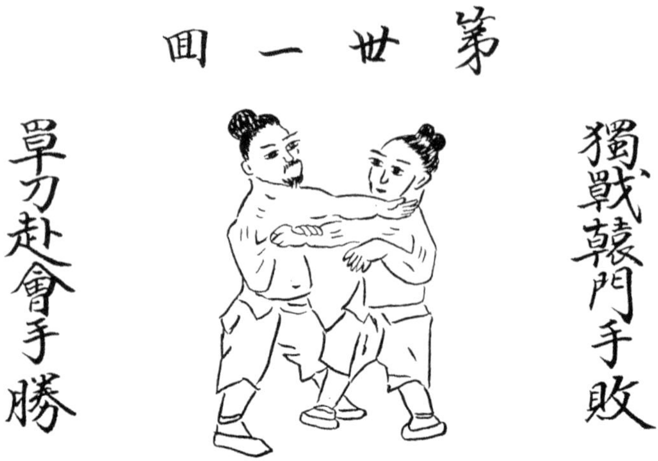

Die 31. Bildtafel des Bubishi

Greift der Gegner Sie an, oder versucht er Sie zu packen, treten Sie an seine Seite und ergreifen Sie seinen ausgestreckten Arm. Um ihn zu besiegen, hebeln Sie nun den ergriffenen Arm und führen Sie zugleich einen Beinfeger aus (31b: links).

Kommentar: Die Zeichnung stellt das Ende der Aktion dar, kurz bevor Tori geworfen wird.

Die in Abbildung 31a dargestellte Stellung zeigt, wie von einem möglichen Beginn des Kampfes aus in die richtige Position gewechselt werden kann: Der rechte Fuß weicht nach innen aus, und Uke geht in *Kake dachi*, während er abwehrt (hier: *Yoko juji uke* – seitwärts gerichtete Abwehr über Kreuz). Der Sprung mit dem linken Fuß an die Außenkante von Toris vorderem Fuß ermöglicht Uke einen Gegenangriff, der darin besteht, das Handgelenk Toris zu verdrehen und ihm mit der »Schwerthand« gegen den Hals zu schlagen (Zeichnung 31b entspricht der originalen Stellung aus dem Bubishi, bevor mit der Ferse der Fußfeger ausgeführt wird, um Tori nach hinten aus dem Gleichgewicht zu bringen).

In Zeichnung 31c setzt Uke den linken Fuß weiter weg und nimmt eine tiefere Stellung ein (*Shiko* oder *Naihanchi dachi*), was es ihm ermöglicht, einen Ellbogenhebel am gestreckten Arm Toris anzusetzen (ähnlich *Hara gatame*) und seinen Hals mit einem *Atemi* (Schlag auf den Körper, insbesondere auf einen Vitalpunkt), der mit dem Ellbogen ausgeführt wird, anzugreifen. Zusätzlich kann Uke Tori auch werfen. Dies geschieht entweder dadurch, daß Uke ihm den linken Fuß fegt, indem er seinen Schwerpunkt auf den rechten Fuß verlagert, oder dadurch, daß er in seiner am Boden verankerten Stellung bleibt und Tori über den linken Oberschenkel auf den Rücken wirft.

Stellung 31d ist ein weiteres Beispiel dafür, wie Uke agieren kann. Sein ursprünglicher Schwung wird verstärkt, indem er sein Gewicht noch mehr auf das linke Bein verlagert und seinen linken Arm nach oben öffnet. Verschiedene Würfe aus dem *Aikidô* basieren auf diesem Prinzip.

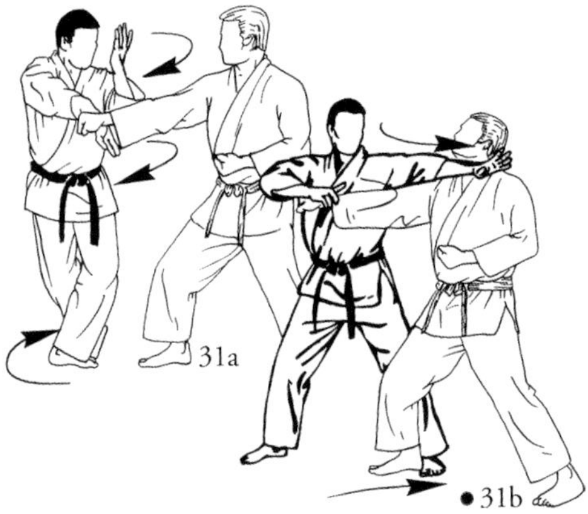

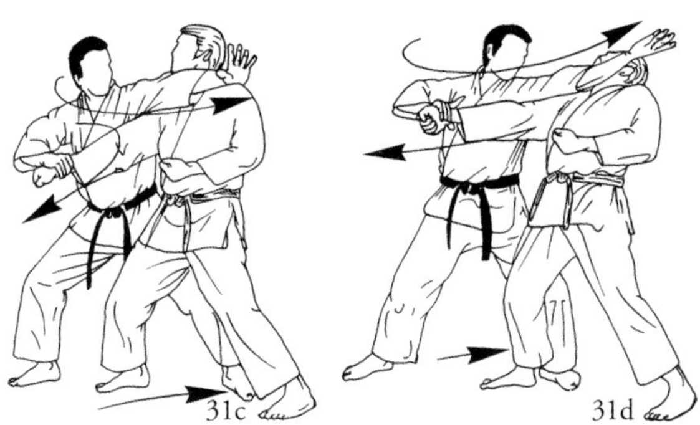

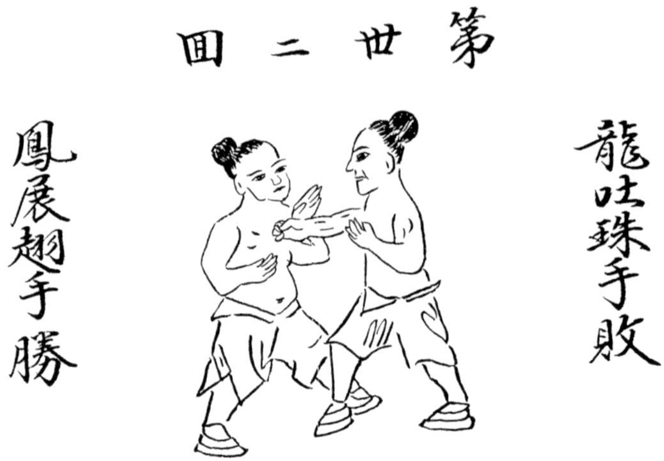

Die 32. Bildtafel des Bubishi

Schlägt der Gegner aus sehr kurzer Distanz zu, fangen Sie seinen Angriff ab und stoßen Sie ihm die Finger in die Augen (32a: links).

Kommentar: Die Zeichnung stellt die beschriebene Verteidigung dar.

Siehe Kommentar zur Tafel 19 (S. 130). Die Aktion der zum »Vogelschnabel« geformten Finger wird als einzige Abwehr dargestellt (wie in Position 19b auf S. 131 oder in der Aktion, wie sie in den Zeichnungen auf S. 177 dargestellt ist). Es ist sowohl denkbar, daß der Gegenangriff mit derselben oder aber mit der anderen Hand erfolgt (32a). Einmal mehr wird ein Zusammenhang zwischen kurzer Distanz und Angriff auf die Augen hergestellt (wie auch in der folgenden Tafel 33).

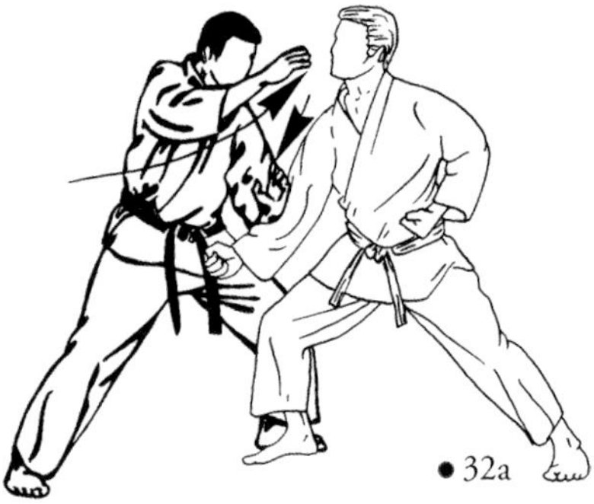

• 32a

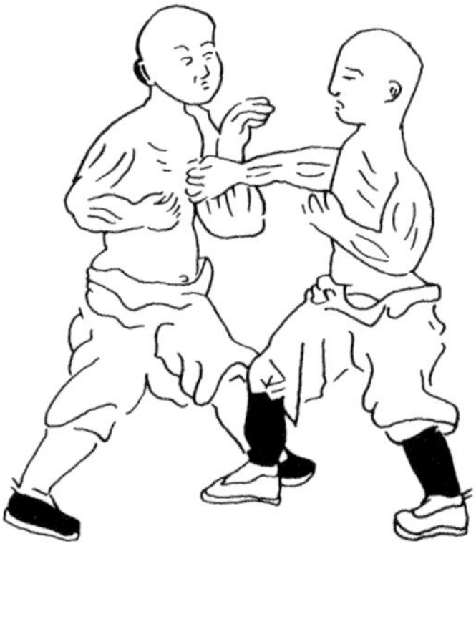

Zeichnung unten: Die 32. Tafel des Bubishi, entnommen einer anderen Kopie des Werkes (dem Exemplar McCarthys – siehe Einleitung). Man beachte die Treue zum technischen Detail – selbst die Ungenauigkeiten der Darstellung finden sich in beiden Versionen wieder – und die Unterscheidung Toris und Ukes durch Schienbeinschützer in unterschiedlichen Farben.

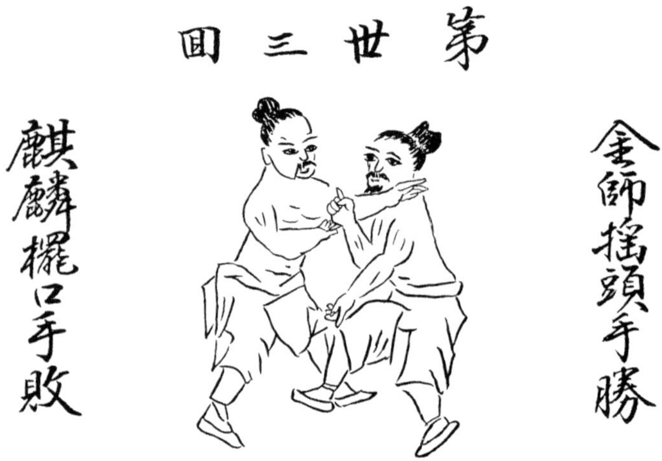

Die 33. Bildtafel des Bubishi

Versucht jemand, Ihnen ein Bein zu stellen, packen Sie ihn an den Haaren und stechen Sie ihn mit den Fingern in die Augen, bevor Sie ihn zu Boden werfen (33a: rechts).

Kommentar: Die Zeichnung stellt – auf ungenaue Weise – die beschriebene Handlung dar.

Eher als das Original entspricht Abbildung 33a der Beschreibung aus dem Bubishi. Hier erfolgt der Gegenangriff der rechten Hand Ukes über die Innenseite von Toris Arm, der mit der anderen Hand festgehalten wird. Noch besser stellen die Fotos 74 und 75 die verbale Beschreibung dar.

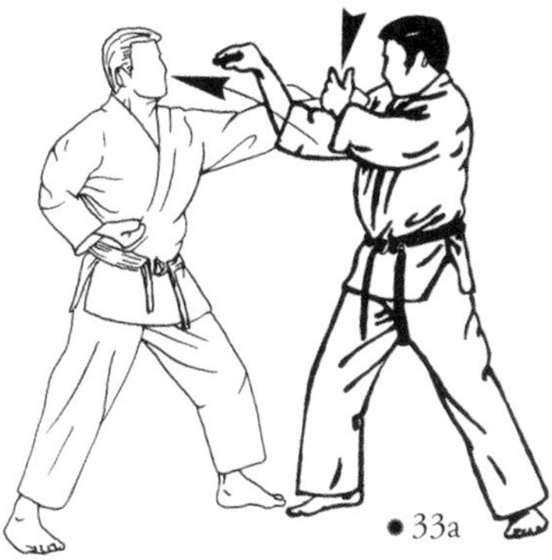

33a

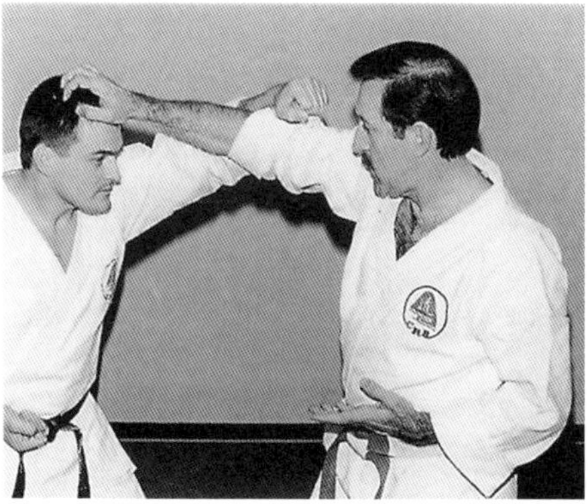

Foto 74

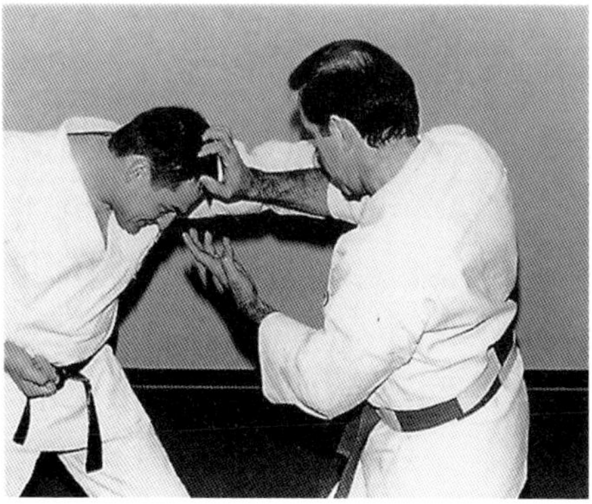

Foto 75

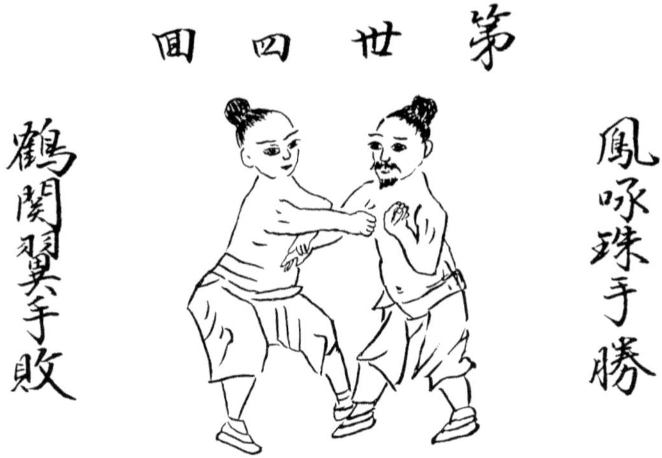

Die 34. Bildtafel des Bubishi

Versucht jemand, Sie gleich dem weißen Kranich, der seine Flügel schließt, von vorn zu umklammern, indem er Ihren Oberkörper mit den Armen umfassen will, gehen Sie auf ihn zu und benutzen Sie Ihre Arme mit nach außen gedrehten Handflächen, um die Gewalt seines Angriffs zu schwächen. Unternehmen Sie nun einen Gegenangriff mit der »Phönixfaust« (34b: rechts).

Kommentar: Die Zeichnung stellt – auf ungenaue Weise – die beschriebene Handlung dar.

Der Versuch Toris, Uke von vorn zu umklammern, ist in der Darstellung schlecht zu erkennen. Bei letzterem läßt sich erahnen, daß die Handfläche der linken Hand nach außen gerichtet ist, während die rechte Faust den Gegenangriff ausführt.

Stellungen 34a und 34b zeigen den möglichen Ablauf aus einem anderen Blickwinkel. Dreht Uke die Handflächen nach außen, sind auch die Ellbogen automatisch nach außen gerichtet, was es ihm ermöglicht, die Arme als kraftvolle Bögen auszurichten.

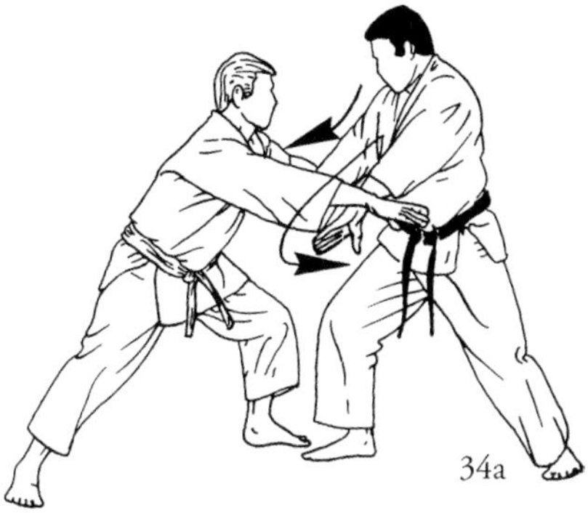

34a

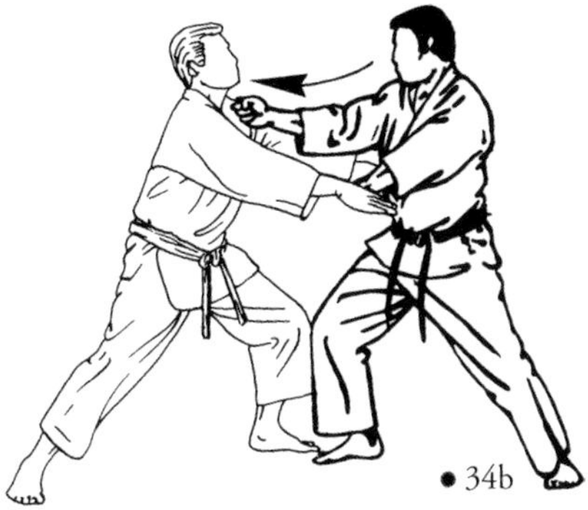

● 34b

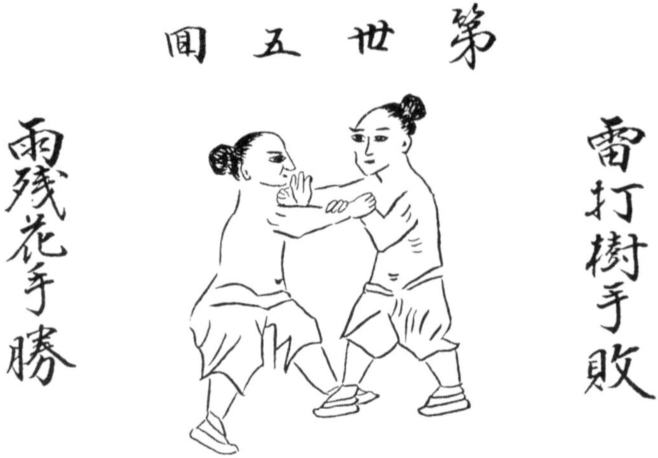

Die 35. Bildtafel des Bubishi

Überfällt ein Angreifer Sie auf brutale Weise, bleiben Sie geschmeidig und geben Sie nach, gleich einem Blütenblatt, das von einem Wassertropfen getroffen wird. Stechen Sie dann dem Gegner in die Augen (35b: links).

Kommentar: Die Zeichnung scheint nicht in direktem Verhältnis zu der Beschreibung zu stehen.

Eher handelt es sich um den allgemeinen Rat, das Prinzip der Geschmeidigkeit zu beachten. Man muß erst einmal nachgeben, um dann um so besser den Sieg erringen zu können. Von neuem wird hier ein Gegenangriff auf einen besonders verletzbaren Vitalpunkt, die Augen, vorgeschlagen.

Zeichnungen 35a bis 35c stellen eine Möglichkeit dar, dem Bubishi-Kommentar entsprechend zu handeln und dabei den »Schnabelhieb des Kranichs« anzuwenden. Zu beachten sind die Wendungen des Oberkörpers und die Art und Weise, den Schlag abzuwehren, während die hintere Hand sich zum Gegenangriff wappnet (35a). Der Gegenangriff selbst wird von einem kraftvollen Drehen des Beckens begleitet, während die Abwehrhand den gegnerischen Arm, mit dem sie bereits in Berührung ist, zur Seite ablenkt (35b). Uke kann auf diese Weise auch einen zweiten Fauststoß Toris abwehren (35c), bevor er mit derselben Hand, die sich noch immer in »Kranichschnabel«-Haltung befindet, den Gegenangriff ausführt. Vergleiche auch Tafeln 19 und 32 sowie S. 239.

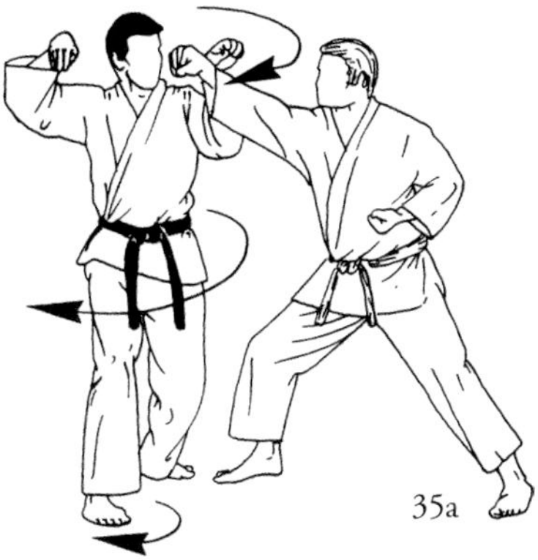

35a

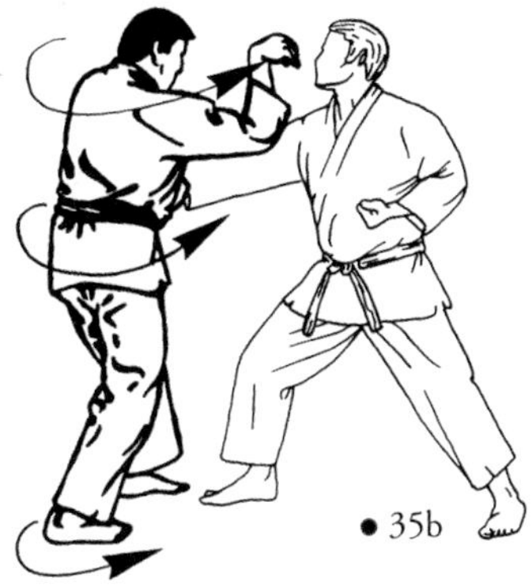

• 35b

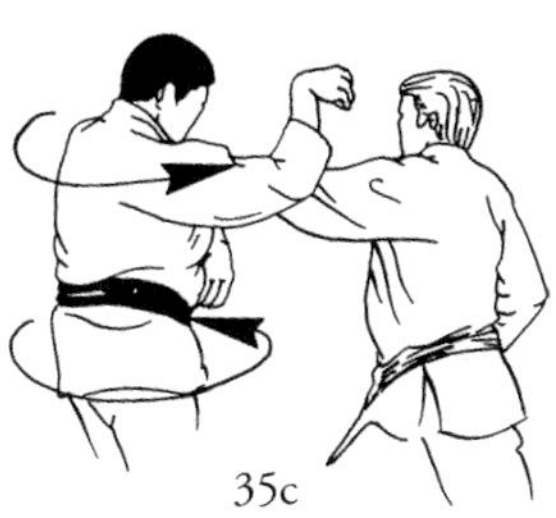

35c

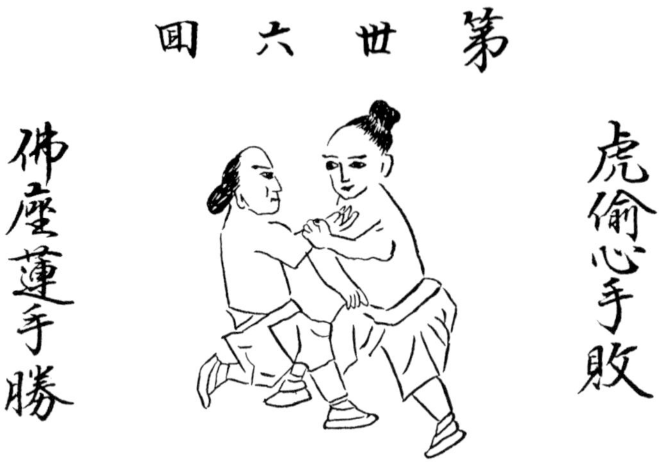

Die 36. Bildtafel des Bubishi

Ein Gegner mit allzu hohem Selbstvertrauen läßt sich wie folgt besiegen: Fangen Sie seinen Angriff ab und lassen Sie sich zu Boden sinken, um einen seiner Vitalpunkte anzugreifen (36a oder 36b: rechts). Zu beachten: In der Originalzeichnung befindet sich Uke links. Siehe auch Foto 76.

Kommentar: Die Zeichnung stellt ein Ausweichen Ukes nach unten dar.

Aus diesem allgemeinen Rat können auch hier etliche Interpretationen entwickelt werden. Auf die beschriebene Situation gibt es eine Vielzahl an Reaktionsmöglichkeiten. Im *Karatejutsu*, im *Kempô* und anderen Stilen sind dies die in den Abbildungen 36a und 36b dargestellten Stellungen, wobei der Gegenangriff (*Teishô uke* oder *Nagashi uke*) ein *Zuki* in die Achselhöhle ist.

Auf Foto 76 wird eine Reaktion dargestellt, wie sie in einem *Dao* (*Kata*) des chinesischen Boxens im nordchinesischen *Tang-Lang*-Stil zu finden ist. Uke zieht die Hüfte weit zurück, läßt sich auf seinem hinteren Bein nach unten sinken und beugt gleichzeitig seinen Oberkörper nach vorn, um beide Hände Toris abzufangen (dem liegt der Gedanke, die Kraft des Angriffs zu absorbieren, zugrunde). Sein Gegenangriff erfolgt simultan dazu mit der Fußspitze des vorderen, gestreckten Beins gegen Toris Unterleib.

Wird diese Aktion noch verstärkt, kann dies zu der in Tafel 24 (S. 146) geschilderten Situation führen.

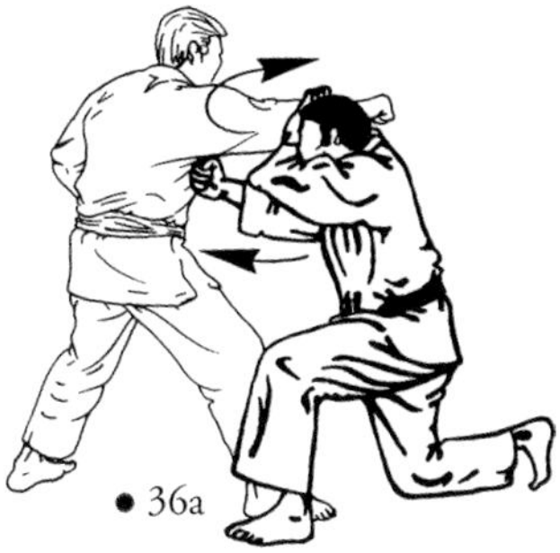

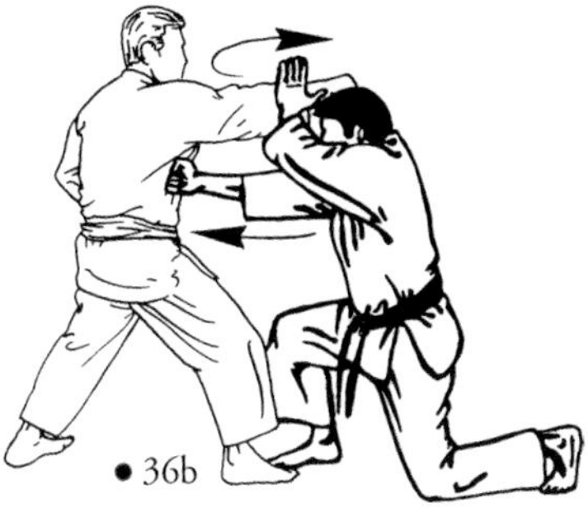

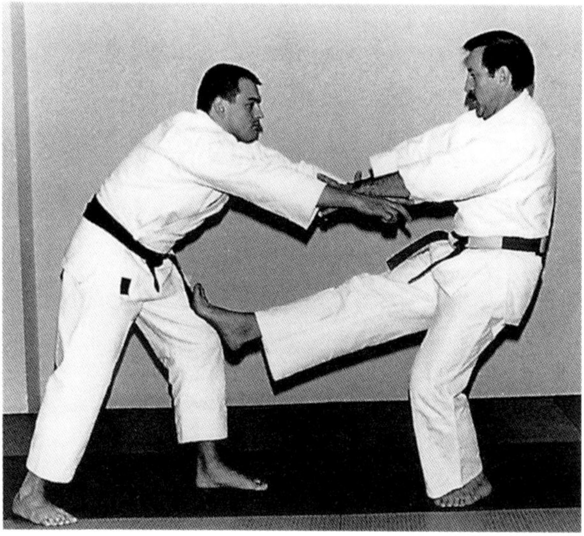

Foto 76: Aus der 36. Tafel des Bubishi können zahlreiche sogenannte »Opfer«-Techniken (*Sutemi waza*) abgeleitet werden, die in verschiedenen Kampfkunststilen, wie dem japanischen *Jûjutsu* (siehe auch Tafeln 3, 9 und 24) oder dem chinesischen *Hsing-I* (Ausweichen des Körpers nach hinten, was bis zum Fall auf den Rücken führen kann, der von einem sehr tiefen Fußtritt nach vorn begleitet wird) gebräuchlich sind.

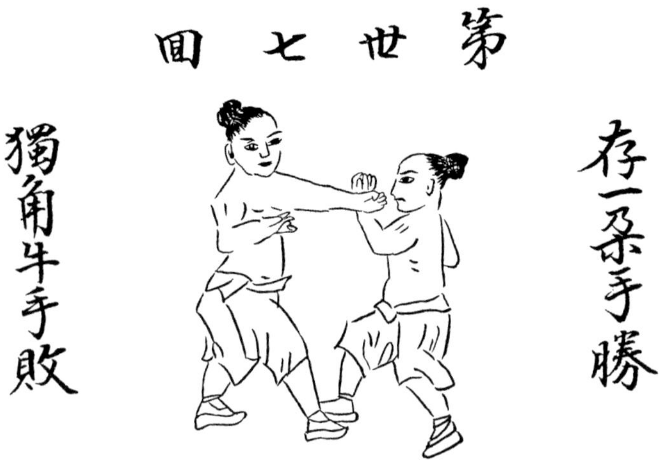

Die 37. Bildtafel des Bubishi

Erfolgt der Angriff mit der Faust frontal und kraftvoll wie der Stoß eines Stiers mit seinen Hörnern, weichen Sie nach außen aus und fangen Sie den Angriff ab, bevor Sie ihn erwidern (37a: rechts).

Kommentar: Die Zeichnung stellt die Abwehr dar.

Die Abwehr ist ein *Ude uke*. Sie beruht darauf, daß Uke sich auf die Außenseite der Angriffslinie in die Stellung *Gyaku ashi* begibt. Eine Bewegung dieser Art findet man beispielsweise in zahlreichen Karate-*Kata*.

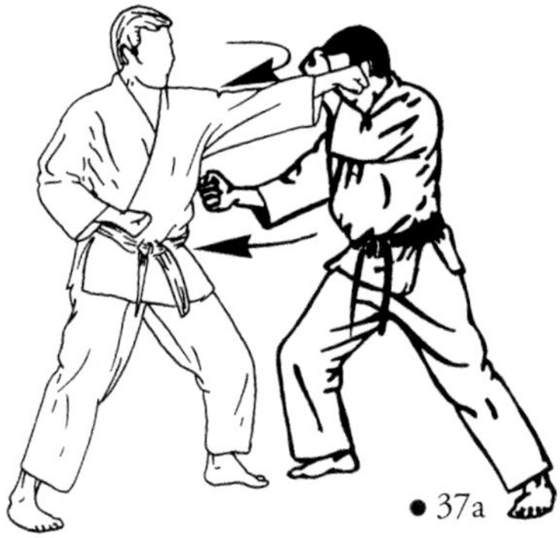

● 37a

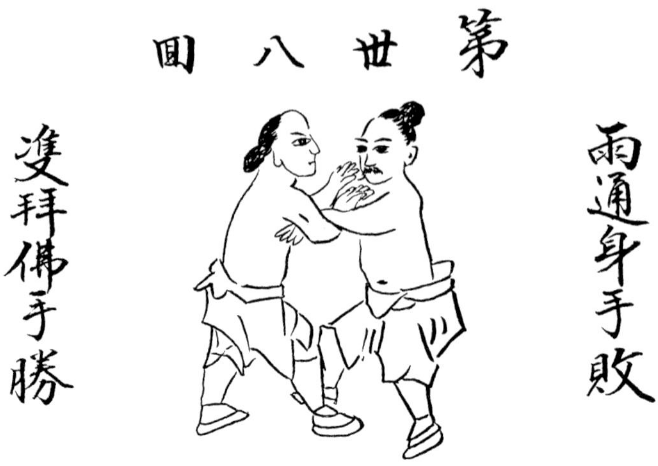

Die 38. Bildtafel des Bubishi

Greift ein Gegner Sie mit der Absicht an, Sie zu werfen, können Sie ihn auf folgende Weise aus dem Gleichgewicht bringen. Weichen Sie ein wenig zurück und schlagen Sie auf seine Arme, um seinen Griff zu lösen. Hebeln Sie nun die Arme des Gegners, indem Sie die Hände zusammenführen, als wollten Sie zu Buddha beten (38b: links. Siehe auch Foto 77).

Kommentar: Die Zeichnung stellt das beschriebene Prinzip dar.

Deutlich ist zu erkennen, auf welche Weise Uke die Unterarme Toris von außen umklammert und anhebt, bis seine Handflächen einander berühren. Uke erreicht somit, daß die Ellbogen Toris blockiert werden. Dieser ist daraufhin gezwungen, seinen Griff lösen und sich auf die Zehenspitzen zu stellen, um zu versuchen, den Schmerz zu lindern. Uke preßt die Handflächen aneinander, als wolle er beten. Er drückt seine Ellbogen an den Körper und strafft dabei seine Haltung, indem er die Brust leicht herausstreckt.

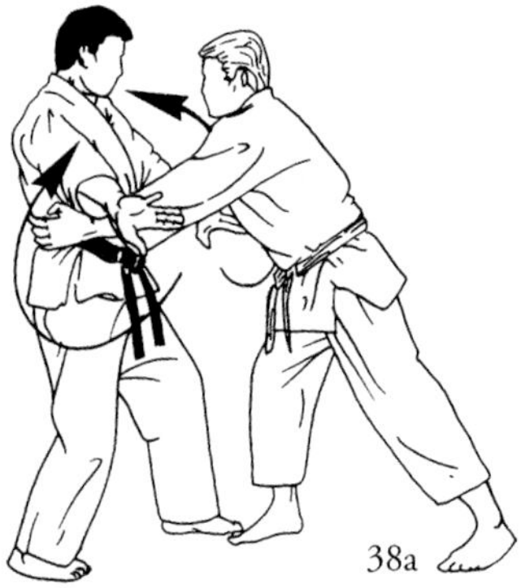

38a

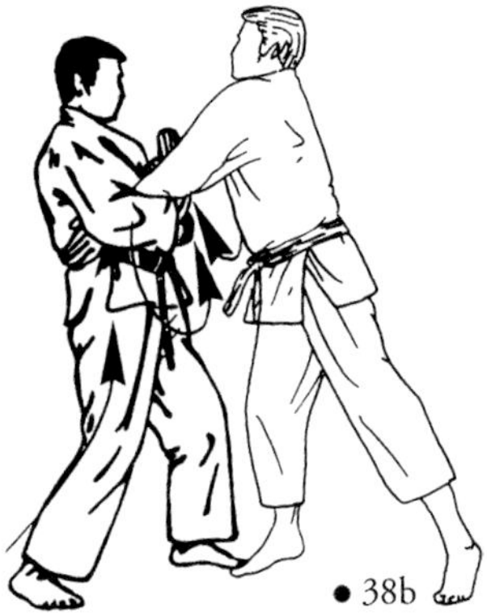

• 38b

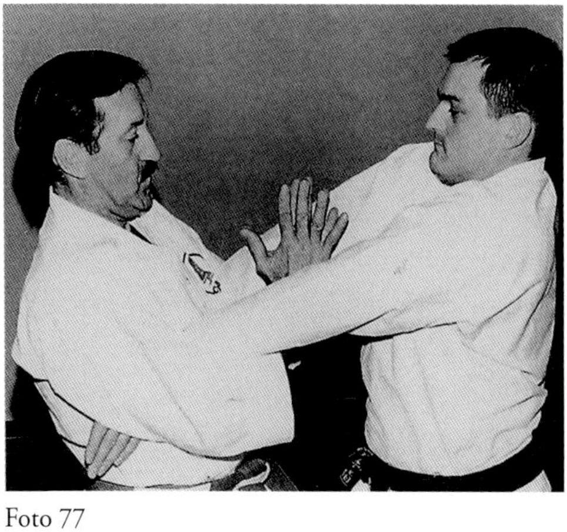

Foto 77

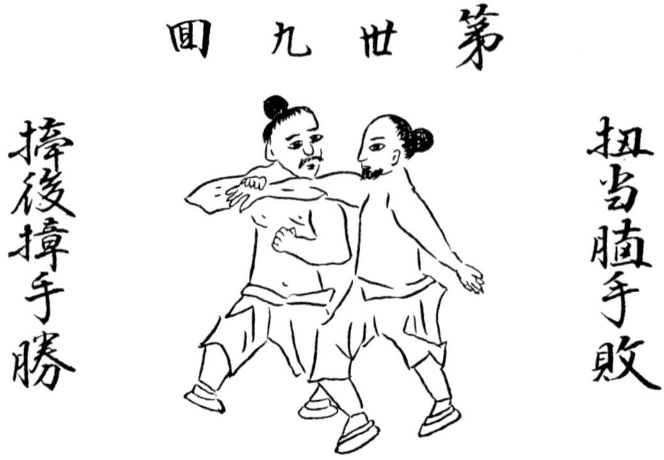

Die 39. Bildtafel des Bubishi

Wenn Sie das Handgelenk des Gegners packen und sein Gleichgewicht erschüttern, können Sie seine Vitalpunkte mit dem Ellbogen angreifen, bevor Sie seinen Arm hebeln, um ihn zu werfen (39b: links).

Kommentar: Die Zeichnung stellt den mittleren Teil der Handlung dar.

Die Stellungen 39a bis 39e zeigen die Abfolge der beschriebenen Aktion. Uke wehrt einen frontalen Angriff (*Jôdan zuki*) oder einen seitlichen Angriff (*Yoko uraken*) ab. Anschließend ergreift er unverzüglich Toris Handgelenk, um dessen Arm nach vorn zu ziehen. Er verstärkt die Wirkung seiner Aktion, indem er sich mit dem Rücken zum Gegner in den *Zenkutsu dachi* begibt. Hierzu setzt er entweder seinen linken Fuß vor Tori oder er dreht sich auf der Stelle nach rechts hinten. Er schlägt Tori, der nach vorn aus dem Gleichgewicht geraten ist, mit dem Ellbogen (39b). Ohne in der Verdrehung des noch immer gestreckten Arms von Tori nachzulassen, verstärkt Uke mit seiner linken Hand den Griff an dessen Handgelenk. Anschließend reißt er Toris Arm nach oben und verdreht ihn dabei weiter (39c). Schließlich zieht er den Arm über seine linke (39d) oder rechte (39e) Schulter, um den Gegner mit einem Armhebel zu fixieren.

Diese Hebelart (*Kansetsu waza*) ist sehr schmerzhaft und führt unweigerlich zum Bruch des Ellbogengelenks (es existiert ein Wurf im *Shôrinji-*

Kempô, mit dessen Hilfe es möglich ist, sich aus dieser Lage zu befreien, aber Tori muß hierfür außerordentlich gut trainiert sein!). Wenn es Tori gelingt, sich nach hinten links zu drehen und somit Spannung von seinem Arm zu nehmen, kann Uke eine weniger schmerzhafte Wurftechnik anwenden (vom Typ *Katate nage* im *Shôrinji* oder *Kote gaeshi* im *Aikidô*). Wie sich die Situation genau entwickelt, hängt davon ab, wie stark bestimmte Bewegungen ausgeführt werden. Das Bubishi mit seiner statischen Darstellung gibt darüber nur teilweise Auskunft.

Es sind natürlich nach dem ersten *Atemi* mit dem Ellbogen in die ungeschützte Seite Toris auch andere Weiterentwicklungen möglich.

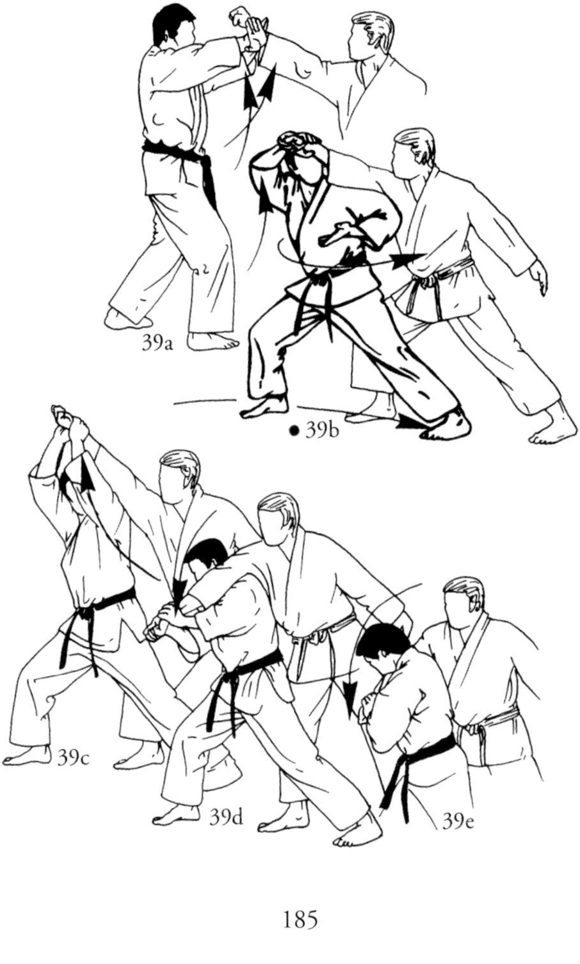

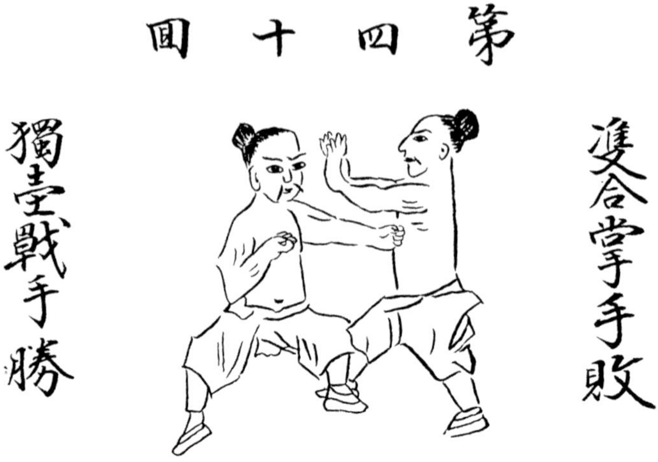

Die 40. Bildtafel des Bubishi

Sie können einen Gegner, der versucht, Sie zu packen, unschädlich machen, indem Sie eine tiefere Stellung einnehmen und einen seiner Vitalpunkte angreifen (40a: links).

Kommentar: Die Zeichnung stellt den vorgeschlagenen Angriff dar. Es sei angemerkt, daß in manchen Bubishi-Kopien diese Darstellung entweder einen Angriff mit der vertikalen Faust (*Tate zuki*, »Sonnenfaust«) zeigt oder einen Stich mit der Hand mit einem oder mehreren Fingern.

Der Beginn von Ukes Handlungsfolge, in Deckung zu gehen und zugleich den richtigen Abstand einzunehmen, ist mit der in Tafel 1 beschriebenen vergleichbar: Uke befindet sich in der Stellung *Shiko dachi* in seitlicher Position zu Tori. Von hier aus ist es leicht, Tori auf eine Weise, wie dies in der *Kata Naihanchi* (*Tekki*) praktiziert wird, mit der Faust seitlich anzugreifen. – Zu beachten ist, daß die linke Hand sich auf Höhe des Solarplexus befindet (40a: ähnlich wie in der *Shôdan*-Variante der *Kata Tekki*) und nicht in klassischer *Hikite*-Haltung.

Abbildung 40b gibt eine mögliche Weiterentwicklung nach der Hüftdrehung nach hinten an. Wenn der Abstand zu Tori kürzer ist, während die vordere Hand mit der Außenkante auf Toris Körper schlägt, »übernimmt« die hintere Hand den Angriff (siehe auch Tafel 47, S. 202). Diese Ausweichbewegung gibt es auch in der 42. Tafel des Bubishi (S. 190), die noch mehr an verschiedene Bewegungen aus *Kata* wie *Kûshankû* (*Kankû*) erinnert.

Auffällig ist auch die Ähnlichkeit zwischen dem Kommentar zu dieser Tafel und dem zur Tafel 36 (S. 178).

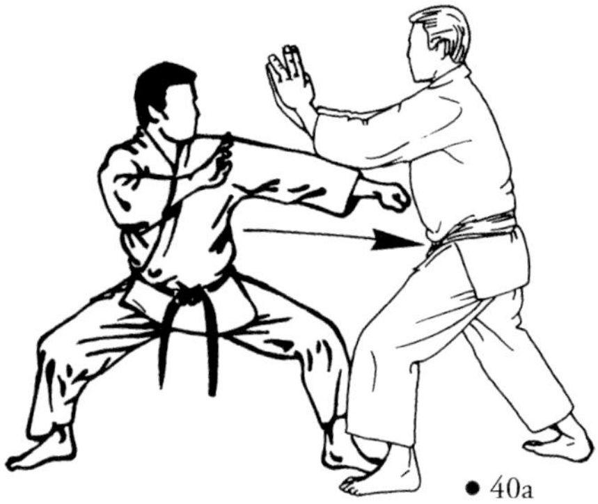

• 40a

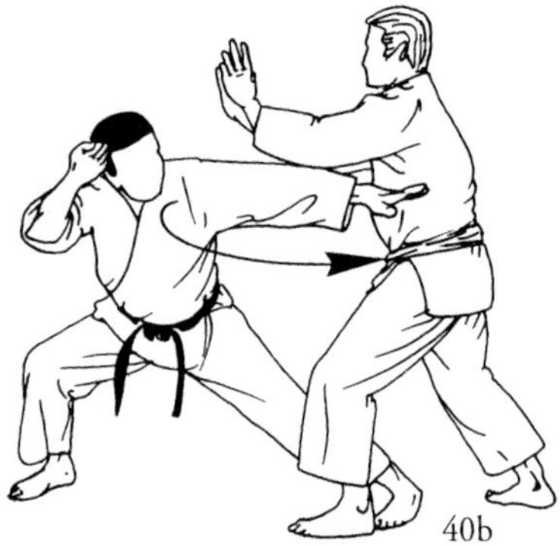

40b

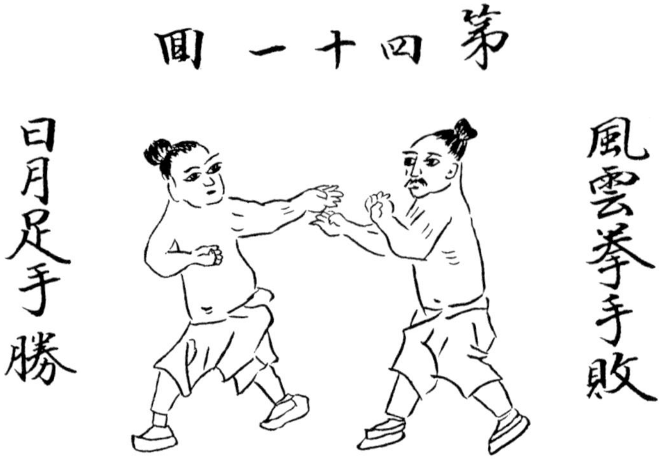

Die 41. Bildtafel des Bubishi

Kommt ein Gegner auf Sie zu und versucht, Ihnen mit beiden Händen auf den Körper zu schlagen, geben Sie darauf acht, den richtigen Abstand gemäß dem Prinzip der »Sonnen- und Mondfaust« zu wahren, bevor Sie einen Gegenangriff ausführen (41a oder 41b: links).

Kommentar: Die Zeichnung stellt eine Phase der Handlungsfolge dar.

Der Kommentar ist recht vage. Man erfährt lediglich, daß es wichtig ist, den richtigen Abstand zu wahren (*Maai*), um in die geeignete Stellung für den Gegenangriff zu gelangen, und dies anscheinend, während man Kontakt mit der gegnerischen Deckung sucht und sich dabei mit dem Körper entfernt.

Die Zeichnungen 41a und 41b stellen zwei mögliche Situationen dar, je nachdem, welcher Fuß Ukes vorn ist (nach den unterschiedlichen Kopien des Bubishi sind tatsächlich beide Interpretationen möglich).

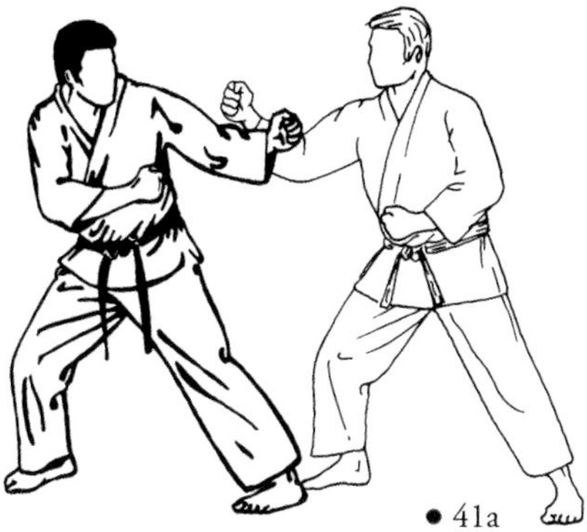

• 41a

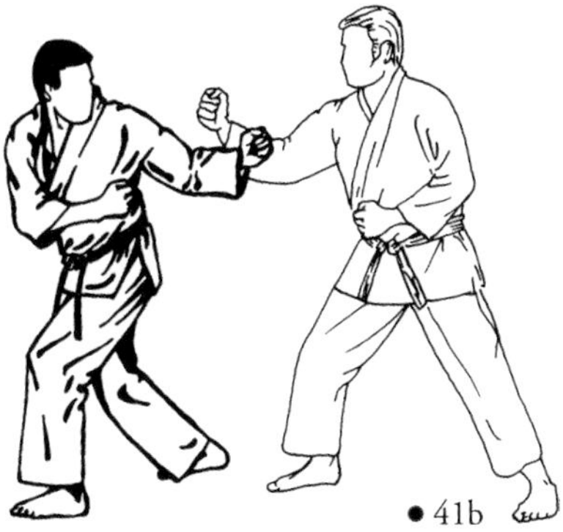

• 41b

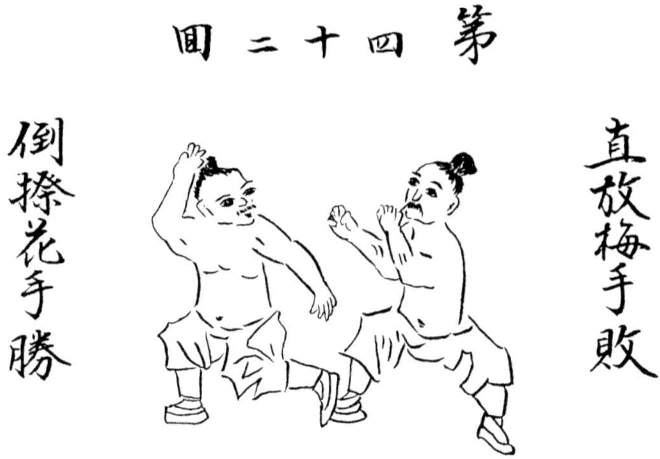

Die 42. Bildtafel des Bubishi

Wenn Sie durch eine Ausweichbewegung seitlich zum Gegner gelangen, ermöglicht Ihnen dies, den richtigen Abstand zu ihm einzunehmen und ihn zu besiegen (42a: links).

Kommentar: Die Zeichnung stellt eine Phase der Handlungsfolge dar.

Dieser Kommentar ähnelt dem vorherigen. Immerhin kommt hier der Begriff des Ausweichens ins Spiel. Hierdurch kann Uke gegenüber Tori in eine genau seitliche Position gelangen. Das gebeugte hintere Bein Ukes vermittelt den Eindruck, daß das Ausweichmanöver aus größter Nähe zu Tori erfolgte. Damit wird die Möglichkeit geschaffen, sich in die entgegengesetzte Richtung zu drehen, ohne die Füße versetzen zu müssen (ausgehend von Position 42a). Uke kann noch weiter ausweichen, indem er das andere Bein an das hintere (rechte) Bein heransetzt (Zeichnung 42b), bevor er sich weiterdreht und aus dieser Drehung heraus mit dem rechten Fuß zutritt (Foto 78: *Ushiro geri*; Uke wird hier von vorn gezeigt; siehe auch Fotos 50 und 51 auf S. 141).

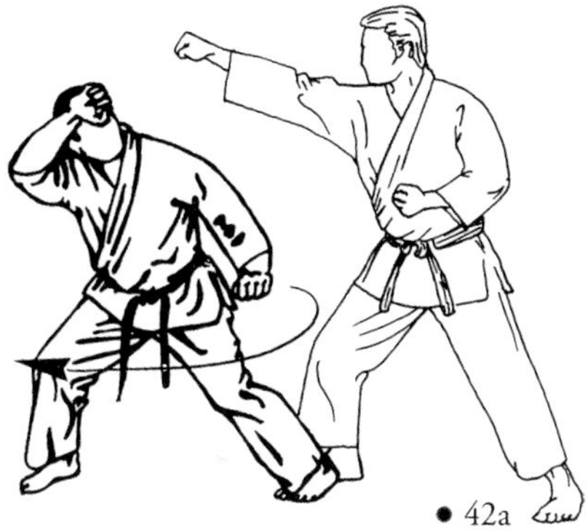

42a

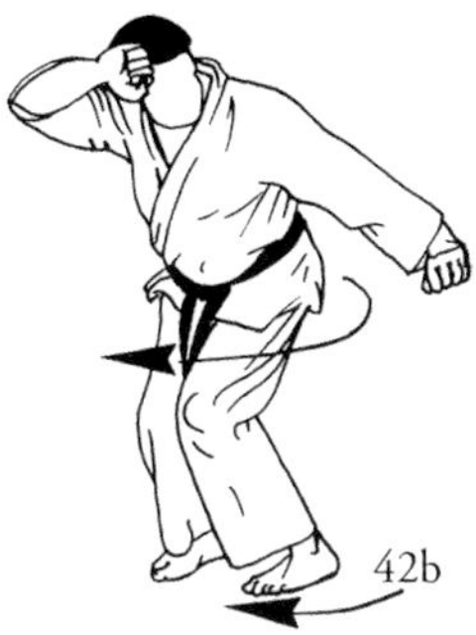

42b

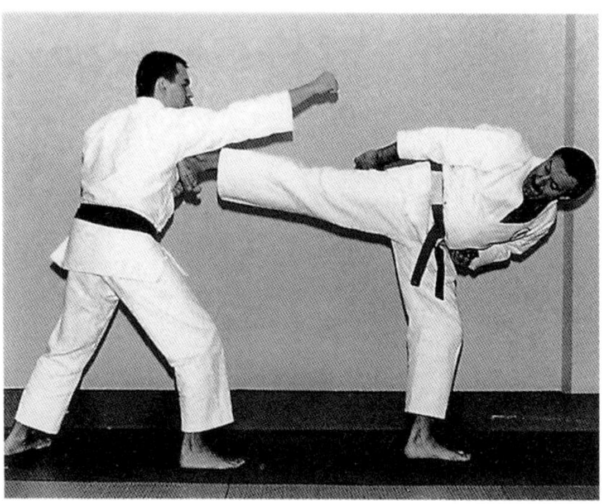

Foto 78: Es ist z. B. einfach, den richtigen Abstand (*Maai*) aus der Position 42a heraus einzunehmen, indem Uke den linken Fuß an den rechten heranzieht, bevor er sich umdreht und mit dem anderen Bein einen *Ushiro geri* ausführt (Bemerkung: Uke steht hier rechts, um ihn von vorn zu zeigen).

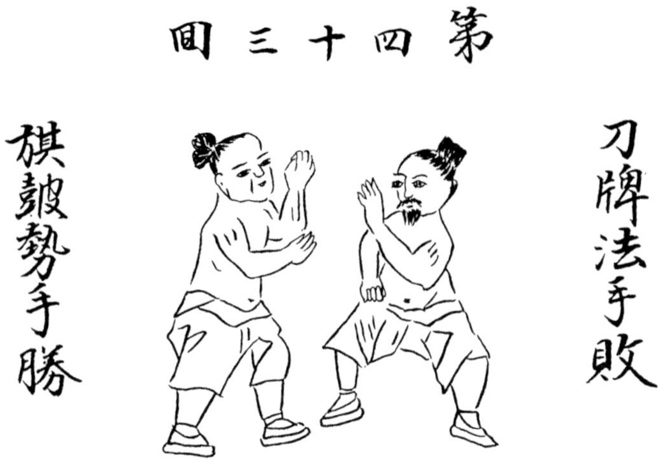

Die 43. Bildtafel des Bubishi

Verharrt ein Gegner zu lange fest in seiner Position, gleich einem Soldaten, der Schwert und Schild trägt, ist er nicht mehr in der Lage, einem plötzlichen und kraftvollen Angriff mit der Faust zuvorzukommen (43a: links).

Kommentar: Die Zeichnung stellt eine statische Abwehrhaltung dar.

Wieder einmal erweist sich der Kommentar als interessanter als die zugehörige Abbildung. Es geht darum, einer Haltung (zweifelsohne einer körperlichen, aber auch einer geistigen) zu begegnen, die zu lange starr aufrechterhalten wird und damit dem Kämpfer die Fähigkeit nimmt, schnell und flexibel genug auf einen plötzlichen Angriff zu reagieren. Alles, was starr ist, kann zerbrochen werden …

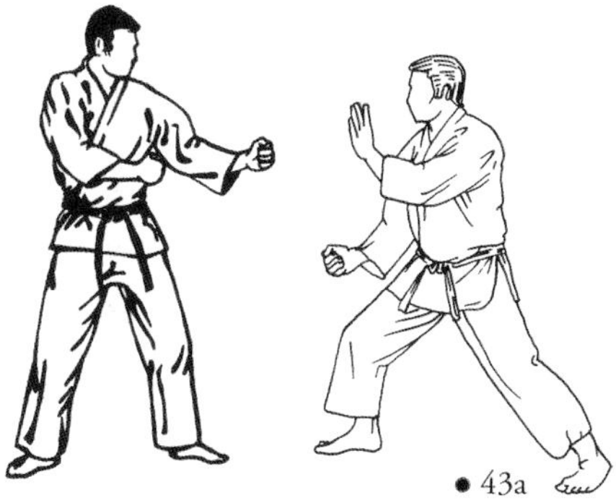

• 43a

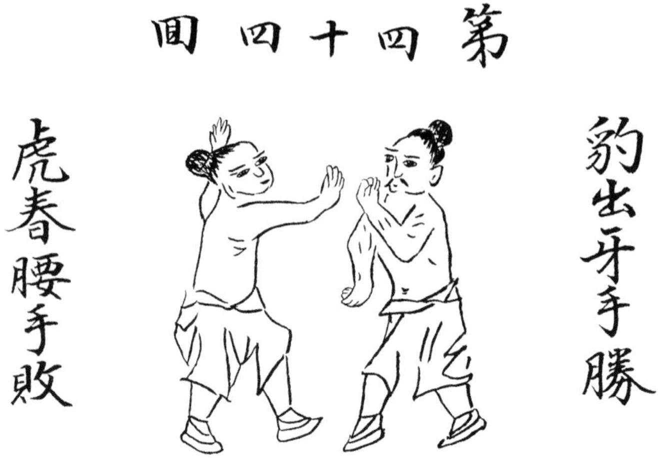

Die 44. Bildtafel des Bubishi

Erfolgt ein Angriff nicht koordiniert genug, können Sie ausweichen, indem Sie zur Seite gehen und mit Händen in der Haltung von Tatzen eines Leoparden, der die Krallen zeigt, den Angriff erwidern (44a: rechts).

Kommentar: Die Zeichnung zeigt eine Phase des Ausweichmanövers.

Das Ausweichen auf die Außenseite der Angriffsrichtung wird hier von einer doppelten Fegebewegung der offenen Hände begleitet, die Finger sind halb eingekrümmt und ahmen so die »Leopardentatze« nach (Zeichnung 44a). In der Wushu-Bewegung »Hieb mit der Leopardentatze« (*Chap Choi*) nutzt man die Enden der ersten Glieder der eingebeugten Finger. Man schlägt direkt (»Stich mit der Hand«) oder indirekt (mit bogenförmigen Bewegungen, bei denen der Stoß mit der Handfläche erfolgt). Fotos 79 und 81 (S. 196 f.) zeigen zwei Varianten, mit dieser Technik aus der Position 44a heraus anzugreifen, von innen (Foto 79) oder von außen (Foto 80, anschließend Foto 81).

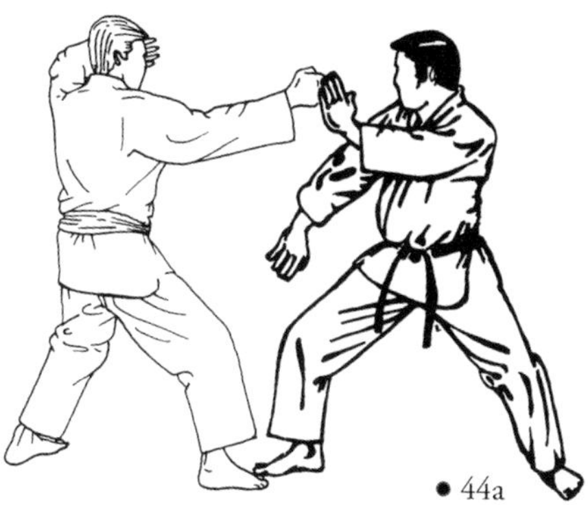

• 44a

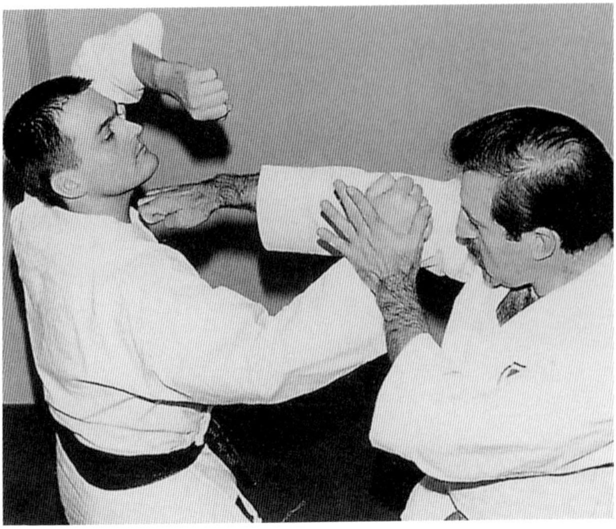

Foto 79: Gegenangriff mit der »Leopardentatze« aus der Innenseite des Angriffs heraus.

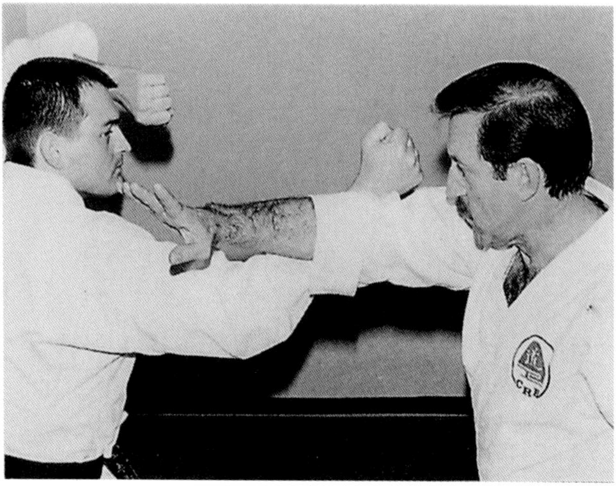

Foto 80

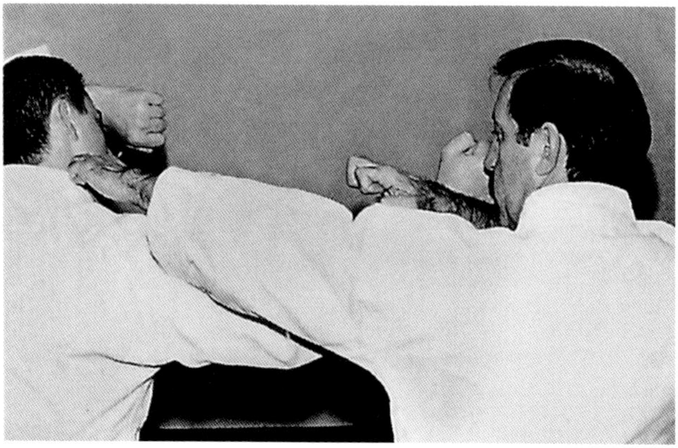

Foto 81

Fotos 80 und 81: Ausgehend von Stellung 44a erfolgt eine Abwehr von außen, auf die ein Schlag mit der »Leopardentatze« folgt, der von einer Drehung des Oberkörpers entgegengesetzt zur Richtung der Ausweichbewegung begleitet wird.

第四十五圖

前後反手敗

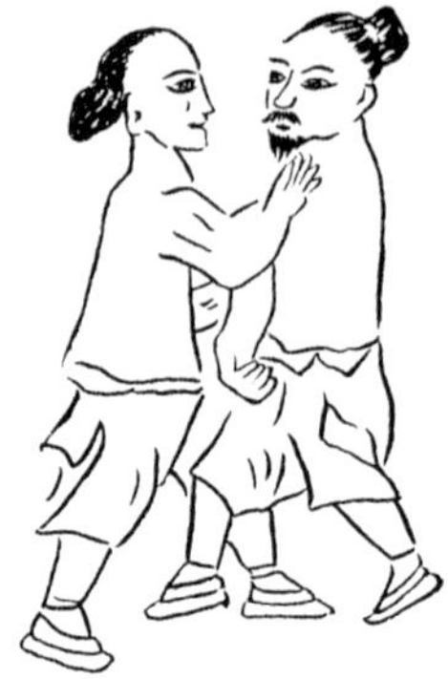

左右翼手勝

Die 45. Bildtafel des Bubishi

Versucht ein Gegner, Sie aus sehr kurzer Distanz mit einem von unten nach oben geführten Schlag auf den Körper zu treffen, fangen Sie den Angriff ab, gleich dem weißen Kranich, der mit den Flügeln schlägt, und stoßen Sie ihm die Finger gegen die Kehle (45b: links).

Kommentar: Die Zeichnung stellt den Gegenangriff dar.

Das Bubishi spielt hier einmal mehr auf den Kampfstil des Weißen Kranichs an. Uke wehrt den Angriff mit einem »Flügelschlag« ab (45a) und kontert aus kürzester Distanz mit einem Stich der Hand (45b). Eine andere Entwicklungsmöglichkeit (45c) aus der Position (45a) heraus ergibt sich, wenn Uke mit ein und derselben Hand zwei Fauststöße von Tori abwehren muß (ein *Shômen uraken* oder ein *Ura zuki*, ähnlich wie in der *Kata Naihanchi (Tekki)*).

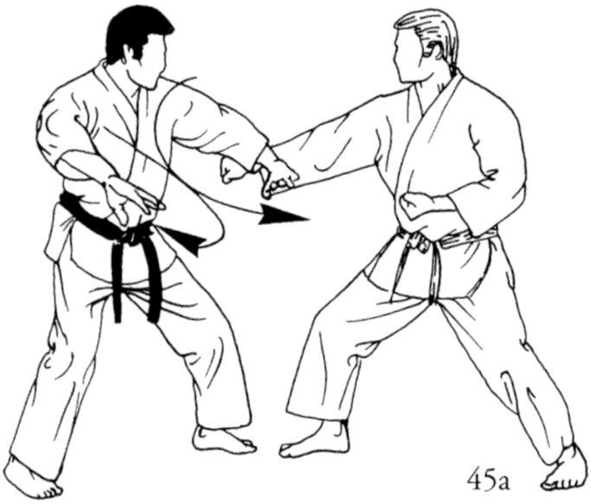

45a

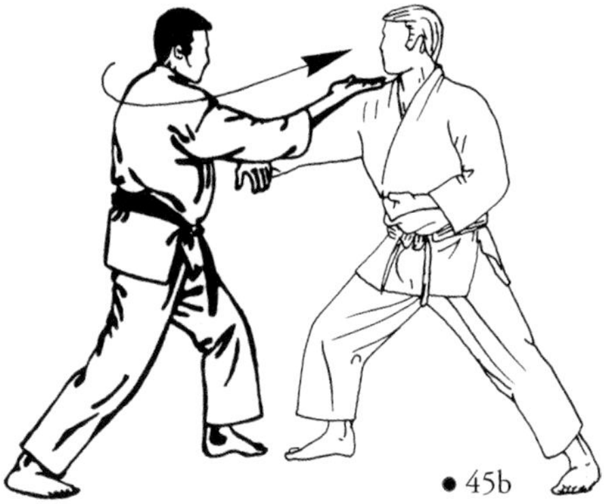

● 45b

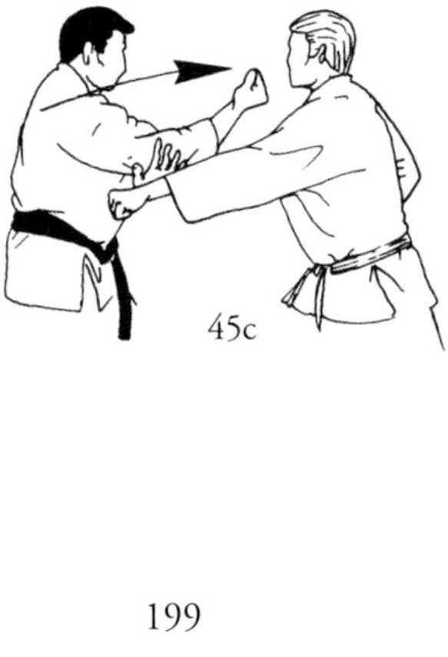

45c

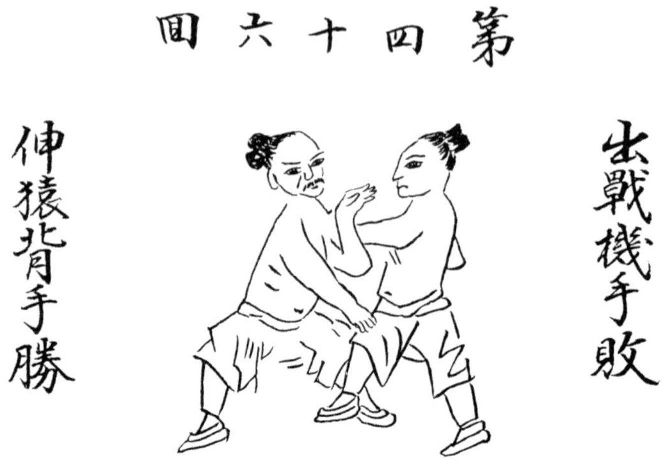

Die 46. Bildtafel des Bubishi

Verliert ein Gegner nach einem mißlungenen Angriff das Gleichgewicht, seien Sie bereit, die sich bietende Gelegenheit zu nutzen (46a: links).

Kommentar: Die Zeichnung stellt eine Anwendung des beschriebenen Prinzips dar.

Alles in allem ist der Kommentar recht allgemein, und die Zeichnung ähnelt stark der 32. Tafel des Bubishi (wobei aber der Gegenangriff besser dargestellt ist). Das benannte Grundprinzip könnte auf zahlreiche andere Weisen dargestellt werden. Zeichnung 46a, die Tafel 46 entspricht, ist nur eine davon. Die sehr ähnliche Darstellung 46b (Uke wehrt den Angriff mit gebeugtem Ellbogen ab) ist eine Stellung der *Gôjû-ryû-Kata Sanseru* (*San Shi Liu*).

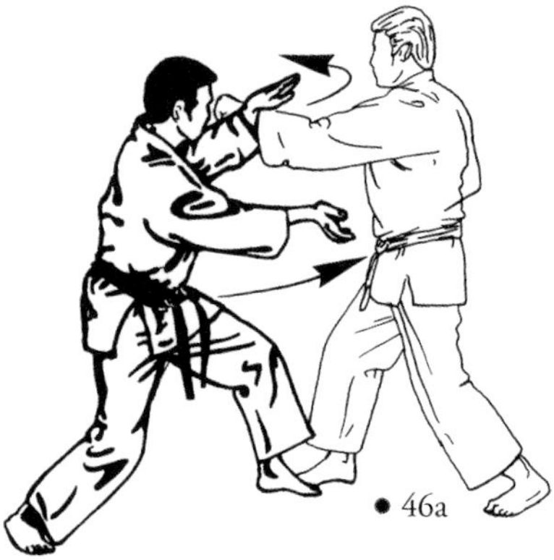

46a

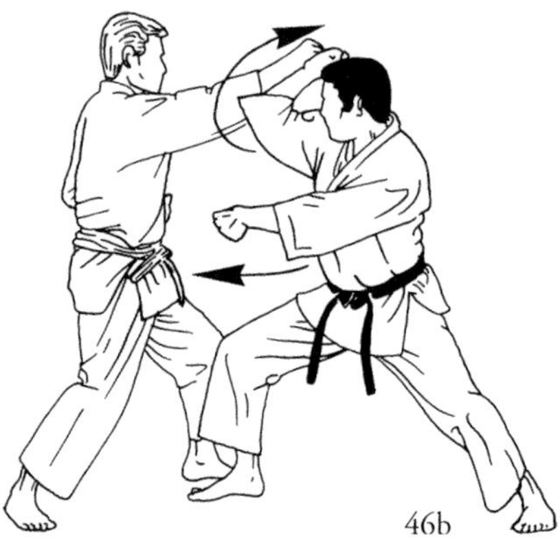

46b

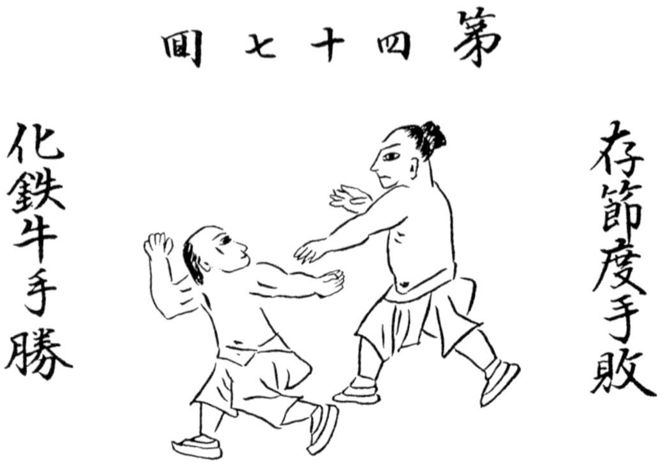

Die 47. Bildtafel des Bubishi

Zögert der Gegner während seines Angriffs, verkürzen Sie schnell den Abstand zu ihm und greifen Sie ihn mit der »Ochsenkiefernhand« an, um ihn außer Gefecht zu setzen (47a: links).

Kommentar: Die Zeichnung stellt den beschriebenen Angriff dar, allerdings aus einer wenig realistischen Entfernung.

Es ist hingegen sehr interessant, die Stellung Ukes zu analysieren. Sie erinnert an jene aus Tafel 41 in der Variante 41b (S. 189). Tatsächlich gibt es eine Version der 47. Bildtafel (siehe Zeichnung S. 204 links oben), in welcher Uke über seine rechte (und nicht linke) Schulter zu blicken scheint. Somit sieht man Uke dort nicht von vorn, sondern von hinten, was erklären würde, warum das linke Knie stark eingebeugt und nahe dem rechten ist. Uke muß seinen Körper lediglich noch weiter nach rechts hinten drehen, damit er mit seinem Gegenangriff beginnen kann: ein Schlag mit der linken Hand, während die rechte Hand erhoben ist (die Bubishi-Darstellung, in der Uke über seine linke Schulter schaut), gefolgt von einem Schlag mit der rechten Hand, während die linke Hand erhoben ist (die Bubishi-Darstellung, in der er über seine rechte Schulter blickt und in welcher seine Haltung demzufolge als *Kake dachi* interpretiert werden kann – so wie in Position 47a). Natürlich kann die Handlungsfolge sich gleichermaßen im entgegengesetzten Richtungssinn abwickeln. Man kann daher die Zeichnung aus dem Bubishi je nach Kopfhaltung Ukes als Beginn der Aktion (41a auf S. 189, gefolgt von 47a) oder als Ende der Aktion (47a, gefolgt von 47b) sehen.

Die Stellungen 47a bis 47c entwickeln sich aus einer Lesart des Bubishi, in der Uke von vorn gesehen wird (was also der Position 41a für Tafel 41 ähnelt): Uke dreht sich und geht an Ort und Stelle in *Kake dachi*; er führt einen tiefen Angriff mit der Hand (*Seiryûtô* oder *Teishô*) aus, während Tori seinen linken Fuß vorsetzt, um sich Uke zu nähern. Dies wiederum führt dazu, daß Uke eine gute und sehr stabile Stellung erlangt, um mit der Ferse aufwärts zu stoßen (47b) oder, wie es im modernen *Karatedô* praktiziert wird, einen *Ura mawashi* anzuwenden (47c).

Diese Techniken des Gegenangriffs gehören zur Familie des »Drachenboxens« (*Long Yin Kuen*, auch *Longxingquan*), auf die bereits in der Tafel 27 des Bubishi (S. 152 ff.) hingewiesen wurde. Siehe auch Abbildungen auf den folgenden Seiten.

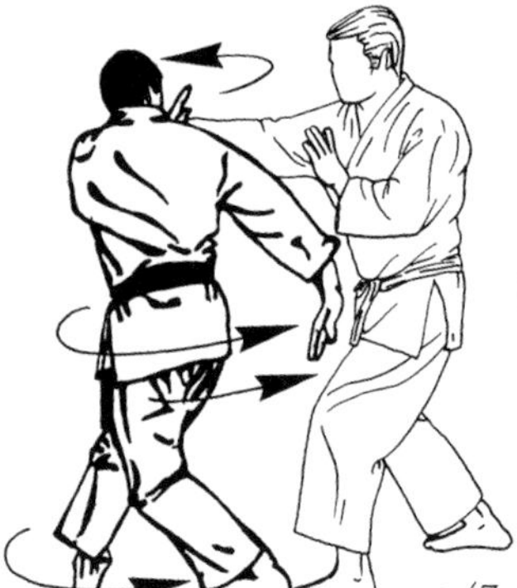
• 47a

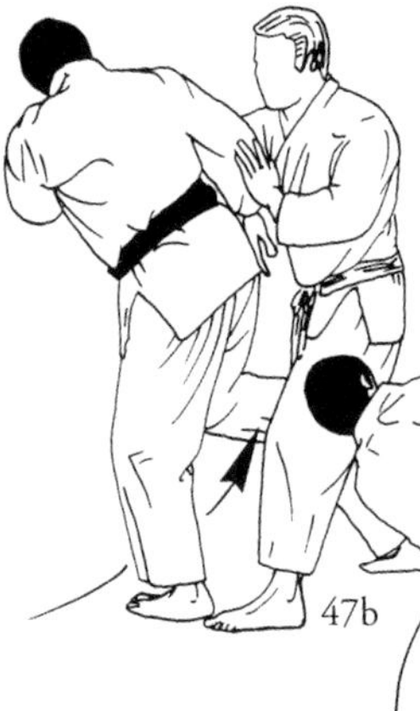
47b

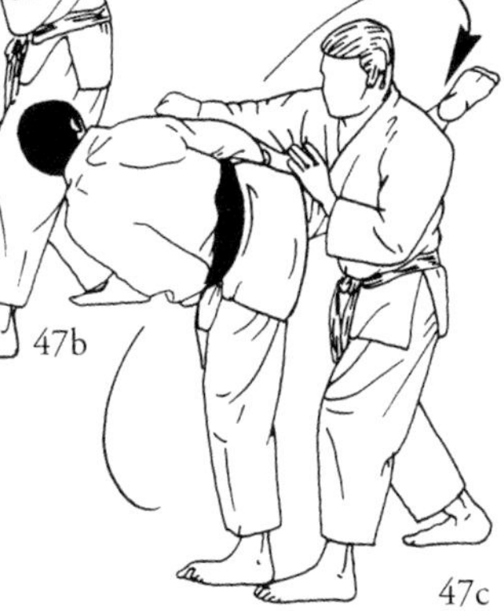
47c

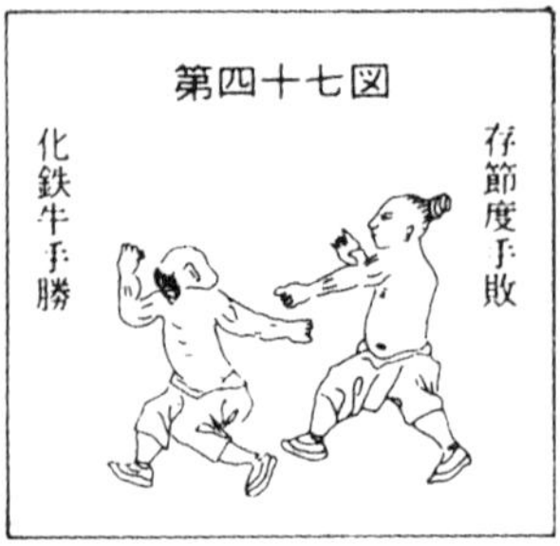

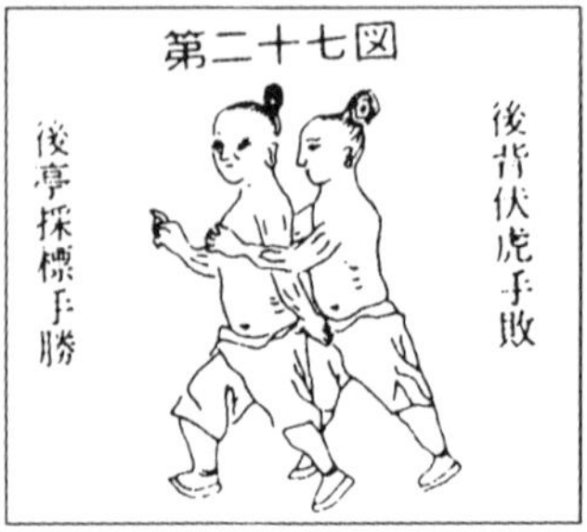

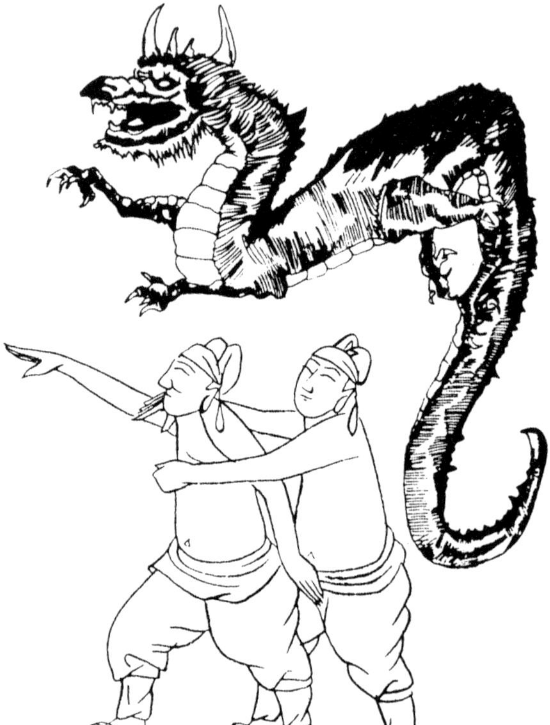

Die Tafel 47 des Bubishi (links oben) stellt eine Anspielung auf den Kampfstil des »Drachen« dar (wenn auch weniger ausdrücklich als der in den Zeichnungen rechts oben und Mitte unten dargestellten Bildtafel 27), aus dem die Anfangsbewegung Ukes stammt, mit der er in Kontakt mit Tori kommt.

Fotos 82 bis 90 und Zeichnungen: Der als »Schwanz des Drachen« bezeichnete Gegenangriff mit seinen zahlreichen Varianten geht von dem in Tafel 47 beschriebenen Prinzip aus (wie bereits die Darstellung auf Tafel 27). Sie findet sich oftmals in alten Handbüchern über das chinesische Boxen (siehe die vier Zeichnungen) und auch auf einem der Shaolin-Fresken (siehe Foto 21, S. 51). Diese Technik, mit der Ferse zu stoßen, war zu Beginn des 20. Jahrhunderts eine bevorzugte Methode von Lam Sai-wing *Shifu*. Das Bubishi spielt darauf nur insofern an, als es den Gebrauch der offenen Hand für Abwehr und Angriff zeigt. Doch in verschiedenen chinesischen Kampfkunststilen wie dem »Drachenboxen« (*Long Yin Kuen*, auch *Longxingquan*) wird ebenfalls Gebrauch vom Fuß gemacht, der mit schnellen und peitschenden Bewegungen zuschlägt, gleich dem Schwanz eines Tieres.

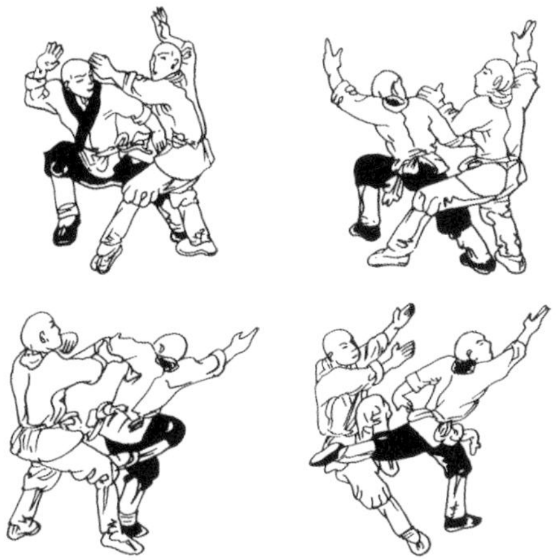

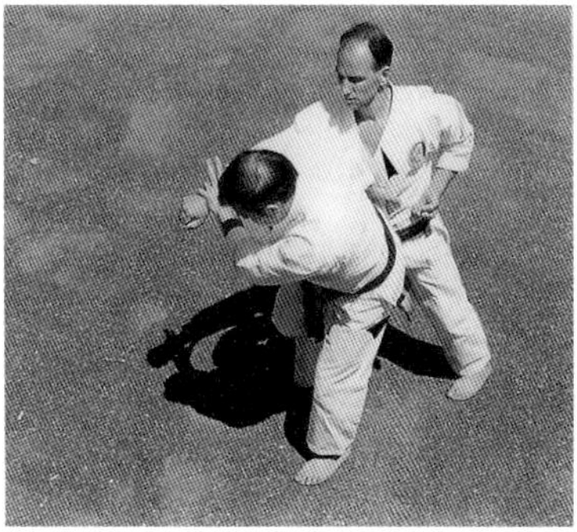

Foto 82

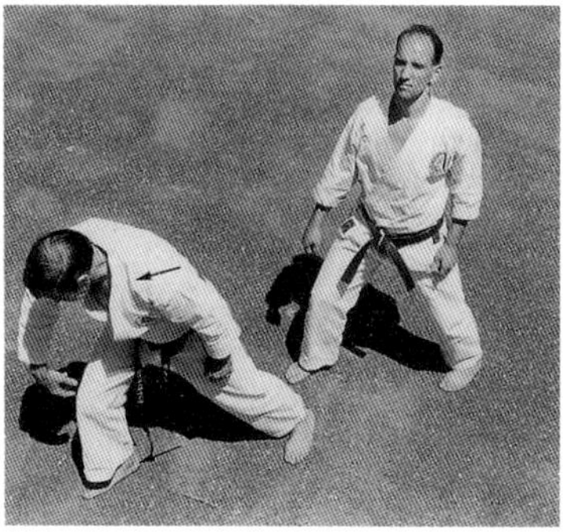

Foto 83

Fotos 82 und 83: Ausgehend von Stellung 47a (Anfangstechnik, die auf der folgenden Seite beschrieben wird) erfolgt ein aufwärts geführter Tritt mit der Ferse. Danach geht Uke wieder in Kampfabstand, indem er den rechten Fuß vorsetzt. Siehe folgende Seiten.

Fotos 84 bis 90: Beispiel für die Suche nach möglichen Weiterentwicklungen aus der 47. Tafel des Bubishi.

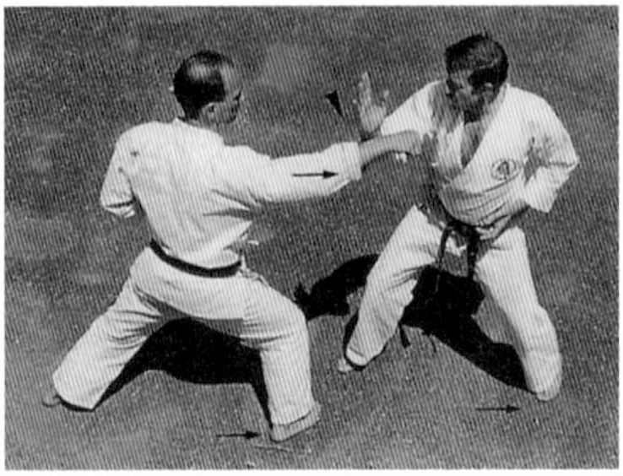

Foto 84

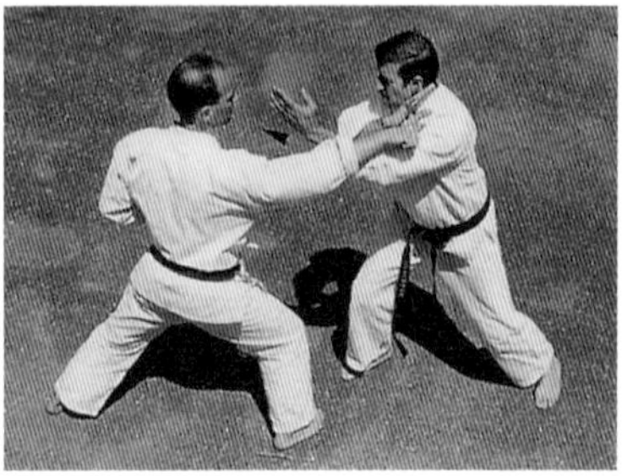

Foto 85

Foto 84: Dem direkten Fauststoß ins Gesicht wird nach links ausgewichen, indem die Hüften gedreht werden und mit der rechten Handkante, dem rechten Handgelenk oder dem rechten Unterarm (jeweils mit der Außenseite des Arms) der Stoß von innen abgewehrt wird. Gleichzeitig wird die linke, hintere Hand zum Schlag vorbeireitet.

Foto 85: Die Abwehr wird fortgeführt, indem die Hüften in die entgegengesetzte Richtung gedreht werden, um mit den Fingern ins Gesicht zu stechen (entsprechend dem Sprachgebrauch im Drachenstil). Dies ist der erste Stoß.

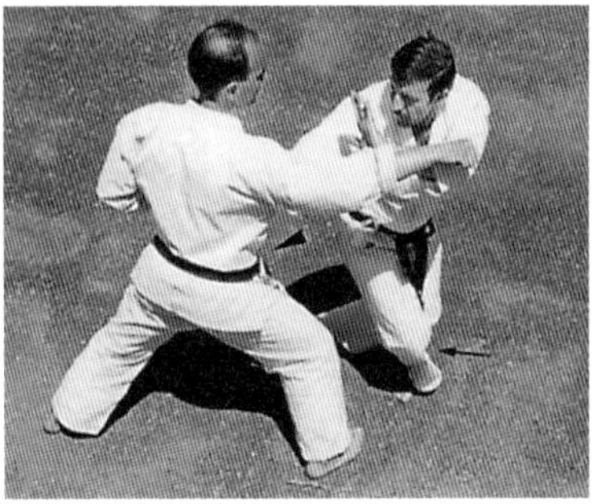

Foto 86

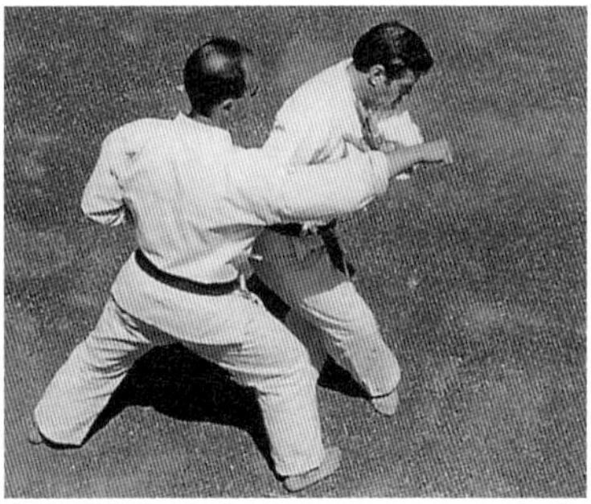

Foto 87

Foto 86: Der rechte Fuß bleibt an seinem Platz. Der linke Fuß wird über Kreuz hinten an ihm vorbeigeführt, um die Stellung *Tao-Bo* (der »gestohlene Fuß«) oder *Kosa dachi* einzunehmen. Die Hände machen gleichzeitig eine Bewegung in Gegenrichtung: die linke Hand gleitet am Innern des gegnerischen Arms bis zu dessen Unterarm (Schutz), während die rechte mit der Handfläche von oben nach unten und von innen nach außen in den Unterleib schlägt. Die Finger zeigen dabei nach unten. Dies ist der zweite Stoß.

Foto 87: Drehung nach hinten links, indem der rechte Fußballen als Drehpunkt verwendet wird. Die Position der Hände wird beibehalten.

Anmerkung: Während dieser Bewegungsfolgen bewegen sich die Hüften unaufhörlich in fließenden Bewegungen, sie drehen sich und gehen vor und zurück.

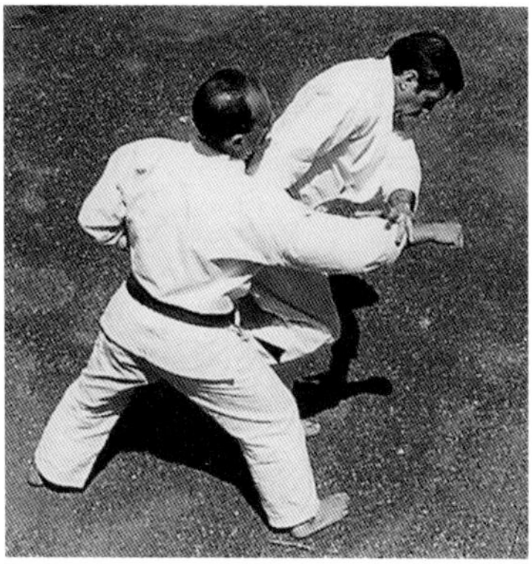

Foto 88

Foto 88: Zustoßen mit der rechten Ferse (Schwanz des Drachen); der Stoß wird von vorn nach hinten ausgeführt, während man sich nach vorn beugt. Dies ist der dritte Schlag, der als Aufwärtshaken ausgeführt wird.

Man kann die Handlungsfolge mit einem Schlag mit dem rechten Ellbogen beenden, der schnappend im *Mawashi*-Stil erfolgt, d. h., der Schlag wird aufwärts und bogenförmig gegen das Kinn geführt (verbunden mit einer letzten Drehung des Körpers). Unmittelbar darauf folgt ein Sprung nach vorn, der Abstand zum Gegner gewährt (siehe auch folgende Seiten). Dies ist der vierte Stoß (Foto 83).

Anmerkung: Die vier Stöße müssen wie ein »Wirbelwind« aufeinander folgen.

Fotos 89 und 90: Man beachte, daß es ebenfalls möglich ist, von Position 87 ausgehend die Handlungsfolge mit einem Hüftwurf (*Koshi waza*) oder einem Beinwurf (*Ashi waza*) mit der gleichen Drehung des Körpers nach vorn zu beenden. Im *Jûdô* wären dies Würfe der Art *Uchi mata* oder *Hane goshi*. Zu den Details, die wichtig sind, um diese Technik tatsächlich wirkungsvoll einzusetzen, zählt die »Dreh- und Peitsch-Bewegung« des ganzen Körpers. Sie beginnt mit einer weiten Drehbewegung und geht vor-zurück-vor, wobei sich die Hüften (spiralförmig) nach oben bewegen. Der Oberkörper bleibt hierbei so weit wie möglich dem Gegner zugewandt, bis zu dem Augenblick, wenn der rechte Fuß sich vom Boden löst.

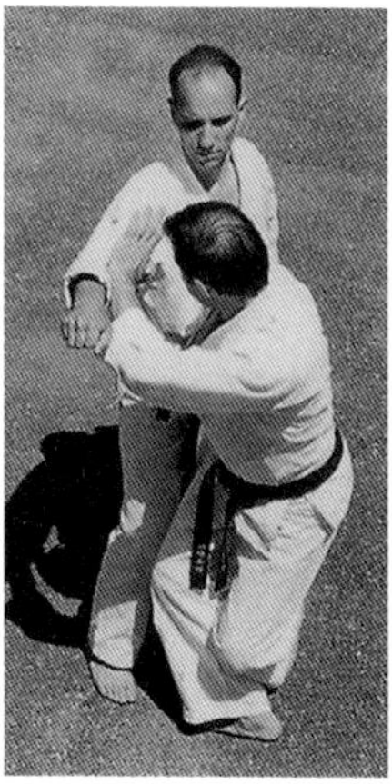

Foto 89

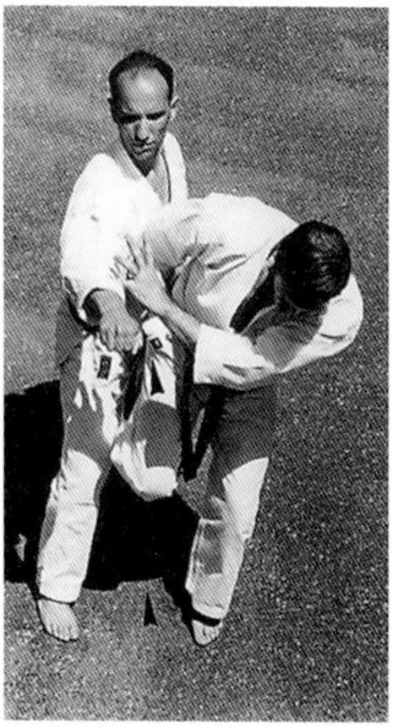

Foto 90

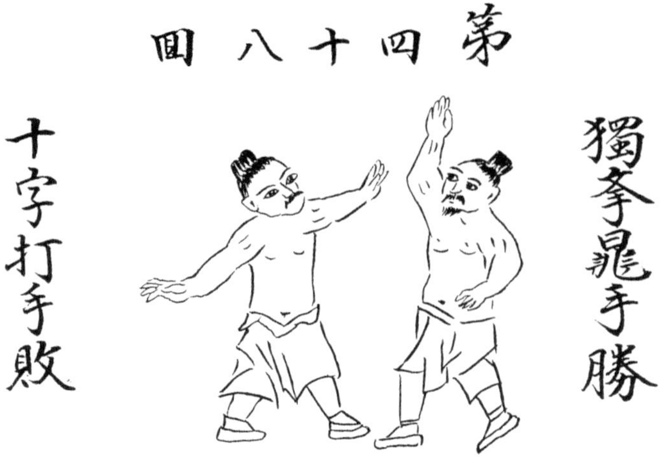

Die 48. Bildtafel des Bubishi

Versucht ein Gegner, in den richtigen Kampfabstand zu Ihnen zu gelangen und stellt er dabei ein weitgehend ungedecktes Ziel dar, indem er beispielsweise die Arme ausbreitet, täuschen Sie ihn mit einer Hand und schlagen Sie ihm, während er darauf reagiert, mit der anderen Hand auf den Kopf (48a: rechts).

Kommentar: Die Zeichnung stellt das beschriebene Prinzip dar.

Es handelt sich um das Prinzip der Täuschung (siehe auch Tafeln 13 und 16), das einen entscheidenden Angriff ermöglichen soll. In diese Rubrik fallen zahllose Möglichkeiten. Ein Beispiel ist die in den Zeichnungen 48a und 48b dargestellte Entwicklung. Man beachte, daß die Täuschung mit der erhobenen Hand (48a) in der *Kata Unsu* auftritt.

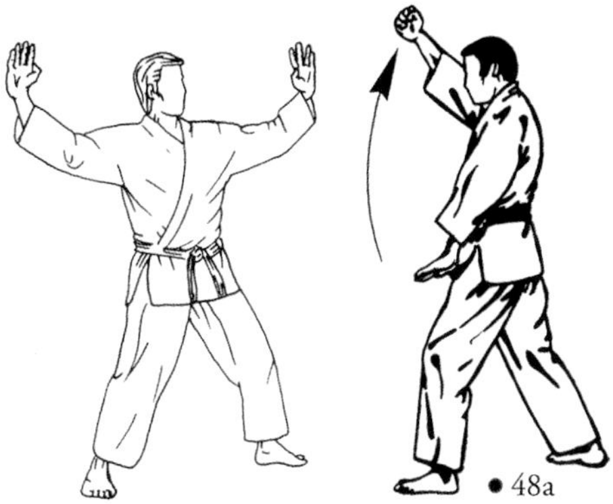

● 48a

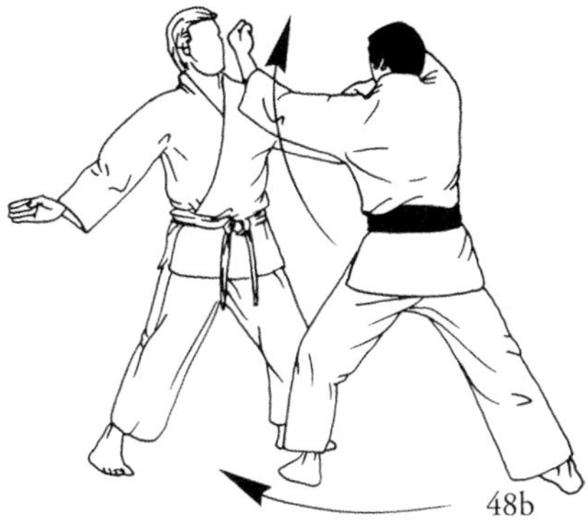

48b

Die Vitalpunkte und die »vergiftete Hand«

Immer wieder taucht im Bubishi der Begriff des Vitalpunkts auf, ein anatomisch präzise bestimmbarer Ort am Körper. Wird ein Vitalpunkt getroffen, kann das die Niederlage des Gegners zur Folge haben, ja sogar seinen Tod (daher die Bezeichnung *Vital*punkt). Diese besonderen Schwachpunkte, die praktisch über den ganzen Körper verteilt sind, sind seit weit über tausend Jahren bekannt. Zunächst jedoch erforschten die Menschen diese Punkte, um mit ihrer Hilfe Krankheiten heilen zu können, sei es durch Akupunktur oder durch Moxibustion. Die Wissenschaft von den »Meridianen«, immateriellen Linien, entlang derer die Lebensenergie des Menschen (*Qi* oder *Ch'i*; auch als innere Energie bezeichnet – jedoch nicht zu verwechseln mit der chemisch-physikalischen Muskelenergie) zirkuliert, zählt zu den ersten Errungenschaften der traditionellen chinesischen Medizin. Insgesamt entdeckten die chinesischen Heiler 24 derartige Meridiane, davon 12 Hauptmeridiane, die zu beiden Seiten der vertikalen Mittelachse des Menschen verlaufen. Jeder dieser »Pfade für das *Qi*« steht in Zusammenhang mit bestimmten inneren Organen, auf die somit über diese Meridiane eingewirkt werden kann. Tatsächlich existieren entlang dieser Kanäle »Hohlräume« (*Xue*) bzw. Vitalpunkte, die hochempfindlich sind, weil sie entweder wenig durch Muskeln geschützt sind oder weil der Meridian an dieser Stelle die Haut berührt. Auf diese Punkte kann auf unterschiedliche Weise eingewirkt werden: durch Stechen (Akupunktur), Hitze (Moxibustion), Pressen (Akupressur – *Tsubo*, auf japanisch *Shiatsu*) oder durch Schlagen auf unterschiedliche Art und Weise (*Dianxue,* auch *Tien hsueh* oder *Dim mak*, auf japanisch *Atemi*).

All diese Methoden stimulieren, unterbrechen oder stören den Fluß der inneren Energie; sie verstärken oder zerstreuen ihn. Dies wirkt sich zwangsläufig auf die Funktion der mit den entsprechenden Meridianen verbundenen Organe aus. Das Wissen über diese erstaunlichen Zusammenhänge im menschlichen Körper kann auf zweifache Weise genutzt werden. Man kann damit heilen, wie es im Interesse der Medizin ist, und man kann damit zerstören, was im Interesse der Kampfkünste ist. Letzteres war ursprünglich eine Pervertierung des ersten Weges, doch im Laufe der

Jahrhunderte trennten sich die beiden Richtungen, und jede brachte ihre Meister hervor.[41]

Die Überlieferung besagt, daß der chinesische Kaiser Jen-Tsung (1023-1063) die Idee hatte, daß sein Arzt eine Bronzestatue anfertigen solle, auf dem die Meridiane und die Akupunkturpunkte dargestellt sein sollten. Dies soll sich im Jahre 1026 zugetragen haben, zur Zeit der Sung-Dynastie (Song-Dynastie). Es wird auch berichtet, daß dieser Körper aus Metall hohl und mit Wasser gefüllt gewesen sei, und daß die Akupunkturpunkte kleine, mit Wachs versiegelte Löcher waren. Wurde der Einstich korrekt durchgeführt, perlte Wasser aus ihnen heraus. Damit existierte zum ersten Mal eine dreidimensionale anatomische Darstellung. Diese wurde in der Folge noch verfeinert. Während der Ming-Dynastie (1368-1644) wurden drei Modelle des Bronzemenschen geschaffen, das erste stellte den Mann, das zweite die Frau und das dritte das Kind mit ihren jeweiligen spezifischen Körpermerkmalen dar. Schließlich gelang es sogar, eine durchsichtige Kristallstatue des Menschen herzustellen, die es erlaubte, neben den Positionen der Vitalpunkte auf der Oberfläche auch das Kreislaufsystem der inneren Energie und die Lage der inneren Organe zu studieren.

Bald schon wurde auch die Frage aufgeworfen, wie die anatomischen Kenntnisse über die Vitalpunkte auszunutzen seien, um einem Menschen Schaden zuzufügen. Verschiedene taoistische Mönche, denen alles am Herzen lag, was mit der Langlebigkeit eines Menschen zusammenhing, waren die Pioniere auf diesem Forschungsgebiet. Sie häuften Wissen darüber an, indem sie Beobachtungen durchführten und experimentierten. Es ist denkbar, daß der berühmte Eremit des Wudanggebirges, Zhang San Feng, der im 13. Jahrhundert in der Provinz Hopei lebte, bereits Schüler auf diesem Gebiet unterrichtete. Zhang San Feng ist vor allem dafür bekannt, einen Vorläuferstil des *Taijiquan* geschaffen zu haben. Inspiriert wurde er von einem Kampf zwischen einer Schlange und einem Kranich, den er einst beobachtet hatte. Etwas gesicherter ist die Überlieferung hinsichtlich Feng Yiyuan, einem anderem taoistischen Mönch, der zur Zeit der Ming-

[41] Über die Meridiane, die Zyklen und die alte Theorie der Veränderungen der inneren Energie, siehe Habersetzer, R.: Chi-Kung, la maîtrise de l'énergie interne. Paris: Éditions Amphora 1997, dem das Diagramm auf S. 219 entnommen wurde.

Dynastie lebte. Er entwickelte das Wissen darüber weiter, wie man ausschließlich mit bloßer Hand schädigend auf Vitalpunkte einwirken konnte. Er ist sicherlich der erste, von dem sich sagen läßt, er habe – seiner Zeit entsprechend – wissenschaftliche Kenntnisse über die menschliche Anatomie und über die unterschiedlichen Arten, Schläge auszuführen, besessen. Nicht nur die Stärke, Art und Richtung der Schläge waren für ihn von Bedeutung, sondern auch der geeignete Zeitpunkt, einen bestimmten Schlag auszuführen. Um derartige optimale Zeiten zu ermitteln, berücksichtigte Feng Yiyuan sowohl Tageszyklen als auch die Phasen von Mond und Sonne. Das Wissen um die Tageszyklen, die den Rhythmus bestimmen, nach dem die innere Energie im Körper fließt, geht wahrscheinlich auf einen weiteren taoistischen Mönch derselben Epoche zurück, Wu Liu Yuan. Derartige Kenntnisse gestatten es, für jeden Vitalpunkt sehr genau die beste Möglichkeit zu finden, eine bestimmte Technik anzuwenden, um eine wohldefinierte Wirkung zu erzielen. Dies kann ein brutaler Effekt sein, der entweder unverzüglich oder erst mit einer Verzögerung von Stunden, Tagen, Wochen eintritt. Solche Verzögerungen bilden die Grundlage der Legende von der »vergifteten Hand«, die den Tod erst längere Zeit nach ihrem Einwirken herbeiführt, gleich einem tödlichen Gift, das sich langsam im Körper ausbreitet. Andere Wirkungen können Unwohlsein, scharfer Schmerz, Ohnmacht, Bruch eines Knochens oder Gelenks, oberflächliche oder tiefe Traumata sein und anderes mehr. Feng Yiyuan soll 36 Vitalpunkte lokalisiert haben, die er sorgfältig in Gruppen eingeteilt hat, je nachdem, welche Wirkung durch sie erzielt werden kann (Schmerz, Lähmung, Ohnmacht, Tod). Später hat sich die Zahl der entdeckten Punkte verdoppelt (auf 72), dann verdreifacht (auf 108). Den Zahlen kommt zweifelsohne auch eine symbolische Bedeutung zu, die 108 beispielsweise ist eine der heiligen Zahlen im Buddhismus. So besteht die große Bewegungsabfolge des *Yang Taijiquan* aus 108 Einzelbewegungen, und die *Kata Sûpârinpei* aus dem *Gôjû-ryû*-Karate wurde von der chinesischen *Dao Yibailingba* abgeleitet, was »108 Schritte« bedeutet. Verschiedene Bewegungsfolgen (chinesisch *Dao* oder *Quan*, japanisch *Kata* genannt) wurden entwickelt, um der Automatisierung dieser Vitalpunkttechniken zu dienen.

Das Bubishi stellt in einigen Zeichnungen die Summe all dieser Kenntnisse zusammen, die sich im Lauf der Jahrhunderte angesammelt hatten

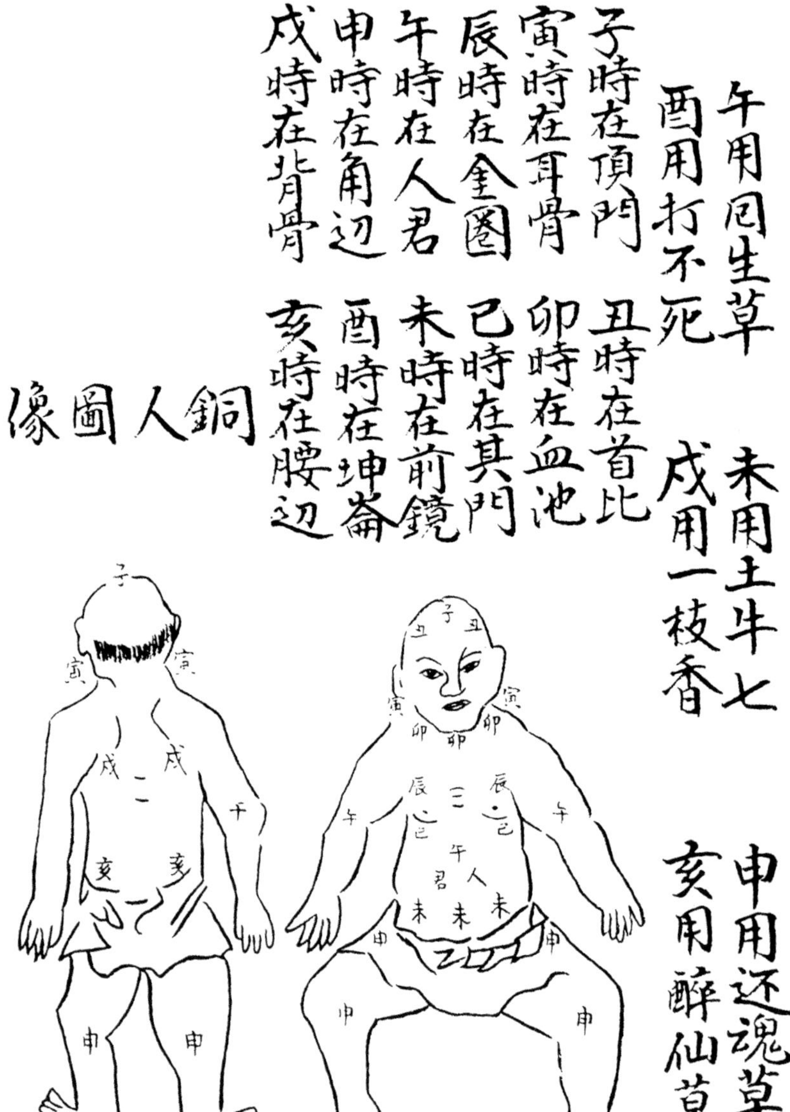

Zeichnungen aus dem Bubishi, die die wichtigsten Vitalpunkte am »Bronzemann« darstellen.

und die wahrscheinlich auch auf zahlreichen Schlachtfeldern erprobt worden waren – nicht zuletzt an Kriegsgefangenen. Es werden hier keine Erkenntnisse geliefert, die alles umstürzen, was bisher aus verschiedenen historischen Dokumenten bekannt ist, vor allem aus den Archiven der japanischen Schulen des traditionellen *Bujutsu*[42], welche zu den Erben des chinesischen Wissens gehören. Während der letzten Jahre erschienen einige seriöse Untersuchungen[43] anhand der inzwischen aufgefundenen Exemplare des Bubishi. Ihr Gegenstand sind verschiedene Interpretationen dessen, was darin über jenes wichtige Gebiet der waffenlosen Kampfkünste ausgesagt wird. Diese Studien stellen äußerst wichtige Beiträge über die tausendjährige Kunst des *Dianxue* (*Atemi waza*) dar. Jedoch gehen sie tiefer ins Detail, als der Rahmen vorliegender Abhandlung zulassen würde, die sich in dieser Hinsicht an die Einfachheit des Originals hält. Hinzu kommt, daß die Angaben im Bubishi über die Behandlung von Verletzungen oder Krankheiten mit Hilfe von Heilkräutern recht vage oder nicht vollständig sind. Obendrein sind sie mit Fehlern bei der Übersetzung sehr alter Begriffe behaftet. Ein mangelhaftes Verständnis oder der falsche Gebrauch fragmentarischer Kenntnisse auf diesem Gebiet kann sehr leicht gefährlich werden. Dies gilt sowohl für die Art und Weise, Vitalpunkte anzugreifen als auch dafür, Schädigungen an ihnen zu beheben. Es ist sicher kein Zufall, daß gewisse Zeichnungen und Kommentare des Bubishi besonders flüchtig und knapp ausgeführt wurden.

Offenkundig waren die praktischen Einzelheiten der mündlichen Weitergabe vom Meister zum Schüler vorbehalten, was dem ethischen Grundkonzept des Bubishi entspricht. Wir wollen dies respektieren und uns darauf beschränken, ein wenig Licht in diesen Schattenbereich des Bubishi dringen zu lassen[44].

---

[42] … wie auch in den Archiven von Fujita Seiko (1899-1966), Großmeister der Schule des *Kôga ryû Ninjutsu* und Experte des *Sato ryû Kempô*.

[43] Unter anderem von Ôtsuka Tadahiko in verschiedenen Veröffentlichungen des *Gôjûkensha* von Tokio (*Okinawa-den Bubishi*) und von Patrick McCarthy in der *International Ryukyu Research Society* (McCarthy, P.: The Bible of Karate – Bubishi. Boston: Tuttle Publishing 1995).

[44] Ausführungen zu diesem Thema finden sich bereits in Habersetzer, R.: Kungfu, art et technique. Paris: Éditions Amphora 1985. Das darin enthaltene Kapitel über das *Dianxue* (*Tien hsueh*) verdankt viel den Forschungen von George Charles. Den an diesem Problem-

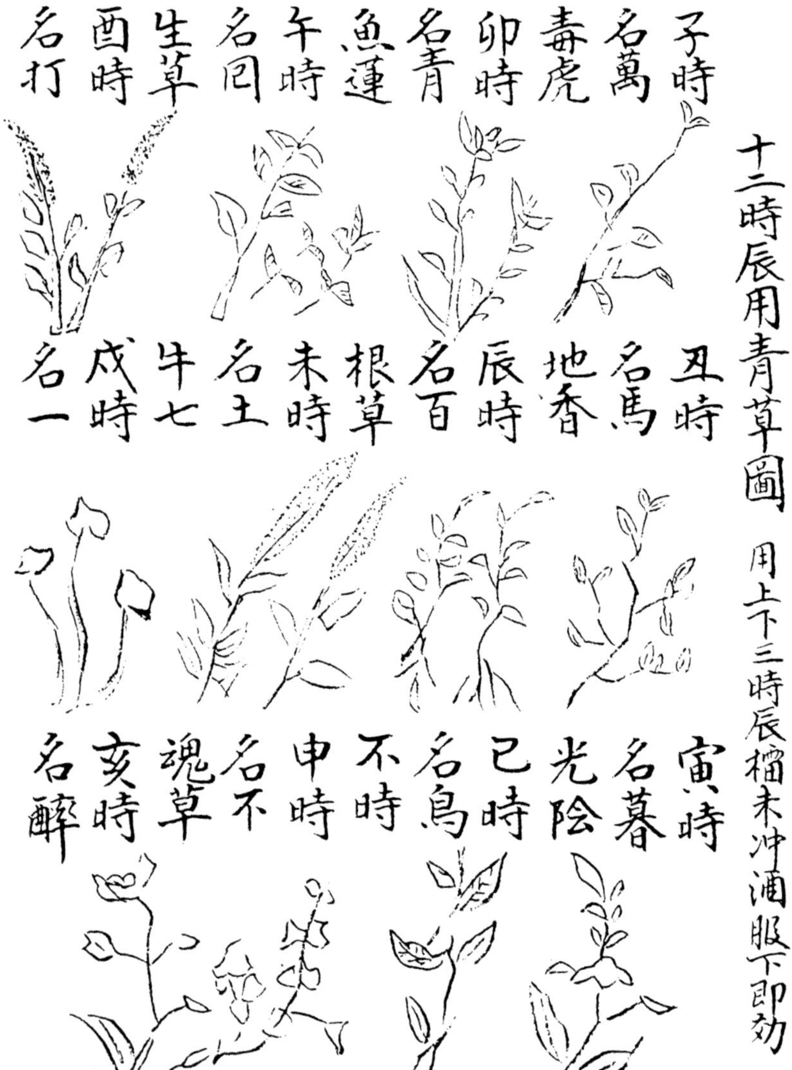
十二時辰用青草圖

用上下三時辰擂末冲酒服下即効

子時名萬毒虎

卯時名青魚蓮

午時名囘生草

酉時名打

丑時名馬地香

辰時名百根草

未時名土牛七

戌時名一

寅時名暮光陰

巳時名烏不時

申時名不魂草

亥時名醉

Auszug aus dem Kapitel des Bubishi über Heilkräuter für die Behandlung von Verletzungen.

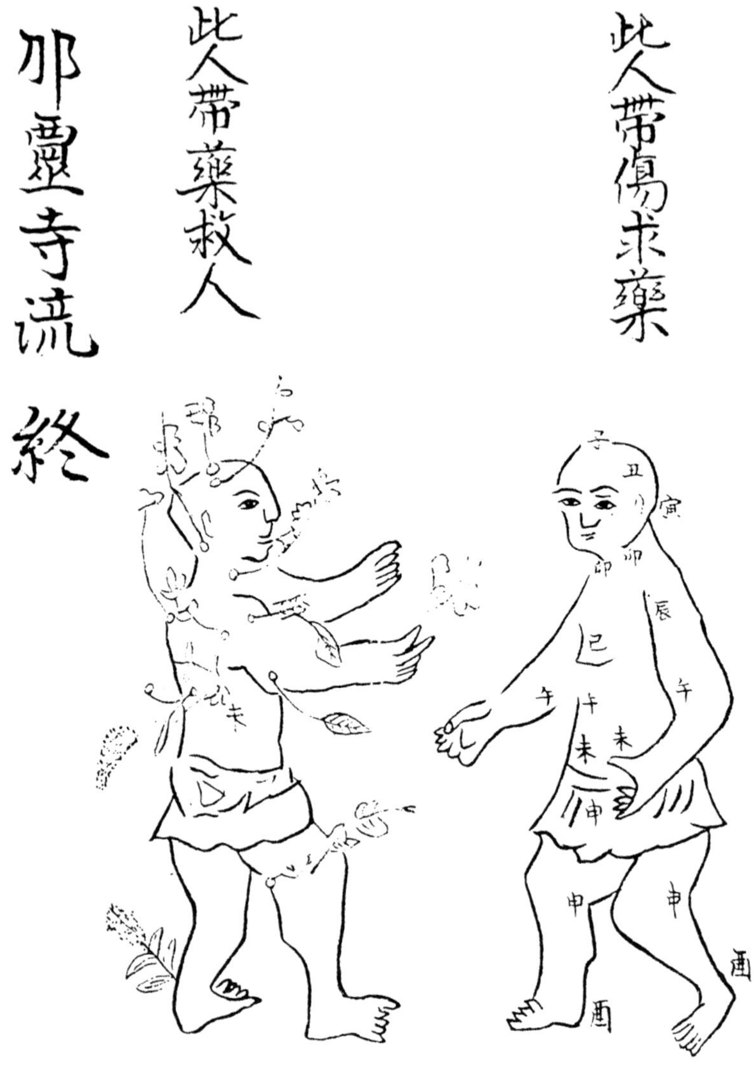

Darstellung aus dem Bubishi, in der verschiedene Kräuterarten mit den Verletzungen oder Krankheiten, für deren Heilung sie verwendet werden, in Beziehung gesetzt werden.

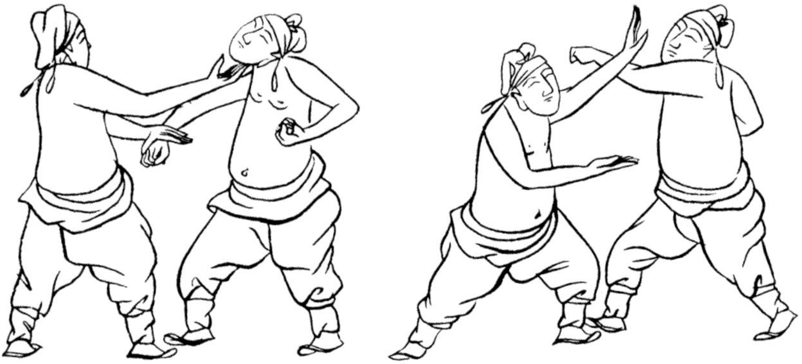

Zeichnungen einer modernen Interpretation des Bubishi, veröffentlicht von Ôtsuka Tadahiko *Sensei*. Es handelt sich um die Bildtafeln 13 und 46.

Die Technik des Dianxue

Dianxue bedeutet, die Energie eines Schlages so zu konzentrieren, daß sie in einer bestimmten Zeit (Geschwindigkeit des Schlages) und einem bestimmten Raum (Genauigkeit des Schlages) auf einen verletzbaren Punkt des menschlichen Körpers angebracht wird. Wird ein solcher Punkt mit einer definierten Kraftdosierung oder unter einem bestimmten Winkel geschlagen, kann dies eine zeitweilige oder dauerhafte, teilweise oder vollständige Bewegungsunfähigkeit, lähmende Schmerzen, Ohnmacht oder den Tod zur Folge haben.

Zunächst besteht das Ziel der Techniken des *Dianxue* darin, zeitweilig oder dauerhaft den Blutkreislauf oder die Atmung zu hemmen oder gar zu stoppen, indem präzise Schläge auf bestimmte anatomische Punkte des Gegners angebracht werden. Es ist praktisch jedem möglich, durch einen Schlag auf einen Muskel oder eine Muskelgruppe einen mehr oder weniger dauerhaften Lähmungszustand herbeizuführen.

---

kreis tiefergehend interessierten Leser möchten wir auf P. McCarthys Studie zum Bubishi verweisen (siehe Fußnote 43). Im Rahmen der vorliegenden Arbeit wollen wir jedoch keine Verantwortung für die Folgen einer möglichen falschen Anwendung solchen Wissens übernehmen.

Die zweite Stufe des *Dianxue* ist wesentlich komplexer. Es geht nun darum, den Fluß der Vitalenergie, des *Qi*, zu stören (ihn zu verstärken, zu vermindern oder vorübergehend zu unterbrechen), die entlang der »Meridiane« von einem Organ zum anderen strömt.

Es gibt jedoch eine noch höhere Stufe des *Dianxue*, die gemäß der Tradition des Wushu verblüffende, teilweise unglaubliche Taten ermöglicht. Es soll möglich sein, auf die Energie des Gegners mittels sehr leichtem Kontakt (also ohne einen Schlag) oder gar gänzlich ohne Körperkontakt einzuwirken, indem die eigene innere Energie eingesetzt wird. Hierbei handelt es sich um geheime Techniken der »Eisenhand« (*Tieh Sha Chang*), von denen noch immer einige alte Eingeweihte Kenntnis besitzen.

Die Vitalpunkte (*Xue*) sind im allgemeinen fast ausschließlich Akupunkturpunkte. Man kann sich auch nicht in jedem Fall sicher sein, um welchen Punkt es sich handelt, denn der alte Brauch der Geheimhaltung hat dazu geführt, daß zahlreiche Vitalpunkte unter verschiedenen Namen überliefert wurden.

Je nach Technik und aufgewendeter Kraft können die Wirkungen des *Dianxue* unmittelbar oder verzögert auftreten, lokal begrenzt oder am Gesamtorganismus, vorübergehend oder dauerhaft. Die Beziehung zwischen Ursache und Wirkung ist nicht immer so offensichtlich, wie es auf den ersten Blick scheinen mag. Es läßt sich beispielsweise zeigen, daß ein Stoß auf einen auf den ersten Blick harmlosen Punkt viel gefährlichere Folgen nach sich ziehen kann als ein Stoß auf offensichtlich viel verletzlichere Stellen wie Hoden oder Solarplexus. Das liegt darin begründet, daß die rein mechanischen Auswirkungen eines Schlages nicht die einzigen sind. In umgekehrter Hinsicht kann es aber auch geschehen, daß ein Schlag, der den Ruf hat, furchtbare Folgen zu haben, lediglich eine geringe Wirkung zeitigt und der Gegner dadurch kaum beeinträchtigt wird (z. B. durch Gewöhnung an Schmerzen, spezielle Widerstandskraft). Und schließlich kann ein Schlag seine Wirkungen erst mit Verzögerung entfalten; hierbei kann es sich um einige Minuten oder sogar Tage handeln. Wie kann man sich über solche Fragen Gewißheit verschaffen? – Dies alles ist die Kunst des *Dianxue*.

Ausgehend von dem Prinzip, daß die Lebensenergie (*Qi*) unentwegt entlang der Meridiane zirkuliert und auf wohldefinierten Pfaden von einem

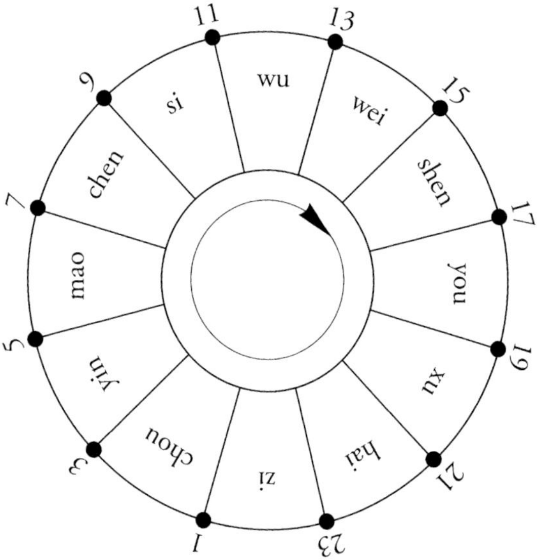

Abbildung: Stundenuhr für das *Qi*

Meridiane, die in Perioden von 2 Stunden (*Shichen*) von Energie durchflossen werden:

23 bis 1 Uhr: *Danjing*; Gallenblasen-Meridian (Stunden der Maus – *zi*)
1 bis 3 Uhr: *Ganjing*; Leber-Meridian (Stunden des Büffels – *chou*)
3 bis 5 Uhr: *Feijing*; Lungen-Meridian (Stunden des Tigers – *yin*)
5 bis 7 Uhr: *Dachangjing*; Dickdarm-Meridian (Stunden des Hasen – *mao*)
7 bis 9 Uhr: *Weijing*; Magen-Meridian (Stunden des Drachen – *chen*)
9 bis 11 Uhr: *Pijing*; Milz-Pankreas-Meridian (Stunden der Schlange – *si*)
11 bis 13 Uhr: *Xinjing*; Herz-Meridian (Stunden des Pferdes – *wu*)
13 bis 15 Uhr: *Xiaochangjing*; Dünndarm-Meridian (Stunden des Schafs – *wei*)
15 bis 17 Uhr: *Pangguangjing*; Blasen-Meridian (Stunden des Affen – *shen*)
17 bis 19 Uhr: *Shenjing*; Nieren-Meridian (Stunden des Hahns – *you*)
19 bis 21 Uhr: *Xinbaojing*; Kreislauf- Meridian (Stunden des Hundes – *xu*)
21 bis 23 Uhr: *Sanjiaojing*; Dreifacher-Erwärmer-Meridian (Stunden des Schweins – *hai*)

Vitalpunkt zum nächsten strömt, hat die traditionelle chinesische Medizin festgestellt, daß für jedes Organ der Zufluß dieser Energie während einer bestimmten Periode des Tages am größten ist. Mit diesem Wissen kann die traditionelle Akupunktur einem Überschuß oder einem Mangel dieser Energie in einem Organ oder einer Organgruppe (sowohl Überschuß als auch Mangel bedeuten ein Ungleichgewicht, das sich als Krankheit äußert) entgegenwirken, indem die Energie an den Akupunkturpunkten (die identisch sind mit den *Xue* des Wushu) verstreut oder stimuliert wird. Von derartigen Erkenntnissen konnte auch die Kunst des *Dianxue* profitieren:

- Es ist möglich, ein Organ oder eine Organgruppe ernsthaft zu schädigen, indem auf das entsprechende *Xue* dieses Organs eingewirkt wird. (Der Begriff der Einwirkung umfaßt in diesem Zusammenhang mehr als lediglich Stöße.)
- Kennt man den Verlauf der Meridiane und die Wechselwirkungen zwischen den Organen, kann man auch auf ein Organ, das von geringerer Bedeutung ist, einwirken, um als Folgeerscheinung ein lebenswichtiges Organ zu schädigen. Solch eine indirekte Schädigung kann nach mehr oder weniger langer Verzögerung eintreten (zeitlich versetzte Wirkung).
- Die Empfindlichkeit der einzelnen *Xue* ändert sich mit der Tageszeit.
- Einem Organ, das bereits voll Lebensenergie ist, noch mehr davon zuzuführen bewirkt ebenso ein Ungleichgewicht und unter Umständen gar den Tod, wie Energie aus einem Organ abzuleiten, das bereits einen Mangel daran aufweist.

Hierfür seien zwei Beispiele genannt: In der Zeit zwischen 11 und 13 Uhr ist das Herz im Zustand eines energetischen Maximums. Indem man durch einen Schlag oder Druckausübung auf die Milz und die Bauchspeicheldrüse einwirkt, kann man eine Blutdruckerhöhung im Herzen verursachen, die tödlich sein kann. Hingegen ist das Herz zwischen 13 und 15 Uhr in einem Zustand natürlichen Energieverlustes. Die *Qi*-Energie verläßt das Herz und geht auf den Dünndarm über. Man kann nun diesen Vorgang auf gefährliche Weise beschleunigen, indem man auf den Meridian bzw. auf verschiedene Punkte des Meridians einwirkt oder indem man die Gallenblase stimuliert, um im Herzen eine Hypotonie zu verursachen, was zu Bewußtlosigkeit führen kann. All dies geht weit über den simplen mechanischen Effekt eines Schlages hinaus. In gewisser Hinsicht ist es gut, daß die Wissenschaft des *Dianxue* im Schwinden begriffen ist oder sich zumindest außerhalb der Reichweite der meisten befindet. Zugleich erkennt man, daß verschiedene alte Legenden nicht einer Grundlage entbehren, in denen über Meister des Wushu berichtet wird, die einem Gegner durch einen sehr leichten, scheinbar bedeutungslosen Schlag unausweichliche innere Verletzungen (geplatzte Organe, Organschwund, innere Blutungen usw.) zufügen konnten. Jener, der das Unglück hatte, während eines Kampfes von ihnen berührt worden zu sein, starb Wochen oder Monate später, ohne zu wissen, weshalb. Auf diese Weise entstanden wahrscheinlich Bezeichnungen für verschiedene, nur ungenau definierte Techniken wie die »vergiftete Hand« oder die »Eisenhand«.

Die Haupt-Xue

Es werden fünf fundamentale Gruppen von verletzlichen Punkten am menschlichen Körper unterschieden:

A: Punkte, die Ohnmacht bewirken: *Hun Xue*.
B: Punkte, die eine teilweise oder vollständige Handlungsunfähigkeit – »Taubheit« – verursachen: *Ya Xue*.
C: Punkte, die Lähmung herbeiführen: *Ma Xue*.
D: Tödliche Punkte: *Si Xue*.
E: Punkte, die multiple Komplikationen bewirken, deren unterschiedliche Auswirkungen ebenfalls zum Tod führen können: *Mu Xue*.

Für die ersten vier Gruppen gilt, daß man Schläge auf die entsprechenden Punkte ausüben kann, ohne auf die Tageszeit achtzugeben, während die Punkte der fünften Gruppe nur dann wirken, wenn sie zu einer bestimmten Stunde stimuliert werden. Doch auch für verschiedene Punkte der ersten vier Gruppen gilt, daß die Wirkung größer ist, wenn man die Zeit des energetischen Maximums des Meridians, der durch sie verläuft, berücksichtigt. In diesem Fall können Einwirkungen auf manche Punkte, die normalerweise von geringerer Bedeutung sind, sehr schwere

Komplikationen im Organismus mit sich bringen und sogar den Tod bewirken.

Im folgenden werden einige dieser Punkte und die Zeit ihrer optimalen Wirksamkeit vorgestellt (vergleiche nebenstehende Bildtafel sowie die Darstellung des »Bronzemenschen« aus dem Bubishi auf S. 213). Mit diesem knappen Abriß soll dem Leser natürlich nur eine allgemeine Vorstellung vom außerordentlichen Gehalt der Kunst des *Dianxue* vermittelt werden.

A) Ausgewählte Punkte, die Ohnmacht bewirken (Hun Xue):

2: *Tai Yang*. Schläfe; 23 bis 1 Uhr.

3: *Weng Tching*. 13 bis 15 Uhr.

4: *Seu Tsiao*. Kiefer; 8 bis 9 Uhr.

7: *Hiuan Ki*. Brustbein; 3 bis 4 Uhr.

8: *Kiang Tai*. Herzplexus; 9 bis 11 Uhr.

10: *Ki Men*. Auf gleicher Ebene wie Nr. 8; 23 bis 1 Uhr und 11 bis 13 Uhr.

11: *Tchang Men*. Außenrand der 11. Rippe; 1 bis 3 Uhr.

B) Ausgewählte Punkte, die Handlungsunfähigkeit – »Taubheit« – verursachen (Hia Xue):

6: *Kien Kin*. 3 bis 5 Uhr. Gefühl eines elektrischen Schlags, und während der auf den Stoß folgenden fünf Stunden teilweise Lähmung des Arms auf der Seite des angegriffenen Punktes.

22: *Ya Men*. 15 bis 17 Uhr. Krämpfe oder Tod, wenn der Angriff sehr stark war.

24: *Fong Men*. 3 bis 5 Uhr. Gefühl des Erstickens.

26: *Jou Tong*. 21 bis 22 Uhr.

28: *Fong Wei*. 15 bis 17 Uhr. Erbrechen und allgemeines Schwächegefühl.

29: *Tsing Ts'ou*. Links wird die Milz blockiert (9 bis 10 Uhr) und rechts die Leber (1 bis 3 Uhr). Heftige Schmerzen.

30: *Siao Yao*. 17 bis 18 Uhr. Lähmende Schmerzen im ganzen Bauch, möglicherweise Tod.

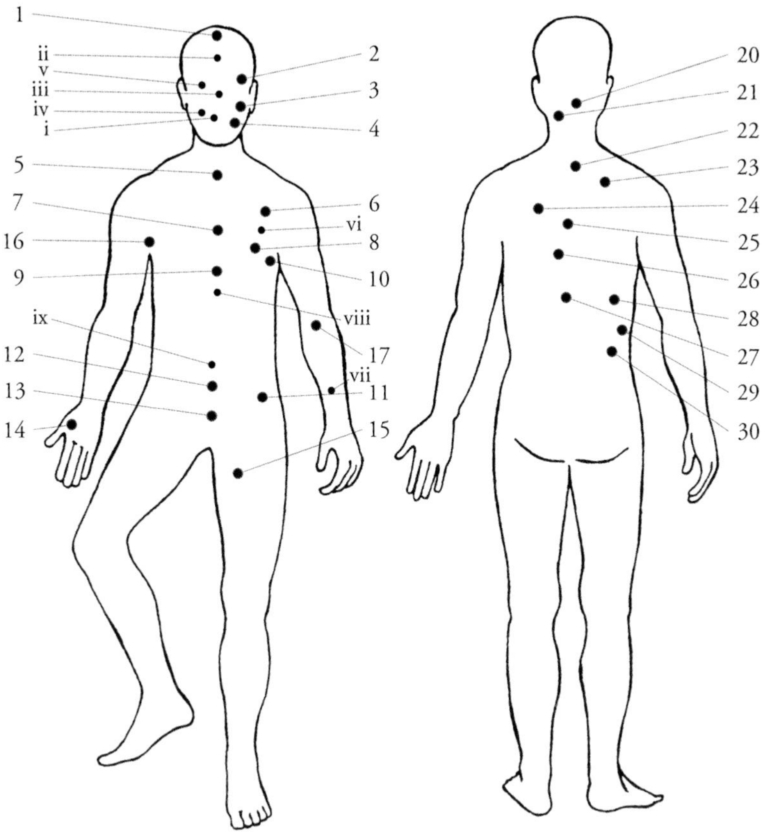

Die wichtigsten Vitalpunkte am menschlichen Körper

C) Ausgewählte Punkte, die Lähmung herbeiführen (Ma Xue):

13: *Kio Kou*. Lähmung der unteren Körperhälfte. Tödlicher Punkt, wenn er zwischen 11 und 13 Uhr angegriffen wird.

14: *Hou Keou*. Schmerz, der in den Arm ausstrahlt. Am wirkungsvollsten zwischen 15 und 17 Uhr.

15: *Pai Ha*. Auswirkungen auf den gesamten Organismus.

16: *Pi Jou*. Lähmung des Arms; die Hand kann nicht mehr geschlossen werden. Wird der Punkt zwischen 3 und 5 Uhr angegriffen, kommt es zum Atemstillstand.

17: *Kiu Tche.* Lähmung der Hand. Starkes Hitzegefühl in den Fingern. Am wirksamsten zwischen 21 und 22 Uhr.

23: *T'ien Tchou.* Lähmung des Arms. Heftige Schmerzen im Brustmuskel und im Infraspinatus[45]. Komplikationen treten auf, wenn der Punkt zwischen 22 und 23 Uhr angegriffen wird.

D) Ausgewählte Punkte, die den Tod verursachen können (Si Xue):

1: *T'ien Ling.* Scheitelpunkt des Schädels (Fontanelle). Am wirksamsten in den Morgenstunden.

5: *K'i Men.* Am Ansatz des Kehlkopfs und der Speiseröhre. Der Tod tritt durch Atemstillstand ein. Am wirksamsten ist ein Angriff auf diesen Punkt zwischen 7 und 9 Uhr.

9: *T'ang Men.* Herzregion. Ein Angriff bewirkt Atem- und Herzstillstand.

12: *Ki Men.* Beeinflußt das gesamte Nervensystem. Krämpfe, Zuckungen, Tod. Am wirksamsten zwischen 19 und 23 Uhr.

20: *Nao Hai.* Auf Ohnmacht folgt der Tod. Besonders anfällig zwischen 15 und 17 Uhr.

21: *Tien Si.* Wirkt unmittelbar auf das Gehirn. Der Angegriffene nimmt einen blendenden Blitz wahr, sein Gleichgewichtssinn wird gestört, und er stirbt an den Folgen des Schlages. Besonders empfindlich zwischen 23 Uhr und 1 Uhr.

25: *Pei Lang:* Das siebente Glied der Wirbelsäule. Am wirksamsten ist ein Angriff in den Nachmittagsstunden.

27: *Ki Sin.* Fünfter Lendenwirbel. Der Tod tritt ein, nachdem zuerst die Nieren, später die Milz versagen. Am wirkungsvollsten ist der Angriff auf diesen Punkt am Abend.

[45] Infraspinatus: ein Muskel, der am Mittelkamm des Schulterblatts beginnt und am Schultergelenk des Oberarmknochens endet. Er zieht und dreht den Oberarm nach oben und hinten. Der Muskel ist Teil der sogenannten Rotatorenmanschette. – Anm. d. Übers.

E) Vitalpunkte, die multiple Komplikationen herbeiführen (Mu Xue):

Ein Angriff auf diese Punkte führt zu schweren Störungen, die nach und nach auf den gesamten Organismus übergreifen, wenn der Angriff zu der Zeit erfolgt, wo die Vitalenergie am jeweiligen Punkt ihr Maximum erreicht hat. Die Wirksamkeit hängt auch von der Art des Schlages ab, durch die beispielsweise bestimmt wird, ob die Auswirkungen sofort oder zeitlich verzögert auftreten. Die meisten dieser Punkte sind im übrigen tödlich, wenn der Schlag sehr kraftvoll ist. Dies gilt vor allem für die Punkte am Schädel. In diesem Fall tritt das Ergebnis bereits nach kurzer Zeit ein. Die Kunst des *Dianxue* zielt jedoch bei diesen Punkten eher darauf ab, verzögerte Wirkungen zu erzielen, wie eine fortschreitende, allgemeine Schwäche, die mit Lähmung und Verfall der Geisteskräfte usw. endet.

Die ausgewählten *Mu-Xue*-Vitalpunkte wurden in der Abbildung auf Seite 223 mit römischen Ziffern gekennzeichnet: *Jen Tchang* (i), *Tien Ting* (ii), *Wo Kong* (iii), *Tchouanseu* (iv), *Tai Yang* (v), *Chan Tsiang* (vi), *Tai Yuan* (vii), *Tsi Kan* (viii) und *Chi Hai* (ix).

Es existieren zahlreiche weitere Vitalpunkte. Der Praktizierende des *Dianxue* muß den Körperbau seines Gegners unter dem Aspekt der klassischen Akupunktur genauestens kennen. Er muß fähig sein, mit einem Blick dessen Schwachpunkte zu erfassen. Er muß den allgemeinen Körperbau des Gegners, sein Verhalten, seine Haltung, seine Gesten, seinen Gang, seine Art, sich auszudrücken, seine Gesichtszüge, die Augen, die Ohren usw. analysieren, um zu wissen, ob dieser womöglich schwache Lungen hat oder vielleicht ein Nierenleiden usw. Ist er sich über all dies im klaren, vermag er den richtigen Punkt anzugreifen, wobei es nicht einmal nötig ist, übermäßig viel Kraft in den Angriff zu legen.

Im Zusammenhang mit den Angriffen auf Vitalpunkte wurden im Bubishi verschiedene Handstellungen zeichnerisch dargestellt (siehe Bildtafel auf Seite 227). Diese Zeichnungen erinnern an die *Kata Rokkishu* (»Technik der sechs Hände«), durch die Miyagi Chôjun, der Gründer des *Gôjû-ryû-Karatedô* dazu inspiriert wurde, die *Tenshô no kata* zu schaffen. Es handelt sich hierbei um sechs verschiedene Möglichkeiten, die Hand als natürliche Waffe einzusetzen: »Schwerthand«, »Speerhand«, »Kralle«,

»Speerfinger« usw. Um die Hand so verwenden zu können, muß sie auf besondere Weise trainiert werden. Bei diesem Training sticht der Praktizierende mit der Hand in einen Behälter voll Sand; der Sand wird mit der Zeit durch Kies von zunehmender Grobheit ersetzt.

Es ist auffallend, daß das Bubishi die Hand und nicht die Faust oder andere »natürliche Waffen« darstellt, wie sie im Wushu oder im *Karatedô* Verwendung finden. Dies ist um so bemerkenswerter, als verschiedene Faktoren zu einer Verarmung der Techniken des Kampfes mit offener Hand zugunsten von Faustkampftechniken geführt haben. Letztere sind gewiß sehr wirkungsvoll, führen aber eher dazu, den Einsatz der inneren Energie zu begrenzen und zu blockieren, anstatt sie sich entfalten zu lassen. Zu diesen Faktoren zählte der Mißbrauch von Abhärtungspraktiken mit dem Schlagpfosten (*Makiwara*), das Unverständnis der Okinawaner für gewisse technische Finessen der von ihnen gelernten chinesischen Kampfkünste und schließlich die Absicht verschiedener alter Meister Okinawas, ihre Kunst eher als pädagogisches Werkzeug denn als kriegerisches Vermächtnis, das in der modernen Zeit schnell veralten könnte, weiterzugeben.[46]

Auf Seite 228 sind weitere Möglichkeiten, Körperteile für die *Dianxue*-Techniken einzusetzen, dargestellt. – Diese Zeichnungen stammen nicht aus dem Bubishi; sie werden hier vorgestellt, um einen Eindruck von der Reichhaltigkeit der »natürlichen Waffen«, wie sie im Lauf der Jahrhunderte entwickelt wurden, zu vermitteln. Es soll aber auch verdeutlicht werden, welch große Bedeutung die einfache offene Hand für die Kampfkünste besitzt.

a: Grundlegende Faustsstellung (»Widderfaust«), mit der ein direkter Schlag (*Peng Choi* oder *Peng Kun*) ausgeführt wird. Die Faust muß sehr fest sein, und der Daumen dient als Verschluß. Der Schlag erfolgt ausschließlich mit den Knöcheln von Zeige- und Mittelfinger. In der Ausgangsstellung dieser Technik befindet sich normalerweise die Faust mit nach oben gerichteter Handflächenseite neben der Hüfte. Während des Stoßes dreht sich die Faust von innen nach außen, so daß die Handflächenseite der Faust beim Aufschlag nach unten gerichtet ist.

[46] Siehe auch das Kapitel über die *Happoren no kata*« (S. 259 ff.).

六機手　無而所有

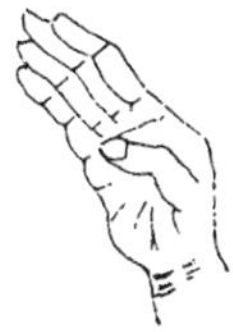

此手名鉄骨手打入人君須用此手、或日飯前打入人君生吐血飯後打人君魄散魂

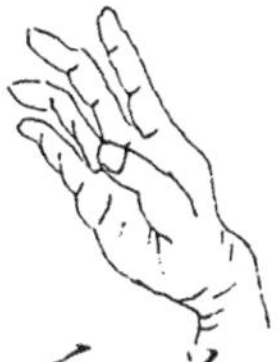

此手名仏子手打腮返並金圈下用之若打速看藥治之不医吐血三个月死

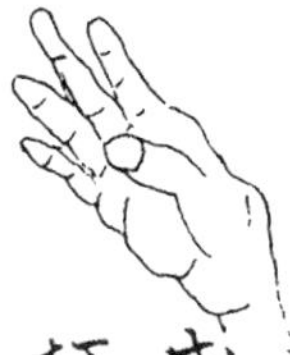

此手名鉄沙手用火煉成打入人前後鏡用之打入内則爛速看藥治之不医則死不能

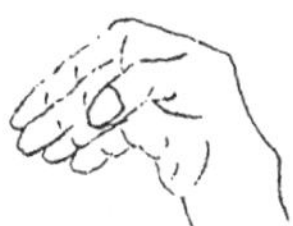

此手名日掠攬手打入人首血池用之若打其人可用姜水救之千万不可到垂

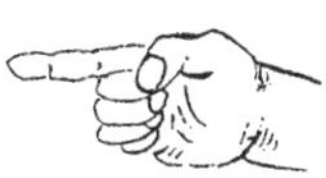

此手名一路草枝手打入人脂背骨用之打看藥治之到久不医半年九死

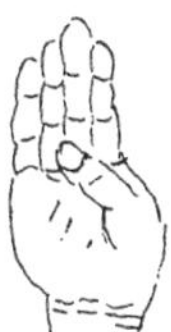

此手名日向天刀手打入人骨節觔肉之打中若言速看藥治之不治死

Die sechs Handstellungen aus dem Bubishi.

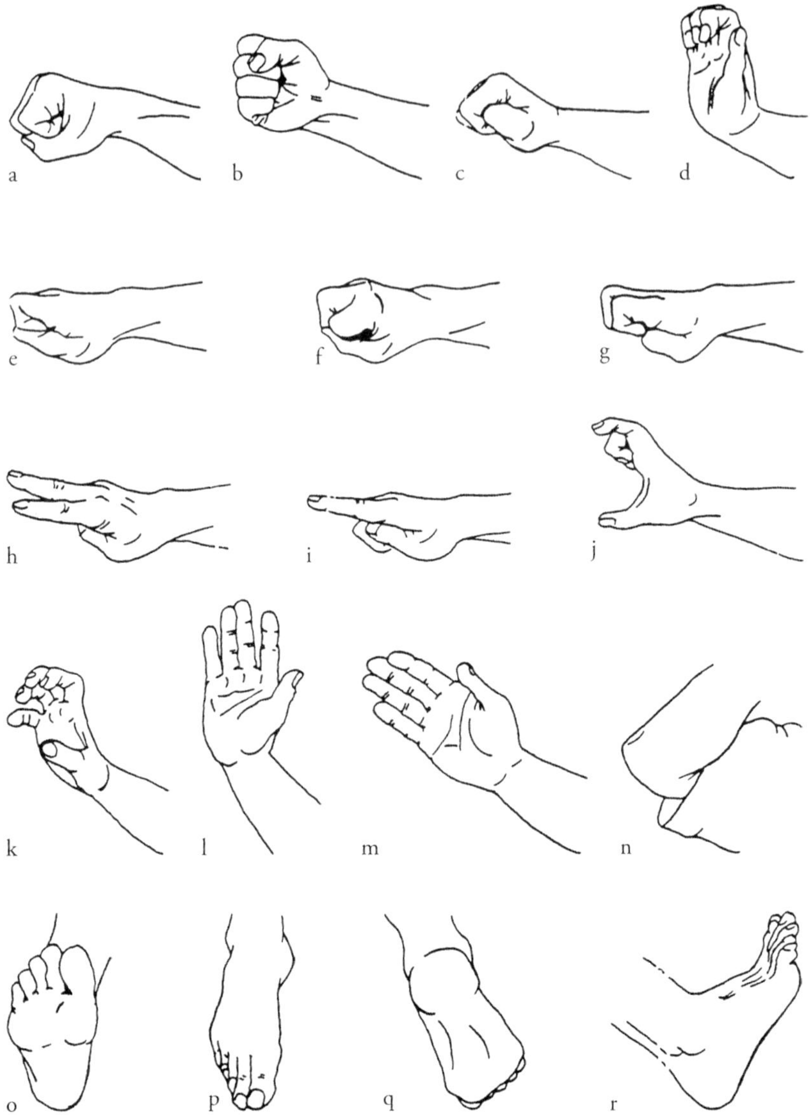

Weitere Möglichkeiten, Körperteile für die *Dianxue*-Techniken einzusetzen.

Man kann den Schlag auch mit der Rückseite der Faust (*Qua Choi*) ausführen, wobei eine ausholende vertikale Kreisbewegung von unten nach oben ausgeführt wird, oder eine entsprechende horizontale Bewegung von innen nach außen.

b: Vertikale Fauststellung (»Sonnenfaust«). Diese Zeichnung steht für vier verschiedene Möglichkeiten, die Faust einzusetzen:
- auf die gleiche Weise wie unter a) beschrieben (Auftreffen mit den Knöcheln von Zeige- und Mittelfinger), wobei jedoch keine schraubenförmige Drehung erfolgt. Dies ist vor allem bei kürzeren Entfernungen praktisch. In einigen Stilen, wie z. B. dem *Wingchun*, wird diese Fauststoßform systematisch eingesetzt;
- mit der gesamten Faustinnenfläche, wobei der Schlag in ausholendem Bogen erfolgt (*Lung Tow*);
- mit der weichen Seite der Faust mit Schlägen in ausholendem Bogen – dieser Fauststoß wird als »Eisenhammer« (*Sot Kil*) bezeichnet;
- mit der Daumenseite der Faust (»Daumenhammer«), ebenfalls in ausholendem Bogen.

c: Eine alte Art, die Finger zur Faust zu ballen, bei der sich der Daumen im Innern befindet. Der Schlag wird direkt ausgeführt, und der Aufschlag erfolgt mit den ersten gebeugten Fingergelenken. Dies stellt eine Variante der »Leopardentatze« (siehe g) dar.

d: »Bärentatze« (*Toi Jeong*). Die Hand ist im Gelenk stark zurückgebogen, der Schlag erfolgt mit dem Ansatz der Handfläche in einer ausholenden, bogenförmigen Bewegung. Diese Haltung wird mitunter als »vergiftete Hand« bezeichnet.

e: Einfingerfaust. Der Fauststoß erfolgt mit einem Finger, dem Zeigefinger (»Phönixauge«). Der Schlag erfolgt direkt, wie bei der »Widderfaust« (a) (*Fong Lam Choi*).

f: Einfingerfaust. Der Fauststoß erfolgt mit dem Mittelfinger (»Drachenkopf«) auf gleiche Wiese wie beim »Phönixauge« (e) (*Chong Ji Choi*).

g: Vierfingerfaust. Die Finger sind nach dem ersten – in Verlängerungsrichtung des Unterarms gestreckten – Glied eingebeugt, der Daumen ist stark eingebeugt und blockiert. Dies ist die klassische Form der »Leopardentatze«. Der Stoß wird direkt ausgeführt (*Chap Choi*).

- h: Zweifingerspeer. Diese Form dient dazu, die Augen des Gegners anzugreifen.
- i: Einfingerspeer (*Dan Chi*).
- j: Handgabel (»Tigermaul" oder »Krabbenzange«). Der Angriff erfolgt mit dem Bogen zwischen den weit voneinander abgespreizten und angespannten Daumen und Zeigefinger (*Foo Hao*).
- k: Hakenhand (»Tigerkrallen« oder »Adlerklauen«). Die Finger sind leicht eingebogen, der Schlag wird mit der ganzen Hand, nach vorn gerichtet, ausgeführt (*Foo Jow*).
- l: Offene Hand. Das Handgelenk ist eingebeugt, so daß die Handfläche in Verlängerungsrichtung des Unterarms zeigt. Der Schlag erfolgt mit dem Ansatz der Handfläche.
- m: Schwerthand. Die Finger sind gespannt und leicht gebogen, der Daumen fest angelegt. Diese Handhaltung wird für vertikale oder horizontale Schläge mit der weichen Seite der Hand zwischen dem kleinen Finger und dem Handgelenk verwendet (*Sao Jo* oder *Dji Chap*). Es ist auch möglich, mit der Schwerthand einen Stoß mit zum »Speer« vereinigten Fingern auszuführen.
- n: Ellbogen (*Sao Chan*). Der Stoß erfolgt direkt mit der Spitze des Ellbogens oder vertikal von unten nach oben oder horizontal.
- o: Fußspitze (*Kieu Dji*). Die Zehen sind stark angezogen (»Tigerzähne«).
- p: Spann. Das Fußgelenk ist gestreckt.
- q: Ferse (*Kieu Chan*). Der Tritt erfolgt nach hinten oder seitlich gerichtet.
- r: Fußaußenseite (»Schwertfuß« – *Kio To*).

Bemerkung: Die jeweiligen chinesischen Bezeichnungen können für die sehr zahlreichen Kampfkunststilrichtungen unterschiedlich sein, aber die Haltung der »Waffe« ist immer die gleiche.

Die Schule des Weißen Kranichs von Fujian

Baihequan (Hakutsuru ken): Der Kampfstil des Weißen Kranichs

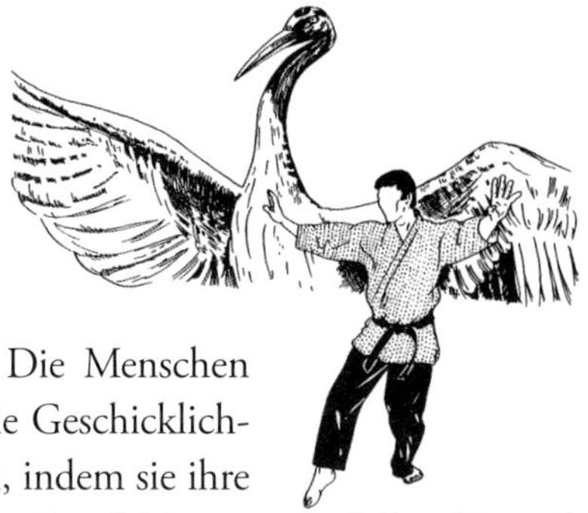

Die großen Hauptstile des chinesischen Boxens (Quanfa, im Westen allgemeiner unter dem Gattungsnamen Kungfu bzw. Wushu bekannt) gehen auf die genaueste Beobachtung des Verhaltens kämpfender Tiere zurück. Die Menschen glaubten, daß sie sich die Kraft und die Geschicklichkeit der Tiere zueigen machen könnten, indem sie ihre Bewegungen nachahmten, ihre Schritte, ihre Haltungen und ihre Kampftaktiken. Vorbilder für die verschiedenen Kampfstile waren der Bär, die Schlange, der Affe, die Gottesanbeterin, der Tiger, der Leopard, der Drache, der Kranich und andere. In den 48 Bildtafeln des Bubishi finden sich Hinweise auf die Stile des Tigers und des Leoparden, vor allem aber auf den Stil des Weißen Kranichs.

Die Ahnenfolge der Meister dieses Kampfstils beginnt mit einem Mönch des Shaolinklosters mit Namen Fang Shiyu (oder Fang Houshou), der ein Experte des »Boxens der 18 Punkte« war. Nach der Zerstörung des Klosters von Honan im Jahre 1644 und der darauf folgenden Emigration der überlebenden Mönche fand Fang Shiyu Unterschlupf in einem Kloster in der südchinesischen Provinz Fujian. Dieses Kloster übernahm die Bezeichnung Shaolin. In ganz China gab es solche Ableger des ursprünglichen Shaolinklosters. Hier lebten und wirkten die Erben der Kampftechniken, die seit Bodhidharma entwickelt worden waren, und hier lebte der Widerstand gegen die verhaßte Herrschaft der neuen Mandschu-Dynastie. In einem Nachbardorf des Klosters Yongchun (auf japanisch Eishun), in dem Fang Shiyu Zuflucht gefunden hatte, wuchs die Tochter des Mönches auf, ein Mädchen namens Fang Jiniang[47]. Er lehrte sie seine Kampftechnik.

[47] Fang Jiniang, auch Fang Fai-shi oder Fang Chi-liang (Ho Shichi Jo auf Japanisch).

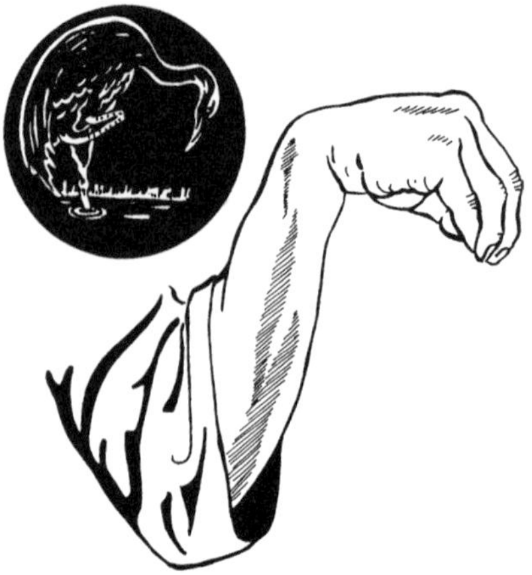

Der Kranich ist Gegenstand tiefer Verehrung durch die Japaner. Die Gattung des Mandschurenkranichs (*Grus japonensis*) umfaßt den gewöhnlichen Kranich (*Grus communis*), der auch als Reiher bezeichnet wird, und den weißen Kranich (*Grus leucogeranus*). Der weiße Kranich wurde von den Ainu, den Ureinwohnern Japans, als heilig angesehen. Sie nannten ihn die »Göttin der Sümpfe« (Sarorun Kamui).

Aber erst nach dem Tode ihres Vaters schuf Fang Jiniang die Grundlagen jenes Kampfstils, der als »Weißer Kranich von Fujian« bekannt wurde.

Die Archive der von ihr begründeten Schule berichten, daß Fang Jiniang eines Tages die Gelegenheit hatte, durch eine Bambushecke hindurch den Kampf zweier Kraniche zu beobachten. Ihr fielen die Präzision der Hiebe, der Ausweichmanöver und des Flügeleinsatzes auf. Plötzlich verspürte sie den Wunsch, die beiden Vögel voneinander zu trennen. Sie nahm einen langen Bambusstock, um sie zu erschrecken. Aber zu ihrer größten Überraschung wich der Vogel, den sie zu treffen versuchte, jedes Mal, wenn sie glaubte, ihn im nächsten Moment mit dem Stock zu berühren, mit einer schnellen und präzisen Bewegung aus und entkam mühelos ihrem Angriff. Er schwang sich schließlich auf, ohne daß sie ihn erreichen konnte. Der Vogel erwies sich als unberührbar! Dies war für die junge Frau eine wahre Offenbarung, und sie begriff auf diese Weise unmittelbar das Prinzip des Weichen und des Harten. Unverzüglich machte sie sich daran, eine Synthese aus den Lehren ihres Vaters und dem von ihr beobachteten Verhalten der Kraniche zu schaffen. Das Ergebnis war ein neuer Kampfstil, der sich schnell einen bedeutenden Ruf in der gesamten Provinz erwarb, wo er unter dem Namen *Yongchun Hequan* bekannt wurde. Die Tradition der Schule berichtet weiterhin, daß Fang Jiniang die eigentliche Technik um bestimmte Atemtechniken und moralische Grundsätze erweiterte, um jedem Praktizierenden zu innerer Ausgeglichenheit und zur Harmonie mit den Kräften der Natur zu verhelfen.

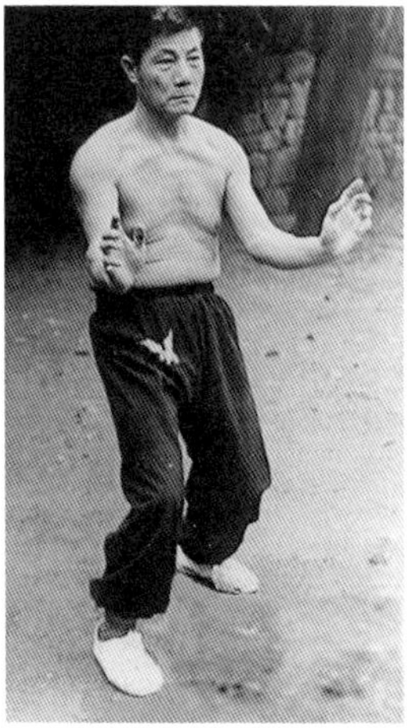

Foto 91

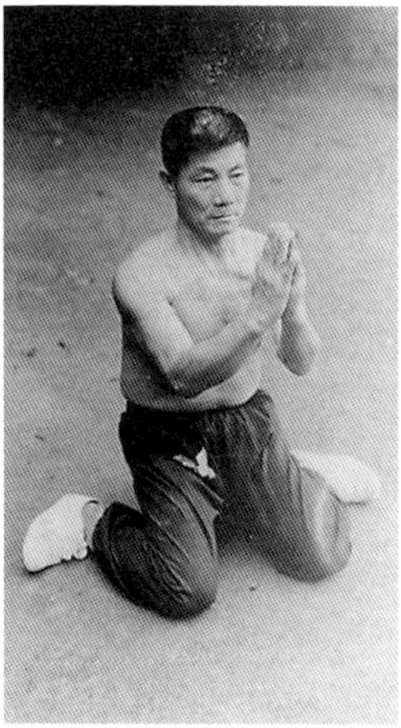

Foto 92

Fotos 91 und 92: Tong Mu-Yao *Shifu*, Meister des Baihequan Wushu. Die Fotos auf dieser Seite wurden Anfang der 80er Jahre in Taipeh (Taiwan) aufgenommen. Dieser auf der ganzen chinesischen Insel bekannte Meister dieses Stils besaß Anfang der 90er Jahre nur noch einen einzigen Schüler.

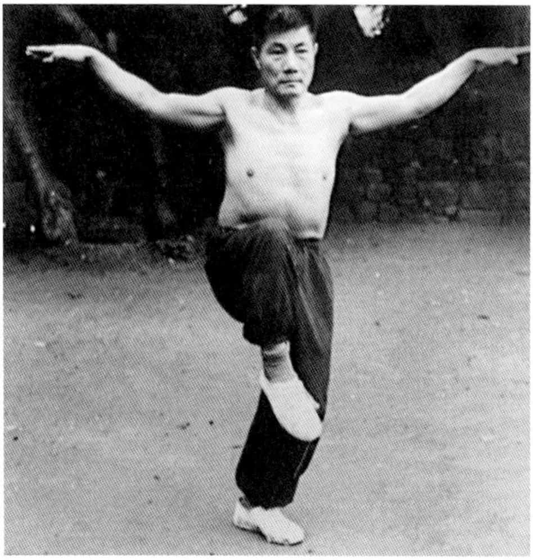

Foto 93

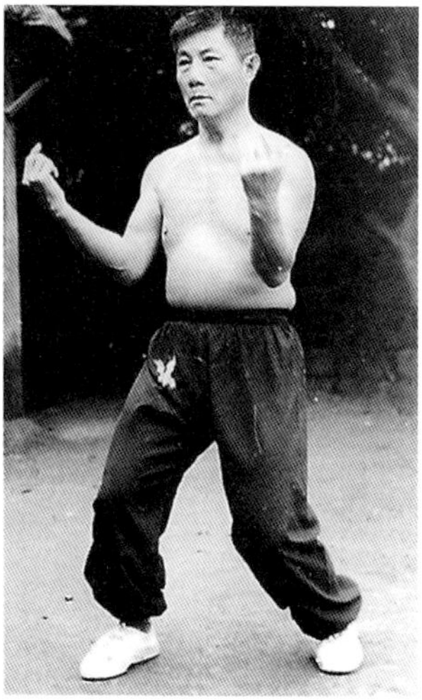

Foto 94

Foto 93: Diese Stellung ist mit dem Beginn der *Kata Hakufa*, die durch Miyagi Chôjun nach Okinawa gebracht wurde, vergleichbar.

Foto 94: Dieser Teil der *Quan* (*Kata*) findet sich hingegen nicht in der gegenwärtig praktizierten Form der *Kata Hakufa*. Die Bewegungen des *Shifu* sind gleichermaßen als *Qigong* gedacht (Meisterung der Vitalenergie durch Bauchatmung). Der Stil des Weißen Kranichs wird je nach Dialekt als *Hao-Pai*, *Pau Chuan*, *Hork Yang*, *Pak Hok Pai*, *Baihequan* (und auf japanisch als *Hakutsuru ken*) bezeichnet.

Der Kranich-Stil bildete im Süden Chinas mehrere Bewegungsfolgen (*Quan*) heraus, die einen starken Einfluß auf die Schulen des *Okinawa te*, des Vorläufers des modernen Karate, ausübten.

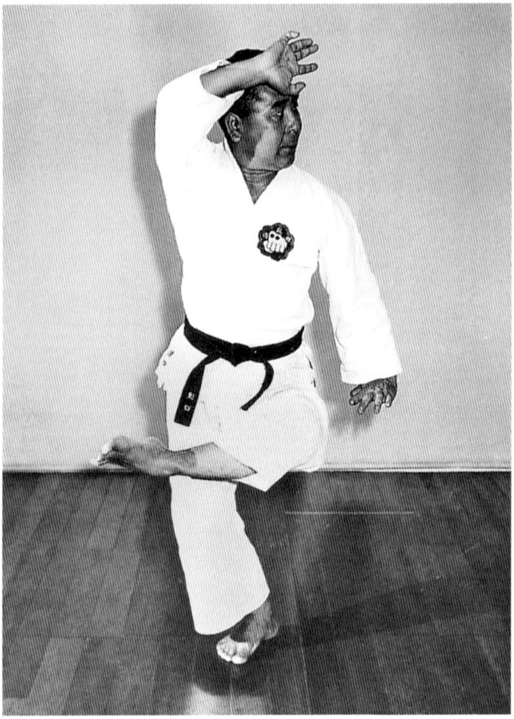

Foto 95

Foto 95: Tôguchi Seikichi *Sensei* (1917-1998), einer der Schüler von Miyagi und späterer Gründer des *Shôrei kan Karatedô*. Auf dem Foto, das in den 70er Jahren entstanden ist, ist er in einer Stellung aus der *Kata* des Weißen Kranichs (*Hakutsuru no Mai*) zu sehen. Diese *Kata* steht in der Tradition der *Koryû-Kata* (alte Formen chinesischer Herkunft), im Gegensatz zur Tradition der *Hôkiyu-Kata* (»vereinheitlichte« *Kata*, die in jüngerer Vergangenheit geschaffen wurden, wie z. B. *Fukyu*, *Gekisai*, *Kakuha*).

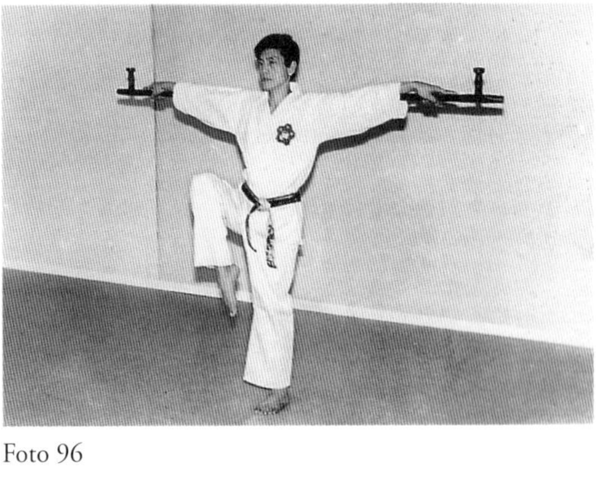

Foto 96

Foto 96: Tamano Toshio (geb. 1942), Schüler von Tôguchi Seikichi und Gründer *Shôreikai Kobudô Vereinigung Europa* in einer Haltung mit zwei *Tonfa* (*Tonfa* sind Waffen des okinawanischen *Kobudô*), die offenkundig aus dem Kranich-Stil abgeleitet wurde.

In China war es üblich, Techniken zu entwickeln, die auf der Beobachtung des Verhaltens verschiedener Tierarten beruhen. So flossen beispielsweise Bewegungen des Kranichs unverändert in verschiedene *Kata* ein. Auf Okinawa bestehen diese Techniken im alten chinesischen Stil des *Pangai Noon* und im *Uechi ryû* fort. Das *Uechi ryû* ist die durch Uechi Kanbun aus dem *Pangai-Noon*-Stil entwickelte Form. Uechi Kanbun lebte von 1877-1948; er kannte das Bubishi.

Die traditionelle Lehre des *Hakutsuru ken* (Weißer Kranich) umfaßt drei Zweige: (a) Die Techniken des Fluges (*Hi*). Hierzu zählen Schlag- und Wurftechniken. (b) Die Techniken des Kampfes (*Tô*). Hierzu zählen die Ausweichmanöver und die Hebel. (c) Die Techniken des Spieles (*Yu*). Hierzu zählen die besonders zerstörerisch wirkenden Techniken.

Auch die sogenannten »modernen« Kampfkunststile wie das *Shôtôkan* und das *Wadô ryû* haben Spuren des Kranich-Stils bewahrt, wie man beispielsweise in den *Kata Gankaku* und *Chintô* (»Kranich auf dem Felsen«) erkennen kann.

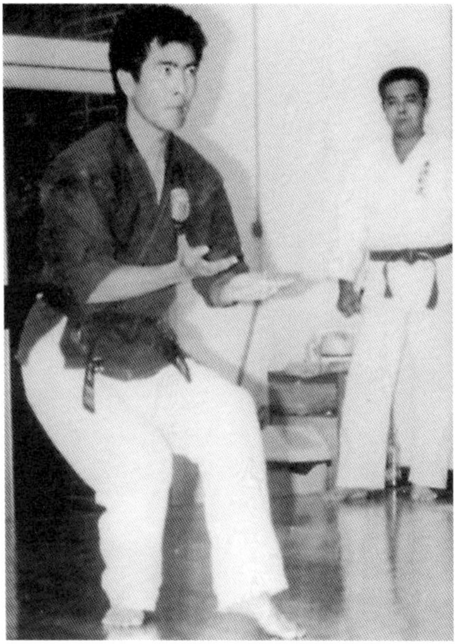

Foto 97

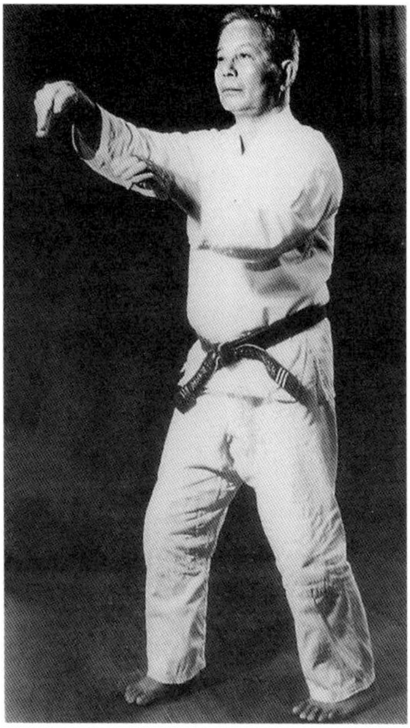

Foto 98

Foto 97: Abschlußphase einer der Versionen der *Hakufa no kata*.

Foto 98: Uechi Kanei (1912-1991) bei einer *Kata* des *Uechi ryû*, ein sehr exklusiver Stil, der durch seinen Vater geschaffen wurde und gegenwärtig durch seinen Sohn in Naha auf Okinawa weitergegeben wird.

Von weither kamen Besucher zu Fang Jiniang, um sie herauszufordern und ihren neuen Kampfstil zu prüfen. Aber es gelang niemandem, sie zu besiegen. Einer ihrer Herausforderer, ein gefährlicher Meister der Kampfkünste namens Zeng Chi Shu (auf japanisch Shoshiku), unterlag auf so eindrucksvolle Weise, daß er Fang Jiniang am Ende bat, ihn als ihren Schüler anzunehmen. Sie willigte ein, und Zeng wurde sogar ihr Nachfolger in der Schule. Von ihm stammt die *Kata Happoren* (die später im einzelnen besprochen wird), durch welche die innere Energie auf eine Weise entwickelt wird, daß Zeng, so wird berichtet, mit ihrer Hilfe den Fluß seines *Qi* willentlich zu jedem beliebigen der 72 Vitalpunkte lenken konnte. Durch Zeng Chi Shus Wirken wurde die *Happoren* eine äußerst populäre *Quan* (*Kata*).[48]

Unter den Bewegungsabläufen der Schule des Weißen Kranichs findet sich auch die *Kata Nepai*[49], die im Stil *Toon ryû* überliefert wurde, wie ihn Kiyôda Juhatsu auf Okinawa von Go Kenki erlernte. Ebenfalls in der Tradition des Weißen Kranichs steht die *Kata Hakufa*, die im folgenden Abschnitt vorgestellt wird.

Im Bubishi treten drei Stile aus dem Weißen Kranich in Erscheinung: *Asobu-Tsuru* (»der spielende Kranich«), *Tatakate-Iru-Tsuru* (»der kämpfende Kranich«) und *Tonde-Iru-Tsuru* (»der fliegende Kranich«). Der Kampfstil *Hequan* (*Hakutsuru ken*), der in Fukien praktiziert wird, unterscheidet gegenwärtig vier Bewegungstypen: *Naitte-Iru-Tsuru* (»der weinende Kranich«), *Yadotte-Iru-Tsuru* (»der sich nach seinem Rückflug ausruhende Kranich«), *Mono-Tabette-Iru-Tsuru* (»der fressende Kranich«) und *Tonde-Iru-Tsuru* (»der fliegende Kranich«).

Auf den Fotos 99 bis 110 (folgende Seiten) sind einige Beispiele für Verteidigungen und Gegenangriffe, die aus Prinzipien des Stils des Weißen Kranichs abgeleitet wurden, dargestellt.

---

[48] Das Wort *Happoren* aus dem Fujian-Dialekt wird auf Mandarin-Chinesisch *Baiburen* gesprochen und auf japanisch *Paipuren*. Letztere Bezeichnung stammt von Mabuni Kenwa, der die Form von Go Kenki gelernt hat.

[49] Das entsprechende chinesische Schriftzeichen wird mit »die 28 Schläge« übersetzt, was nicht die Anzahl der in dieser *Kata* vereinigten Techniken, sondern die Zahl ihrer Anwendungen bedeutet.

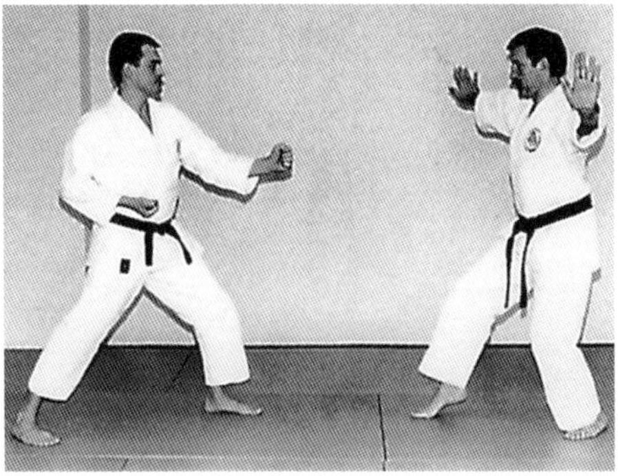

Foto 99

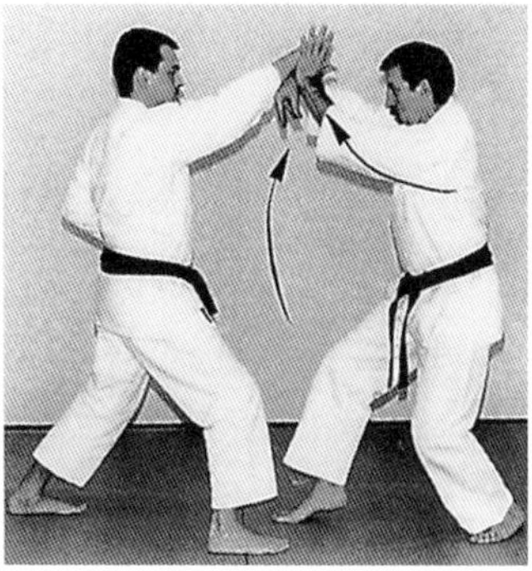

Foto 100

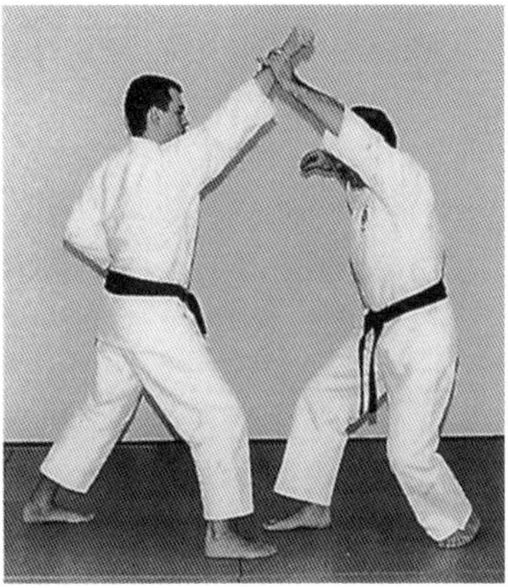

Foto 101

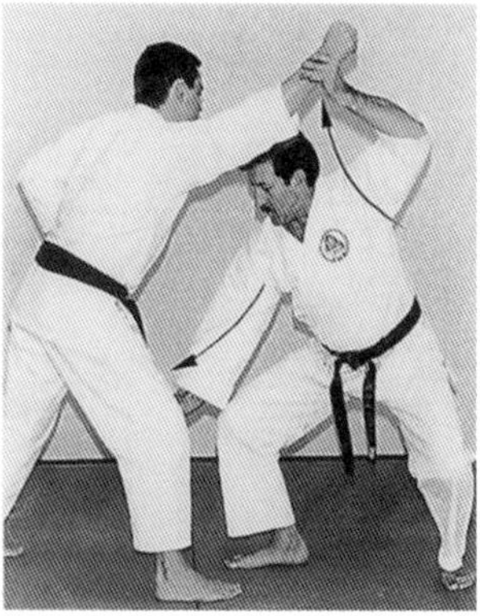

Foto 102

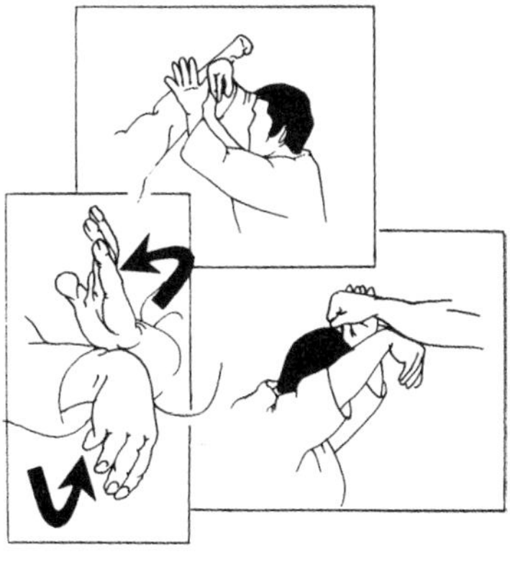

Fotos 99-106: Beschreibung auf der folgenden Seite.

Zeichnungen: Einzelheiten zur Blocktechnik der rechten Hand in der Form eines *Mukae te* (Foto 100), wie sie im *Taikiken*-Stil von Sawai Kenichi *Sensei* praktiziert wird. Die linke Hand vollführt simultan dazu einen von innen nach außen gerichteten *Soe te*, um das gegnerische Handgelenk gegen den gebeugten Handgelenkrücken der rechten Hand zu pressen (und um als zusätzlicher Schutz zu wirken).

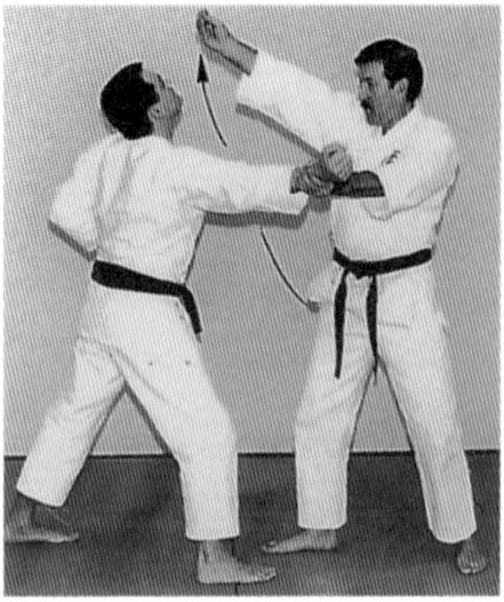

Foto 103

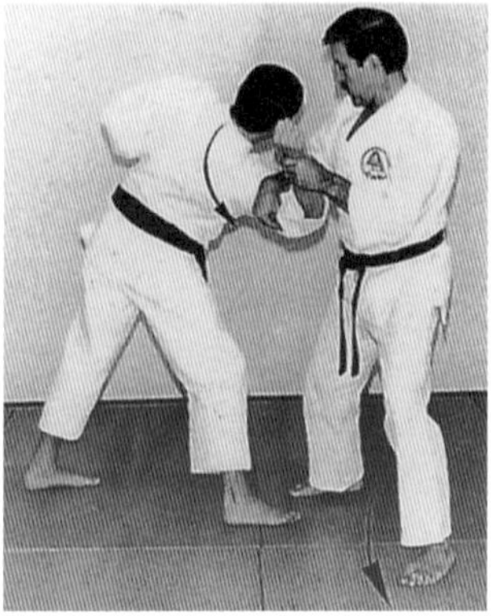

Foto 104

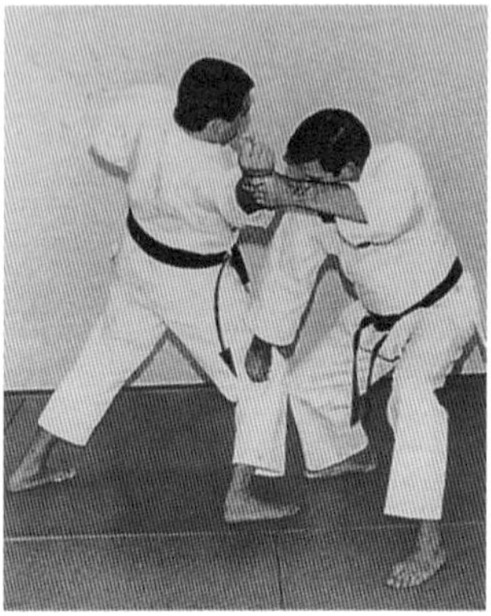

Foto 105

Fotos 99 bis 106 (Vogelform, 1. Beispiel): Auf einen direkten, ins Gesicht gerichteten Fauststoß wird mit einem beidhändigen Block reagiert, wobei zugleich der Körper zurückweicht. Die rechte Hand mit einwärts gebogenem Handgelenk wird von unten nach oben gerissen, simultan dazu wird die linke Hand von außen nach innen geführt, so daß es zum Kontakt der drei Handgelenke kommt (Zeichnung vorhergehende Seite). Das Gewicht des Körpers wird nach vorn und nach unten verlagert, um einen »Schnabelhieb« mit der rechten Hand in den Unterleib des Angreifers zu führen. Die linke Hand verbleibt in ihrer ursprünglichen Position und umfaßt das Handgelenk des Gegners (101 und 102). Die rechte Hand führt nun in »Schnabelhaltung« von unten nach oben einen Hieb gegen die Kehle aus, was durch ein schnelles Aufrichten des Körpers unterstützt wird (103). Erneutes Herabbeugen, wobei der linke Fuß nach links gesetzt und ein letzter »Schnabelhieb« entweder gegen den Ellbogen (104: Armhebel) oder gegen die Außenseite des Kniegelenks (105) geführt wird. Diese Aktion in Verbindung mit der Verdrehung der linken Hand bringt den Angreifer zu Fall (106).

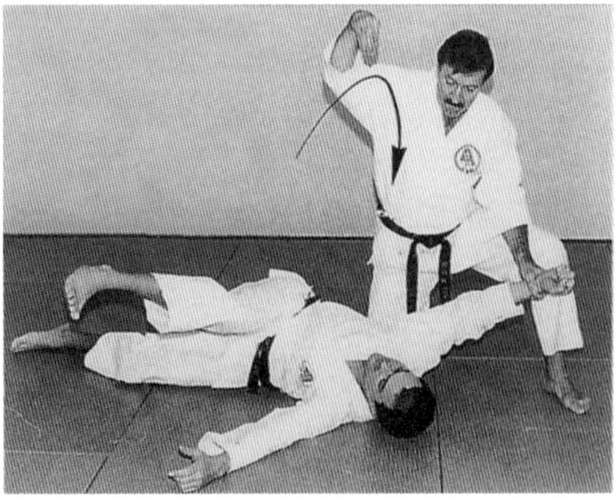

Foto 106

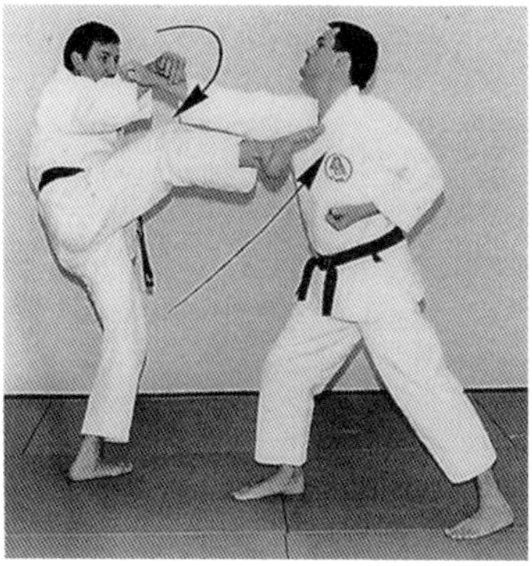

Foto 107

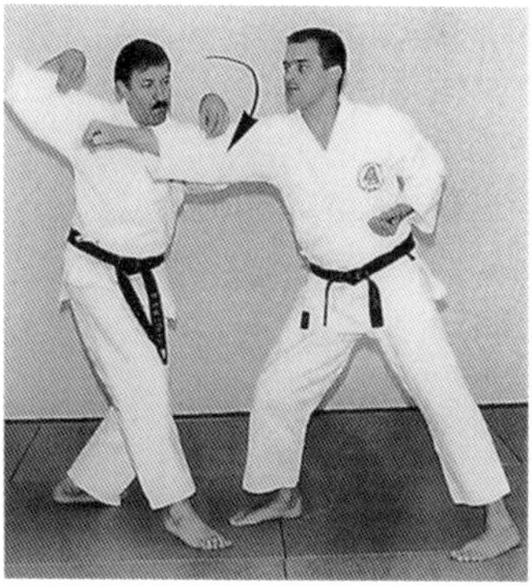

Foto 108

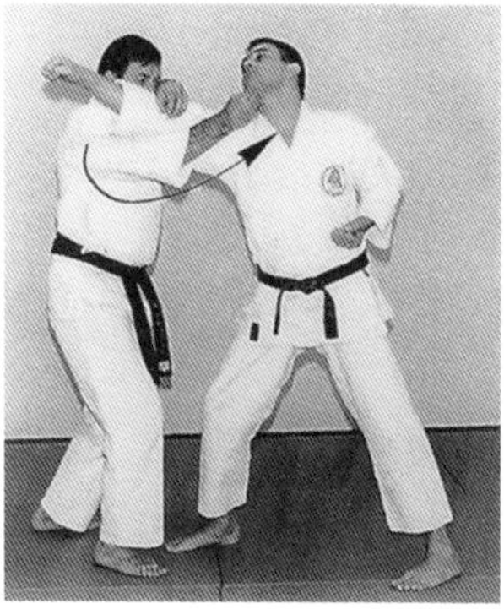

Foto 109

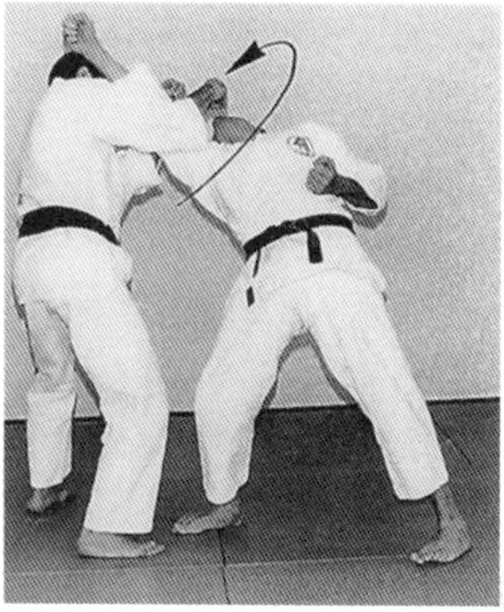

Foto 110

Fotos 107 bis 110 (Vogel-Form, 2. Beispiel): Zur Abwehr eines direkten Faustestoßes ins Gesicht wird der linke Fuß auf geschmeidige Weise nach links gesetzt (außerhalb der Angriffslinie), dann wird das rechte Knie gehoben, während die Arme mit eingebeugten Handgelenken und Fingern in »Schnabelform« horizontal ausgebreitet werden. Mit der rechten Fußspitze wird ein Tritt gegen die Kehle des Gegners ausgeführt (107). Der rechte Fuß wird wieder abgesenkt, während das Gewicht weiterhin auf dem linken Bein lagert. Der Oberkörper wird nach rechts gedreht und der Angriff (oder ein zweiter Angriff mit der anderen Faust) mit dem linken vertikalen Unterarm weiterhin abgewehrt (108). Aus der auf diese Weise eingenommenen Haltung heraus wird von unten nach oben mit der rechten Hand ein »Schnabelhieb« ausgeführt (109). Während der Arm des Gegners festgehalten wird, erfolgt ein weiterer »Schnabelhieb« mit rechts, diesmal in einem von außen nach innen geführten Bogen. Der Körper wird in der so erreichten Stellung nach links gedreht und auf diese Weise ein Druck ausgeübt, der den Gegner aus dem Gleichgewicht bringt (110). Sobald der Gegner aus dem Gleichgewicht geraten ist, erfolgt ein schneller »Schnabelhieb« mit der Linken, während die rechte Hand gehoben wird, bereit zu einem letzten Gegenangriff auf den Gegner, der nun am Boden liegt.

Die Hakufa no kata

Miyagi Chôjun (1888-1953) brachte diese *Kata* von seinem Aufenthalt in China mit. Sie spielt noch immer eine große Rolle im okinawanischen *Gôjû ryû* sowie im *Gôjûkensha* von Ôtsuka Tadahiko *Sensei*.

Auf den Seiten 245 ff. ist der Bewegungsablauf der *Hakufa no kata* auf Fotografien dargestellt. In der Beschreibung beziehen sich die Nummern in den Klammern auf das jeweilige Foto.

- *Rei*.

- Ausgangsstellung *Musubi dachi*, die Hände sind vor dem Unterleib gekreuzt, die linke Hand ist vorn (111).

- Die Hände werden seitlich ausgebreitet, die Finger zeigen nach unten und die Handflächen nach hinten (112). Diese Bewegung erfolgt langsam.

- Das rechte Knie wird nach oben gerissen, während die Hände in einer schnellen Bewegung vor dem Gesicht gekreuzt werden; der Körper ist gerade aufgerichtet (113). Die rechte Fußspitze wird langsam abgesenkt und in *Nekoashi dachi* abgesetzt, während die Hände zu beiden Seiten des Körpers auseinandergeführt werden. Die Handflächen zeigen dabei leicht nach vorn (114). Ohne daß die Haltung der Arme verändert wird, bilden die Hände nun »Kranichschnäbel« (*Washide*), die Handgelenke sind stark einwärts gebogen und weisen nach oben. Die Ellbogen sind leicht eingebeugt und zeigen nach unten (115). Die Bewegungen 113 bis 115 gehen harmonisch ineinander über.

- Ohne daß die Stellung sich verändert, wird die rechte Hand – während die Linke in ihrer Position verharrt – in einem horizontalen Bogen von hinten nach vorn bzw. von außen nach innen geführt, bis der Arm vollständig ausgestreckt nach vorn weist; die Handfläche zeigt nach unten (116). Aus dieser Haltung wird die Hand direkt nach hinten in *Hikite* gezogen (117). Diese gesamte Bewegung erfolgt flüssig und langsam.

- Ohne daß die Stellung sich verändert, wird, während die linke Hand ihre Position beibehält, die rechte Hand wieder nach vorn geführt; am Ende dieser Bewegung wird das Handgelenk so gedreht und einwärts gebogen, daß die Finger nach außen weisen und der angewinkelte Daumen nach unten zeigt (118). Die Bewegung der Hand wird von innen nach außen weitergeführt, bis sich die Hand seitlich vom Körper auf Höhe der Brust befindet; das Handgelenk ist weiterhin eingebogen, und die Finger zeigen nun nach hinten (119. Diese gesamte Bewegungssequenz erfolgt flüssig und langsam.

- Ohne daß die Stellung verändert wird, wird die rechte Hand langsam nach oben geführt, wobei die linke Hand wiederum in ihrer Haltung verweilt. Das Handgelenk ist dabei nach wie vor stark eingebogen. Die zum »Kranichschnabel« vereinten Finger zeigen nach unten (120). Die rechte Hand wird nun schnell vertikal nach unten geschlagen, bis der Arm horizontal ausgestreckt ist. In dieser Höhe endet die Abwärtsbewegung der Hand, indem mit einem Ruck das Handgelenk zurückgebogen wird; die Finger sind dabei angehoben (121). Das rechte Handgelenk wird nun mit gleicher Schnelligkeit vertikal nach oben geführt; diese Bewegung endet mit der gleichen Handstellung wie in der Ausgangsposition (122 = 115).

- Der Bewegungsablauf 123 bis 131 stellt eine symmetrische Wiederholung (nachdem der linke Fuß nach vorn gesetzt wurde) der Bewegungsfolge 113 bis 122 dar.

- Die Sequenz 132 bis 140 ist die Wiederholung (nachdem der rechte Fuß nach vorn gesetzt wurde) dieser Armbewegungen, die mit beiden Armen zugleich und im gleichen Rhythmus den Flügelschlag und die Schnabelhiebe des Vogels imitieren. Die gesamte Bewegungsfolge (Bewegung mit dem rechten Arm, dann mit dem linken und schließlich mit beiden Armen zugleich) endet mit der Stellung auf Foto 140.

- Die rechte Ferse wird neben die linke gesetzt, während die Handkanten vor der Brust zusammengeführt werden. Die Hände bewegen sich dazu in einem horizontalen Bogen. Die Handflächen weisen nach oben, die Finger sind nach vorn gerichtet. Die Knie bleiben leicht gebeugt (141). Dieser Bewegungsablauf erfolgt langsam.

- Während in dieser Position die Knie gestreckt werden, werden die Hände auseinander geführt, bis sie sich zu beiden Seiten in einer Linie auf Schulterhöhe befinden. Die Handflächen weisen jetzt nach außen und die Finger nach oben. Die Brust zeigt nach wie vor in Richtung der zentralen Bewegungsachse der *Kata* (142).

- Der linke Fuß wird im Winkel von 45° zu dieser Achse nach vorn gesetzt, damit mit dem linken Handgelenk ein *Jôdan koken uke* im *Nekoashi dachi* ausgeführt werden kann, der von einem *Chûdan teishô uke* der rechten Hand begleitet wird (143). Der Bewegungsablauf erfolgt langsam.

- Der Körper wendet sich nach rechts, der linke Fuß wird über Kreuz vor den rechten gestellt, wobei mit dem Schwung dieser Drehung die linke Hand in einem Bogen nach rechts geführt wird (144). Der rechte Fuß wird nach vorn gesetzt, damit das rechte Handgelenk in einem Winkel von 45° zur Hauptrichtung der *Kata* einen *Jôdan koken uke* in andersseitiger *Nekoashi-dachi*-Stellung ausführen kann, der von einem *Chûdan teishô uke* der linken Hand begleitet wird (145). Dieser Bewegungsablauf erfolgt langsam.

- Der Körper wendet sich nach links, der rechte Fuß wird über Kreuz vor den linken gestellt, wobei mit dem Schwung dieser Drehung die rechte Hand in einem Bogen nach links geführt wird (146). Der linke Fuß wird nach vorn gesetzt, um die Bewegungsfolge 143 in einem Winkel von 45° zur Hauptrichtung der *Kata* zu wiederholen (147). Der Bewegungsablauf erfolgt langsam.

- Die linke Ferse wird neben die rechte gestellt, während die Handkanten vor der Brust zusammengeführt werden. Der Körper steht nun wieder in Vorwärtsrichtung der *Kata* (148 = 141). Der Bewegungsablauf erfolgt langsam.

- Die rechte Ferse gleitet entlang der Hauptachse der *Kata* nach vorn (149), der linke Fuß folgt, wobei ein sehr schneller Stoß mit beiden eingebeugten Handgelenken nach vorn ausgeführt wird. Die Finger sind fest aneinandergepreßt und weisen zum Körper, die Ellbogen sind fest. Diese Position ist *Zenkutsu dachi* (150).

- Unverzüglich und schnell wird mit dem rechten Handgelenk – zugleich mit einem kurzen Gleitschritt (*Yori ashi*) – ein *Jôdan koken uchi* ausgeführt; die Finger zeigen dabei zum Boden. Zugleich erfolgt ein *Gedan teishô uchi* der linken Hand in die entgegengesetzte Richtung (151 und 152). Die in Foto 151 festgehaltene Bewegung zeigt die Vorbereitung auf den *Koken uchi* (Spannung). Das rechte Knie ist stark gebeugt, und der Körper ist in Schlagrichtung geneigt.

- Drehung um 180° nach links, um die gespiegelte Bewegungsfolge in entgegengesetzter Richtung entlang der Hauptachse der *Kata* auszuführen (153).

- Der rechte Fuß wird nach vorn gesetzt, womit die gleichen Techniken wie in der vorherigen Bewegungsfolge symmetrisch dazu ausgeführt werden (154).
  Die Bewegungsabläufe 150 bis 154 werden flüssig und schnell ausgeführt.

- Der linke Fuß wird 90° nach vorn links gestellt und Ablauf 153 mit schnellen Bewegungen wiederholt (155).

- Ohne daß die Stellung gewechselt wird, vollführt die linke Hand langsam einen *Chûdan kake uke*, indem sie eine bogenförmige Bewegung von innen nach außen beschreibt (156). Die Haltung der rechten Hand bleibt währenddessen unverändert.

- Drehung um 180° nach rechts, um die letzten beiden Bewegungsfolgen symmetrisch auszuführen; der erste Teil erfolgt mit schnellen (157 = 155), der zweite mit langsamen Bewegungen und Entspannung (158 = 156).

- Der linke Fuß wird erneut entgegengesetzt zur Hauptbewegungsrichtung der *Kata* nach vorn geführt, und die Bewegungsfolge 153 (=159) wird wiederholt.

- Der rechte Fuß wird in gleicher Richtung nach vorn gesetzt, und die Bewegungsfolge 154 (= 160) wird wiederholt.

- Der linke Fuß wird neben den rechten gesetzt; der Körper wendet sich langsam nach links (161), bis er wieder in Hauptbewegungsrichtung der *Kata* ausgerichtet ist, die Handkanten werden vor dem Körper zusammengeführt (162 = 148).

- Der rechte Fuß macht einen Satz nach vorn, während die gekrümmten Handgelenke vor die Brust geführt werden (163). Aus dieser Position wird nach einem *Yori ashi* (Gleitschritt) im *Nekoashi dachi* ein *Koken uchi* (Doppelschlag) nach vorn ausgeführt (164). Der Oberkörper ist dabei nach vorn ausgerichtet.

- Diese Technik wird nun ebensoschnell zweimal hintereinander wiederholt, jedesmal nach einem *Yori ashi* und immer mit dem rechten Fuß vorn (ohne Abbildung).
- Der rechte Fuß wird langsam zurückgesetzt, bis die andersseitige *Nekoashi*-Position eingenommen ist (165), während die noch immer stark gekrümmten Handgelenke, die Finger in fester »Kranichschnabelhaltung«, simultan und symmetrisch von innen nach außen geführt werden. Bei dieser Bewegung weisen die Ellbogen leicht nach außen, während die Handgelenksrücken gehoben werden. Die Bewegung endet mit den Handgelenken auf Höhe der Schläfen, die Finger zeigen nach unten und vorn in der Haltung von Vogelköpfen (166). Die Ellbogen sind stark gebeugt und ein wenig weiter voneinander entfernt als die Handgelenke; die Unterarme sind schräg.
- Diese Haltung wird eine Zeitlang konzentriert beibehalten, dann wird der linke Fuß neben den rechten geführt, und der Körper richtet sich in der auf Foto 111 abgebildeten Position auf.
- *Rei*.

Ende der *Kata*.

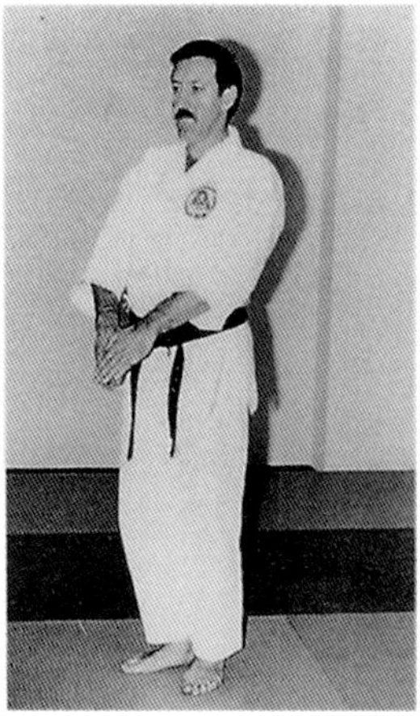

Foto 111

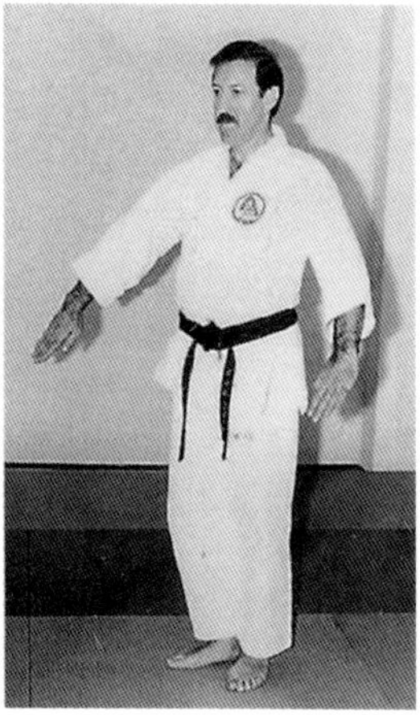

Foto 112

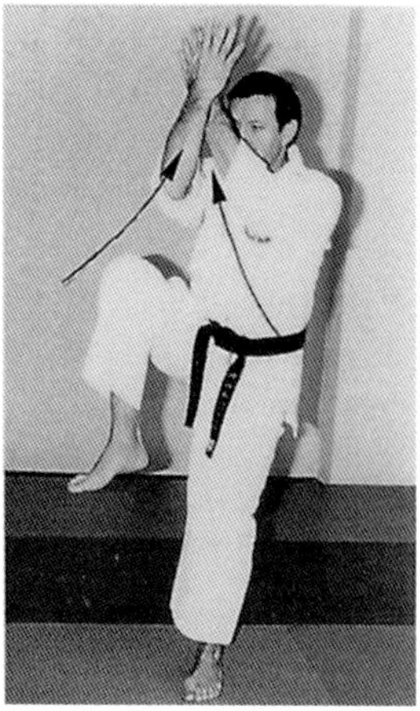

Foto 113

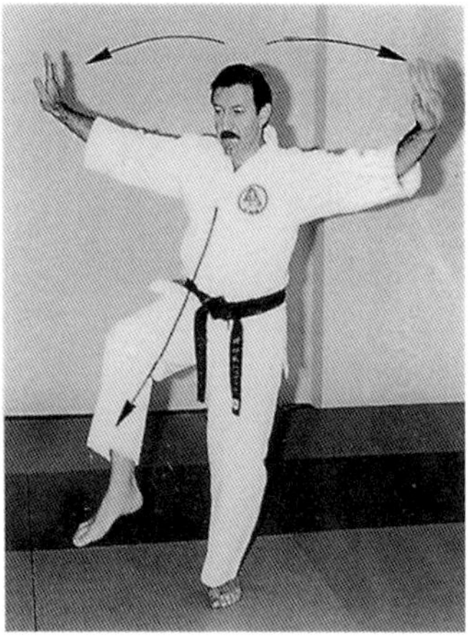

Foto 114

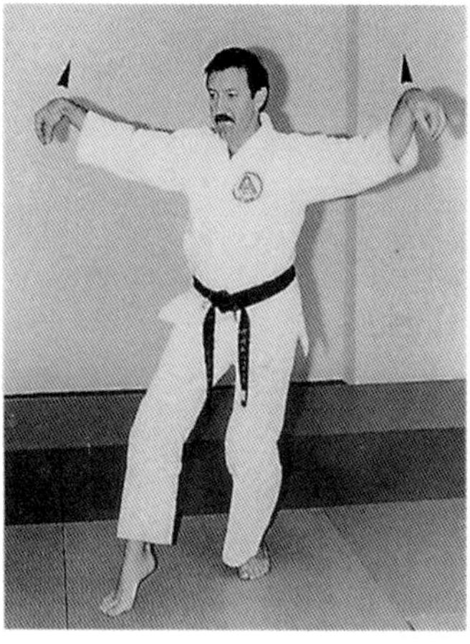

Foto 115

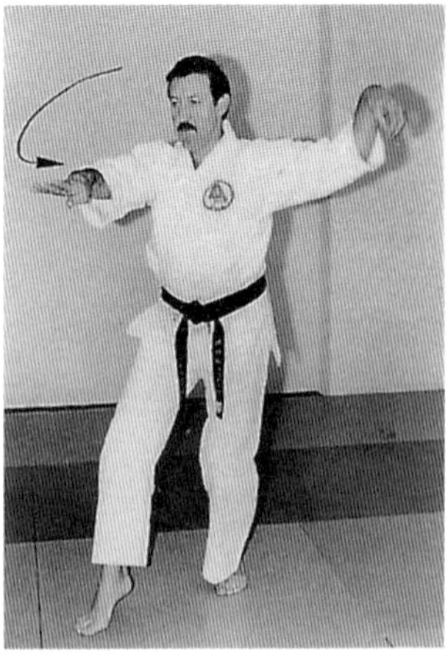
Foto 116

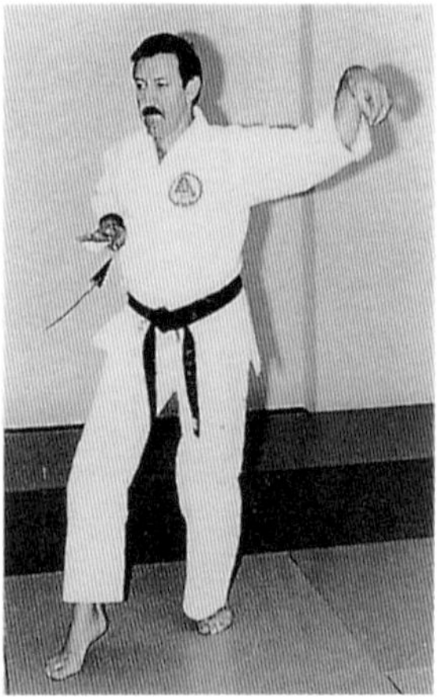
Foto 117

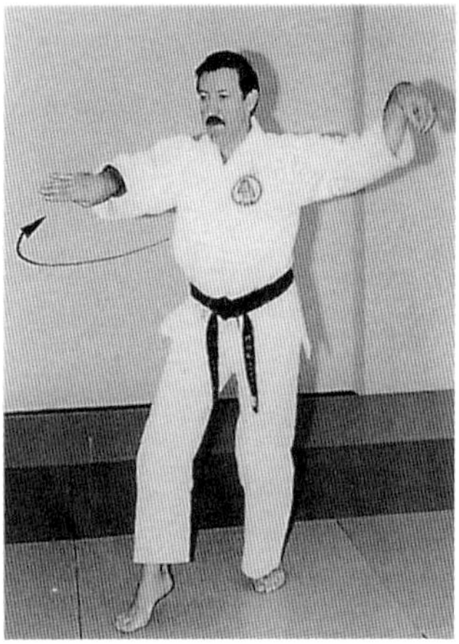
Foto 118

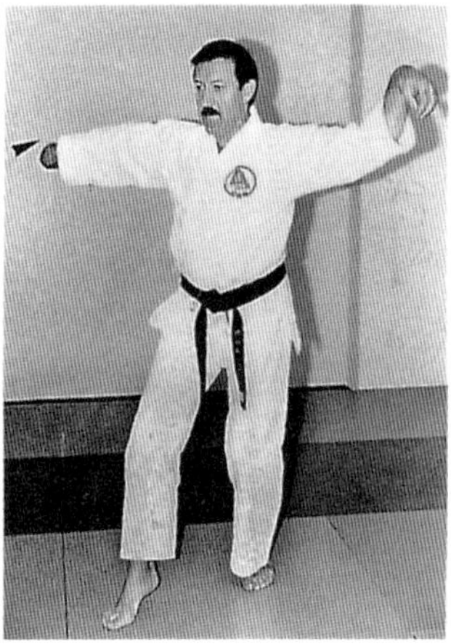
Foto 119

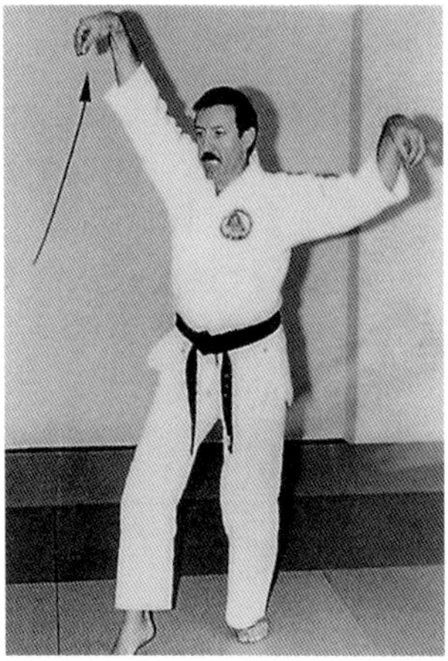

Foto 120

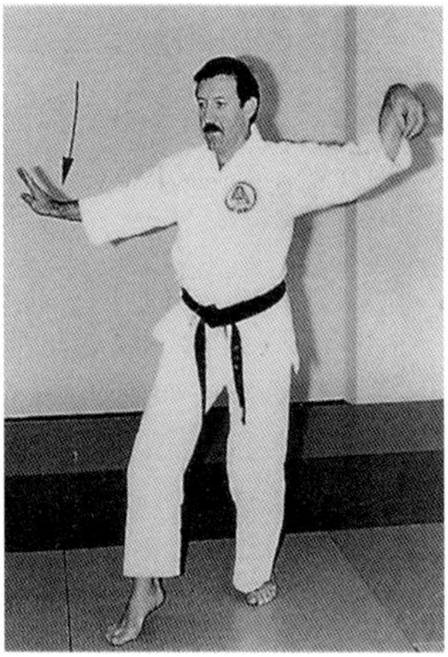

Foto 121

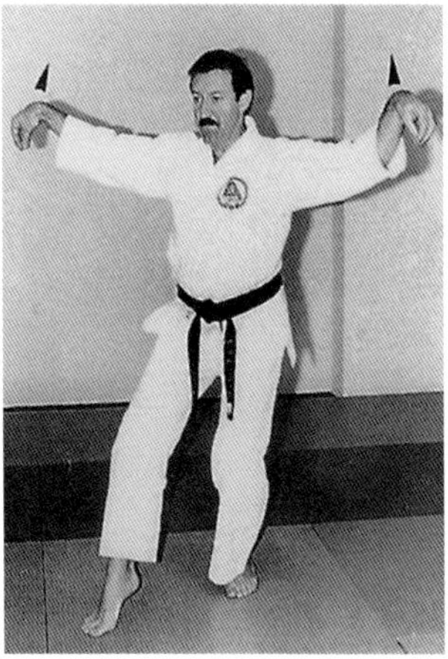

Foto 122

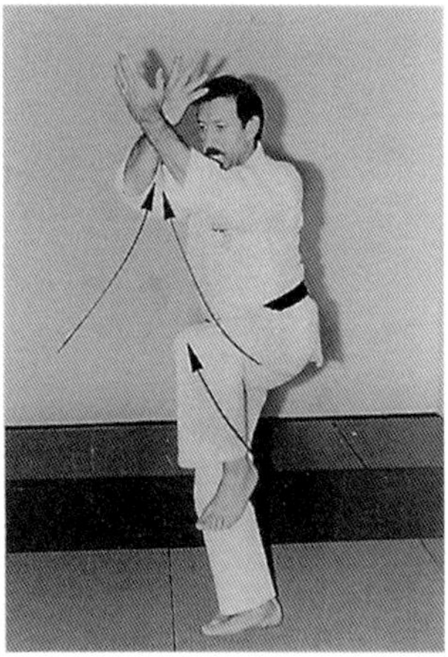

Foto 123

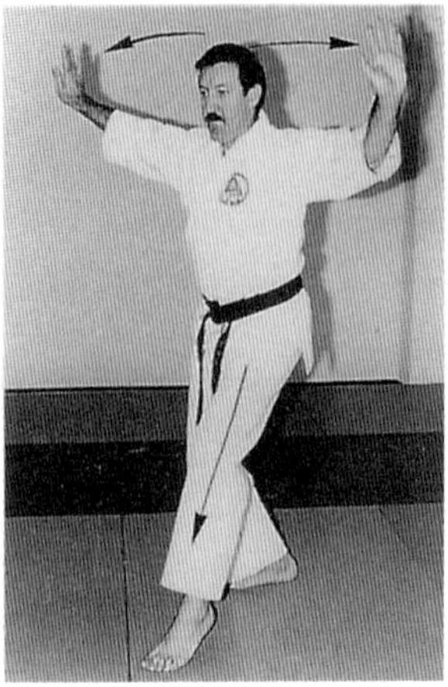

Foto 124

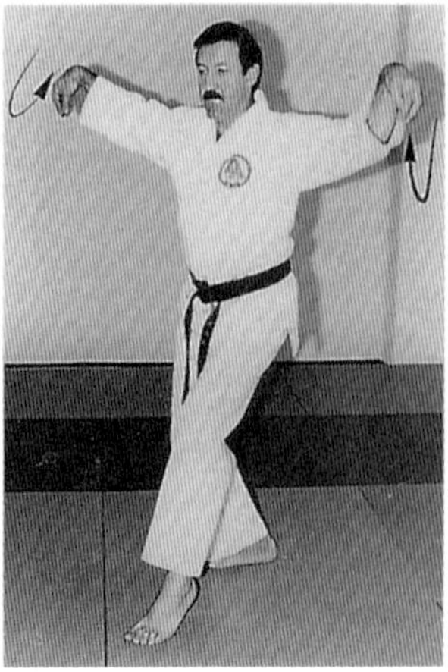

Foto 125

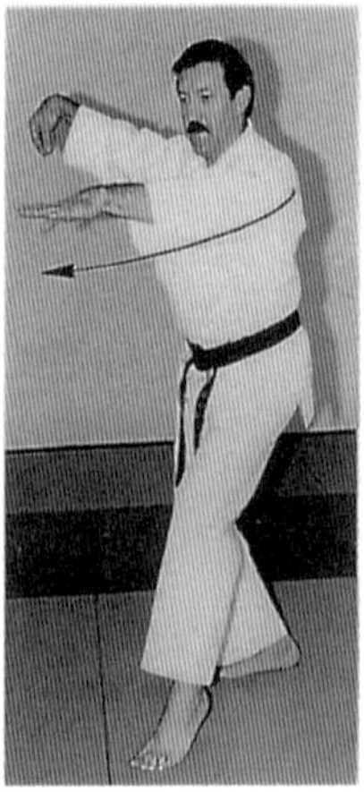

Foto 126

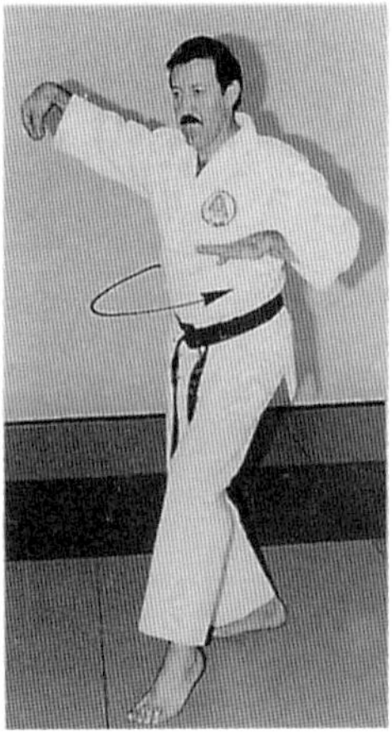

Foto 127

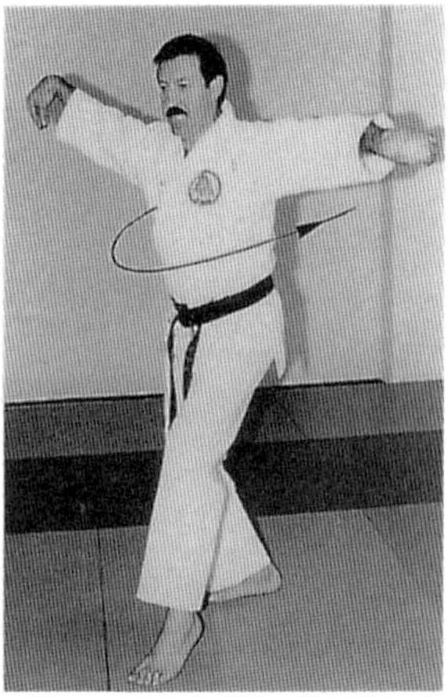

Foto 128

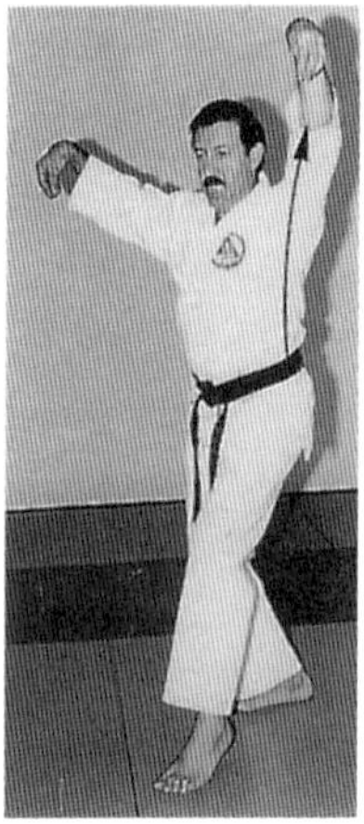

Foto 129

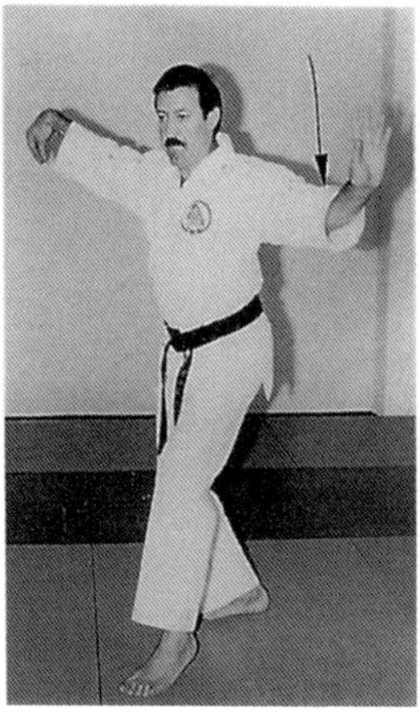

Foto 130

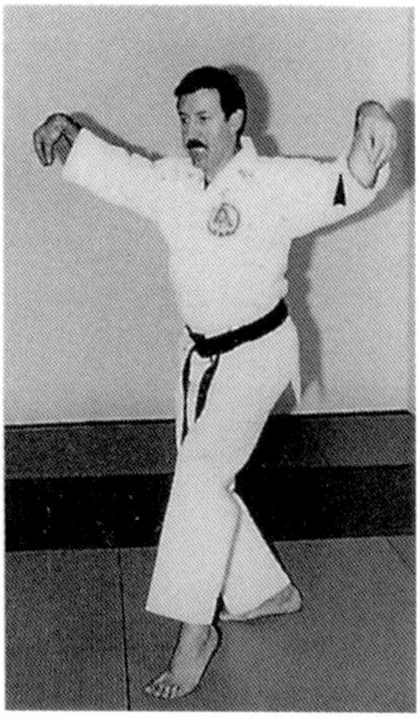

Foto 131

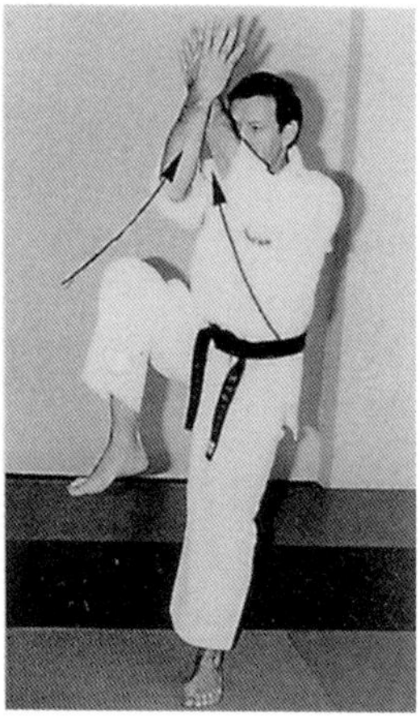

Foto 132

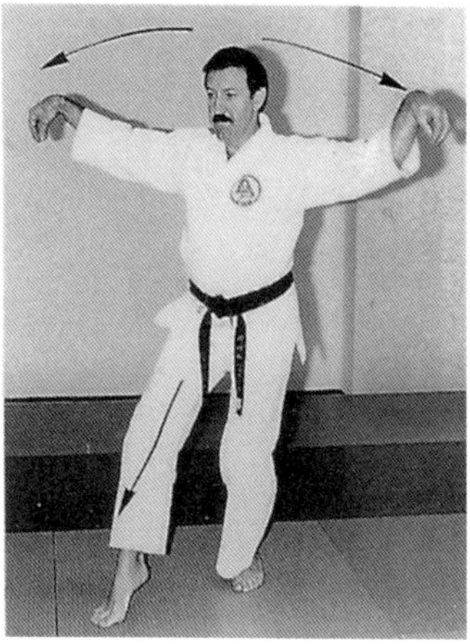

Foto 133

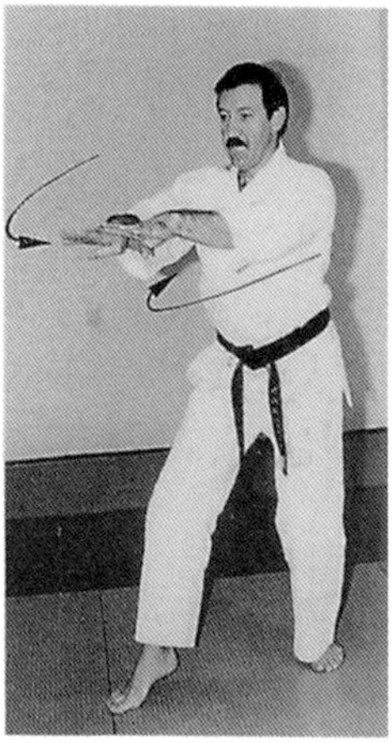

Foto 134

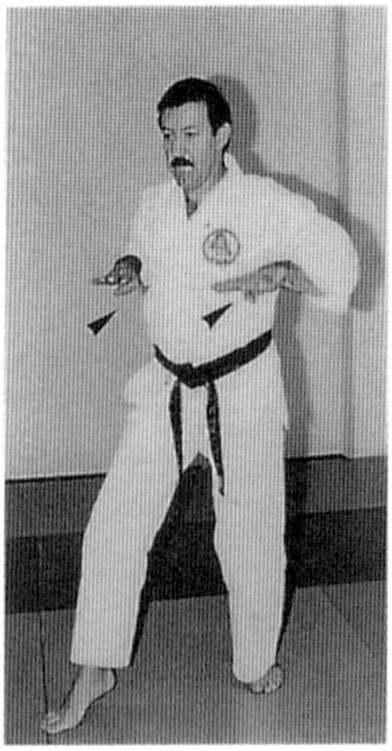
Foto 135

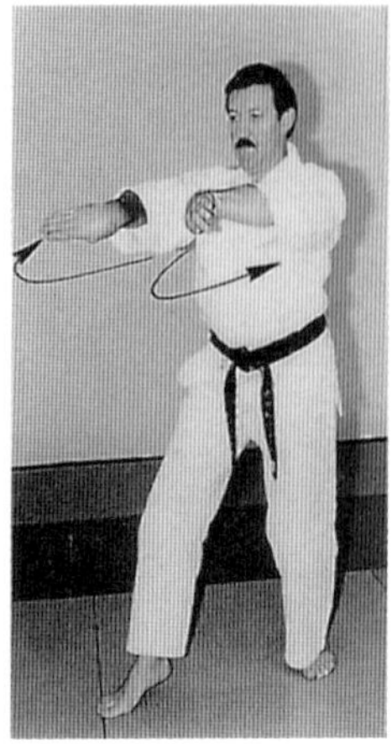
Foto 136

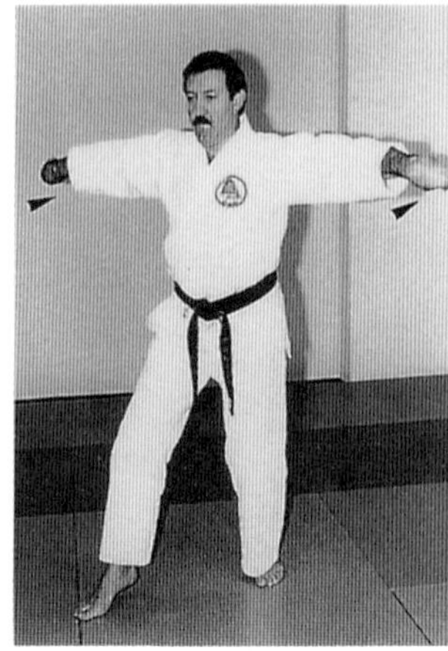
Foto 137

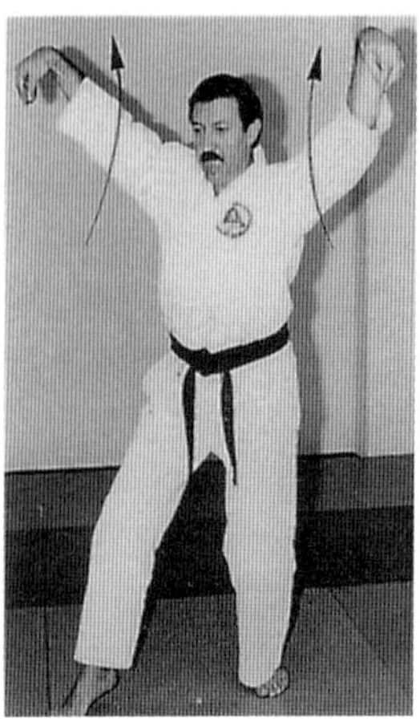
Foto 138

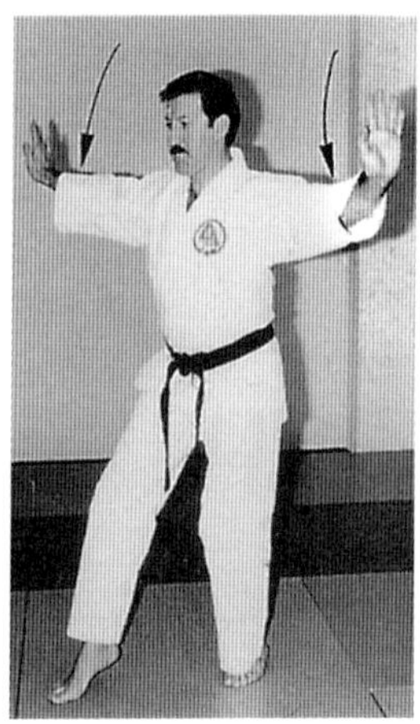
Foto 139

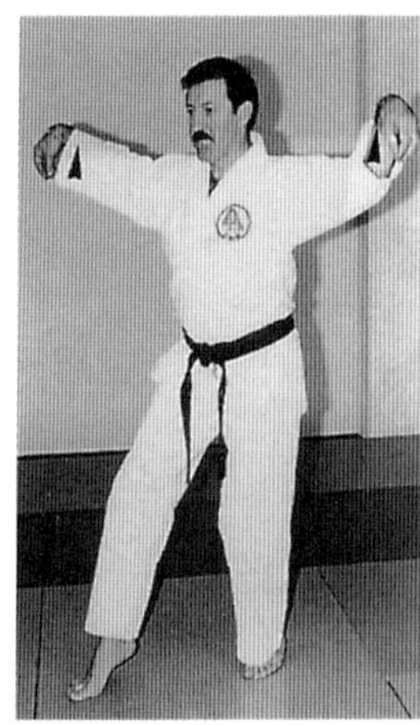
Foto 140

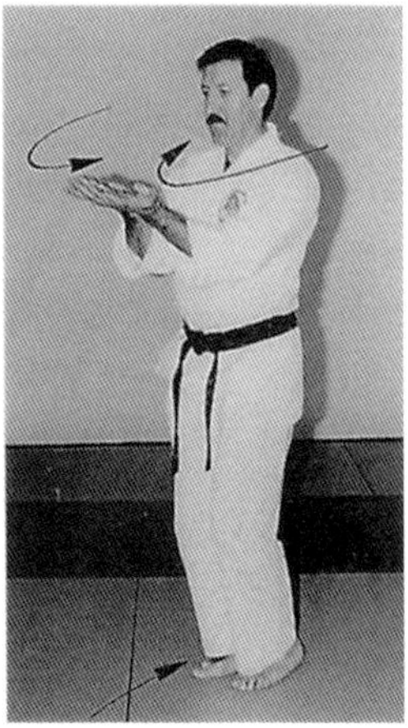
Foto 141

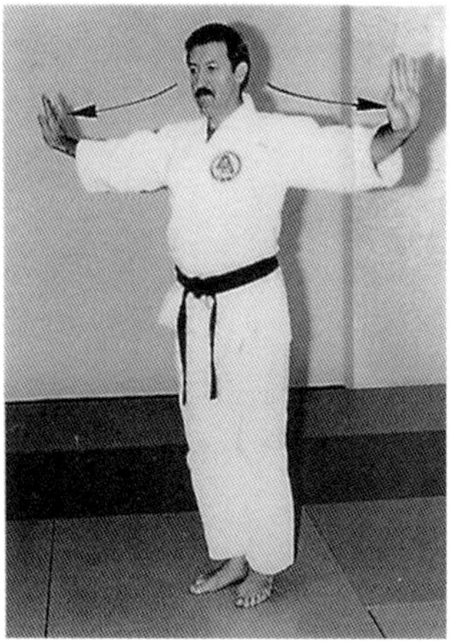
Foto 142

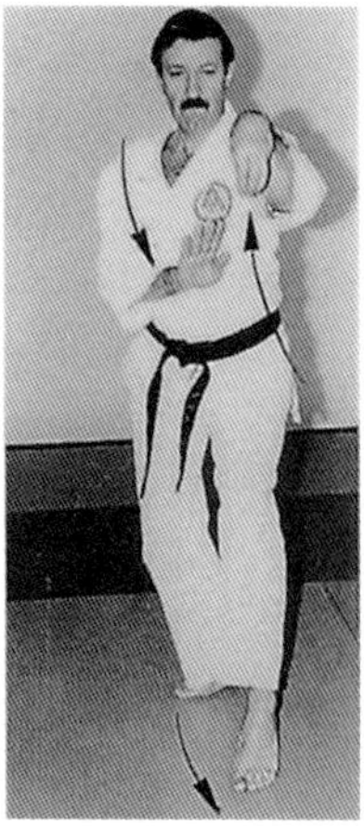
Foto 143

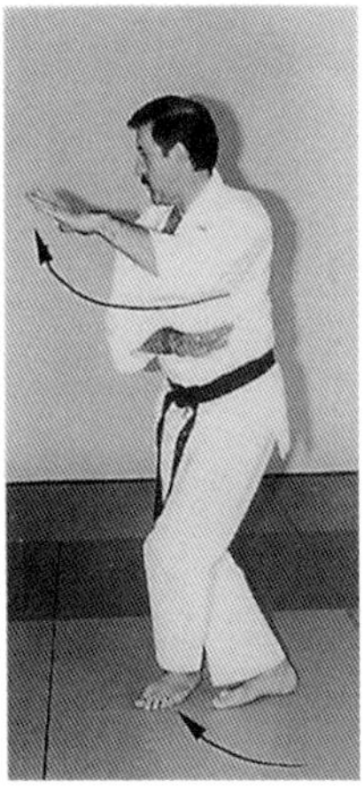
Foto 144

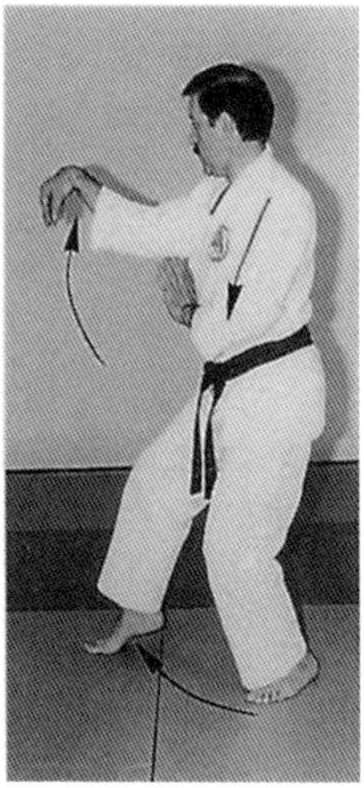
Foto 145

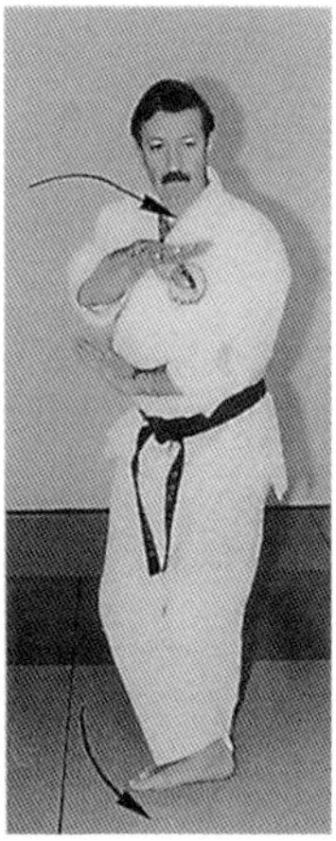
Foto 146

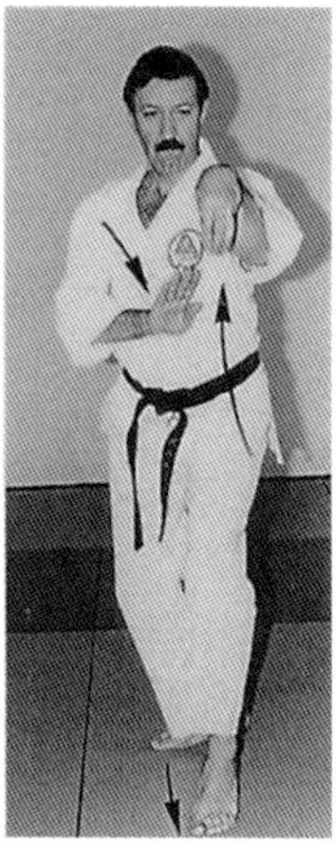
Foto 147

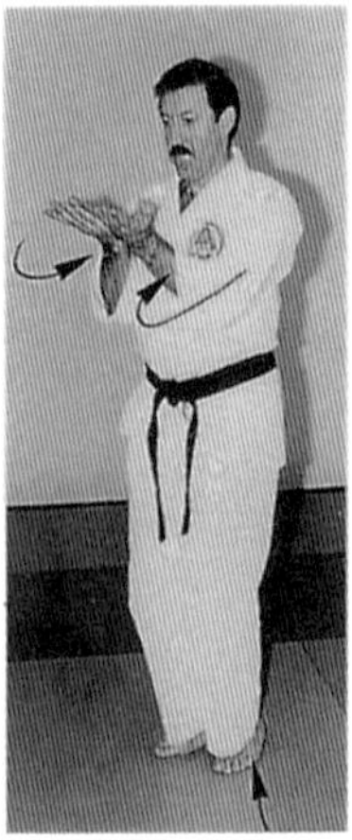

Foto 148

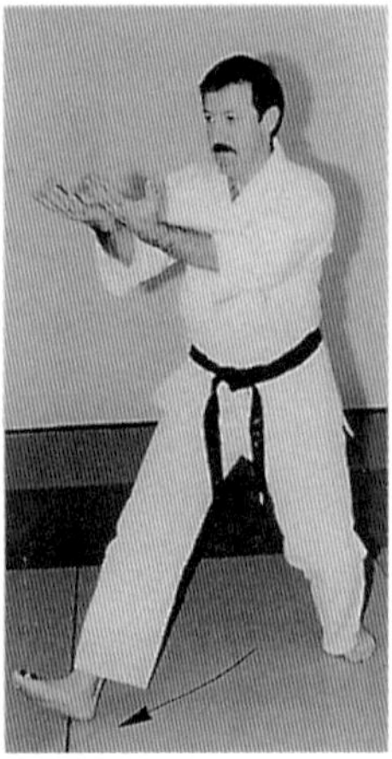

Foto 149

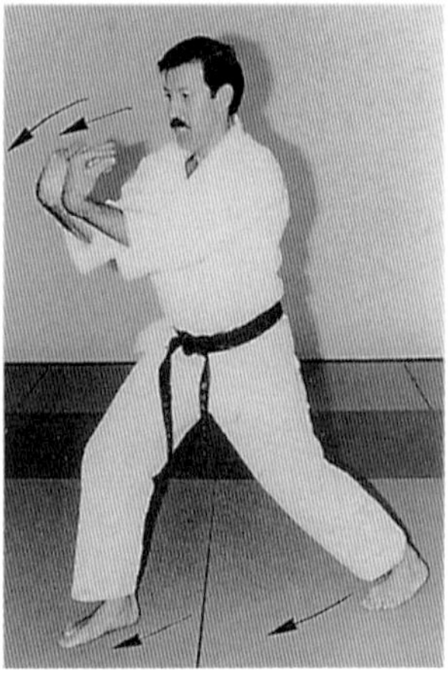

Foto 150

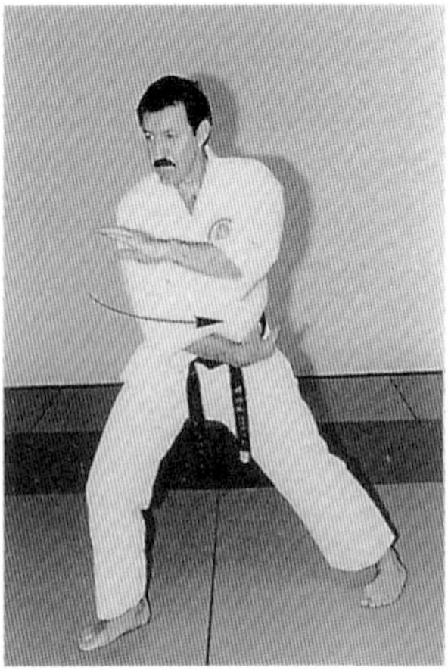

Foto 151

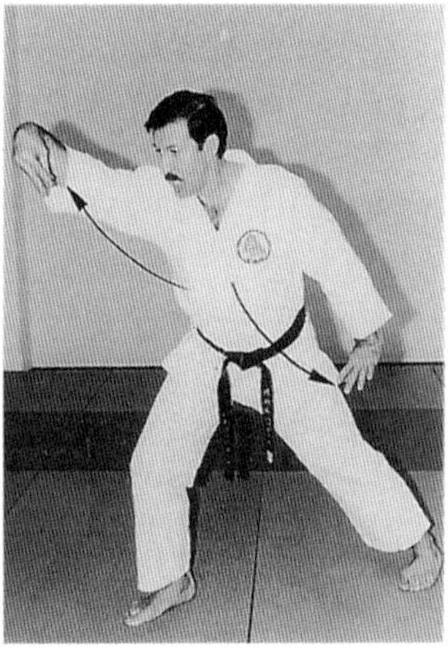

Foto 152

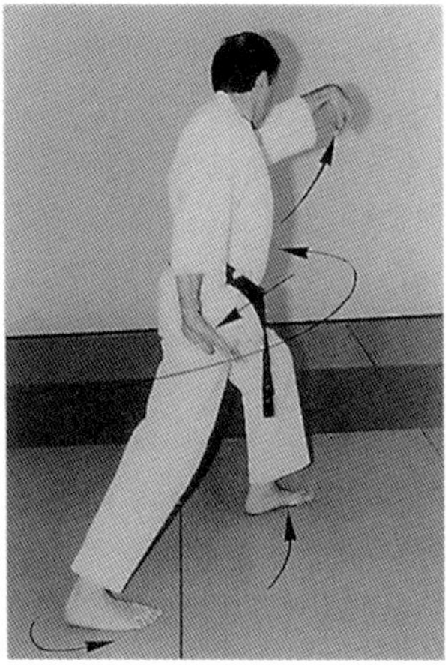

Foto 153

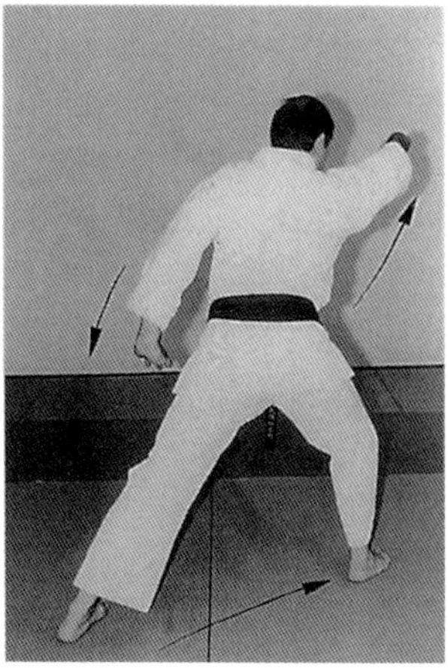

Foto 154

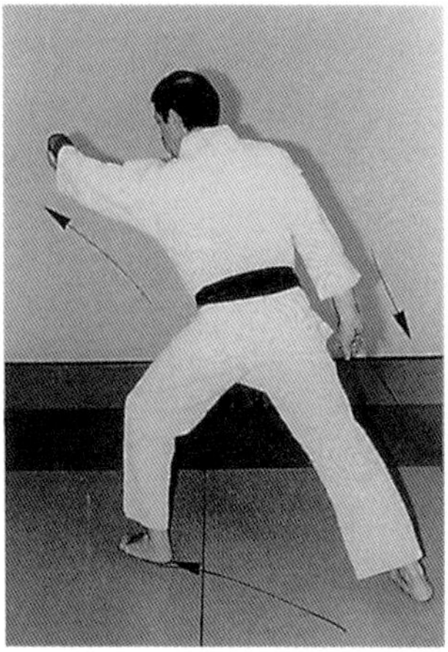

Foto 155

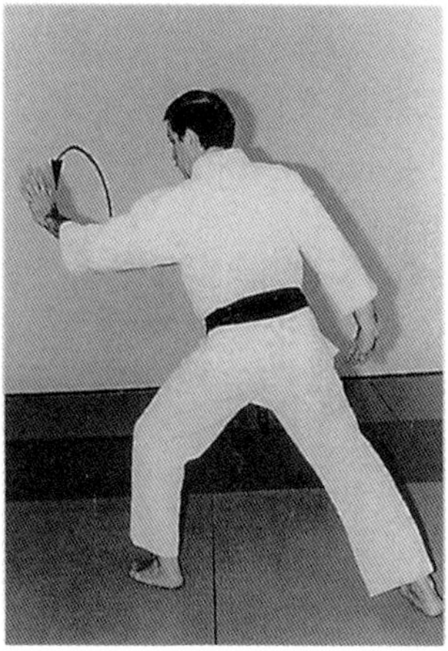

Foto 156

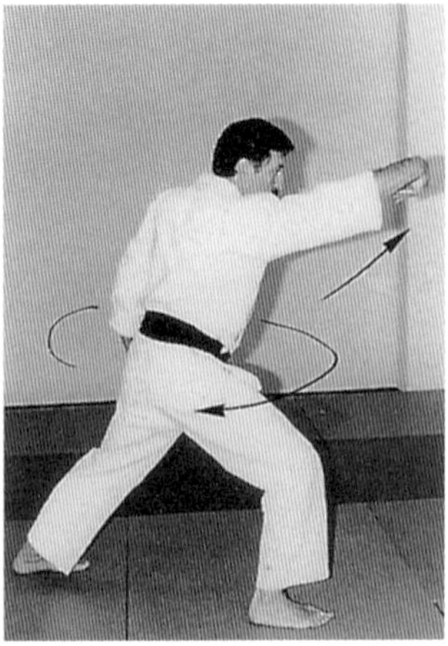

Foto 157

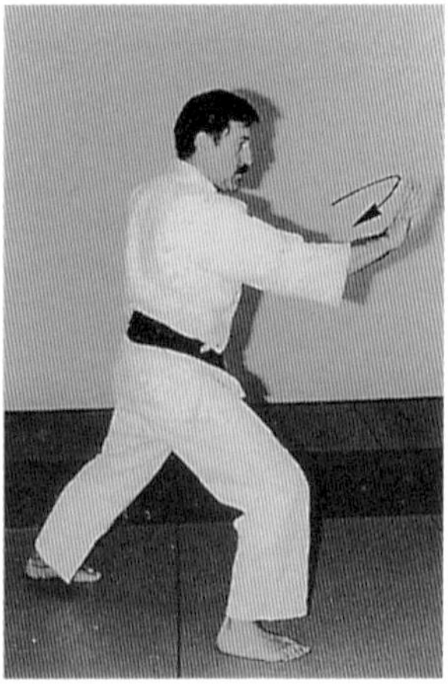

Foto 158

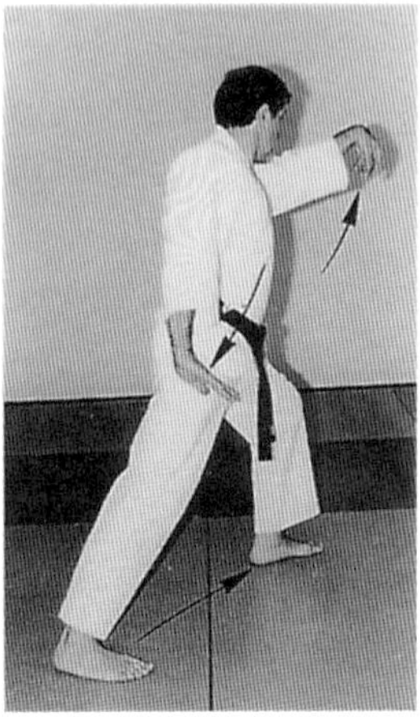

Foto 159

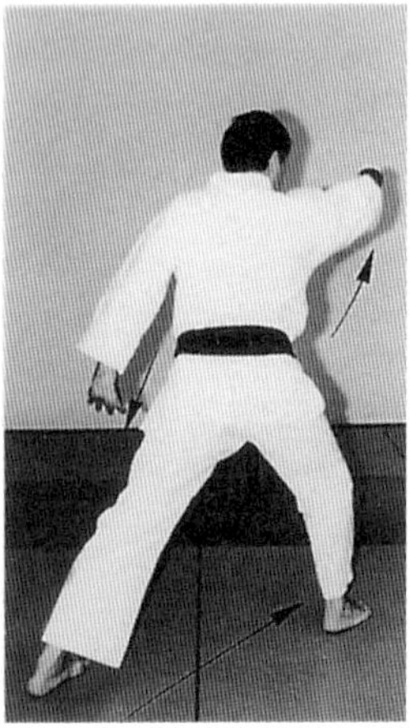

Foto 160

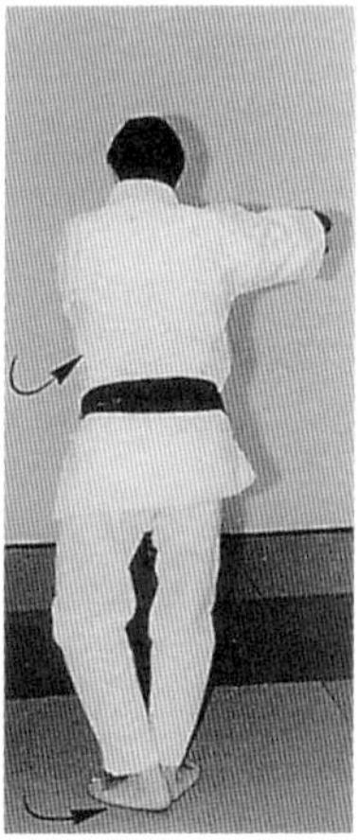

Foto 161

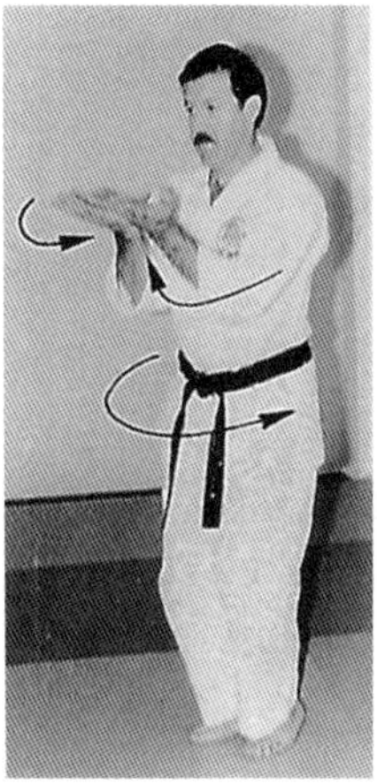

Foto 162

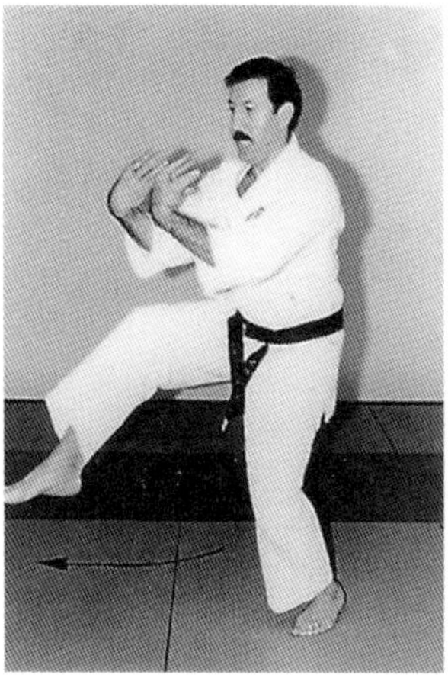

Foto 163

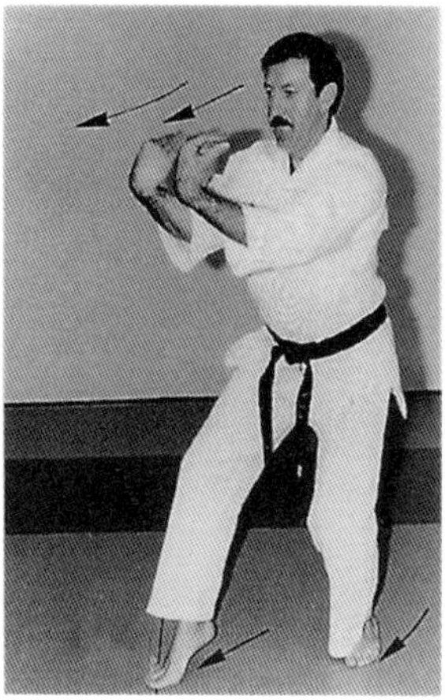

Foto 164

Die auf den Fotos 163 und 164 dargestellten Bewegungsabläufe werden zweimal wiederholt.

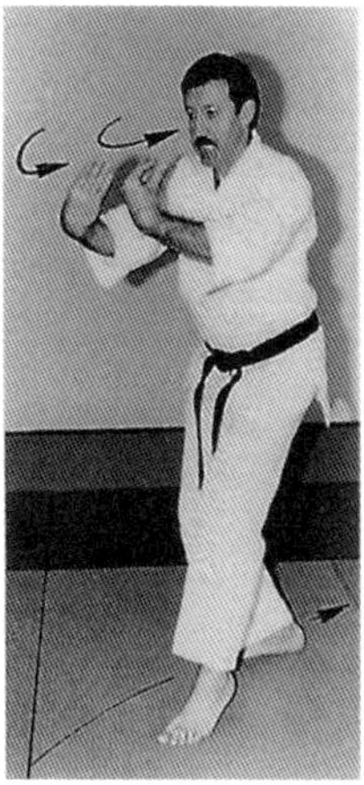

Foto 165

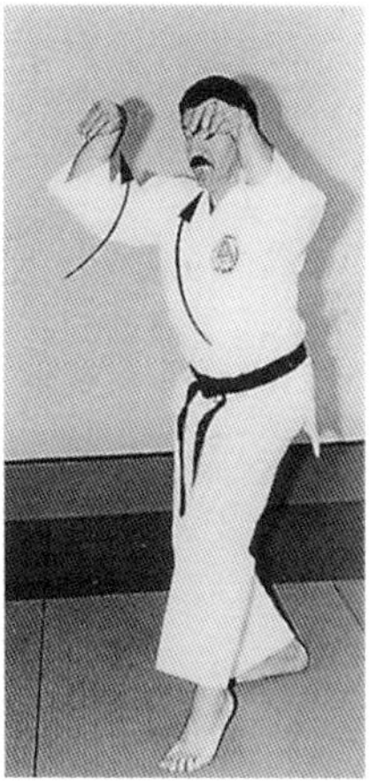

Foto 166

IV

Der verlorene und wiederentdeckte Schatz: Die Happoren no kata

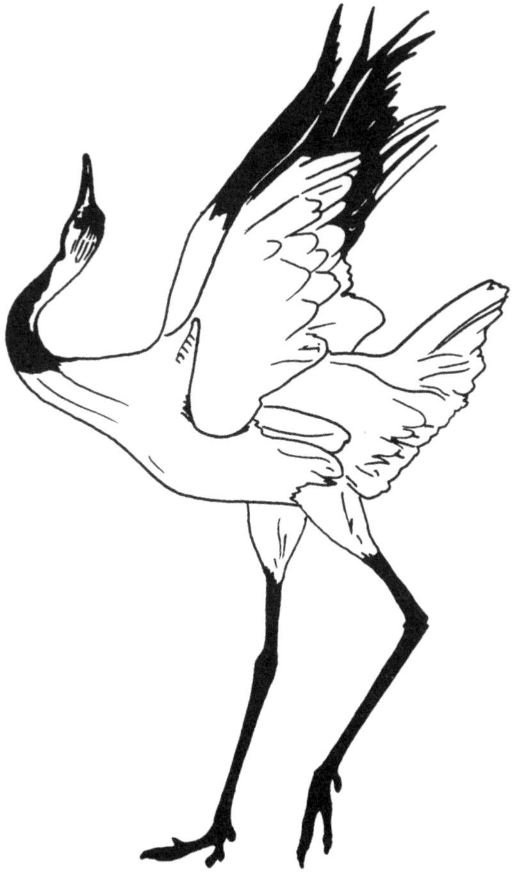

Zur Geschichte

Es ist heute bekannt, daß Higaonna Kanryô (1853-1916), der Begründer der *Gôjû-ryû*-Linie des *Karatedô*, die *Kata Sanchin* von chinesischen Kampfkunstexperten lernte, die in der auf Okinawa liegenden Kolonie Kumemura lebten.[50] Niemand kann heute sagen, ob diese erste Form der *Sanchin-Kata* tatsächlich der *Kata*, die heute unter diesem Namen bekannt ist, ähnelt. Es gibt nur eine Gewißheit: Einst wurde sie mit offenen Händen praktiziert. Etwas beunruhigend ist die Tatsache, daß sich im heutigen China praktisch keine Spuren dieser *Kata* mehr finden lassen.[51] Es gibt die Hypothese, daß die Art und Weise, auf welche die *Sanchin* im *Gôjû ryû* praktiziert wird, vom Kranichstil abgeleitet wurde, und die Art und Weise, auf welche sie im *Uechi ryû* praktiziert wird, eher vom Stil der Gottesanbeterin. Es besteht auch die Möglichkeit, daß die okinawanischen Meister selbst auf die Herausbildung dieser Form stärker eingewirkt haben, als bislang angenommen wurde. Ich werde weiter unten auf diese Annahme zurückkommen (siehe Seite 285 ff.).

Higaonna Kanryô lernte in Kumemura eine *Kata* des *Qigong*. Die Frage ist, ob man ihn lediglich die »äußere« Form lehrte, oder ob er nicht fähig war, den »inneren« Sinn der *Kata* zu erfassen. Ob aus Unverständnis oder willentlich, ist nicht bekannt: Möglicherweise hat Higaonna nur eine blasse Kopie des von ihm Gelernten weitergegeben. Schließlich reiste er in die chinesische Provinz Fujian (Fukien). Dort stieß er auf die *Rokkishu no kata*,[52] auf die sich Hinweise im Bubishi finden lassen, und bei der es sich möglicherweise um die *Happoren no kata* handelte. Solche Überlegungen bieten natürlich Raum für endlose Spekulationen. Es scheint jedoch, daß

---

[50] Die *Kata Sanchin* (auf chinesisch *Saam chien*) wurde von Cheung Siu Shu entwickelt, einem Schüler Fang Jiniangs, um damit das *Qi*, die innere Energie zu entwickeln. In ihrer ursprünglichen Gestalt war die Atmung fließend und sanft. Erst durch die Lehre Miyagis wurde sie hart und geräuschvoll (*Ibuki*).

[51] Es existiert allerdings die *Dao Siu Nim*, die Bewegungsfolge der »kleinen Idee«, die im *Wingchun*-Stil *Kuen* praktiziert wird. Diese Form ist eher eine authentische *Qigong*-Übung als eine Kampfform, und die Bewegungen der Handgelenke erinnern an verschiedene Abschnitte der *Happoren* oder der *Tenshô* – siehe weiter unten.

[52] Diese *Kata* wird als Vorläufer der später von Higaonnas Schüler Miyagi Chôjun geschaffenen *Kata Tenshô* angesehen.

Higaonna die *Rokkishu no kata* bei seiner Rückkehr nach Okinawa nicht seinen Schülern vermittelt hat, möglicherweise, weil er sie nicht verwirren wollte in dem, was sie hinsichtlich der »*San Chin*« (»drei Schritte«) bereits von ihm gelernt hatten. Vielleicht hat er aber die *Rokkishu-Happoren* auch als höhere Stufe empfunden. *Sanchin* vermittelte dem Praktizierenden ein Gefühl von Kraft, er nahm sich als unerschütterliche Einheit wahr, und dieses Empfinden war leicht zu erreichen. Aber es bedurfte einer großen Reife in der Kunst der »leeren Hand«, um in der *Happoren* die Geschmeidigkeit hinter der vordergründigen Kraft und die viel subtilere Ausrichtung dieser Kraft erkennen zu können.

Miyagi Chôjun, der vielleicht eines Tages seinen Lehrer beobachtete, wie er die *Happoren* praktizierte, übernahm dessen Einstellung dazu, und auch er integrierte sie nicht in seinen Unterricht. Er schuf jedoch die *Kata Tenshô*, und dies stellt einen interessanten Versuch dar, dem Praktizierenden die mit der Ausführung der *Kata Happoren* verbundenen Empfindungen zu vermitteln, die durch die reine Atemtechnik- und Muskelanspannungs-*Kata Sanchin* nicht zu erreichen waren.[53] Und schließlich lehrte er auch die *Kata Hakufa*, die ebenfalls in Fukien praktiziert wurde und die mit ihren Handbewegungen den Flügelschlag und die Schnabelhiebe des weißen Kranichs imitierten.

Die *Happoren no kata* (die »*Kata* der acht Richtungen«) steht heute im Mittelpunkt der Forschung nach den Quellen des modernen *Karatedô*. Dieses Meisterstück der Kunst der »leeren Hand« stellt eines der Bindeglieder dar, ohne deren Kenntnis eine Rekonstruktion der Entwicklungsgeschichte des Karate unmöglich erscheint. In seinem südchinesischen Ursprungsort, der Provinz Fujian, ist diese *Kata* nie in Vergessenheit geraten. Anderswo ist sie jedoch bis heute weitgehend unbekannt geblieben.

Auf Okinawa wird die *Happoren no kata* von Iken Tokashiki *Sensei* im Rahmen seiner Schule des *Tomari ryû* und des *Gôjû ryû* gelehrt. In Japan wird sie nur im *Gôjûkensha* von Tokio, das unter der Leitung von Ôtsuka

[53] Ursprünglich endete die *Tenshô-Kata* allerdings mit einer sehr geschmeidigen Bewegung der Arme, die den sich allmählich beruhigenden Flügelschlag eines zurückkehrenden Vogels nachahmten. Dieser sanfte Abschluß wurde später durch einen *Mawashi uke*, auf den ein *Morote teisho uchi* folgt, ersetzt, die mit äußerster Kraft ausgeführt werden müssen.

Tadahiko *Sensei* steht, praktiziert. Ôtsuka Tadahiko *Sensei* erlernte die *Kata* von Iken Tokashiki, und bei seinen Forschungsreisen nach China gelang es ihm, sie weiter zu vervollkommnen. Die von ihm gelehrte Form ist mit großer Wahrscheinlichkeit die exakte. Da sie im Bubishi jedoch nicht tatsächlich beschrieben wird, läßt sich die letzte Gewißheit in dieser Frage nicht erreichen. Während das Bubishi in den vergangenen Jahren Gegenstand einiger Veröffentlichungen, die zumindest in den kleinen Kreisen der Eingeweihten bekannt sind, war, wurde der Ablauf der *Happoren no kata* bislang nicht einmal in Japan veröffentlicht. Die folgenden Seiten präsentieren somit weltweit zum ersten Mal vollständig und detailliert einen Schatz, der einst verloren ging und endlich wiedergefunden wurde.[54]

Der Vergleich der *Kata Happoren* und *Sanchin* läßt schnell erkennen, daß drei wesentliche Änderungen in der Ausführung der *Quan* (*Kata*) auftraten, als sie aus dem südlichen China auf die Insel Okinawa gelangten:

1. Die erste Änderung betrifft die Technik. Die Hand wurde geschlossen, um ihr eine größere Härte beim Schlagen auf die *Makiwara* zu verleihen. Damit wurde automatisch der Energiefluß verändert. Die Energiewelle, die durch die Hand verläuft, wird am Ende der Faust blockiert. Das bedeutet, daß man auf Okinawa, um ein schnelles und faßbares Ergebnis zu erlangen, von der Möglichkeit Abstand genommen hat, einen unvergleichlich höherwertigen Energiefluß zu erzeugen. Es wurde eine »äußere« Variante entwickelt, d. h., die Faust zerbricht ein Objekt wie ein Hammer, und diese Entwicklung geschah auf Kosten der »inneren« Variante, bei der die Hand durch einfache Berührung einen Gegenstand durch eine Art energetischer Vibration zerspringen lassen kann.[55]
2. Die zweite Änderung erfolgt auf dem Gebiet der Empfindung. Das veränderte Empfinden beruht offensichtlich auf der modifizierten Technik. In der *Happoren* strahlt die Kraft von innen nach außen, auf die gesam-

[54] Dies gilt insbesondere in Verbindung mit dem folgenden Werk des Autors: Habersetzer, R.: Koshiki Kata – Die klassischen Kata des Karatedô. Chemnitz: Palisander Verlag 2009. Darin wird der Ablauf der *Happoren no kata* anhand von Zeichnungen dargestellt. Der Bewegungsablauf wird dort von vorn gesehen gezeigt.

[55] Siehe Habersetzer, R.: Chi-Kung, la maîtrise de l'énergie interne. Paris: Éditions Amphora 1990.

te Oberfläche des Körpers oder gar darüber hinaus (man kann hierbei das »Kugelgefühl« des *Taiji* empfinden). Was davon übrig geblieben ist, wie z. B. die *Sanchin*, ist nur noch eine nach innen gerichtete Form, in welcher der Praktizierende seine gesamte Kraft in seinem Innern behält und sie in sein Körperzentrum führt. Das »externe« Ergebnis kann spektakulär sein, aber es ist das genaue Gegenteil der *Qigong*-Übung, welche die *Happoren* eigentlich darstellt.

3. Die dritte Änderung betrifft den Sinn der *Kata*. Was einst der Versuch war, die Einheit der inneren Energie mit der kosmischen Energie herzustellen, wurde zu einer Darstellung des Egos. Indem er die *Kata* schlecht (oder gewissermaßen mechanisch) ausführt, bezieht sich der Praktizierende auf sich selbst, während die klassische Ausführung darauf abzielt, daß der Mensch nach außen »strahlt«, um sich in Einklang mit den Kraftlinien außerhalb seiner selbst zu bringen. Anstatt sich auszudehnen, zieht er sich in sich zurück.

Indem eine energetische Kontraktion anstelle einer Ausdehnung erfolgt, kommt es mit der Zeit zu unerwünschten Wirkungen. Letztlich können sogar gesundheitliche Schäden die Folge sein, wenn der Energiefluß, der durch eine Bewegung erzeugt wird, invertiert wird. Beispielsweise wird bei der *Sanchin*, wie sie allgemein ausgeübt wird, die Energie des Körpers gewissermaßen im Innern »verbrannt«. Was nach außen hin spektakulär erscheint, kann am Ende zerstörerisch wirken.

Die *Kata Happoren* unterscheidet sich davon erheblich. Die Atmung bleibt hier natürlich. Man atmet durch die Nase ein und durch den Mund aus. Der Atem ist sanft, kaum hörbar, damit im Körper ein Energiegleichgewicht geschaffen wird und die Energie nicht durch eine kraftvolle Muskelanspannung blockiert wird. Auch der Stand ist in der *Kata Happoren* sehr natürlich und nicht sehr tief. Die Spannung ist nach außen gerichtet. Der Unterschied zur heute praktizierten *Sanchin-Kata* ist deutlich zu erkennen – dort ist der tiefe Stand sehr ausgeprägt, und die Spannung ist nach innen gerichtet. Allerdings sollte nicht vergessen werden, daß die *Kata Sanchin* in ihrer früheren Gestalt, wie sie beispielsweise Yamaguchi Gôgen praktizierte, nicht diesen ausgeprägten Stand hatte, und daß in der *Sanchin* (oder *Seisan*) des *Uechi ryû* die Hände nach wie vor offen sind. Auch waren in der alten *Sanchin*-Form die Unterarme wie in der *Happoren*

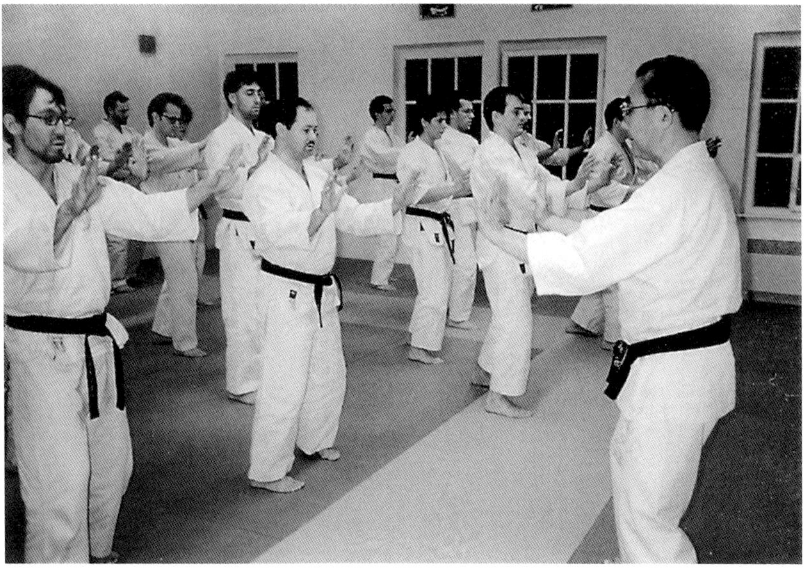

Foto 167

Fotos 167 bis 170: Tadahiko Ôtsuka *Sensei*, Träger des 9. Dan, unterrichtete zum ersten Mal die *Happoren no kata* außerhalb seines Landes. Dies geschah im Oktober 1993 während eines Spezialseminars in Straßburg, das durch das »*Centre de Recherche Budo*« *(CRB)* abgehalten wurde, welches durch seinen Freund, Roland Habersetzer, geleitet wird.

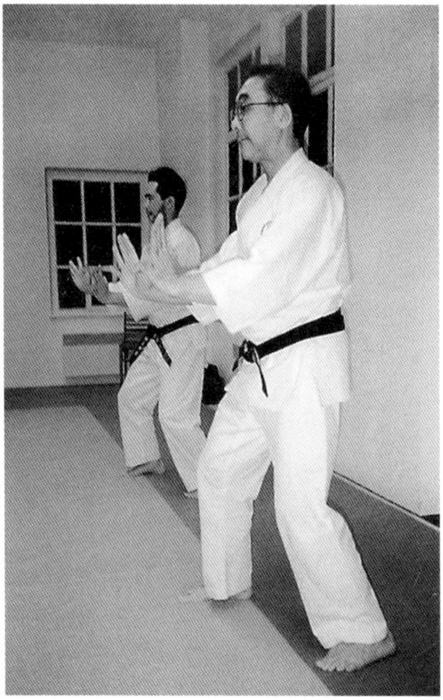

Foto 168

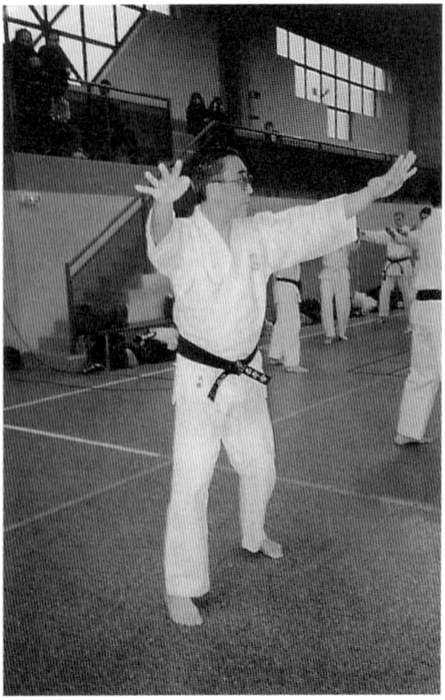

Foto 169

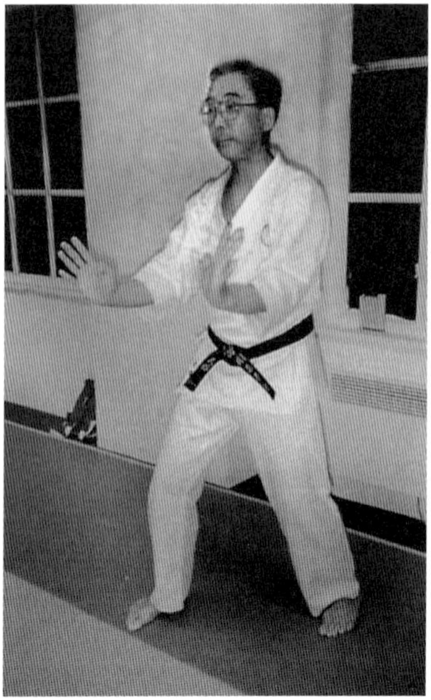

Foto 170

Fotos 169 und 170: Phase der peripheren Ausdehnung der Energie (Foto 169) und der Re-Zentrierung dieser Energie (Foto 170), bevor zu einer ruhigen Atmung zurückgekehrt wird.

nahezu horizontal ausgebreitet gewesen, während sie mit der Zeit immer mehr angewinkelt wurden bis zu einem heutigen Winkel von 90°.

Die *Kata Sanchin* hat sich somit im Vergleich zu ihrer Urform gewissermaßen in entgegengesetzter Richtung entwickelt. Ungeachtet allen Anscheins ist die *Sanchin* zu einer »äußeren« *Kata* geworden, mit deren Praxis ein relativ einfach zu erreichendes Gefühl von Stärke verbunden ist. Dies stellt ein Mißverstehen der Intentionen der Meister der Vergangenheit dar, denen es darum ging, daß der wahre Mensch lernen muß, nach außen zu strahlen, seine Energie auf andere wirken zu lassen, seine Kraft nach außen zu projizieren – der Kern einer nützlichen und konstruktiven *Budô*-Philosophie.

In der *Happoren* hingegen wurden diese Intentionen unverfälscht weitervermittelt. Im folgenden werden einige erläuternde Bemerkungen aus dem Bubishi vorgestellt, die hilfreich für eine korrekte Ausführung der *Happoren-Kata* sind:

- Die Atmung muß der Bewegung folgen. Alle Techniken werden durch das richtige Atmen gesteuert. Beim Einatmen gleicht der sich ausdehnende Körper einer riesigen Meereswoge, die sich ohne den geringsten Widerstand aufwölbt (Prinzip der Ausdehnung der inneren Energie). Beim Ausatmen verwandelt ihn die Muskelkontraktion, die den Atem begleitet, in einen unüberwindlichen Berg (Prinzip der Rückkehr ins Energiezentrum). Wenn Sie die Arme nach vorn ausstrecken, atmen Sie so aus, daß 50 Prozent der Luft in den Lungen bleiben (es wird niemals vollständig ausgeatmet). Fühlen Sie beim Einatmen, wie Ihr Körper leichter wird, und spüren Sie beim Ausatmen, wie Sie sich im Boden verwurzeln. Nachdem Sie kraftvoll ausgeatmet haben, kehren Sie für einen Moment zu einer normalen, ruhigen Atmung zurück. Hören Sie Ihren Atem und seien Sie sich jedes Teils Ihres Körpers bewußt.
- Der Atem muß vom Zwerchfell ausgehen (»Bauchatmung«). Hierfür ist es nötig, daß die Wirbelsäule aufrecht bleibt und senkrecht zur Lage des Magens.
- Es ist notwendig, daß die Muskeln, vor allem die Trapezmuskeln, die Deltamuskeln und die Brustmuskeln unter konstanter, aber geschmeidiger Muskelanspannung stehen.
- Die Grundstellung ist eine natürliche. Wird der Ort verändert, unterscheidet sich dies nicht von normalem Gehen. Jeder Schritt beginnt geschmeidig und endet fest, verbunden mit dem Gefühl der Verwurzelung. Die Beinmuskeln sind fest, aber beweglich.
- Die Techniken entwickeln sich von den Berührungspunkten der Ellbogen mit der Taille. Die Kraft steigt aus dem Bauch (*Hara*), die Hände sind lediglich Werkzeuge. Die Kraft wandert bis in die Fingerspitzen. Die Energie muß nach außen strahlen gleich den Strahlen der Sonne.
- Es ist wichtig, im Geist konzentriert und zugleich aufnahmefähig zu sein. Die Augen, hell wie der Mond, müssen bereit sein, das nur schwer Erkennbare zu erblicken. Der Blick ist peripher, also nicht fokussiert – im Gegensatz zum »Tunnelblick«.

- Das Prinzip des Wechsels von »weich« und »hart« (*Jû* / *Gô*, oder *Rou* / *Gang* auf Mandarin-Chinesisch) betrifft nicht nur die körperliche Ebene. Beides ins Gleichgewicht zu bringen bedeutet, die innere Einheit zu finden und auf diese Weise sein »Ego« zu besiegen, den schlimmsten Gegner des Menschen. Interpretiert man das Prinzip des *Gô* körperlich als Kraft und geistig als Erbarmungslosigkeit, wilde Entschlossenheit, kann auch das *Jû* nicht allein als Geschmeidigkeit des Körpers aufgefaßt werden, sondern auch als die des Geistes, also als Edelmut, als Fähigkeit, nachzugeben, sich anzupassen.

Es ist offensichtlich, daß die *Happoren* wie andere *Koshiki Kata* auf körperlicher Ebene ein Fundament darstellt, auf dem eine bestimmte philosophische Haltung ruht. Es ist an dem Ausführenden, auf kluge Weise zwischen dem Scheinbaren und dem Wirklichen zu unterscheiden.

Zur Technik

Im folgenden wird eine zusammenfassende Beschreibung der *Happoren no kata* gegeben. Diese *Kata* korrekt zu erlernen, die in sich so Wertvolles auf körperlicher wie auf geistiger Ebene birgt, ist selbstverständlich nur in direktem Kontakt mit einem Meister möglich. Es ist sonst zu schwierig, vorgefaßte Ansichten fallenzulassen, erlernte Reflexe abzustreifen. Und es ist allzu einfach, sich zu irren, wie es zweifelsohne einst auf Okinawa geschehen ist. Darüber hinaus ist es gefährlich, sich zu einer banalen Imitation des äußeren Erscheinungsbildes verführen zu lassen.

Die Fotos 174 bis 233 (S. 273 ff.) zeigen den Ablauf der *Kata*. Die Nummern in der Beschreibung beziehen sich auf diese Fotos. Die Fotografien wurden absichtlich schräg zur Bewegungsachse der *Kata* aufgenommen. Sie ergänzen sich demzufolge mit den Zeichnungen im Buch des Autors über die *Koshiki Kata*[56], wo der Ablauf von vorn dargestellt wurde.

Nach der Begrüßung wird die Position *Heikô dachi* eingenommen. Am Ende des Ausatmens sind die Hände vor dem Bauch über Kreuz, die linke Hand ist oben (174). Während langsam eingeatmet wird, werden die

[56] Habersetzer, R.: Koshiki Kata. Chemnitz: Palisander Verlag 2009, S. 381-386.

Hände wieder gehoben, die Finger zeigen dabei nach vorn, die linke Hand wird gedreht, so daß sie sich nun unter der rechten befindet (175). Während eines kurzen Ausatmens wird mit offenen Händen ein *Morote chûdan uchi uke* ausgeführt, die Handflächen weisen nach oben (176).

Langsames Einatmen, während die Hände neben die Hüften gezogen werden, wobei die Handflächen noch immer nach oben zeigen (177). Während des Ausatmens werden die Handflächen nach unten gedreht und die Hände senkrecht entlang dem Körper abwärts gesenkt; die Finger zeigen dabei nach vorn (178).

1. Sequenz:

Während eines kurzen Einatmens erfolgt ein kurzer Gleitschritt nach vorn mit dem rechten Fuß (der vorn bleibt), gefolgt vom linken, während mit einer raschen Bewegung die Hände mit den Handflächen nach oben gehoben werden; die Unterarme sind nun parallel zum Boden (179). Die Knie sind leicht eingebeugt, der Schwerpunkt befindet sich in der Mitte. Die Position ist etwas länger als ein *Migi shizen tai*, aber weniger ausgeprägt als ein *Zenkutsu*. Die Haltung ist auch kein *Sanchin dachi* – die Knie sind auf natürliche Weise nach vorn eingebeugt, und die Zehen weisen in die gleiche Richtung. Dies ist der übliche Stand für die gesamte *Happoren*, abgesehen von der Eröffnungssequenz und den Bewegungsfolgen 206 bis 210 und 221 bis 224.

Die folgenden Bewegungen werden am selben Ort ausgeführt. – Es wird sanft ausgeatmet, während die Handgelenke zurückgebogen werden; die Finger zeigen nach außen und leicht nach oben (181 und 182). Während rasch eingeatmet wird, werden die Hände mit einer schnellen, simultanen und symmetrischen Bewegung über Kreuz vor den Körper gebracht; die Handflächen weisen nach vorn, die Finger nach außen und leicht nach oben. Gleichzeitig wird der Stand leicht abgesenkt. Beide Händen werden mit einer langsamen Bewegung im Winkel von 30° zur Schulterlinie nach vorn und nach oben geführt, während sich zugleich der Stand erhöht. Die Bewegung endet mit ausgestreckten Armen und nach unten weisenden Handflächen (183 bis 186). Bei dieser Bewegungsfolge wird langsam und mit einem klangvollen Geräusch aus tiefer Kehle ausgeatmet.

Das folgende Einatmen geschieht in zwei Phasen. Während der ersten Phase des Einatmens wird (noch immer am selben Ort; der Oberkörper ist nach wie vor gerade aufgerichtet) der Stand wieder ein wenig abgesenkt, während die stark auswärts gebogenen Handgelenke mit rascher Bewegung zurückgezogen werden. Die Finger schließen sich, die Daumen zeigen nach oben. Die Ellbogen sind am Körper, die Unterarme waagerecht (187). Während der zweiten Phase des Einatmens werden die Handgelenke eingebeugt, so daß die Handgelenkrücken nach außen zeigen, ohne daß dabei die Position der Arme verändert wird (188). Es ist zu beachten, daß die Bewegungen 187 und 188 in einer Folge geschehen, und daß die beiden Phasen des Einatmens ohne Unterbrechung erfolgen.

Die Luft wird angehalten. Dabei öffnen sich die Finger, es folgt eine kurze Drehung der Hände, durch welche die Finger von unten nach oben und von innen nach außen gebracht werden. Während erst schnell und geräuschvoll, im weiteren jedoch lautlos und auf natürliche Weise ausgeatmet wird, werden langsam die Handflächen mit stark auswärts gebeugten Handgelenken nach vorn geschoben. Die Finger zeigen nach außen und nach oben. Die Unterarme bleiben während aller Bewegungen von 187 bis 190 waagerecht, aber die Ellbogen gelangen in der letzten Phase (190) ein Stück vor den Körper.

Anmerkung: Dieselbe Entwicklung des Atems gilt für jedes Ausatmen: erst kraftvoll, dann ruhig.

Die Fotos 187 bis 190 stellen eine Gruppe von Bewegungen dar, die am Ende jedes Abschnitts der *Kata* wiederholt wird. Diese Sequenz beinhaltet eines der wirklichen energetischen »Geheimnisse« der *Happoren.*

Es ist wichtig, daß in allen Techniken der *Happoren* die Energie an der Peripherie des Körpers »gefühlt« werden muß und niemals im Zentrum des Körpers, wie dies in der modernen Variante der *Sanchin no kata* der Fall ist.

2. Sequenz:

Diese Gruppe ist nicht gesondert illustriert, da es sich um die erneute Abfolge der Bewegungen 183 bis 190 handelt.

Die Abfolge beginnt wieder mit einem Gleitschritt. Es ist zu beachten, daß der rechte Fuß vorn bleibt und daß die Hände sich am Ende wieder in der Position 190 befinden.

Foto 171: Ôtsuka *Sensei* zeigt anhand seines Schülers Miyazaka *Sensei*, 6. Dan, die Punkte, an denen sich während der Ausführung der *Kata* Energie konzentriert. Vergleiche Foto 193 der Abfolge der *Kata* (S. 276)

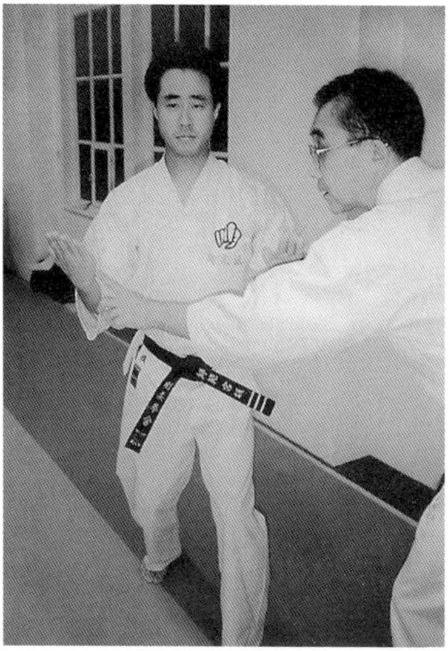

Foto 171

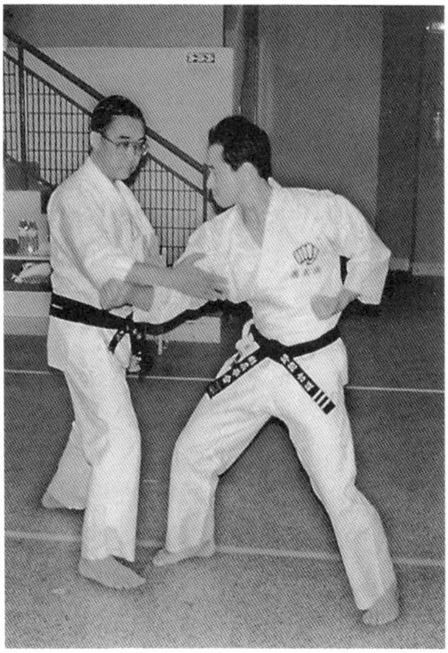

Foto 172

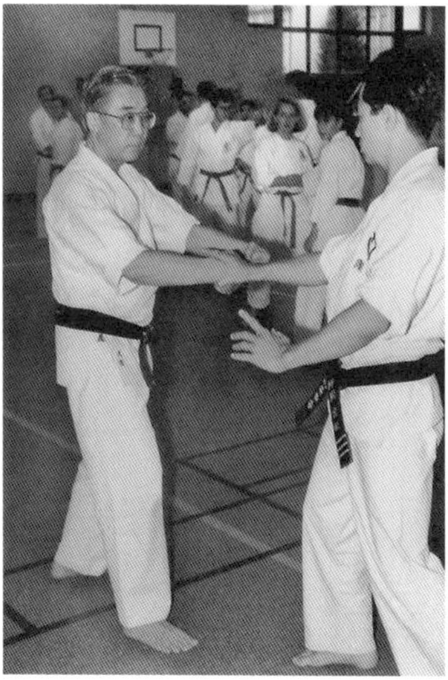

Foto 173

Foto 172: *Bunkai* einer Phase der *Happoren no kata*. Vergleiche Foto 218 (S. 281) der Abfolge der *Kata*.

Foto 173: *Bunkai* einer Phase der *Happoren no kata*. Vergleiche Foto 188 (S. 275).

3. Sequenz:
Auch diese Gruppe ist nicht gesondert illustriert, da es sich um die wiederholte Abfolge der Bewegungen 183 bis 190 handelt.

Die Ausführung geschieht auf identische Weise wie bei den beiden vorherigen Bewegungsfolgen. Diese Sequenz wird also dreimal ausgeführt (*San*[57]), jedoch ohne daß, wie dies in der *Sanchin* der Fall ist, die Schrittfolge wechselt.

4. Sequenz:
Gleitschritt mit dem linken Fuß in einem Winkel von 45° zur Hauptachse der *Kata*, ohne daß dabei die Haltung des Oberkörpers verändert wird (191). Die folgenden Bewegungen werden am Ort ausgeführt. – Die rechte Hand wird umgedreht, so daß die Handfläche nach oben zeigt; die Hand wird nun in einer horizontalen, kreisförmigen Bewegung zum Körper geführt. Die Bewegung endet im *Chûdan uchi uke*. Simultan dazu wird auch die linke Hand im horizontalen Bogen zum Körper geführt, aber die Hand wird zuvor nicht gedreht. Die Bewegung der linken Hand endet im *Chûdan kake uke* (192 und 193). Diese Bewegungen erfolgen sehr schnell, während kurz eingeatmet wird. Während eines langen, zunächst geräuschvollen, dann ruhigen Ausatmens werden die Arme nach außen und oben gestreckt, wie in den Bewegungsfolgen 184 bis 186, nur daß die Ausrichtung der Hände verschieden ist: die rechte Handfläche weist nach oben und die linke nach unten (194). Es folgt die Sequenz 195 bis 197, die eine Wiederholung der Bewegungsfolgen 187 bis 189 mit den entsprechenden Beschreibungen darstellt.

5. Sequenz:
Der Körper schwenkt nach rechts, indem der linke Fuß einwärts gedreht wird. Es folgt ein Gleitschritt mit dem rechten Fuß entlang einer Linie, die parallel zur vorherigen Bewegungsachse verläuft (198, 199). Die Sequenz 200 bis 205 ist eine symmetrische Wiederholung der Sequenz 192 bis 197.

Nun wird zuerst der linke, dann der rechte Fuß zurückgesetzt, so daß sich die Fersen auf einer Linie befinden. Der Oberkörper beugt sich nach

---

[57] San (japanisch): drei.

vorn, die Hände hängen nach unten (206). Die Hände werden nach vorn geworfen, während sich der Körper wieder aufrichtet, wobei die Arme sehr entspannt sind – die Bewegung beginnt damit, daß die Schultern gehoben werden und dann die Arme wie ein »Peitschenschlag« geschleudert werden. Mit den Handkanten wird nun ein Schlag nach vorn auf Brusthöhe ausgeführt, während ein *Kiai* ausgestoßen wird. Die Handgelenke sind hierbei stark zurückgebogen (207 und 208). Die Bewegungsfolgen 209 und 210 sind Wiederholungen der Folgen 188 und 189, wieder nach vorn gerichtet; zuerst wird eingeatmet und dann ausgeatmet.

6. Sequenz:
Gleitschritt mit dem linken Fuß voran nach vorn (211). Die folgenden Bewegungen werden am Ort ausgeführt. – Das linke Handgelenk wird nach links geschleudert, ohne daß dabei jedoch die Position des Ellbogens verändert wird, die Handfläche zeigt zum Körper (212). Kurzes Einatmen. Der linke Unterarm wird in runder Bewegung nach vorn parallel zur Brust abgesenkt, wobei ausgeatmet wird (213). Während eingeatmet wird, erfolgt ein *Chûdan uchi uke* mit links, die Handfläche weist nach oben (214). Es wird erst stark, dann ruhig ausgeatmet, während die linke Handfläche gewendet und langsam nach vorn geschoben wird (215).

Anmerkung: Während der Sequenz 211 bis 215 stellt der linke Ellbogen einen Fixpunkt dar, und die rechte Hand bewegt sich nicht. Die Bewegungsfolge 215 stellt die Rückkehr in die Position 211 dar.

Fotos 226 bis 229: Für die Bewegungen der 6. Sequenz, wie auch die der folgenden, symmetrisch ausgeführten Bewegungsgruppen existiert eine Variante, in welcher der linke Arm schräg abgesenkt wird (227), wobei die Hüften sich leicht in Richtung der stechenden Hand drehen, bevor diese schnell in die Ausgangsposition zurückgezogen wird (228). Anschließend wird die Ausgangsstellung wieder eingenommen (229 = 211).

7. Sequenz:
Schritt mit dem rechten Fuß (dies stellt den einzigen richtigen Schritt (d. h. Wechselschritt) der *Kata* dar); der linke Fuß folgt ein Stück nach (216). Die Fotos 217 bis 220 stellen die symmetrische Wiederholung der Bewegungsfolgen 212 bis 215 dar.

Fotos 230 bis 233 illustrieren die für diese Gruppe mögliche Variante – siehe auch letzter Absatz zur 6. Sequenz.

8. Sequenz:
Der linke Fuß wird zurückgesetzt, danach der rechte, so daß die Fersen sich auf einer Linie befinden. Der Oberkörper beugt sich nach vorn wie in Position 206, aber die Hände werden vor der Brust zu Fäusten geschlossen (221). Die nächste Bewegungsfolge setzt sich aus zwei schnell aufeinander folgenden Techniken zusammen, die während eines einzigen Ausatmens und mit einem einzigen *Kiai* ausgeführt werden: Während der Körper sich wieder aufrichtet, erfolgt ein *Yoko morote chûdan tettsui* (die Arme werden nicht ausgestreckt sondern bleiben leicht gebeugt), danach ein nach vorn gerichteter *Shômen morote chûdan tettsui*. Während des Ausatmens werden die Hände nun mit einer schnellen Bewegung nach vorn abgesenkt, die linke Hand über der rechten, Handflächen nach unten (222 bis 224).

Der linke Fuß wird neben den rechten gestellt, der Körper richtet sich auf (225) und es erfolgt der Gruß.

Das Studium der *Happoren no kata* (in deren Verlauf mit zunehmender Praxis sich einige Details der Bewegungsfolgen durchaus verändern können) wird von einem außerordentlich reichhaltigen *Bunkai* (Anwendung) begleitet, das auf dem Einsatz der Fäuste und der Unterarme beruht. Dieses Bunkai erinnert zweifelsohne an die chinesische Technik des *Tuishou* (»klebende Hände«, eine Technik, die beispielsweise im *Taijiquan* studiert wird). Es erinnert auch an den Ursprung einer der authentischen *Koshiki Kata*, die Grundlage eines Kampfsystems, das (unvollständig) von China auf die Ryûkyû-Inseln übertragen wurde. Das Studium des *Bunkai* kann unmöglich auf andere Weise als durch direkten Unterricht erfolgen – es würde den Rahmen dieses Werkes sprengen.

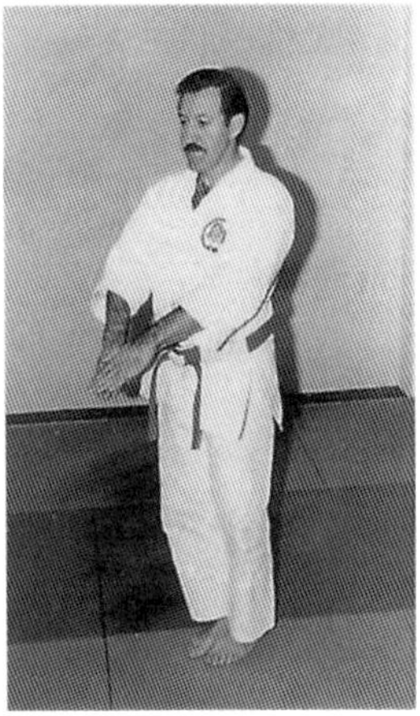

Foto 174

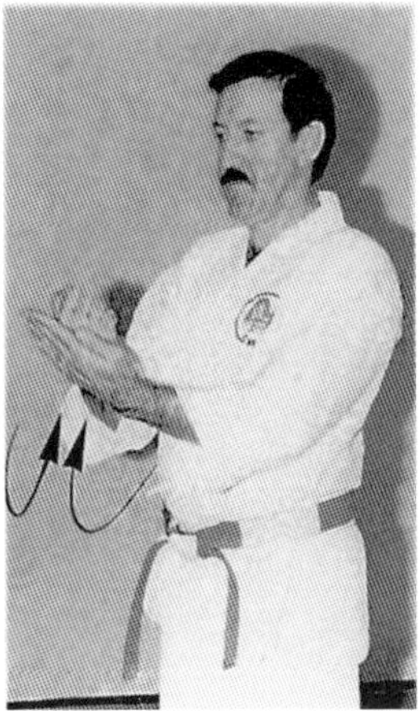

Foto 175

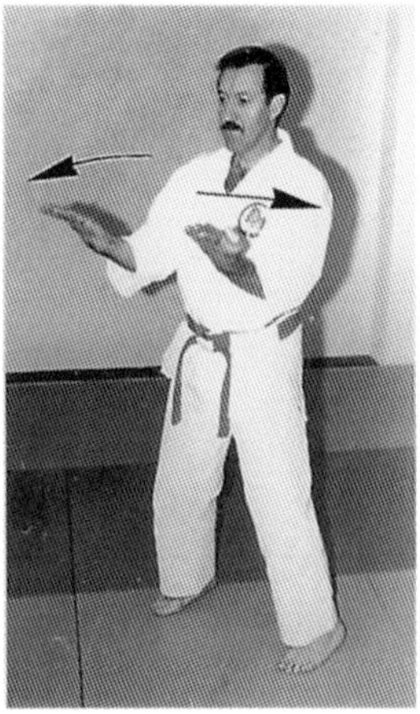

Foto 176

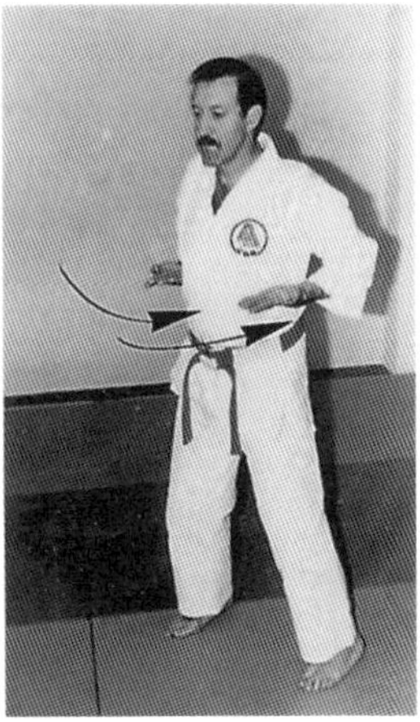

Foto 177

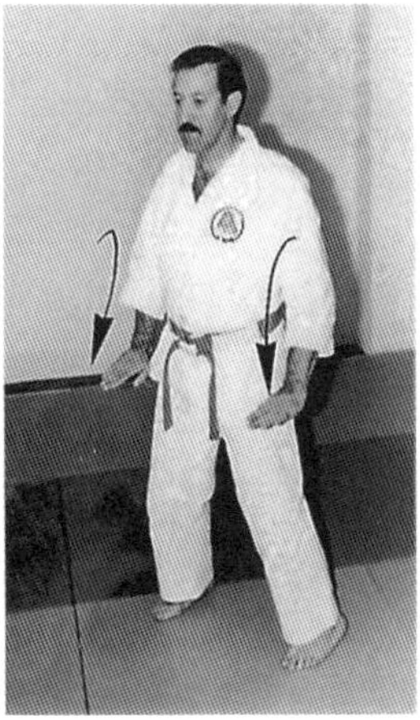

Foto 178

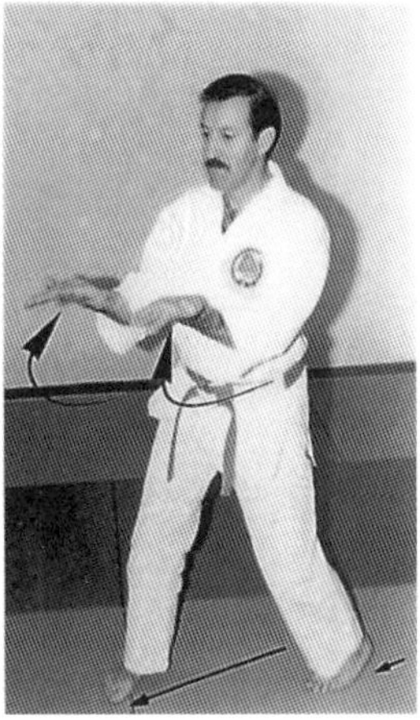

Foto 179

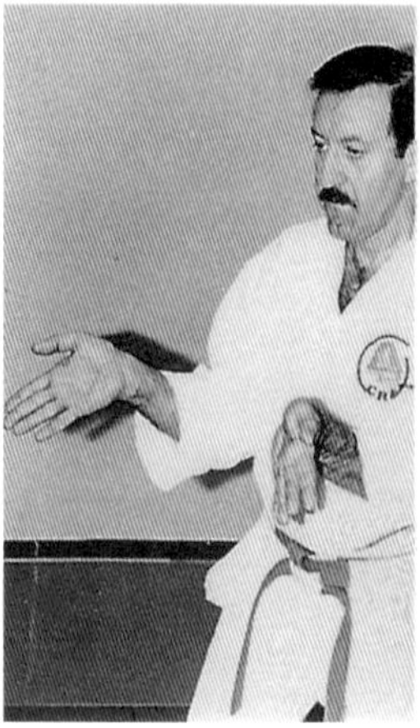
Foto 180

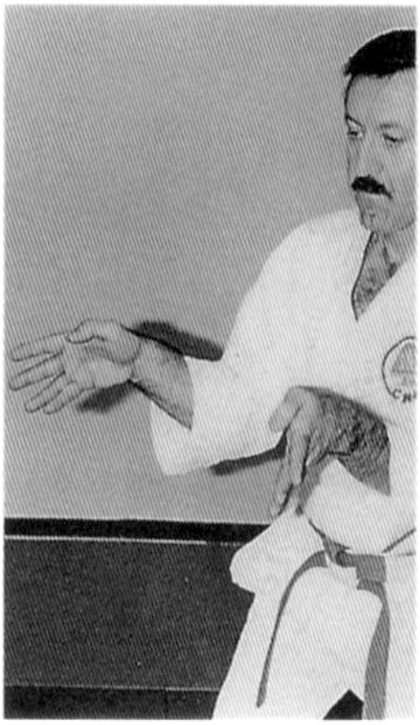
Foto 181

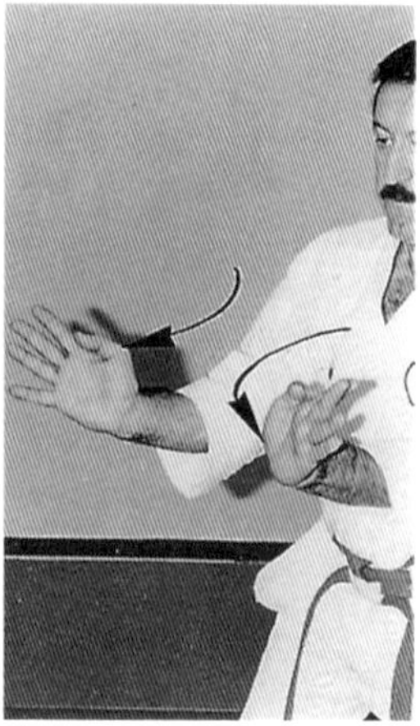
Foto 182

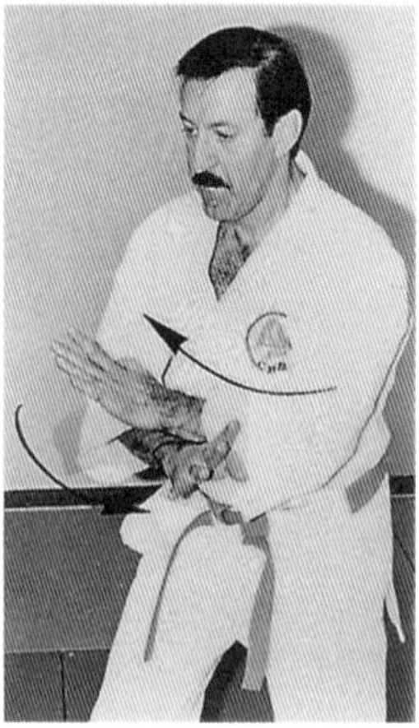
Foto 183

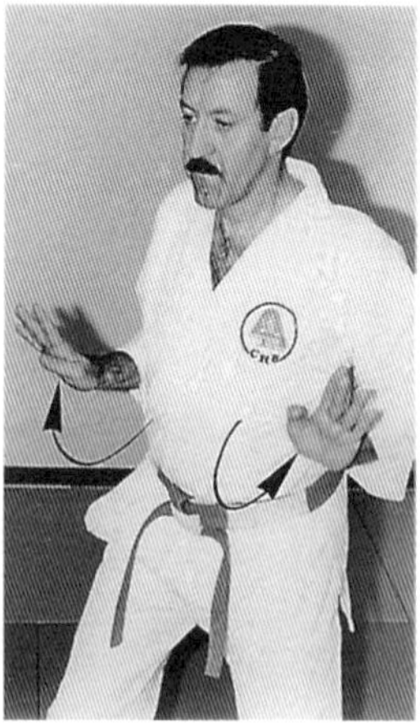
Foto 184

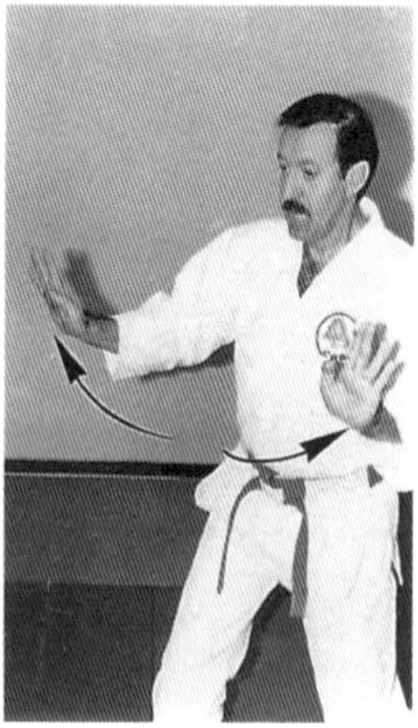
Foto 185

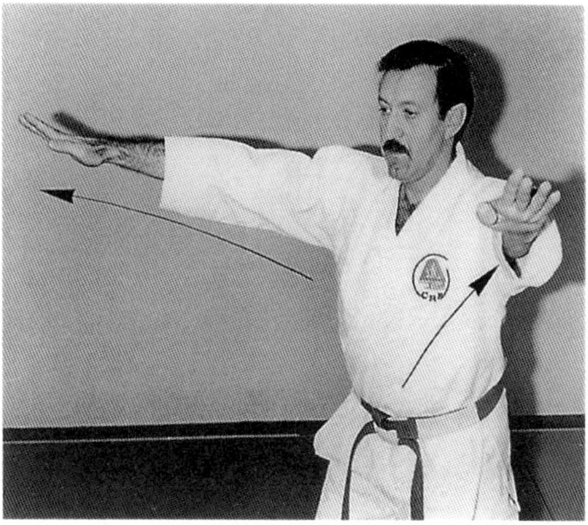

Foto 186

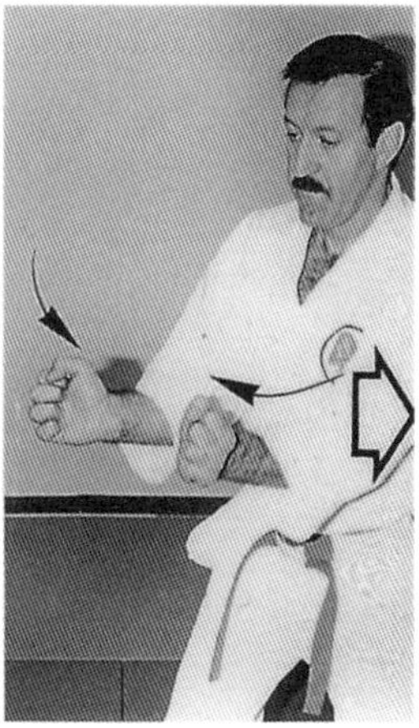

Foto 187

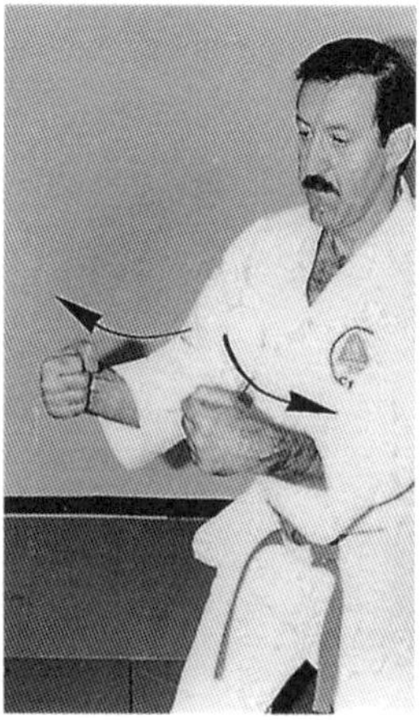

Foto 188

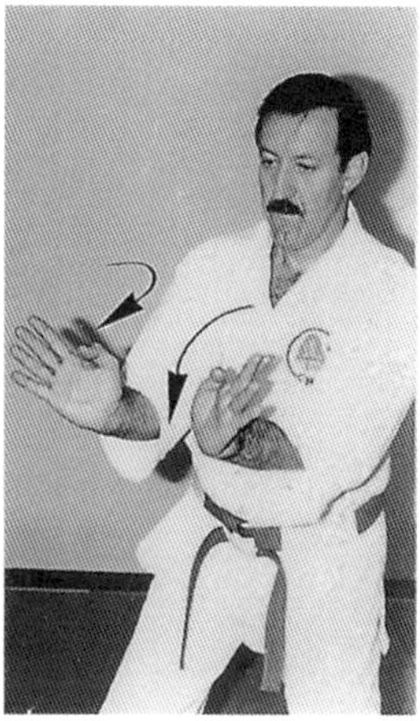

Foto 189

Die 2. und 3. Bewegungssequenz sind nicht gesondert illustriert, da sie zweimal die exakte Wiederholung der auf den Fotos 183 bis 190 dargestellten Abläufe beinhalten.

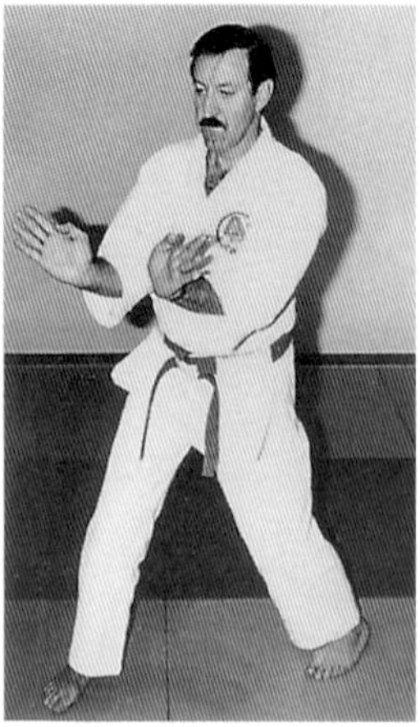

Foto 190

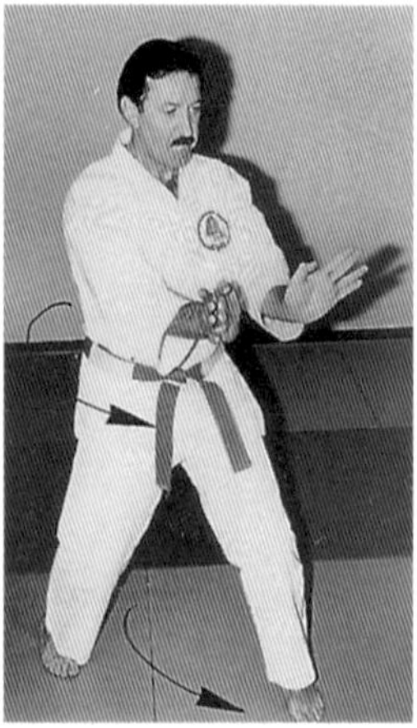

Foto 191

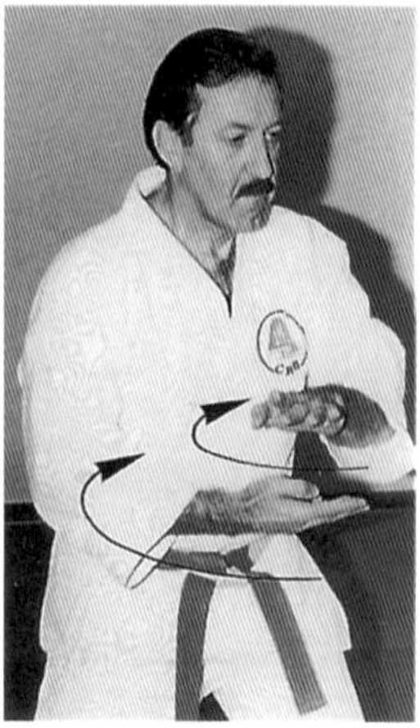

Foto 192

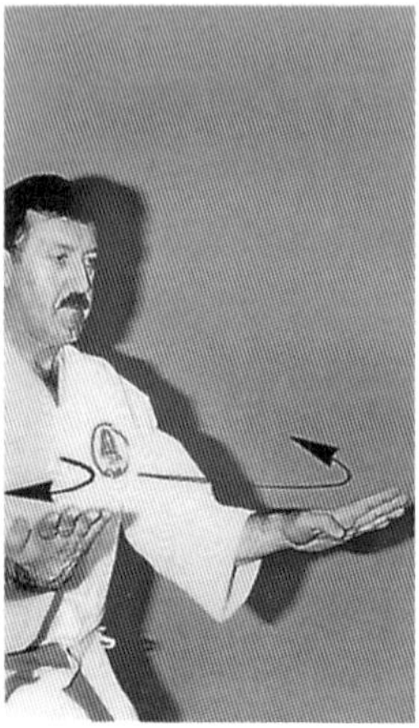

Foto 193

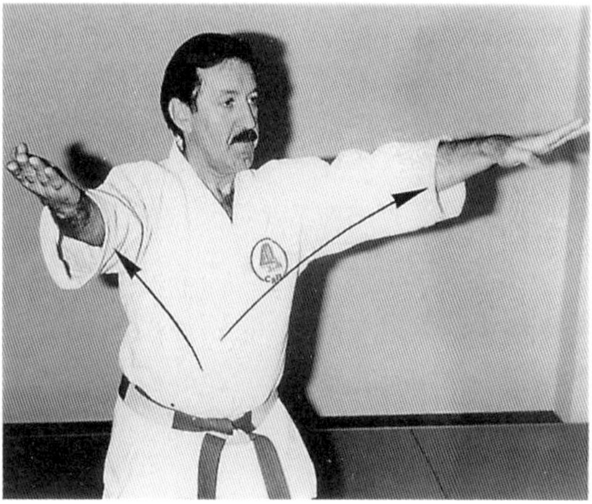

Foto 194

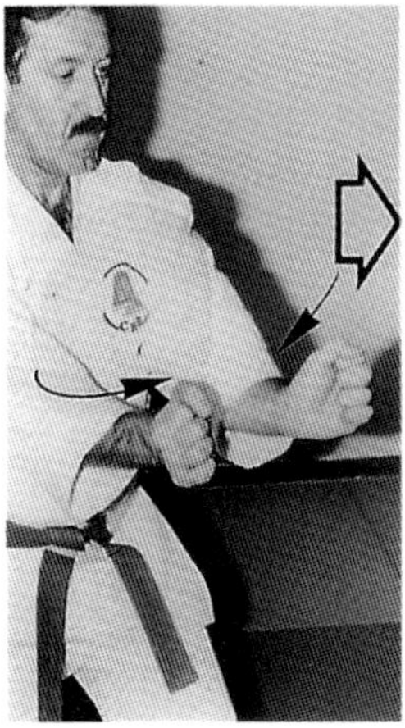

Foto 195

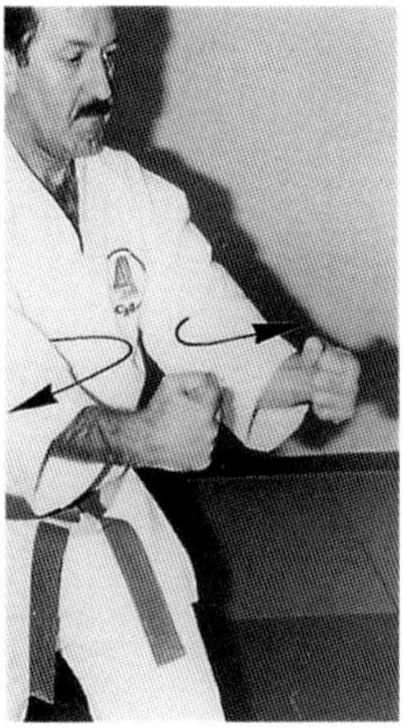

Foto 196

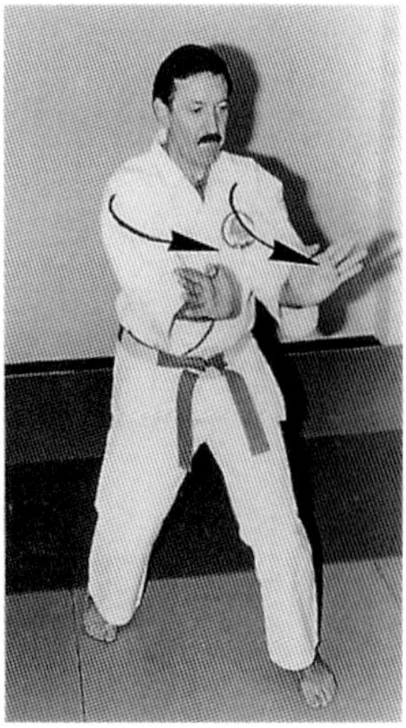

Foto 197

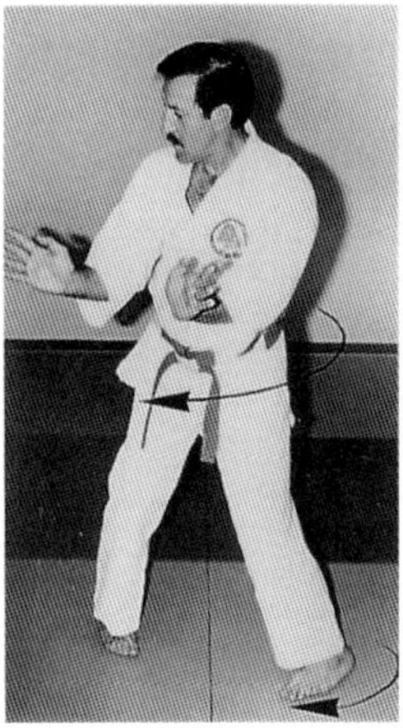

Foto 198

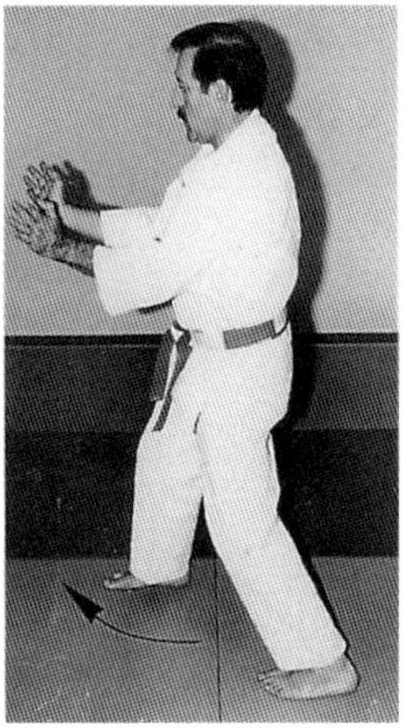

Foto 199

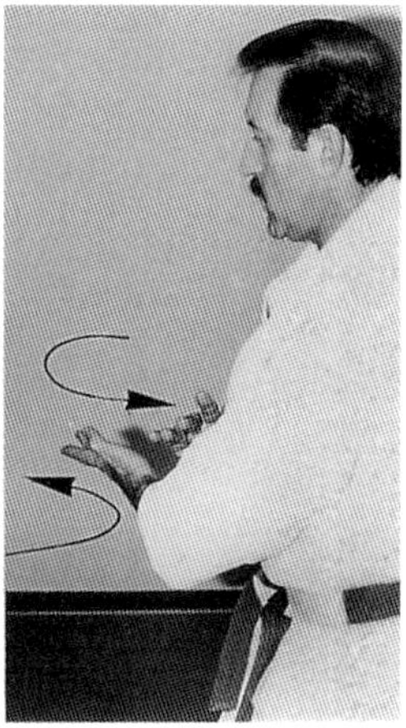

Foto 200

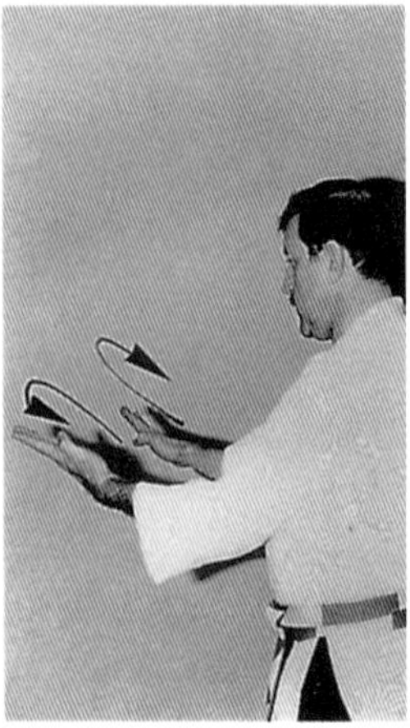

Foto 201

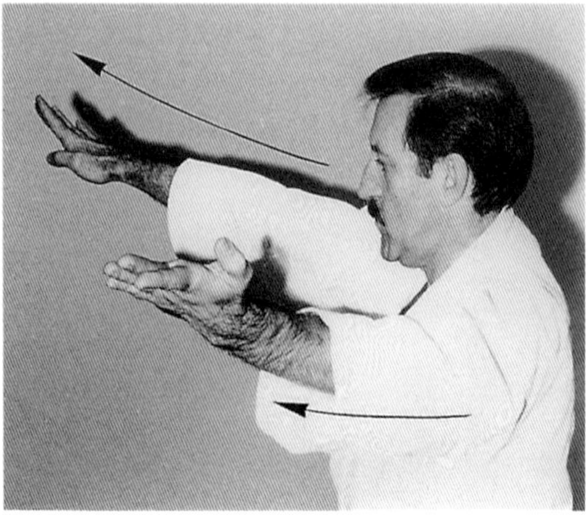

Foto 202

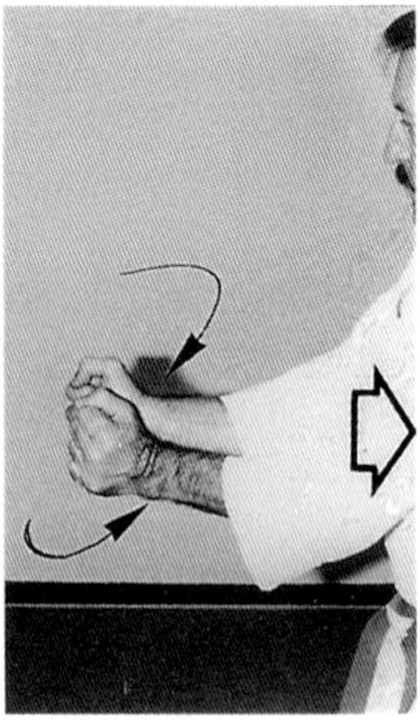

Foto 203

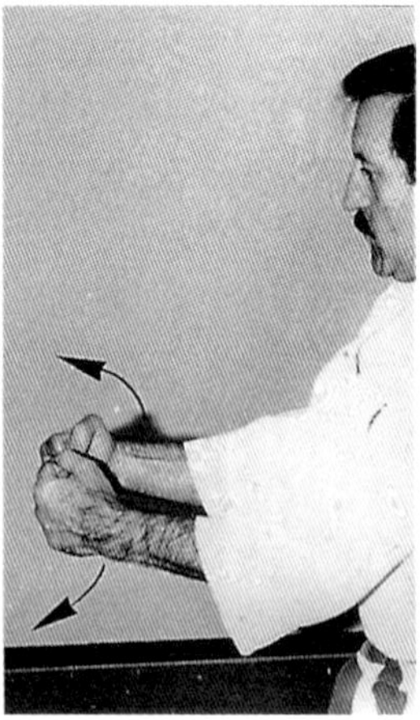

Foto 204

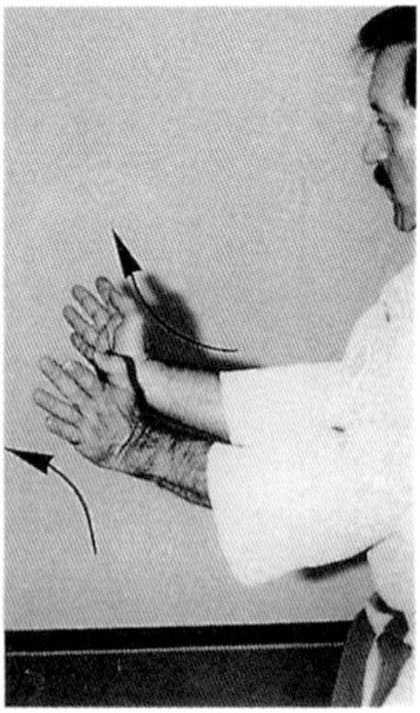

Foto 205

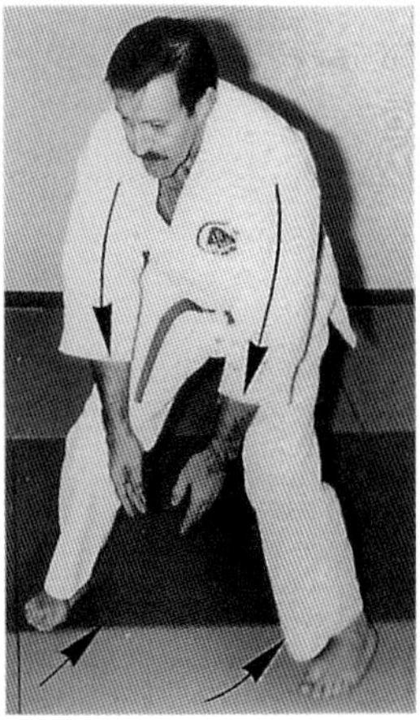

Foto 206

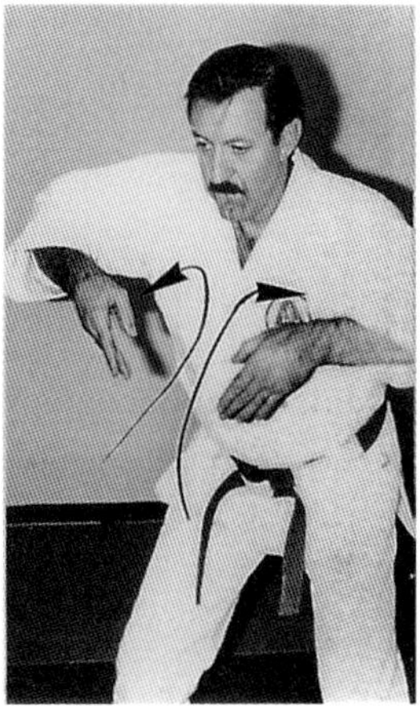

Foto 207

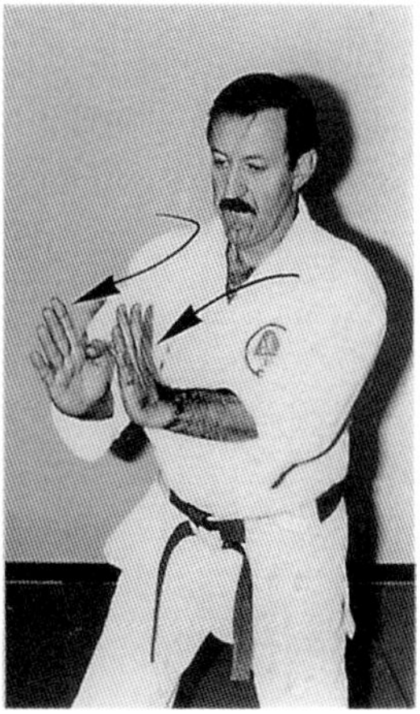

Foto 208

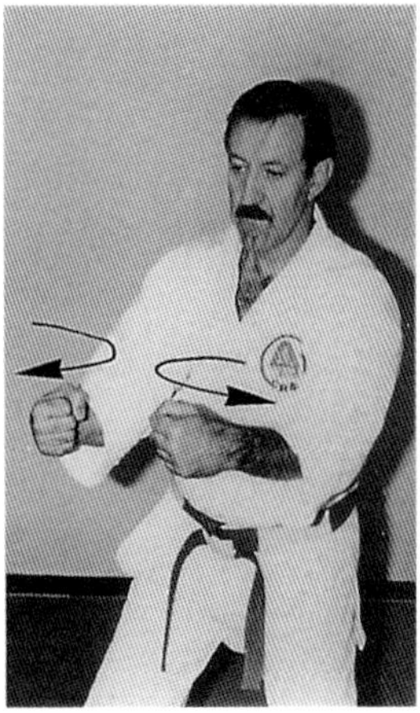

Foto 209

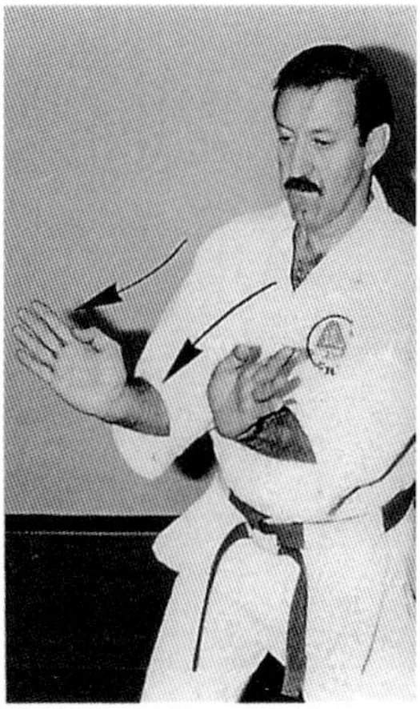

Foto 210

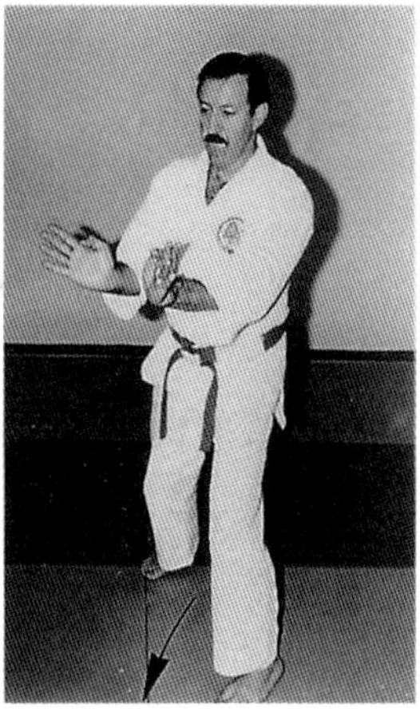

Foto 211

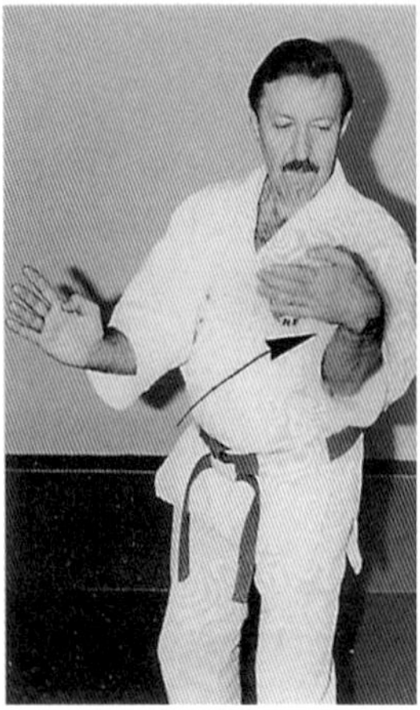

Foto 212

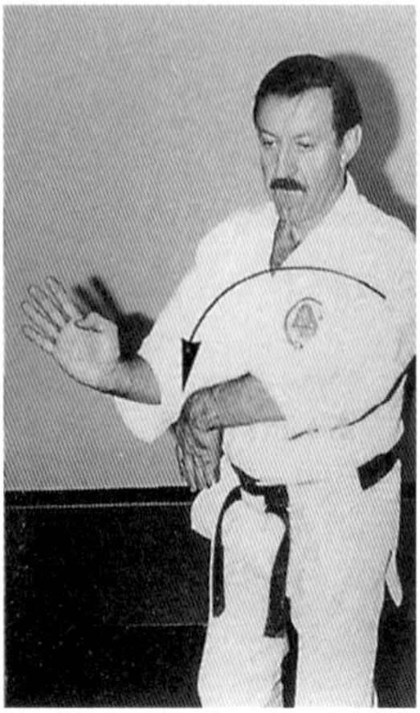

Foto 213

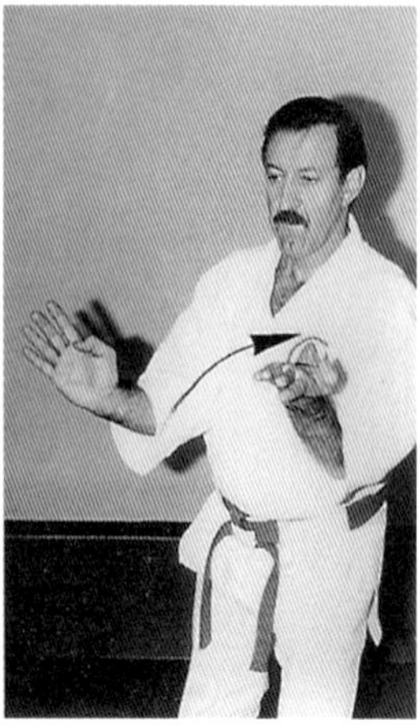

Foto 214

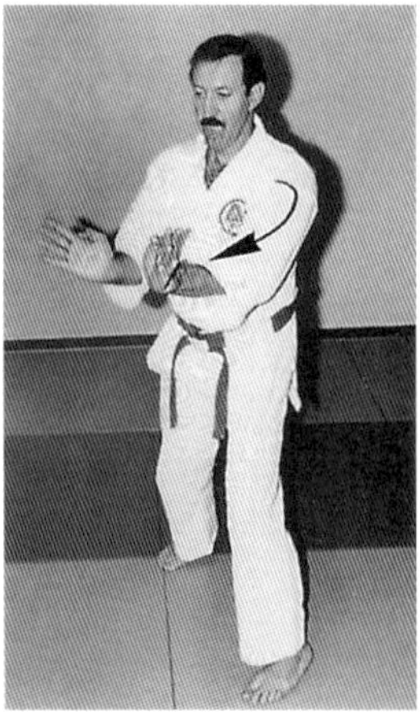

Foto 215

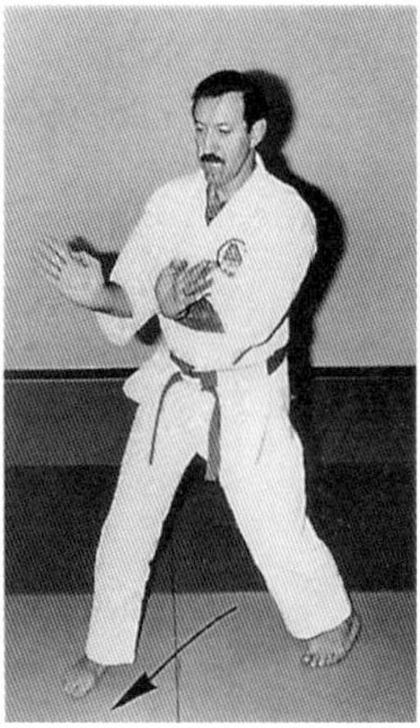

Foto 216

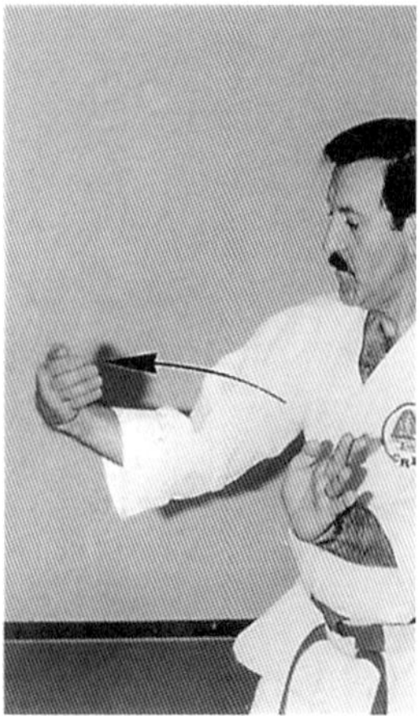

Foto 217

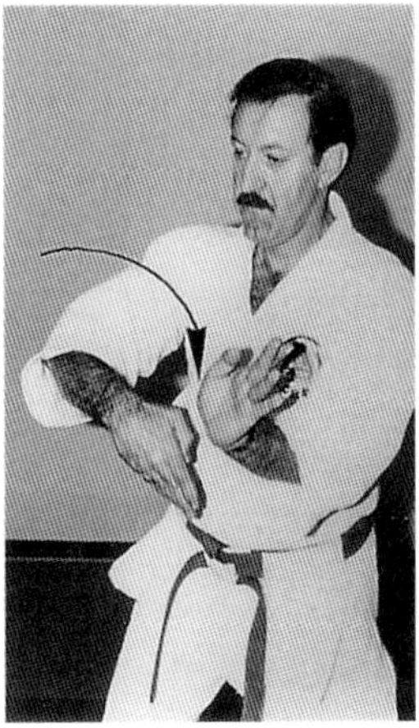
Foto 218

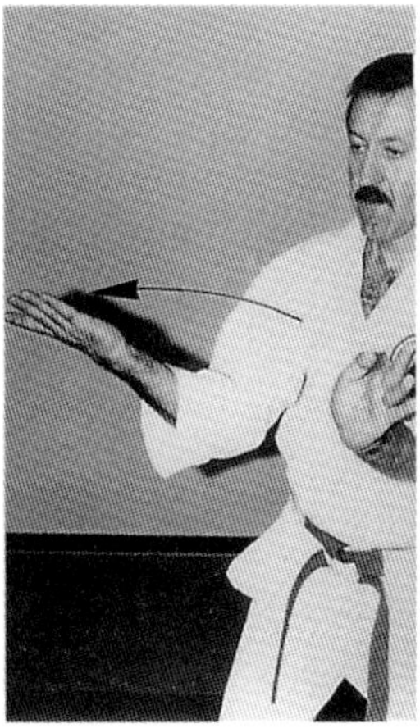
Foto 219

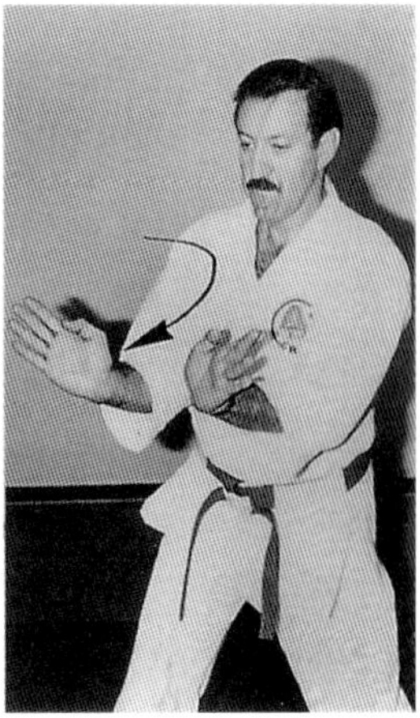
Foto 220

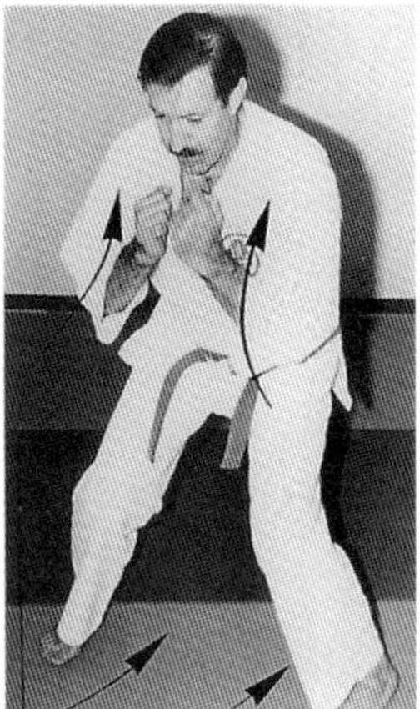
Foto 221

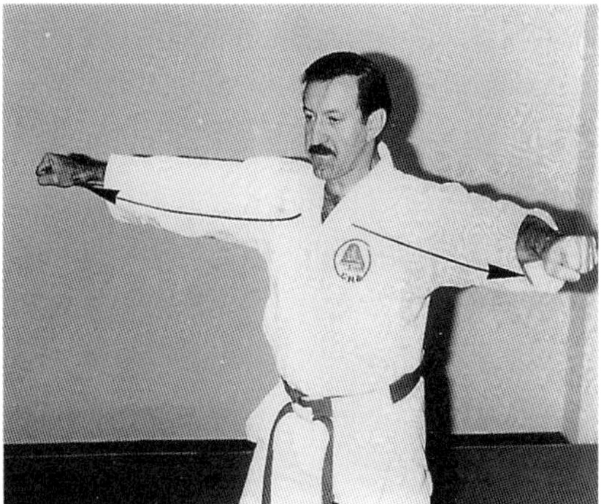
Foto 222

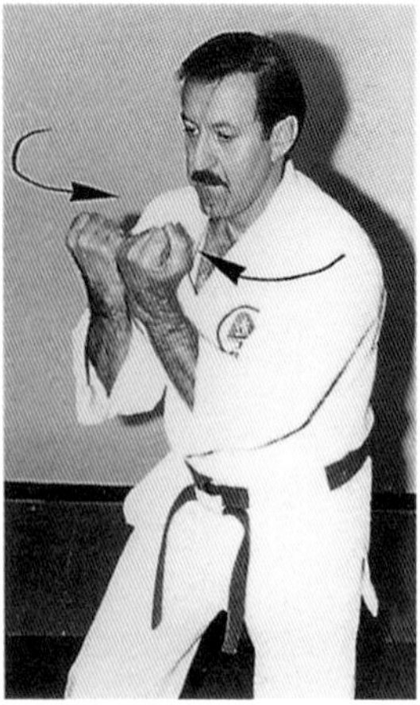

Foto 223

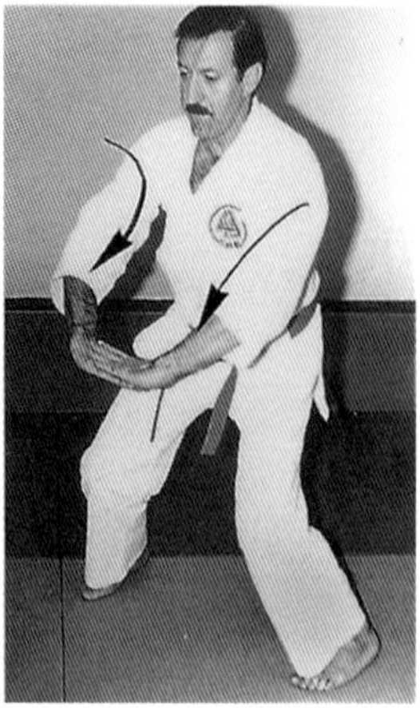

Foto 224

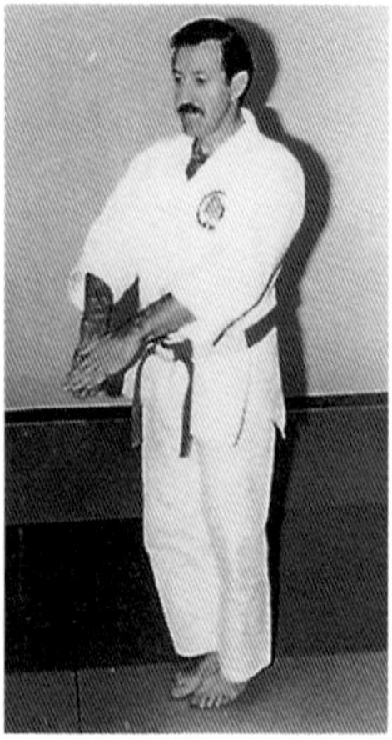

Foto 225

Fotos 226 bis 229 stellen eine Variante der 6. Bewegungssequenz dar.

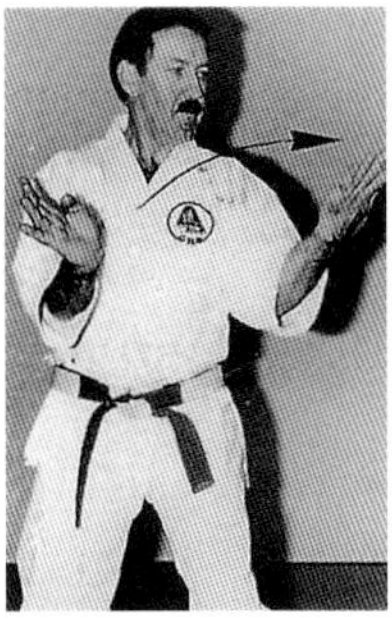
Foto 226

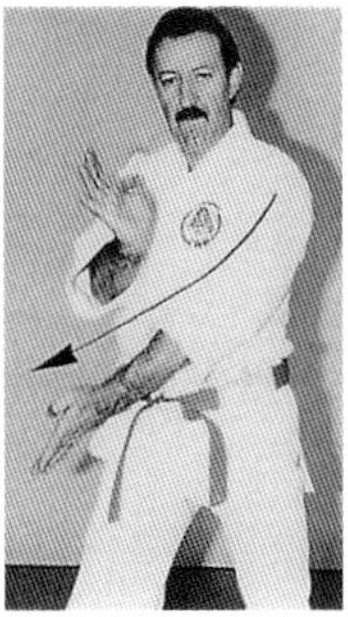
Foto 227

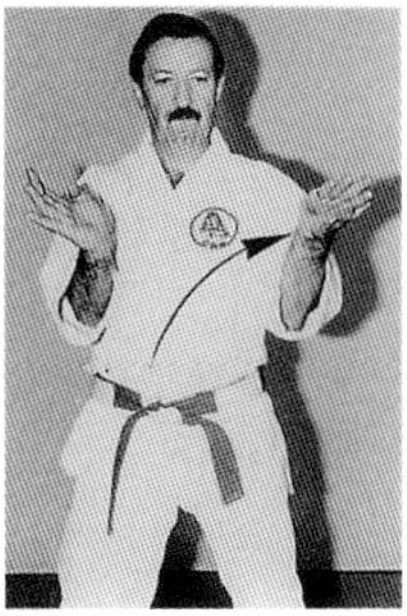
Foto 228

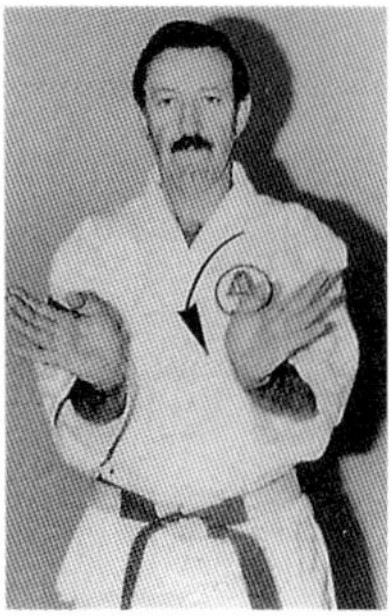
Foto 229

Fotos 230 bis 233 stellen eine Variante der 7. Sequenz der *Kata Happoren* dar.

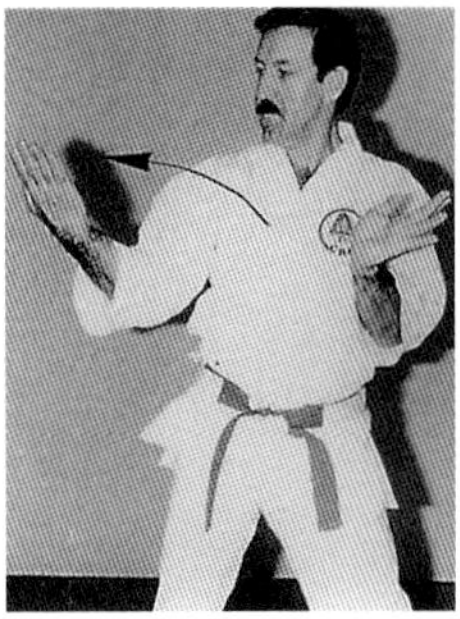
Foto 230

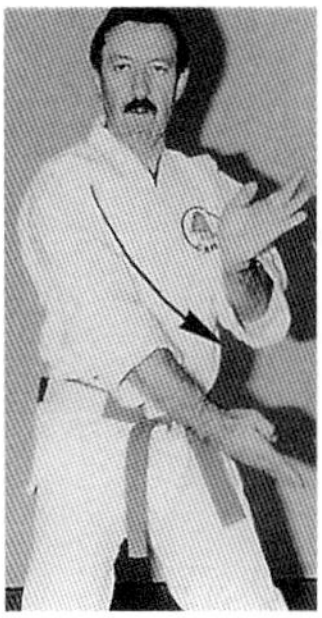
Foto 231

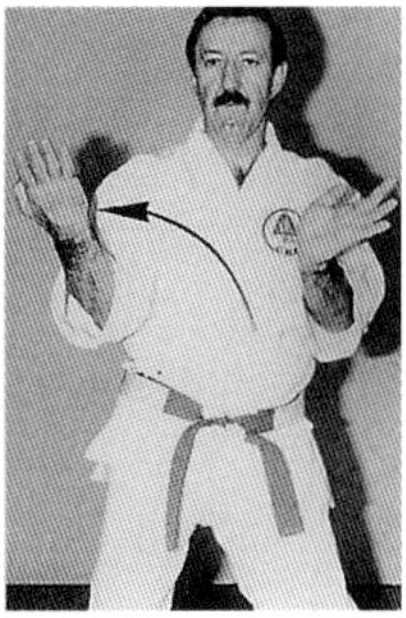
Foto 232

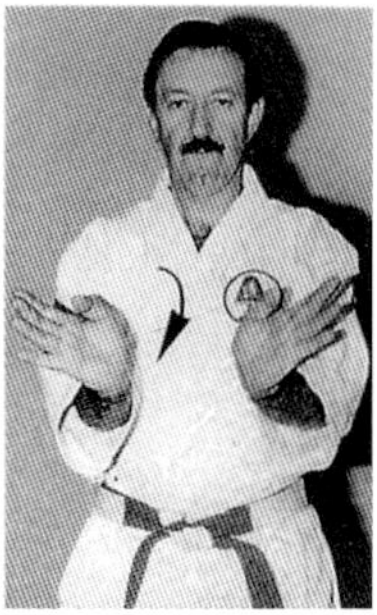
Foto 233

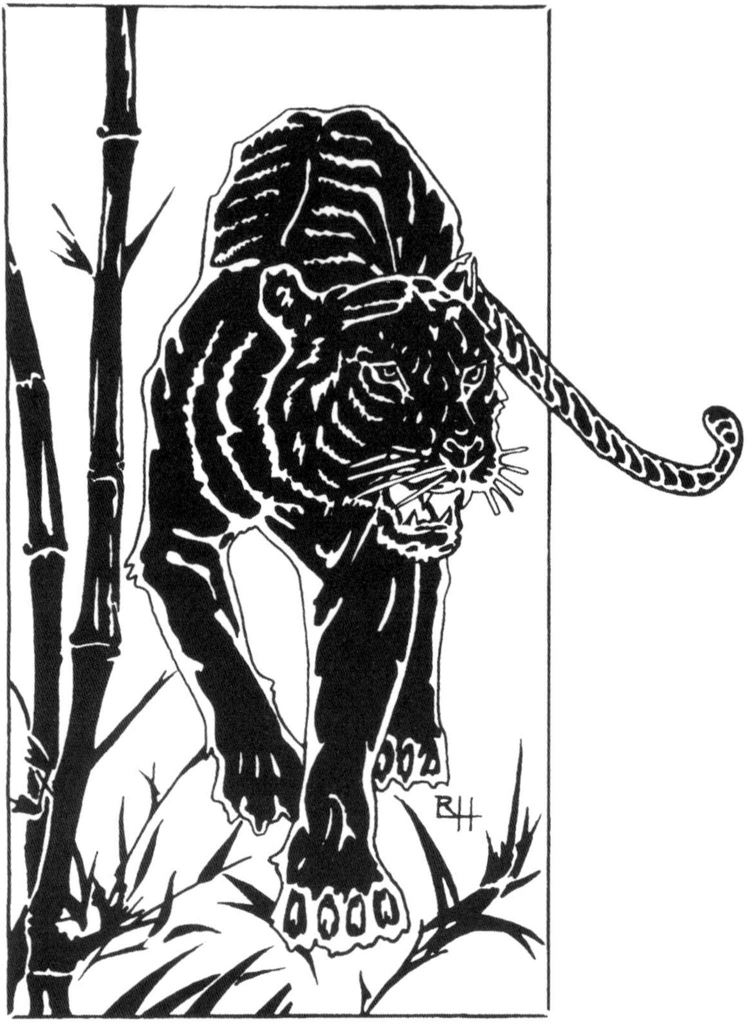

Mehrere Stile des chinesischen Boxens haben zumindest Spuren der Kampftechniken bewahrt, wie sie vor Jahrhunderten auf Grundlage genauester Beobachtungen der Bewegungen und Haltungen des Kranichs geschaffen wurden. Ein Beispiel ist das *Hunggar*-Wushu, in dem unter anderem ein *Dao* (*Quan*, *Kata*) praktiziert wird, das »Faust des Tigers und des Kranichs« (*Fu Hok Sheun Yin Kune*) genannt wird. Und das Bubishi, wenn es sich auch im wesentlichen auf den Stil des Weißen Kranichs konzentriert, dessen Reichhaltigkeit an Techniken den Autor oder die Autoren des Werkes beeindruckt hat, weist auch auf andere »Wesen« hin, wie z. B. auf den Leoparden oder den Tiger.

Was wäre, wenn …

Dieses Werk soll nicht enden, ohne daß wir auf die grundsätzlichen Fragen, die mit der Existenz des Bubishi zusammenhängen, zurückkommen: Wo ist es entstanden, wann und wie? Wer waren seine Autoren? Warum erlangte es solch eine Bedeutung? Auf die drei ersten Fragen zu antworten ist einfach: Das Bubishi erhielt in der zweiten Hälfte des 19. Jahrhunderts in Fukien (Fujian) seine endgültige Gestalt, indem Elemente, die aller Wahrscheinlichkeit nach wesentlich älter waren, zusammengefaßt wurden. Besucher aus der Fremde, vor allem aus Okinawa, reisten nach Fukien, um es dort zu studieren. Manche von ihnen haben selbst Kopien davon angefertigt und sie mit sich nach Hause genommen und ihren Schülern vererbt. Die Übertragungswege waren zahlreich und verschiedenartig. Sie können allesamt als glaubhaft betrachtet werden.

Wer nun der bekannte oder unbekannte okinawanische Meister war, der zuerst nach einem Exemplar des Bubishi geforscht, es mit sich genommen und für seinen Unterricht verwendet hat oder sich daraus lediglich Anregungen geholt hat, besitzt in Wahrheit wenig Bedeutung. Was zählt, ist die Tatsache, daß es getan wurde. Es ist nicht ohne weiteres zu verstehen, warum dieses Ereignis an der Schwelle vom 19. zum 20. Jahrhundert solch eine Bedeutung erlangte, während es doch offenbar von geringerer Wichtigkeit ist, wer nun eigentlich die »Schmuggler« waren, die es nach Okinawa brachten. Dies gilt um so mehr, als die technischen Beschreibungen auf den Seiten des Bubishi genau genommen recht mager sind. Daß beispielsweise Higaonna ein Exemplar des Buches nach Okinawa brachte, scheint bei näherer Betrachtung für sich genommen bedeutungsvoller zu sein, als die greifbaren Ergebnisse, die dieser Meister für sein Dasein als Mann der »leeren Hand« daraus zu gewinnen vermochte. Mit solchen Überlegungen soll eine neue Richtung vorgeschlagen werden, in welche weiteres Nachdenken sich lohnen könnte.

Bekanntlich berufen sich drei große Stilrichtungen des modernen Karate darauf, Erbe einer örtlich verbreiteten chinesischen Kampfkunst zu sein, aus der vor allem die *Sanchin no kata* abstammen soll: *Uechi ryû*, *Gôjû ryû* und *Shitô ryû*. Die Reichhaltigkeit und Komplexität ihrer *Kata* weist ihnen ohne Zweifel einen besonderen Rang zu. Ihre Anziehungskraft beruht zu-

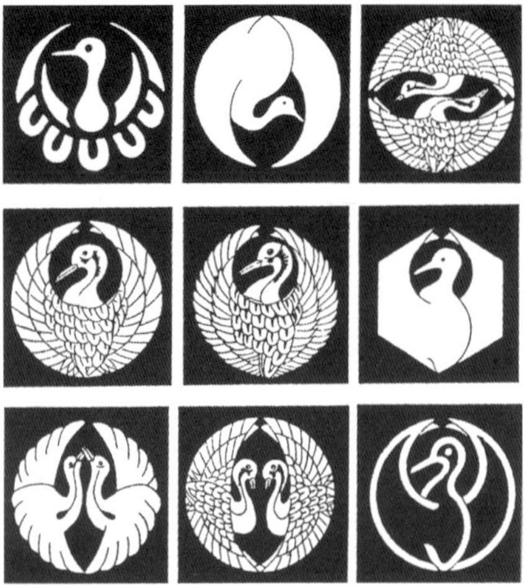

Der Kranich findet sich im alten Japan häufig als heraldisches Symbol, wie man auf den Beispielen in der Abbildung[58] erkennen kann, aber auch als schmückendes Motiv der *Tsuba* (Schwertstichblatt zum Schutz der Hand) der Samurai.

dem immer stärker darauf, daß in ihnen erkennbare Spuren wirklich alter Techniken chinesischen Ursprungs zu finden sind, die in moderneren Stilrichtungen unkenntlich geworden sind. Uechi Kanbun (1877-1948) gab diesem Ursprung einen Namen: *Pangai Noon*. Dies ist die okinawanische Aussprache des Namens eines chinesischen Stils – *Hankô nan* oder *Hankô ryû*. *Han* steht für »hart«, *Kô* für »weich«. *Hankô ryû* war die erste Bezeichnung, die ein Schüler von Miyagi verwendete, um den Stil seines Meisters zu benennen. Dies geschah während einer Konferenz über Kampfkünste, die 1929 in Kyôto stattfand und an der Miyagi selbst nicht teilnahm. (Später erhielt dieser Kampfstil die Bezeichnung *Gôjû ryû*.) Aber auch Kenwa Mabuni verlieh seinem Kampfkunststil denselben Namen, bevor er ihn um 1937 durch *Shitô ryû* ersetzte. Niemand auf Okinawa hat je eine Art chinesischer Vaterschaft für die verschiedenen Stilrichtungen, die sich auf der Insel entwickelt hatten, geleugnet. Aber wie groß war der chinesische Einfluß tatsächlich? Vielleicht ist es möglich, einige überkommene Ideen zu relativieren.

Viele Meister des *Okinawa te* sind nach China gegangen, von wo sie nach mehr oder weniger langen Aufenthalten zurückkehrten und bei ihrer

[58] Die Beispiele wurden dem Buch *Monsho, Japanese Family Crests of Symbolic Design*, Isao Hoda, JPT, Tokio 1963, entnommen.

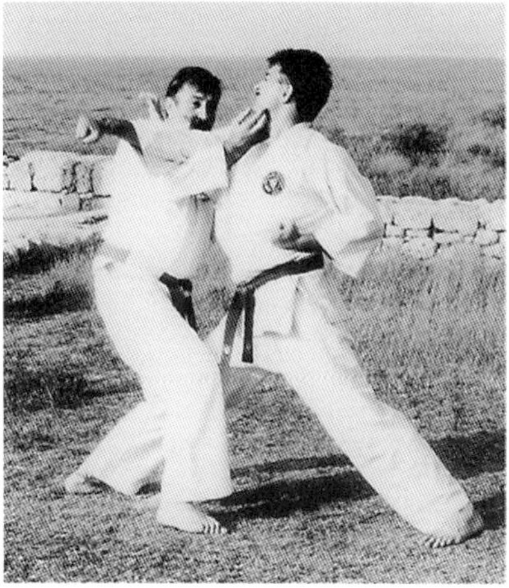

Foto 234: zu Bildtafel 35 (vgl. S. 176).

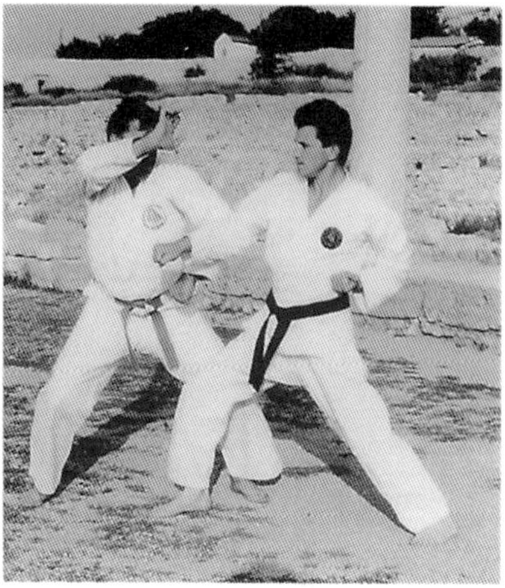

Foto 235: zu Bildtafel 23 (vgl. S. 142).

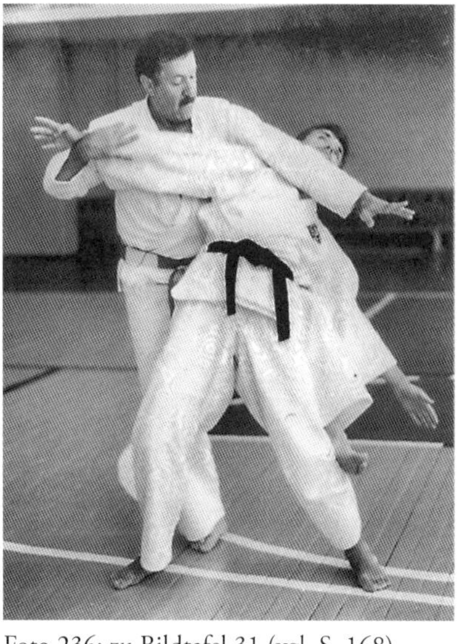

Foto 236: zu Bildtafel 31 (vgl. S. 168).

Fotos 234-237: Roland Habersetzer erhielt bereits während seines ersten Aufenthalts in Japan im Jahre 1973 Kenntnis vom Bubishi. In seinem Straßburger *Dôjô* und bei zahlreichen Lehrgängen in vielen Teilen der Welt lehrt er dessen Anwendungsprinzipien (*Bunkai*). Diese Fotos entstanden beispielsweise bei Lehrgängen auf der Krim und im Ural.

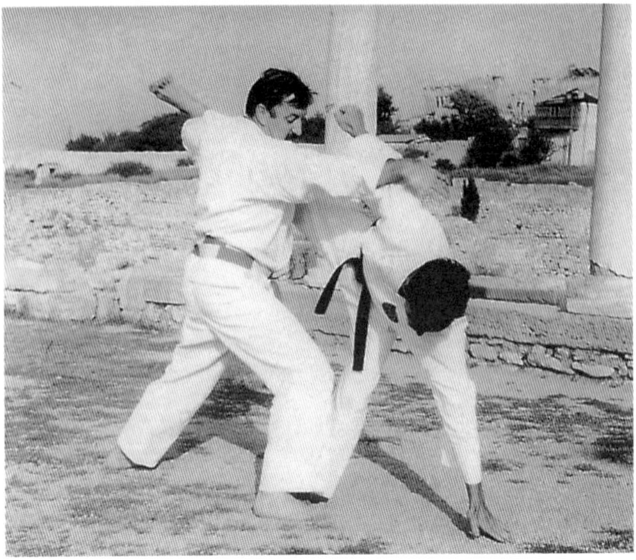

Foto 237: zu Bildtafel 29 (vgl. S. 162).

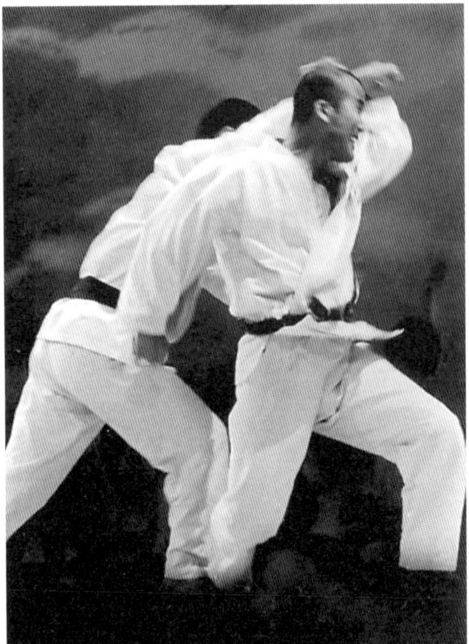

Foto 238

Foto 238: Unter dem Angriff hindurchzuschlüpfen, indem der Körper eine komplette Drehung vollführt, wie dies auf Bildtafel 28 des Bubishi (S. 156) vorgeschlagen wird, ist eine Ausweichtechnik, deren Spuren man auch in den Stilen des *Karatedô* finden kann – auf dem Foto ist Izumi *Sensei* bei einer Vorführung im *Shizeikan* von Yonago zu sehen –, aber auch im *Jûjutsu* oder im *Aikijutsu*.

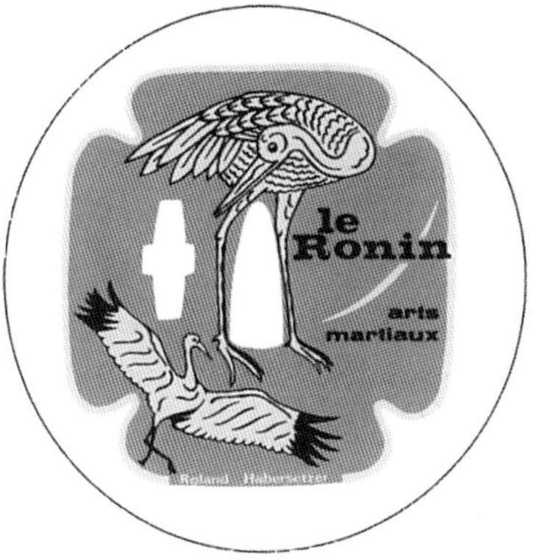

Ein Siegel, von Roland Habersetzer in Form eines *Tsuba* gezeichnet. Es ist das Symbol für den »Ronin«, eine Publikationsreihe, die er zwischen 1980 und 1993 herausgab. Das Vogelmotiv, das sowohl an Japan (Kranich) als auch an das Elsaß (Storch) erinnert, symbolisiert die mit Weisheit verbundene Freiheit.

Rückkehr erklärten, aus der Quelle ihrer Kunst geschöpft zu haben. Dies ist die klassische, praktische und allgemein anerkannte Version, die Okinawa als wesentliches Bindeglied bei der Übertragung der Kunst der »leeren Hand« von China nach Japan hervorhebt.

Es ist offensichtlich, daß das *Okinawa te* China eine große Zahl seiner Techniken zu verdanken hat, und dies gilt auch für den Geist, der hinter diesen Techniken wirkt. Von nahem betrachtet, stellen die Stile, die sich auf Okinawa entwickelten, trotz allem etwas ihrem Wesen nach durchaus Originelles dar – gewiß gab es einen chinesischen Einfluß, aber ein *massiver* Transfer hat nicht stattgefunden. Higaonna, Uechi und all die anderen, die sich auf Pilgerfahrt nach China begaben, waren bereits mit einem soliden Gepäck an Wissen versehen. Sie haben Neues mitgebracht, aber gerade an der Übertragungsgeschichte der *Happoren no kata* läßt sich erkennen, daß sie sich nicht dabei überstürzten, ihre chinesischen Errungenschaften zu reproduzieren. Sie modifizierten sie nach eigenem Gutdünken, paßten sie an ihre eigenen Kenntnisse der Kampfkünste und an die Bedürfnisse ihrer Schüler an. Für die größten dieser Meister scheint es, als hätte ihr Aufenthalt in China nichts weiter bewirkt, als ihr Wissen zu bestätigen und zu präzisieren, damit sie es in der Folge mit größerem Nachdruck weitervermitteln konnten. Man kann sich des Eindrucks nicht erwehren, daß es ihnen einfach darum ging, durch den Kontakt mit gesicherten Werten zu einer Art »Adelsbrief« zu gelangen, der ihren Ruf stärkte.

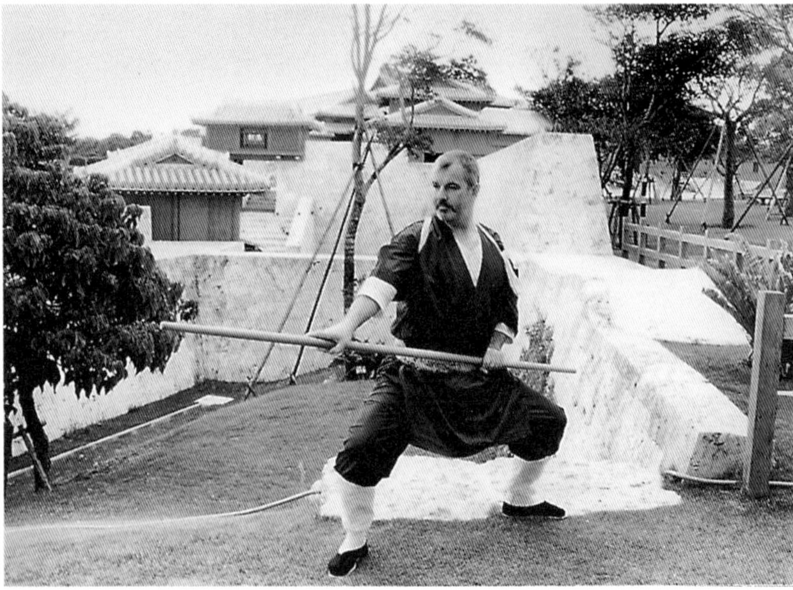

Foto 239: Patrick McCarthy, der auf diesem Foto in einer alten *Kata* mit dem *Bô* (Stock) zu sehen ist, verbrachte viele Jahre in Japan, wo er die *International Ryukyu Karate Research Society* leitete. Seit 1995 lebt er in Australien, wo er im *Japan Budo Culture Centre* von Brisbane tätig ist.

McCarthy ist Autor des Buches »Classical Kata of Okinawan Karate« (Ohara 1987) und einer Studie über das Bubishi (siehe Fußnote 36, S. 214), die auf einer anderen Kopie des Werkes beruht als jene, die Ôtsuka Tadahiko *Sensei* aufbewahrt und Roland Habersetzer für die vorliegende Arbeit anvertraut hat.

Diese drei Experten und Forscher unterhalten freundschaftliche Beziehungen zueinander, die auf gegenseitiger Wertschätzung für ihre Arbeit, auf Respekt und auf dem gemeinsamen Willen, zugunsten der wahren Werte der traditionellen Kampfkünste zu wirken, beruhen.

Man muß berücksichtigen, daß die Japaner die Okinawaner nicht sonderlich hoch schätzten und daß für sie auf dem Gebiet der klassischen und traditionellen Kampfkünste nur das etwas galt, was über Wurzeln der Technik und Kultur verfügte, die weit in die Vergangenheit zurückreichten. Somit läßt sich das Bedürfnis der okinawanischen Kampfkunstexperten gut verstehen, sich in einem Land, dessen Ruf auf diesem Gebiet allgemein anerkannt war, gewissermaßen ihr Wappen vergolden zu lassen.

Jedoch waren die Techniken des *Okinawa te* auch vor 1870, als Okinawa an Japan angeschlossen wurde, alles andere als wertlos. Diese Kampfkunst beruhte zudem auf einem soliden Kampfgeist, der durch den Widerstand gegen die japanischen Eindringlinge[59] genährt worden war, und für den es nur die Wahl »siegen oder sterben« gab.

Vor dem Hintergrund einer bereits um 1870 sehr weit zurückliegenden Vergangenheit des *Okinawa te* gelang es den okinawanischen Meistern, sich in den Augen ihrer japanischen Kollegen des alten *Budô* eine neue Dimension zu verleihen. Durch ihren Besuch in China verwandelten sie sich im Bewußtsein ihrer okinawanischen Mitbürger und schließlich sogar in dem der Japaner aus simplen Lehrern in echte Meister vom gleichen Rang, wie die japanischen Meister ihn innehatten. Eine gänzlich neue, wenn nicht gar leicht nebelartige Aura umgab sie, als sie vom chinesischen Festland zurückkehrten. Es entbehrt nicht einer gewissen Genialität, ihre Kunst mit der Shaolin-Tradition verknüpft zu haben.

Männer wie Higaonna oder Uechi ergriffen – gewiß, ohne dies untereinander abgesprochen zu haben – die Initiative und veränderten das System ihrer Lehren, indem sie Graduierungen einführten, die den Fortschritt der Praktizierenden bestimmten. Der Beweis ihrer Hellsichtigkeit ist der Einfluß ihrer Stile, der noch heute nicht in seiner Bedeutung nachgelassen hat. Möglicherweise ist dieser Einfluß sogar noch größer als jener der »japanischen« Stilrichtungen in den Augen der westlichen Öffentlichkeit, die endlich entschlossen scheint, sich tiefschürfender mit den Kampfkünsten zu befassen als bisher.

Was zählt dabei schon, daß sie ihre Geschichte ein wenig »abgerundet« haben, damit das Wesentliche leichter zu vermitteln war? Und warum sollte dieses Wesentliche nicht ihr eigenes sein? Es könnte sich durchaus als kluger Gedanke erweisen, dem »Kaiser« – dem chinesischen Einfluß auf das *Okinawa te* – nicht mehr zu gewähren, als ihm zusteht. Sind die Okinawaner simple Imitatoren oder echte Schöpfer? Was zumindest bewiesen ist, ist die Wirksamkeit ihrer Vorgehensweise. Die Geschichtsforschung, die ihnen bislang nur den Rang einfacher Vermittler zugesprochen

[59] Okinawa war zwischen 1609 und 1870 durch den japanischen Satsuma-Klan okkupiert gewesen, aber der Widerstand gegen die Besatzung ist nie erloschen.

hat, könnte den okinawanischen Meistern eines Tages vielleicht Gerechtigkeit widerfahren lassen. Die alten *Meijin*[60] von Okinawa haben ihre eigenen Persönlichkeiten und ihren eigenen Geist hervorgebracht. Die Geschichte des Bubishi und jene der Nicht-Übertragung der berühmten *Happoren no kata* scheinen dies immer deutlicher zu zeigen. Doch wird es hierfür je einen endgültigen Beweis geben?

Roland Habersetzer, Saint-Nabor, Januar 1995

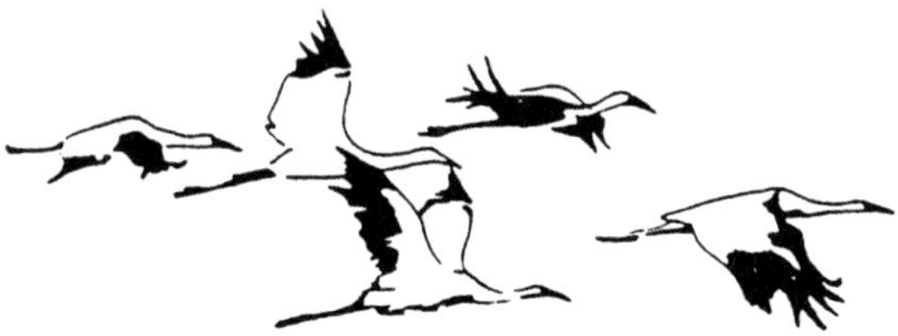

[60] *Meijin* (japanisch): »vollendete Menschen«, jene die »über das Menschsein« hinausgelangt sind. Aus dem Konfuzianismus hervorgegangenes Konzept in den traditionellen japanischen Kampfkünsten (Bûdô) für die Charakterisierung einiger ausgewählter Meister, die sich durch herausragendes Wissen und besondere Verhaltensweisen auszeichnen. – Habersetzer, R. u. G.: *Enzyklopädie der Kampfkünste*, Palisander Verlag, Chemnitz 2019.

V

Anhang:
Die Einleitung zu den 32 Formen des Kaisers Song Taizu

紀效新書

Das Kapitel Quan Jing Bian aus dem Ji Xiao Xin Shu

Von Maik Albrecht[61]

Das Ji Xiao Xin Shu

Das Werk Ji Xiao Xin Shu wurde von General Qi Jiguang verfaßt und erstmals im Jahre 1561 oder 1564 veröffentlicht. Es enthält 18 Kapitel (sogenannte »Rollen«, d. h. einrollbare Texttafeln).

In China gibt es den alten Spruch: »Die Armee wird tausend Tage ernährt, nur um sie für einen Moment zu benutzen.« Damit wird die Wichtigkeit der ausführlichen Vorbereitung auf den Kampf zum Ausdruck gebracht. Dementsprechend legte Qi Jiguang größten Wert auf die umfassende Ausbildung der Soldaten.

Das Ji Xiao Xin Shu ist ein Handbuch, das sämtliche Aspekte des militärischen Lebens im alten China berücksichtigt. So beschäftigt sich das 1. Kapitel z. B. mit der Aufstellung und der Organisation einer Armee. Das 3. Kapitel behandelt u. a. militärische Rangordnungen, das 5. Kapitel enthält die in einer Armee geltenden Gesetze und Verbote. Weitere Kapitel beschreiben den Umgang mit Langwaffen, Kurzwaffen, die Regeln für die Schußwaffen (Pfeil und Bogen und Armbrust), den Feldzug und das militärische Lager.

Ein Teil des 10. Kapitels (Langwaffen) ist dem Umgang mit der Lanze gewidmet. Es werden darin 24 Lanzentechniken (Qiang Fa) vorgestellt. Wie bei den Faustformen, die Gegenstand der vorliegenden Abhandlung sind, gibt es zu jeder dieser Techniken mehr oder weniger ausführliche Merkverse. Auf der folgenden Seite werden sechs dieser Lanzentechniken dargestellt.

---

[61] Maik Albrecht (geb. 1981), lebt seit 2001 in China. Er ist Schüler von Shifu Li Zhenghua, Großmeister der chinesischen Kampfkünste und ehemaliger Trainer chinesischer Eliteeinheiten. Durch diesen lernte er auch viele andere Kampfkunst-Meister kennen, so z. B. Yuan Lin Lin, den ersten Staatstrainer für Wushu der Volksrepublik China. Er trainiert Wushu auf professionellem Niveau und ist selbst im Besitz eines Meistergrads. 2006 gewann er als einziger Ausländer in der chinesischen Profimannschaft eine Goldmedaille bei der Wushu-Weltmeisterschaft in Zhengzhou. Des weiteren studierte er an der renommierten Universität von Wuhan (chinesische) Kultur und Sprache. – Er ist u. a. Mitverfasser des Werks »Wu – Ein Deutscher bei den Meistern in China« und Übersetzer und Kommentator des Werks »Yàn Chí Gōng« von Dàomíng Xióng, die im Palisander Verlag erschienen sind. – Anm. d. Lektors.

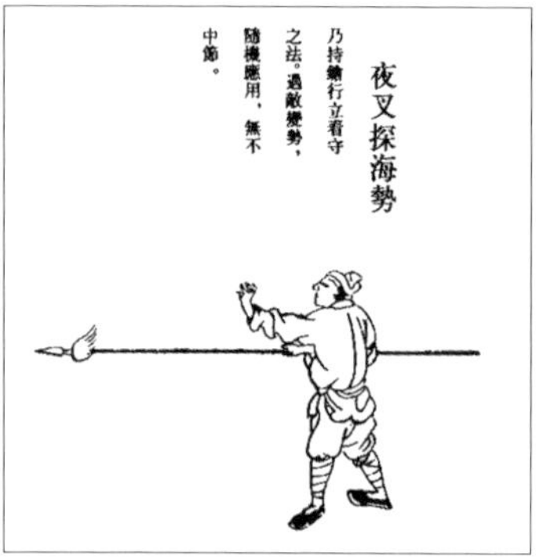

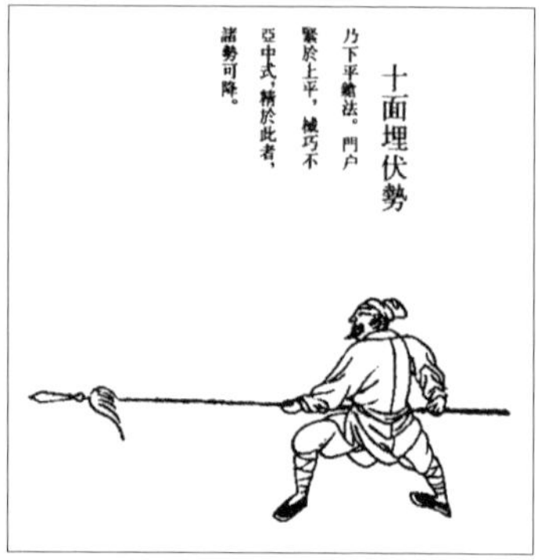

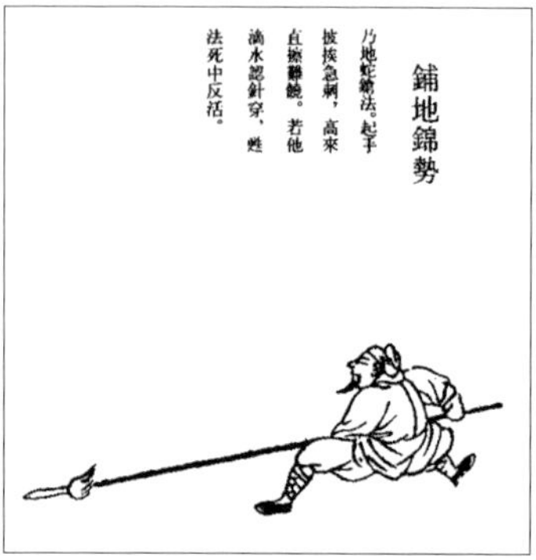

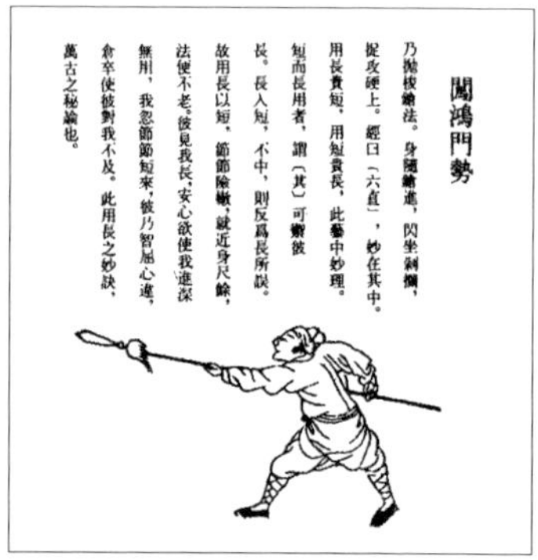

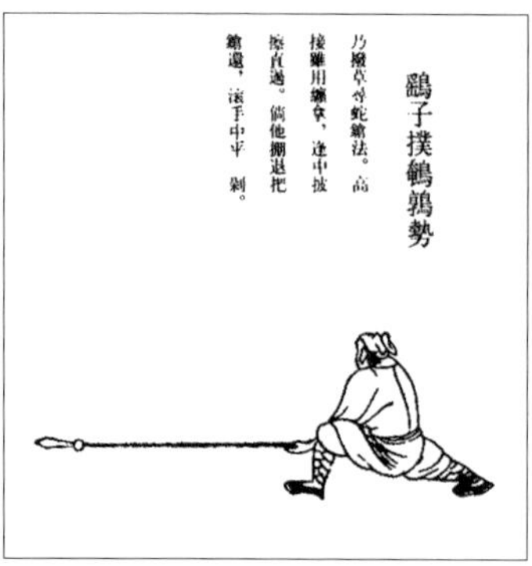

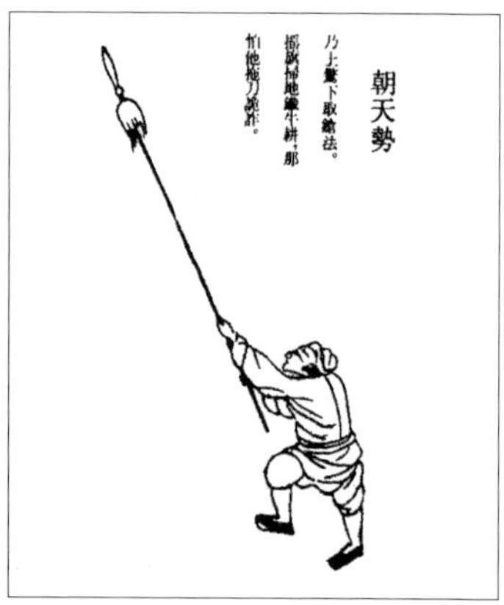

Sechs der vierundzwanzig Lanzentechniken aus dem Ji Xiao Xin Shu.

Das 14. Kapitel mit dem Titel Quan Jing Bian beschreibt das Training der waffenlosen Kampftechniken anhand der 32 Formen des Taizu Chang Quan (Kaiser Song Taizus Langfaustformen). Für Qi Jiguang stellte dies eine wichtige Grundlage für die Ausbildung der Soldaten dar.

Nachdem auf S. 58 ff. die 32 Kampftechniken, die in jenem Kapitel dargestellt sind, beschrieben wurden, wird im folgenden die Einleitung des Quan Jing Bian übersetzt und kommentiert.

Das Vorwort

Der Text beginnt mit den Worten: »Mao Zi (Mao Yuan Yi) sprach: Chen Si Wang war ein herausragender Dichter, eine Person mit außerordentlichen Fähigkeiten. Er schildert den Nahkampf (Shou Bo[62]) aus alter Zeit.«

Wie bereits auf S. 9 erwähnt wurde, handelt es sich bei der vorliegenden Version des Ji Xiao Xin Shu um jene, die Eingang in Mao Yuan Yis monumentales Werk Wu Wei Zhi (das »erste Bubishi«) gefunden hat. Die ersten vier Spalten des Kapitels sind ein Vorwort des Autors jenes Werkes zum Text General Qi Jiguangs. Zwischen allen Doppeltafeln steht jeweils geschrieben: »Wu Bei Zhi – Rolle 91«.

Chen Si Wang (sein Geburtsname war Cao Zhi) lebte von 192 bis 232 n. Chr. Er war der dritte Sohn (und Lieblingssohn) des berühmten Kriegsherrn Cao Cao[63]. Chen Si Wangs Texte übten einen großen Einfluß auf die

[62] Shou Bo (手搏). Alte Bezeichnung für Quan Fa (拳法). Quan Fa verweist auf die Kampfkunst, den Nahkampf, auf Techniken, Prinzipien usw. Quan Fa und Shou Bo bedeuten jedoch nicht genau dasselbe. Während Quan Fa heute als Bezeichnung für die Kampfkunst bzw. den Nahkampf benutzt wird, ist Shou Bo eher ein militärischer Begriff, der heute nicht mehr oder kaum noch verwendet wird. Heute gehören die Kampfkunst und der Nahkampf nicht mehr bzw. nur in sehr geringem Maße zur Kriegführung. Im alten China jedoch waren dies sehr wichtige Aspekte des Krieges und untrennbar mit diesem verbunden. Zu jener Zeit bezeichnete man daher den Nahkampf als Shou Bo.

[63] Cao Cao (155-220 n. Chr.) war der vorletzte Kanzler der Östlichen Han-Dynastie (25-220), in deren Endzeit er zu großer Macht gelangte. Er zählte zu den wichtigsten Persönlichkeiten der Zeit der Drei Reiche (ca. 208-280). Er schuf die Grundlagen für das spätere Königreich von Wei. Aus diesem Grunde wurde ihm posthum der Titel des Kaisers von Wei verliehen. Zwar wird er oft als grausamer und erbarmungsloser Tyrann dargestellt, zugleich galt er aber auch als hervorragender Herrscher und militärisches Genie, als Feldherr, der seine Offiziere loyal behandelte. Er verfaßte Gedichte und zahlreiche Abhandlungen

nachfolgende Literatur aus, auch noch in der Ming-Zeit, in welcher Mao Yuan Yi, der Autor des ersten Bubishi (vgl. S. 23) und Qi Jiguang lebten. Chen Si Wangs Gedichte beschreiben das Kriegsgeschehen einschließlich der Kriegswirren und Grausamkeiten des Krieges detailliert und realistisch. Generell wurden Lehrtexte damals in Gedichtform verfaßt. Zu seiner Zeit galten Kriegskunst, Dichtkunst, Philosophie, Kalligraphie, Musik und andere Künste als untrennbar miteinander verbunden, und jeder General, selbst jeder einfache Krieger wurde hierin ausgebildet. Mao Yuan Yi beruft sich im Vorwort auf Chen Si Wang als einen Meister aus alter Zeit, dessen Werk er gewissermaßen als Vorläufer des Ji Xiao Xin Shu betrachtet.

Im weiteren wird die Bedeutung der praktischen Aspekte der Kriegskunst und der Erfahrung im Kampf betont. Es heißt im Text: »Kennt einer die abgebildeten Bewegungen[64], kann man ihn die acht Methoden lehren. Weiß einer um das Satteln, kann man ihn das Galoppieren lehren.« Dies bedeutet, daß man zuerst die Techniken der 32 Formen kennen und verinnerlichen muß, bevor man zum Verständnis der »acht Methoden« gelangen kann, ähnlich, wie dies beim Reiten ist. Erst muß man lernen, sein Pferd richtig zu satteln, dann kann man das Galoppieren (Reiten) lernen.

Das Prinzip der acht Methoden und der Hong-Quan-Stil

In den chinesischen Kampfkünsten ist der Begriff der »acht Methoden«[65] von großer Bedeutung. Zunächst gibt es acht Methoden in der chinesischen Medizin[66], die untrennbar mit der Kampfkunst verbunden ist. Für viele Bewegungen in den Kampfkünsten gilt nun, daß sie Bezug nehmen auf diese Gesetze der traditionellen chinesischen Medizin. Dies trifft auch auf einige der 32 Formen des Ji Xiao Xin Shu zu.

über die Kriegskunst, u.a. einen Kommentar zu Sunzis »Kunst des Krieges«. – Anm. d. Lektors.

[64] Dian Hua (点画) steht für die Abbildungen im Buch.

[65] Ba Fa (八法). Acht Methoden bzw. Gesetze.

[66] Diese Methoden heißen Han Fa, Tu Fa, Xia Fa, He Fa, Wen Fa, Qing Fa, Xiao Fa und Bu Fa. Erläuterungen hierfür finden sich in den einschlägigen Lehrbüchern über traditionelle chinesische Medizin (»acht Therapieprinzipien«).

In den Kampfkünsten existieren die »acht grundlegenden Faktoren«, auch als acht Gesetze bezeichnet. Diese heißen: Hand (Shou), Augen/Blick (Yan), Körper (Shen), Schritt/Stand (Bu), das Seelische, Geistige (Jing Shen), Atem (Qi), Kraft (Li) und Fertigkeit/Geschicklichkeit (Gong)[67]. Shou, Yan, Shen und Bu werden als äußere Faktoren bezeichnet, die anderen als innere.

Darüber hinaus gibt es in der chinesischen Kampfkunst vier Aspekte des Kampfes, wie sie auch von Qi Jiguang festgelegt wurden: Methoden des Tretens (Ti Fa), Methoden des Schlagens (Da Fa), Methoden des Werfens oder Ringens (Shuai Fa, auch Jiao Fa), Methoden des Greifens und Hebelns (Na Fa – die Methoden des Hebelns werden für sich als Qin Na bezeichnet). Jeder dieser vier Teilaspekte wird dann für gewöhnlich nochmals in acht grundlegende Methoden eingeteilt.

Als Beispiel sollen hier die acht grundlegenden Gesetze bzw. Methoden für das Treten (Ti) angeführt werden:

1) Deng: Diese Bewegung entspricht dem *Mae geri kekomi* im Karate. Sie gleicht der Tretbewegung beim Fahrradfahren.

2) Chuai: Stampfen. Chuai Tui ist die chinesische Bezeichnung für einen Seitwärtstritt, im Karate als *Yoko geri* bezeichnet.

3) Tan: Schleudern. Ein Schnappfußtritt, entspricht dem *Mae geri ke uchi* im Karate. Hierzu kann man auch Kniestöße zählen.

4) Dian: Punkt. Dies ist ein Tritt, bei dem der Fuß nach außen gedreht wird, so, wie beispielsweise beim Tritt gegen einen Fußball. Diese Tritttechnik ist beispielsweise im Savate (französisches Boxen) bekannt.

5) Chan: Wickeln. Die Füße beim Gegner einhaken.

6) Bai: Schwingen. Ein Rundtritt. Entspricht dem *Mawashi geri* im Karate.

7) Sao: Fegen. Fußfeger.

8) Gua: Hängen. Eine Tritttechnik, die dem *Ura mawashi* im Karate entspricht.

[67] Der Begriff Gong (功) bezeichnet auch Gong-Übungen (»Qigong«).

Auch für Shuai Fa, Na Fa und Da Fa gibt es derartige Methoden.[68] Jeder Kampfstil hat jedoch seine eigenen acht grundlegenden Gesetze. Oft beinhaltet ein Stil acht grundlegende Bewegungen, die dann alle vier Teilaspekte des Tretens, Schlagens, Ringens und Hebelns/Greifens umfassen.

Welche acht grundlegenden Methoden zu den »32 Formen des Boxens des Kaiser Taizu« (Taizu Quan) gehören, läßt sich aus den Texten zu den einzelnen 32 Bewegungen ableiten. Beispielsweise tritt in der Beschreibung der vierten Form (Ào Dān Biān) das Zeichen Pi (spalten – Handkantenschläge) auf und in der neunten Form (Xià Chā Shì) das Zeichen Kao (anlehnen), die jeweils für grundlegende Methoden stehen.[69]

In der chinesischen Kampfkunst wird generell großer Wert auf die Einbeziehung von Qigong-Übungen gelegt. Die grundlegenden Qigong-Übungen werden als Jiben Gong bezeichnet – grundlegende Fertigkeiten und Geschicklichkeiten. Hat man sich einmal diese grundlegenden Fertigkeiten angeeignet, kann man auf dieser Basis schnell weitere Formen und Bewegungen erlernen. Auch die 32 Formen des Taizu Quan können als Qigong-Übungen aufgefaßt werden. General Qi Jiguang hat die Techniken des Hong-Quan-Stils als grundlegendes Training (Xun Lian Fang Fa) für seine Soldaten benutzt.

Hong Quan ist eine der ältesten chinesischen Kampfkünste und läßt sich bis in die Qin-Dynastie (221-207 v. Chr.) zurückverfolgen. Als Ursprungsort gilt das Gebiet der heutigen Provinz Shanxi. Hong Quan bildet die Grundla-

---

[68] Shuai Fa: Beng (schieben), Gong (festigen, verstärken), Chuai (stecken), Hua (gleiten), Dao (umwerfen, umstürzen), Pa (krabbeln), Na (greifen – dies beinhaltet auch Gou (Haken)), Luo (streichen – beispielsweise am Arm des Gegners entlang streichen, um den Arm abzulenken und dann zu packen).
Na Fa: Diao (hinterlistig), Na (greifen), Suo (fesseln), Kou (abdecken), Feng (verschließen, verriegeln), Bi (zumachen, schließen), Cuo (verwickeln, einwickeln), Jie (schneiden).
Da Fa: Beng (springen – damit ist eine federnde Schlagkraft gemeint wie im Tanglang), Luo (streichen), Ji (drücken, pressen – in Bezug auf die Distanz), An (drücken), Cai (ergreifen – im Tanglang als pflücken bezeichnet), Pi (spalten – Handkantenschläge), Zhou (Ellenbogen), Kao (anlehnen).

[69] Man kann aus den Beschreibungen der 32 Formen beispielsweise folgende acht grundlegenden Methoden herauslesen: Pi (spalten), Kao (anlehnen), Zhou (Ellenbogen), Cai (ergreifen, »pflücken«), Feng (verschließen, verriegeln), Na (greifen), Gou (Haken), Dao (umwerfen, umstürzen). Hier fällt auf, daß keinerlei Methoden der Tritttechniken erwähnt werden, was jedoch keinesfalls bedeutet, daß diese nicht bei den 32 Formen vorhanden sind.

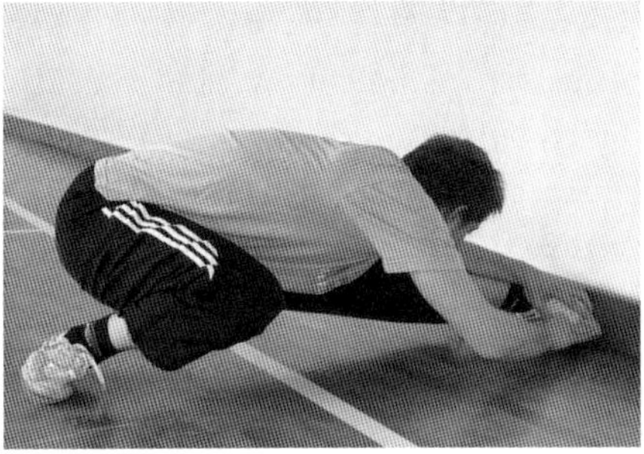

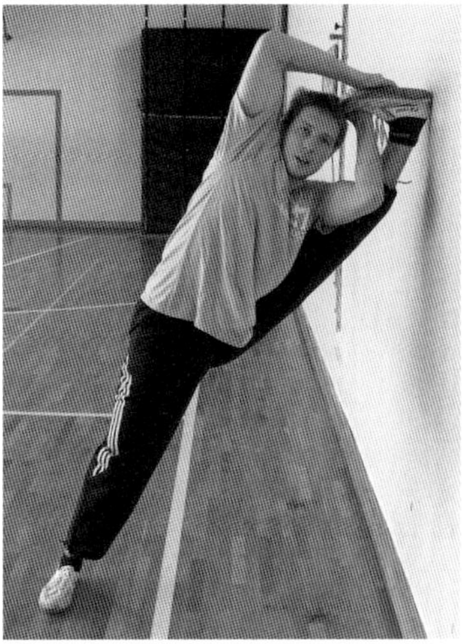

Foto 240 (links): Das Foto zeigt M. Albrecht in einer Haltung der Form Què Dì Lóng Xìa im Hong-Quan-Stil.[70] – Foto: Rainer Knoblauch.

Foto 241: Beispiel für seitliche Dehnung im Wushu. – Foto: Rainer Knoblauch.

ge für viele spätere Stile, und auch die 32 Bewegungen des Song Taizu Quan in dem Buch Ji Xiao Xin Shu sind davon beeinflußt. Hong Quan wiederum steht in engem Zusammenhang mit den Tänzen der Qin-Zeit, insbesondere mit dem Kampftanz Wuwu, der bei militärischen oder feierlichen Anlässen getanzt wurde. Der Schriftsteller Si Maqian (145-90 v. Chr.) beschrieb in seinem Werk Shi Ji u. a. diesen Tanz. Er berichtet darin, daß die Menschen sich dabei mit den Händen auf ihre Schultern, Arme und Beine klopften. Diese Art Bewegung (chn. Tiao Pai Da Wu) bildete die Grundlage für das Hong Quan. Dies gilt sowohl für die Techniken als auch für das Training der Grundlagen. Das Ji Xiao Xin Shu war eines der ersten Werke, in welchem die alte Kampfkunst des Hong Quan öffentlich erwähnt wurde. Vor allem die 20. Form (Guǐ Jiù Jiǎo) und die 25. Form (Què Dì Lóng Xìa) sind als typische Bewegungen des Hong Quan zu nennen. Im Text zu diesen Bewegungen wird man auch auf die entsprechenden Schriftzeichen stoßen.[71] stoßen.

Die Form 25 (Què Dì Lóng Xìa) ist neben der Kampfanwendung auch

[70] Es gibt alte Meister des Hong Quan, die in der Lage sind, bei dieser Haltung das hintere Knie am Boden aufzusetzen und dabei die Fußsohle flach auf der Erde zu lassen. Kopf und Körper sind in diesem Fall noch näher am vorderen Fuß.

[71] Die Zeichen für Hong Quan sind 红拳.

als eine Jiben-Gong-Übung zu verstehen. In der chinesischen Kampfkunst wird besonderer Wert auf Flexibilität gelegt. Aus diesem Grund wird der gesamte Körper stark gedehnt (siehe Fotos 240 und 241).

Im Hong Quan gibt es im übrigen sechs sogenannte Aspekte, die ihrerseits wiederum in je acht Gesetze bzw. Methoden unterteilt werden.[72] Außerhalb dieser Kategorisierung existieren jedoch noch weitere Methoden, so z. B. zu den Quin Na, den Trittechniken.

Der Haupttext der Einleitung

Vorbemerkung

Der Haupttext beginnt mit der 5. Spalte (der chinesische Text wird spaltenweise von oben nach unten gelesen, beginnend von rechts). Um den Inhalt verstehen zu können, ist folgendes wichtig. Ähnlich, wie man heute zwischen »moderner« und »traditioneller« Kampfkunst unterscheidet und über die jeweiligen Vorzüge und Nachteile diskutiert, gab es zu Zeiten des Generals Qi Jiguang die Unterscheidung zwischen militärischer Kampfkunst (Junshi Wushu) und Volkskampfkunst (Minjian Wushu).

Die Volkskampfkunst, d. h. die verschiedenen Kampfstile, die aus dem Volk stammten, beschäftigt sich hauptsächlich mit den Methoden des Zweikampfes und der Selbstverteidigung mit und ohne Waffen, aber auch mit der Gesunderhaltung und Pflege des Körpers. Ursprünglich hatte sie sich wahrscheinlich durch die Notwendigkeit, sich gegen Räuber verteidigen zu müssen, herausgebildet. Zur Zeit des Generals Qi Jiguang hatten sich bereits bedeutende Zentren der Volkskampfkunst entwickelt, so z. B. das Shaolinkloster oder das Wudang-Gebirge. Die Volkskampfkunst war in ständigem Wandel begriffen, da beispielsweise immer wieder Meister von außerhalb das Shaolinkloster besuchten und auch Meister aus dem Shaolinkloster in andere Gegenden reisten und dort ihre Kenntnisse weitervermittelten.

---

[72] Die sechs Aspekte sind: Shou Fa (Handgesetze), Bu Fa (Methoden des Schrittes, Schrittarbeit), Gun Fa (Methoden des Stockes), Dao Fa (Messermethoden), Qiang Fa (Methoden der Lanze) und Bian Fa (Methoden der Peitsche). Zu den Bu Fa (Schrittarbeit) zählen beispielsweise die Methoden Gong Bu (Bogenstand, im Karate *Zenkutsu dachi* genannt) und Ma Bu (Pferdestand, im Karate als *Kiba dachi* bezeichnet).

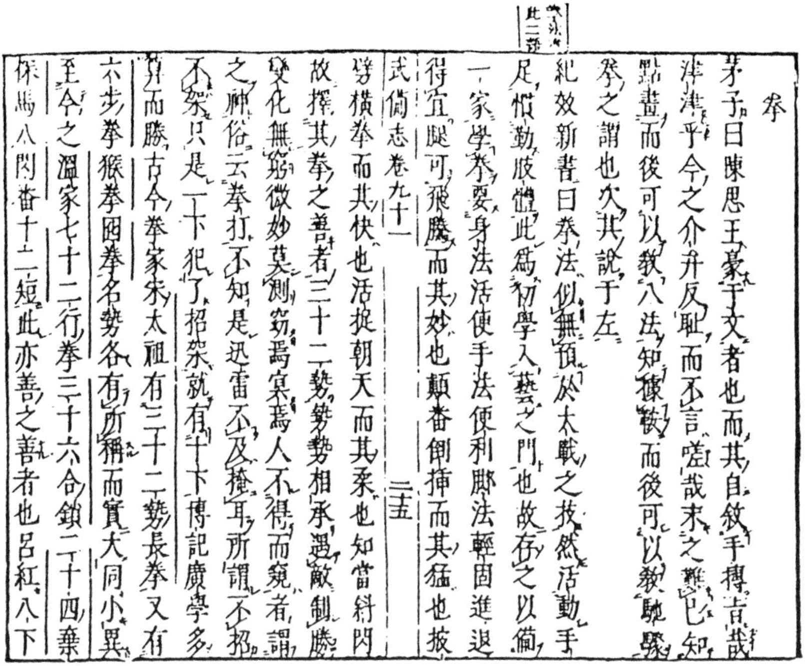

拳
茅子曰陳思王豪于文者也而其自敘手搏言哉
洋洋乎今之介弁反恥而不言噫哉末之難已知
點畫而後可以教八法知擽劍而後可以教馳驟
拳之謂也次其說于左
紀效新書曰拳法似無預於大戰之技然活動手
足慣勤肢體此為初學入藝之門也故存之以備
一家學拳要身法活便手法便利腳法輕固進退
得宜腿可飛騰而其妙也顛番倒插而其猛也披
武備志卷九十一　二五
劈橫拳而其快也活捉朝天而其柔也知當斜閃
故擇其拳之善者三十二勢勢勢相承遇敵制勝
變化無窮微妙莫測窈焉冥焉人不得而窺者謂
之神俗云拳打不知是迅雷不及掩耳所謂不招
不架只是一下犯了招架就有十下博記廣學多
算而勝古今拳家宋太祖有三十二勢長拳又有
六步拳猴拳囮拳名勢各有所稱而實大同小異
至今之溫家七十二行拳三十六合鎖二十四棄
探馬八閃番十二短此亦善之善者也呂紅八下

Die ersten zwei Tafeln der Einleitung (Spalten 1-17, von rechts). Dritte Tafel: siehe S. 58.

Die Kampfkünste aus dem Volk sind sehr reich an Techniken und enthalten auch Bewegungen, die nicht vorrangig für den Kampf bestimmt waren, sondern die als kunstvoll und ästhetisch angesehen wurden (dies jedoch noch nicht im Sinne moderner Showkampfformen).

In der militärischen Kampfkunst wurde das Hauptaugenmerk auf die Schulung im Umgang mit Waffen und Kampfausrüstung gelegt. Die Techniken waren nicht umfangreich und relativ einfach. Aspekte der Gesunderhaltung und des Erreichens eines hohen Alters spielten dabei keine große Rolle. Bei allen Unterschieden beeinflußten sich die Kampfkunst aus dem Volk und die militärische Kampfkunst wechselseitig, und General Qi Jiguang war in dieser Hinsicht wegweisend. Er erkannte, daß Soldaten, die Erfahrung in den Volkskampfkünsten besaßen, auch im Gefecht effektiver waren.

Im alten China hatte man als Kampfkunstmeister prinzipiell zwei Möglichkeiten. Entweder man blieb ein Meister der Volkskampfkunst, so wie z. B. Zhou Tong[73], oder man ging in den Staatsdienst und wurde Militärbeamter und General, so wie dies sein Schüler Yue Fei[74] getan hat. Viele der großen Generäle haben, bevor sie Staatsdiener wurden, eine Ausbildung bei einem Meister der Volkskampfkunst erhalten.

Ein Kampfkunstmeister, der seine Fähigkeiten nicht in den Staatsdienst stellte und ein Meister der Volkskampfkunst blieb, konnte verschiedene Wege gehen. Eine Möglichkeit war, daß er Schüler unterrichtete. Andere Meister waren als Ärzte tätig, denn Kampfkunst und Medizin bildeten, wie bereits erwähnt, zu jener Zeit eine Einheit. Ebenfalls konnte ein Meister der Volkskampfkunst im Geschäft des Biao Ju tätig sein, im alten China ein »Schutzbetrieb«. Er arbeitete dann beispielsweise als Personenschützer oder transportierte wertvolle Waren. Hierfür war natürlich ein besonderes Maß an Fähigkeiten und praktischer Kampferfahrung erforderlich. Viele Meister der Volkskampfkunst waren Xiake. Xiake waren mit den fahrenden Rittern Westeuropas vergleichbar, aber auch mit japanischen Rônin. So würde beispielsweise eine Persönlichkeit wie der japanische Schwertkämpfer Miyamoto Musashi in China als Xiake angesehen werden. Ein Xiake konnte – wie auch die Rônin – auf beiden Seiten des Gesetzes stehen. Diese Ritter des alten China sind häufig Gegenstand von Abhandlungen und Gedichten. Manche Meister zogen sich an Orte wie das Shaolinkloster oder das Wudang-Gebirge zurück, wurden Mönch oder Daoist. Ihre Zeit verbrachten sie mit Meditation und dem Studium der Kampfkünste und der Philosophie.

Ging ein Kampfkunstmeister hingegen in den Staatsdienst, so konnte er Militärbeamter werden oder als Ausbilder tätig sein, oder er wurde Leibwächter hoher Beamter oder gar des Kaisers, d. h., seine Möglichkeiten waren vergleichsweise beschränkt.

Das Ziel Qi Jiguangs bestand nun darin, die Kampfkunst des Volkes für die militärische Ausbildung einzusetzen. Dieser Thematik ist ein Teil seines Werkes gewidmet. Mit dem Ji Xiao Xin Shu setzte Qi Jiguang somit völlig neue Maßstäbe. Selbst für die Ausbildung von Soldaten unserer Zeit kann sein Werk noch interessante Anregungen geben.

---

[73] Zhou Tong: Meister des Bogenschießens (gest. 1121). Er war der Lehrer des späteren Song-Generals Yue Fei im Bogenschießen und in militärischer Kunst . – Anm. d. Lektors.

[74] Yue Fei (1103-1142): Chinesischer Heerführer und Volksheld in der Zeit der Südlichen Song-Dynastie (1126-1279). – Anm. d. Lektors.

Die Einleitung des Quan Jing Bian

Vorbemerkung: Zusammenfassungen und Erläuterungen werden im folgenden kursiv geschrieben oder stehen in Klammern. Übersetzter Text wird nicht kursiv dargestellt. Ergänzungen zur besseren Lesbarkeit stehen in eckigen Klammern.

Spalten 5 bis 7

纪效新书曰：拳法似无预於大战之技，然活动手足，惯勤肢体，此为初，学入艺之门也。故存於后，以备一家。

Im Ji Xiao Xin Shu wird folgendes ausgedrückt: Die Methode der Faust[75] ist nicht unbedingt eine brauchbare Technik, und sie ist nicht einsetzbar für den Krieg[76]; allerdings sind das Training und die Bewegungen der waffenlosen Techniken[77] eine notwendige Grundlage für den Körper[78], und damit eine Grundlage für die Kriegskunst[79]. Folglich gehört beides (das Training des waffenlosen Faustkampfs und des militärischen Kampfs mit langen Waffen) in der Vorbereitung (der Ausbildung der Soldaten) zu einer Familie.

Spalten 7 bis 9

学拳要身法活便，手法便利，脚法轻固，进退得宜，腿可飞腾，而其妙也，颠起倒插；而其猛也，披劈横拳；而其快也，活捉朝天；而其柔也，知当斜闪。

Qi Jiguang begründet nun die Vorteile der waffenlosen (Volks-)Kampfkunst. Anschließend teilt er den Nahkampf in vier Aspekte ein: Beinarbeit (Treten und Schrittarbeit), Faust (Schlagen), Ringen und Hebeln (Qin Na).

Wenn man die Methode der Faust lernt, braucht man eine flexible Körperarbeit, schnelle und flexible Handarbeit sowie eine leichte und dennoch feste und stabile Beinarbeit. Mit den Beinen muß man sich auf angemessene Weise vor- und zurückbewegen – schwebend und wirbelnd muß die Beinarbeit sein. Geschickt und raffiniert müssen die Beine benutzt wer-

---

[75] Quan Fa bezeichnet hier die (waffenlose) Volkskampfkunst.

[76] Es wird an dieser Stelle von Da Zhan Zhi Ji gesprochen, womit Krieg mit Langwaffen wie Speeren, Lanzen, Pfeilen usw. gemeint ist.

[77] Wörtlich wird hier vom Bewegen der Hände und Beine gesprochen.

[78] Wörtlich: Grundlage für die körperliche Leistungsfähigkeit der Soldaten.

[79] Wörtlich: Eine Grundlage für das Benutzen der Kampfausrüstung und der Waffen.

den. Man muß in der Lage sein, blitzschnell mit den Beinen ausweichen und angreifen zu können.

Die Ringermethode und -technik muß wild und wuchtig sein. [Es geht um ein] wuchtiges Eindringen in den Gegner, und [man muß] den Gegner umdrehen – [ihn] auf den Kopf werfen.

Die Methode der Fausttechnik wird im Text mit dem Begriff Pi Pi Heng Quan zusammengefaßt. Dies bedeutet, daß die Angriffe und Schläge mit der Faust brutal und gewaltsam sein müssen. Die Zeichen Heng Quan bedeuten direkte Schläge, das Zeichen Pi kann hier für Handkanten- und Hakenschläge stehen. Die Zeichenfolge Pi Pi bezeichnet auch die Methoden der Handkanten, also den Einsatz von Handkantenschlägen.

Bei der Faustmethode kommt es besonders auf die Geschwindigkeit an, diese muß hoch sein. Bei der Methode des Greifens (Quin Na) kommt es auf Weichheit und Flexibilität an.

Beim Erkennen des Angriffs muß man sofort blitzschnell und instinktiv ausweichen können.

Anmerkung: General Qi Jiguang betont mehrmals den Aspekt der Geschwindigkeit. Es geht dabei um die »absolute« Schnelligkeit, mit der die Techniken ausgeführt werden, also deren physikalische Geschwindigkeit, weniger um den Rhythmus und das Timing. So kommt beispielsweise in der Beschreibung zur Form Nr. 5 der Ausdruck »schnell wie der Wind mit der Hand und mit den Beinen« (Shou Kuai Jiao Ru Feng) vor, und im Text zu Form Nr. 17 wird die Formulierung »so schnell wie fliegen« (Ru Fei) gebraucht. Im Wushu spielt die Schnelligkeit generell eine große Rolle. Deshalb wird hier besonders großer Wert auf extreme Dehnung der Sehnen und Bänder gelegt, wie vielleicht in keiner anderen Kampfkunst. Diese Dehnungsübungen sind eine wichtige Grundlage für Schnelligkeit. Natürlich spielt die Schnelligkeit für die Kraft von Schlägen und Tritten eine Rolle, da die Kraft bekanntlich proportional zur Beschleunigung ist.

Es gibt ein Sprichwort im chinesischen Wushu, das eine Art Grundregel darstellt: »Die Schnelligkeit besiegt die Langsamkeit. Die Langsamkeit besiegt die Schnelligkeit.« Ersteres drückt die Überlegenheit von mit großer Geschwindigkeit ausgeführten Techniken aus. Letzteres besagt, daß die Beherrschung von Timing, Rhythmus und richtigem Abstand (im Karate als Maai bezeichnet) im Kampf entscheidend sind.

Spalten 10 bis 11

故择其拳之善者三十二势，势势相承，遇敌制胜，变化无穷，微妙莫测。

An dieser Stelle wird auf die 32 Bewegungen eingegangen. Es wird ausgeführt, daß die Bewegungen voneinander wechselseitig abhängig sind.

Trifft man auf einen Gegner, wird man mit diesen [32 Bewegungen] den Sieg erringen können. Die Bewegungen haben eine unerschöpfliche Wechselfähigkeit, eine unerklärliche Feinheit und Komplexität, die nicht faßbar ist (also schwer schriftlich oder mündlich darzustellen und zu erläutern).

Spalten 11 bis 12

窈焉冥焉，人不得而窥者，谓之神。

Die ersten vier Zeichen entstammen einem Werk von Zhuang Zi (chin. Philosoph, ca. 369-286 v. Chr.). Sie haben keine direkte inhaltliche Bedeutung, sondern sind als Interjektion zu verstehen, d. h., als Lautäußerung, die eine Empfindung ausdrücken soll, eine gewisse Nachdenklichkeit. Daß der General diese Zeichen schrieb, die auch durch Lao Zi und Lie Zi (der dritte Vertreter des Daoismus nach Lao Zi und Zhuang Zi) verwendet wurden, läßt den Schluß zu, daß er von der daoistischen Philosophie beeinflußt war. Die letzten drei Zeichen sind ein Zitat aus dem Sunzi Bingfa (»Die Kunst des Krieges«).

Aaaach … Der Mensch kann nicht alles erforschen und verstehen, das wäre göttlich, nicht mehr menschlich.

Spalte 12

俗云：拳打不知，是迅雷不及掩耳。

Ein alter Spruch lautet: »Der Faustschlag, wenn man ihn nicht erkennt oder nicht von ihm weiß, [ist] so rasend schnell wie ein Blitz.«

Anmerkung: Qi Jiguang legte, wie weiter oben dargelegt wurde, besonderen Wert auf die Schnelligkeit in der praktischen Anwendung. Deshalb zitiert er hier die Redensart »rasend schnell wie ein Blitz«. Der Ausdruck vom »Faustschlag, den man nicht erkennt oder von dem man nicht weiß« birgt einen doppelten Sinn in sich. Zum einen bedeutet es, daß der Gegner ihn nicht sieht oder erkennt und den Schlag daher nicht abwehren kann. Zum anderen bedeutet es aber auch, daß man selbst nichts von ihm weiß. Das heißt, daß der Faustschlag instinktiv, auf ganz natürliche Weise ausgeführt werden soll, sozusagen aus der Leere des Geistes heraus.

Spalten 12 bis 13

所谓不招不架，只是一下；犯了招架，就有十下。

Hier verwendet Qi Jiguang wieder ein altes chinesisches Sprichwort aus den Kampfkünsten. Es drückt aus, daß man bei einem Angriff den Gegner mit schnellen und wirkungsvollen Attacken sofort kampfunfähig machen müsse, andernfalls werde der Kampf sehr lange dauern. Ein langer Kampf ist jedoch weder wünschenswert noch vorteilhaft und verschwendet lediglich die Kräfte.

Spalten 13 bis 24

博记广学，多算而胜。古今拳家，宋太祖有三十二势长拳，又有六步拳、猴拳、囮拳，名势各有所称，而实大同小异。至今之温家七十二行拳、三十六合锁、二十四弃探马、八闪番、十二短，此亦善之善者也。吕红八下虽刚，未及绵张短打，山东李半天之腿，鹰爪王之拿，千跌张之跌，张伯敬之打。少林寺之棍，与青田棍法相兼；杨氏枪法与巴子拳棍皆今之有名者，虽各有所长，有上而无下，有下而，无上，就可取胜於人，此不过偏於一隅。若以各家拳法兼而习之，正如常山蛇阵法，击首则尾应，击尾则首应，击其身而首尾相应，此谓上下周旋，无有不胜。

In diesem Abschnitt geht General Qi Jiguang auf die verschiedenen Kampfkünste aus dem Volk ein. Es gab viele ausgezeichnete Kämpfer und Meister der Kampfkunst, die ihr Können nicht in den Dienst der Armee und des Staates stellten. Er nennt hier die besten unter ihnen und gibt eine Übersicht über ihre Techniken und Taktiken. Viele Generäle waren große Bewunderer dieser Meister der Volkskampfkunst und waren gewillt, bei erstklassigen Meistern aus dem Volk zu lernen. Etliche Generäle stammten im übrigen selbst aus dem Volk.

Eine umfassende Bildung, das Lernen und Studieren sind sehr wichtig für den Sieg.

Vom Altertum bis heute, zu allen Zeiten gab es Experten der Faust.

Es folgen einige Beispiele für Stilrichtungen des Faustkampfes:

Die 32 Langfaust-Bewegungen des Kaisers Song Taizu, das Liu Bu Quan

(Sechs-Schritte-Faust), die Affenfaust, das Lun Quan. Alle Techniken und Bewegungen (Kampfstile) haben unterschiedliche Namen, in Wirklichkeit jedoch gibt es zwischen ihnen große Gemeinsamkeiten und nur kleine Unterschiede.

Bis heute gibt es: 72 Wenjia-Fäuste (Familienstil der Familie Wen), 36 Hesuo (Verriegelungstechniken – wahrscheinlich eine Art Qin Na), 24 Qi Yan Ma, Ba Shan Pan (Fanzi Quan), 12 Duan – das alles gehört zum besten, was es gibt. [Weiterhin gibt es] Lü Hong Ba Xia Sui Gang[80] [und] Mian Zhang Duan Da.[81]

Nun nennt Qi Jiguang vier legendäre Kämpfer und ihre speziellen Techniken. Jeder verkörpert einen der vier Grundaspekte des Kämpfens: Treten (Ti), Ringen/Werfen (Shuai, früher Die genannt), Hebeln/Greifen (Na), Schlagen (Da).

Shandong Li Ban Tian[82] [ist ein Meister mit] guter Beintechnik, der Adlerkönig [beherrscht] gute Greiftechniken, der Ringer Qian Die Zhang[83] [ist bekannt für] gutes Ringen, Zhang Bo Jing [ist ein] Experte im Schlagen[84].

Die Stocktechnik des Shaolin-Tempels und die Qingtian-Stockmethode ergänzen einander oder sind sogar gleich; die Lanzentechnik Yang Zhi und die Stocktechnik des Ba Zi Quan (Baji) sind heutzutage sehr bekannt. – Je-

---

[80] Lü Hong ist ein Eigenname (Person oder Gegend), der für die Herkunft der Technik steht. Gang ist ein Ausdruck für eine wuchtige, explosionsartige Kraft.

[81] Mian Zhang ist ein Eigenname; die Technik Duan Da (auch Duan Quan) steht für kurze, knappe Techniken für den Kampf in Nahdistanz. Duan Quan ist der Gegensatz zur Technik der Langfaust (Chang Quan).

[82] Li Ban Tian war ein Meister aus der Provinz Shandong. Er war in der Lage, aus jeder Position heraus wirkungsvoll zu treten. Er soll maßgeblich an der Entwicklung des Stils Di Tang Quan beteiligt gewesen sein (wie auch Qian Die Zhang). Hierzu gibt es folgende Legende: Der junge Li lernte den Stil der Betrunkenen Faust (Zui Quan). Doch so sehr er sich auch mühte, es gelang ihm nicht, einen Betrunkenen nachzuahmen. Eines Tages hatte er schon einen halben Tag (Ban Tian heißt »halber Tag«) trainiert und getrunken, ohne betrunken zu werden. Sein Meister verzweifelte schließlich, schlug ihn und warf ihn immer wieder zu Boden. So entwickelte Li, anstatt die Betrunkene Faust zu erlernen, das Di Tang Quan. – Dies ist ein Stil, der auf Opfertechniken beruht. Man fällt und bringt dabei den Gegner mit zu Fall. Es gibt in diesem Zusammenhang in China den Ausdruck »In der Niederlage holt man den Sieg«.

[83] Qian Die Zhang kam ebenfalls aus der Provinz Shandong. Das »Die« (跌) in seinem (Spitz)namen steht für die Techniken des Stürzens. Dies umfaßt sowohl Techniken, den Gegner zu werfen als auch eigene Falltechniken. Auch er war ein Meister des Di Tang Quan.

[84] Bei dem Namen Zhang Bo Jing handelt es sich offenbar um eine Anspielung auf ein Werk He Liangchens (ein Zeitgenosse General Qi Jiguangs), in dem großer Wert auf Ellbogentechniken gelegt wurde. In den 32 Techniken tritt der Begriff Ellbogen (Zhou) häufig auf.

der [Stil] hat seine Eigenarten, ob einer besser als der andere und womit man letztendlich siegen kann, darüber gibt es verschiedene Meinungen.

Dies soll bedeuten, daß all diese Techniken gut sind und ihre Vorteile haben und es unmöglich ist, pauschal zu entscheiden, was besser oder schlechter ist.

Alle Faustmethoden [werden] zusammen trainiert, außerdem die Strategie Chang Shan She Zhen Fa (Shan She bezieht sich auf eine Schlange, Zhen Fa ist ein militärischer Begriff und bedeutet Formation – dies bezieht sich auf das strategische Formieren und die Truppenbewegung) – greift man den Kopf an, reagiert und kontert sie (die Schlange) mit dem Schwanz. Greift man den Schwanz an, reagiert und kontert sie mit dem Kopf. Greift man die Körpermitte an, reagieren und kontern Kopf und Schwanzende gemeinsam.[85]

Das ist wirklich flexibel und komplett, so daß man immer siegen kann.

Spalten 23 bis 26

大抵拳棍刀枪钗钯剑戟弓矢钩镰挨牌之类，莫不先由拳法活动身手。其拳也，为武艺之源。今绘之以势，注之以诀，以启后学。

Hauptsächlich gibt es die Arten (Kampftechniken) mit Faust, Stock, Messer (Dao), Lanze/Speer, Haarnadel, Schutzausrüstung, Schwert, Hellebarde (Ji), Bogen, Armbrust, Hakenschwert, Sichel, Ai[86], Schild. Möchte man alle Kampfausrüstungen gut beherrschen, muß man erst die Methode der Faust studieren. Die Methode der Faust ist die Quelle für die [Beherrschung der] Kriegskunst.

Heute habe ich die Bewegungen der Faustmethode in Bildern dargestellt und Merkverse dazu verfaßt – für den Unterricht (des Militärs).

In der im Wu Bei Zhi aufgenommenen Version des Ji Xiao Xin Shu endet der Text an dieser Stelle. Andere Überlieferungen des Werkes enthalten noch eine zusätzliche Passage, die im folgenden kommentiert und wiedergegeben werden soll.

---

[85] Im Zweikampf beispielsweise, wenn der Gegner in Richtung des Kopfes schlägt, weicht man zurück. Durch die Gewichtsverlagerung nach hinten geht das vordere Bein nach oben und tritt den Gegner in den Unterleib. – Für die Anwendung dieser Methode im Krieg gilt beispielsweise folgendes: Greift der Gegner das Zentrum der eigenen Formation an, teilt man sich auf und nimmt den Gegner in die Zange, gleich einer Schlange, die man in der Mitte attackiert und die sich daraufhin mit Kopf und Schwanzende zugleich zur Wehr setzt.

[86] Ai: Wahrscheinlich ist hier eine Art Peitsche gemeint.

Die abschließenden Ausführungen Qi Jiguangs

Um die abschließenden Ausführungen des Generals in ihrer Tragweite verstehen zu können, ist die Kenntnis einiger Hintergründe erforderlich.

Die Ming-Dynastie war eine Epoche großer Veränderungen und bedeutender Entwicklungen in den Kampfkünsten Chinas. Auf diese Entwicklung übten die Schriften General Qi Jiguang einen großen Einfluß aus. Auch die Shaolin-Kampfkunst, deren ausgezeichnete Technik Qi Jiguang im Ji Xiao Xin Shu erwähnt, spielte dabei eine herausragende Rolle.

Es wurde bereits weiter oben erwähnt, daß in den Kampfkünsten, die sich im Volk entwickelten, Bewegungen und Techniken existierten, die nicht für die praktische Anwendung gedacht waren, sondern als eine Art ästhetischer Kunst. In der Ming-Zeit (1368-1644) tauchten in diesem Zusammenhang Ausdrücke wie Hua Jiazi und Hua Quan auf, so z. B. in dem bekannten Werk Shui Hu Chuan (»Die Wasserufergeschichten«) von Shi Naian (1296-1371). Shi Naian verwendete diese Begriffe, um Personen zu charakterisieren, deren Kampfkunst nur auf Zurschaustellung ausgerichtet war. Hua Quan oder Hua Jiazi stehen somit für Formen und Techniken, die ästhetisch sind, aber wenig praktischen Nutzen haben.

In alter Zeit, lange vor General Qi, gab es in den Kampfkünsten noch nicht das Formentraining. Zunächst ging es nur um die Entwicklung von Kraft und Geschicklichkeit, um wenige, dafür aber hocheffektive Bewegungen, die in der kämpferischen Praxis entwickelt und erprobt wurden. Langformen (Tao Lu) entwickelten sich in der Folge als Mittel der Wissensweitergabe und als Trainingsmethode. In der Ming-Zeit hatten sich bereits auch Formen entwickelt, welche viele Bewegungen enthielten, die nur noch für artistische Vorführungen geeignet waren. Dies hat verschiedene Ursachen. Die Meister in China unterrichteten seit eh und je ohne viel Erklärungen und Worte. So konnte es bei der Vermittlung durchaus zu einem falschen Verständnis dessen kommen, was ein Meister einen lehrte, vor allem wenn der Schüler aus wohlhabendem Umfeld kam, in dem die praktische Anwendung von Kampftechniken keine Rolle spielte. Und einmal entstanden, können sich solche falschen Auffassungen ohne weiteres verbreitet haben.

Aber auch Qigong-Vorführungen wie das Zerschlagen von Steinen oder die Vorführung anderer übernatürlich wirkender Techniken durch sogenannte Jianghu Pinzi (Scharlatane der Kampfkunst) spielten bei diesen Entwicklungen eine Rolle.

Schließlich hatten sich verschiedene Formen entwickelt, die der Akrobatik ähnlich waren oder eine besondere Ästhetik besaßen. Sie zu erlernen, erforderte natürlich auch ein intensives Training, und wer sie beherrschte, konnte damit auf Jahrmärkten auftreten und auf diese Weise Geld verdienen. Nur für den realen Kampf waren solche Formen nicht sonderlich geeignet. Ein Beispiel hierfür ist die sehr alte Form Ju Hua Zhan. Zwar enthält sie durchaus Bewegungen, die sehr effektiv sind, wie z. B. Augenauskratzen, Ellenbogen- und Kniestöße, vor allem aber sehr viele Bewegungen, die in erster Linie ästhetisch wirken sollen.

General Qi Jiguang zählte zu den schärfsten Kritikern dieser Entwicklung innerhalb der Kampfkünste. Für ihn zählte nur die Tauglichkeit der Techniken für den Einsatz in der kämpferischen Praxis.

Der Inhalt der letzten Spalten der Einleitung des Quan Jing Bian

既得艺，必试敌，切不可以胜负为愧、为奇，当思何以胜之，何以败之。勉而久试，怯敌还是艺浅，善战必定艺精。古云艺高人胆大，信不诬矣！

Qi Jiguang bringt zum Ausdruck, daß zwar das Training der Formen eine notwendige Grundlage sei, man jedoch die erlernte Kunst in der Praxis an einem Gegner erproben müsse. Die Praxis und die Erfahrung im Kampf haben für General Qi somit oberste Priorität. Das Niveau der Kampfkunst könne nur im realen Kampf erkannt werden.

Man sollte sich immer wieder zum Erproben (seiner Fertigkeiten) ermuntern und sich den Herausforderungen stellen. Man mag Angst vor dem Gegner haben oder die Kampfkunst (die Techniken) nur oberflächlich beherrschen – was jedoch für den Krieg bzw. den Kampf zählt, ist die richtige Einstellung (Kampfgeist).

Die Krieger aus alter Zeit hatten großen Mut, und verleumderisches Gerede galt ihnen nichts. Das heißt, sie hatten keine Furcht vor Schmach und Schande, und Sieg und Niederlage galten ihnen gleich. Ebenso waren ihnen der Ruf und die Stärke ihrer Gegner gleichgültig.

Maik Albrecht, Wuhan (China), Februar 2009

Inhaltsverzeichnis

Dàomíng Xióng: Yàn Chí Gōng

Die Wiederentdeckung einer alten Shaolin-Tradition

Im Jahre 1963 beschloss Großmeister Dàomíng Xióng, sein Wissen über das Yàn Chí Gōng schriftlich festzuhalten. Im Jahre 2012 gestattete Li Zhènghuá, Meister Xióngs geistiger Erbe, die Erstveröffentlichung des Manuskripts in deutscher Sprache. Sein Schüler Maik Albrecht übersetzte den Text und kommentierte ihn gemeinsam mit Frank Rudolph.

Das Yàn Chí Gōng ist ein in sich geschlossenes Übungssystem (gōng bzw. qìgōng), das anderthalb Jahrtausende lang nur Eingeweihten im Shaolin-Kloster bekannt war und schließlich fast vollkommen in Vergessenheit geriet. Es zielt darauf ab, eine nachhaltige innere Stärke von Körper und Geist und lebenslange Gesundheit zu entwickeln. Die Übungen werden im Buch auf nachvollziehbare Weise in Text und Bild dargestellt. Die einfacheren Übungen sind für Menschen, die einen Ausgleich zu vorwiegend sitzenden Tätigkeit suchen, bestens geeignet. Darüber hinaus ist das Yàn Chí Gōng ein hocheffektives, über Jahrhunderte erprobtes Trainingssystem für Kampfkünstler, das den Körper als Ganzes trainiert – einschließlich der inneren Organe und des Bindegewebes –, ohne ihn dabei zu verschleißen, wie dies oft im Leistungssport der Fall ist. Der Körper gewinnt durch die Übungen an Ausdauer, Kraft und Geschmeidigkeit.

Neben den eigentlichen Übungen wird auch das dahinterstehende Gedankengebäude des Daoismus ebenso ausführlich wie tiefgründig erläutert, von der Schöpfungslehre über Medizin bis hin zur Sexualkunde.

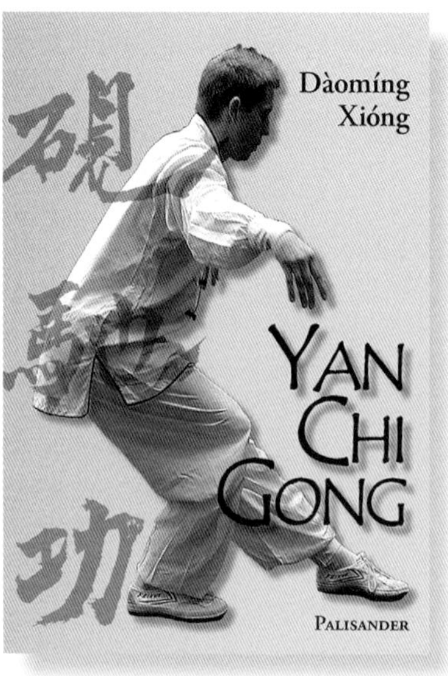

Xióng Dàomíng (ca. 1900-1986) war ein Großmeister der chinesischen Kampfkünste (Wushu). Er war Schüler des letzten Xiákè des alten China, Yáng Zuānkuí. Jener war nicht nur ein außerordentlicher Meister der alten Kampfkünste, sondern darüber hinaus ein universell gebildeter Mann. Zu den wertvollsten Dingen, die er Xióng Dàomíng lehrte, gehören das Trainingssystem und die Philosophie des Yàn Chí Gōng.

Dàomíng Xióng
Yàn Chí Gōng
Eine fast vergessene Shaolin-Tradition
Aus dem Chinesischen übersetzt und kommentiert von Maik Albrecht und Frank Rudolph
256 Seiten, ca. 280 Abbildungen
ISBN 978-3-938305-75-1
19,90 €

Wu – Ein Deutscher bei den Meistern in China

Die Welt der chinesischen Kampfkünste

Geheimnisvolle Mönchskrieger mit scheinbar übernatürlichen Fähigkeiten, die sie in spektakulären Vorführungen zur Schau stellen, und eine Unzahl von Kung-fu-Filmen prägten bislang das Bild des Wushu im Ausland. – Dieses Buch räumt mit Klischees auf. Es zeigt, was authentische chinesische Kampfkunst ist: eine Kunst, die jahrhundertelang in Kämpfen auf Leben und Tod erprobt wurde und auf diese Weise zu unvergleichlicher Wirksamkeit gelangte.

Maik Albrecht ist seit zehn Jahren direkter Schüler eines der besten Meister Chinas, Li Zhenghua. Durch diesen erhielt er auch Zugang zu anderen großen Meistern, die heute oft vollkommen zurückgezogen leben. Aus ihrer Sicht ist nur der bereit, echte Kampfkunst zu lernen, der es auf sich nimmt, sich über lange Zeit hinweg durch mühselige Gongfu-Übungen die notwendigen Grundlagen hierfür anzutrainieren.

Den Leser erwartet eine atemberaubende Reise durch die Landschaft der chinesischen Kampfkünste mit vielen interessanten Verweisen auf europäische oder japanische Traditionen. Meister aus Vergangenheit und Gegenwart, die hierzulande völlig unbekannt sind, aber zu den besten der Welt gehören, werden vorgestellt, ebenso einige bekannte und weitgehend unbekannte Stilrichtungen sowie klassische Trainingsprinzipien und -methoden für den Aufbau der inneren Kraft.

Maik Albrecht ist Chinaexperte und Kenner der chinesischen Kampfkünste. 2006 gewann er als einziger Ausländer in der chinesischen Profigruppe eine Goldmedaille bei der Wushu-Weltmeisterschaft in Zhengzhou. Im selben Jahr erhielt er den 4. Meistergrad (Wushu Duan). Albrecht besitzt einen Abschluss in Sinologie von der Universität Wuhan.

Koautor Frank Rudolph studierte Journalistik und praktiziert verschiedene europäische und asiatische Kampfkünste. Mehrere Studienreisen führten ihn nach China.

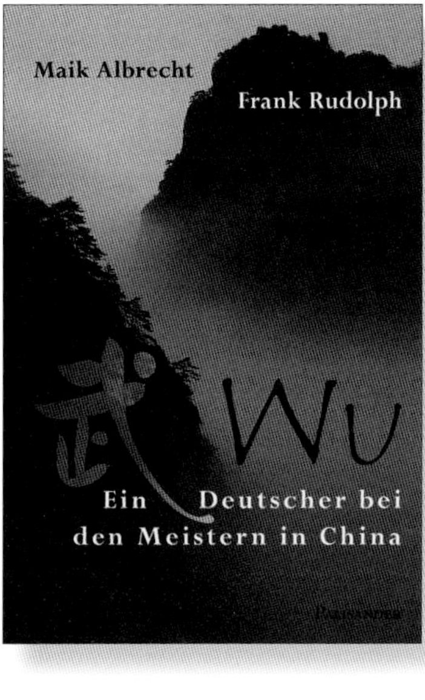

Maik Albrecht und Frank Rudolph
Wu – *Ein Deutscher bei den Meistern in China*
368 Seiten mit 235 Fotos
2. Auflage 2013
ISBN 978-3-938305-12-6
23,80 €

Mabuni Kenei: Leere Hand – Vom Wesen des Budô-Karate

Das Vermächtnis eines Großmeisters des Karatedô

Budô ist der Weg der traditionellen japanischen Kampfkünste. Mabuni Kenei ist diesem Weg bis heute durch nahezu acht Jahrzehnte gefolgt. Er gehört zu den letzten Meistern, die bei den Gründervätern des modernen Karatedô in die Lehre gegangen sind. Der Sohn und Erbe Mabuni Kenwas, des Gründers des Shitô ryû, ist im Lauf seines Lebens zu einem tiefen Verständnis vom Wesen des Karate als Budô-Kampfkunst gelangt. Auf lebendige, fesselnde Weise versteht er es, dem Leser dieses außerordentlich komplexe und vielschichtige Wissen nahezubringen. Dies geschieht in Form von Lebenserinnerungen, technischen Erläuterungen, historischen und philosophischen Ausführungen, Legenden und anekdotischen Begebenheiten aus dem Leben berühmter Samurai und Budôka (u. a. Meister des Schwertkampfes, des Aikidô, des Okinawa-te und des Karate).

Mabuni Kenei (1918-2015) wurde auf Okinawa, dem Ursprungsort des Karate, geboren. Als Sohn eines der bedeutendsten Karateexperten in der Geschichte der Kampfkünste lernte er in seiner Jugend viele der großen Meister des Budô kennen, so z. B. Miyagi Chôjun, Motobu Chôki, Konishi Yasuhiro, Fujita Seiko und Funakoshi Gichin. Im Alter von 34 Jahren übernahm er den Vorsitz des Shitô ryû. Er war Inhaber des 10. Dan. Noch mit über 90 Jahren hielt er regelmäßig Lehrgänge in verschiedenen Teilen der Welt ab, in denen er authentisches Karatedô vermittelte.

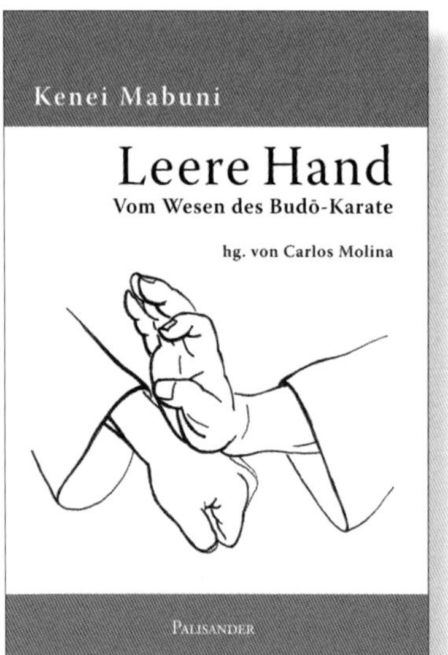

Dieses Werk, aus dem eine ebenso vergessene wie wertvolle Vergangenheit zu uns spricht, ist eine Einladung, dem Weg des »vollendeten Menschen« zu folgen, welcher der wahre Weg des Karatedô ist. Sôke Mabuni geht sogar über diesen Weg hinaus, indem er Verbindungen zu buddhistischer, taoistischer und konfuzianischer Spiritualität knüpft. Möge seine Botschaft gelesen und verstanden werden.

Roland Habersetzer

Kenei Mabuni
Leere Hand – *Vom Wesen des Budô-Karate*
Aus dem Japanischen von Bernd Winter
Herausgegeben von Carlos Molina
256 Seiten mit 100 Abbildungen
3. Auflage 2014
ISBN 978-3-938305-05-8
19,80 €

Jamal Measara: Verschollene Traditionen des Okinawa-Karate

Traditionen für unsere Zeit

Der aus Malaysia stammende Jamal Measara genießt weltweit den Ruf eines der besten Kenner der klassischen okinawanischen Kampfkünste. Anhand zahlreicher Beispiele und Geschichten zeigt der Schüler von Shimabukuru Zenpo und Donn F. Draeger in diesem Buch, was die Philosophie und die Praxis des Okinawa-Karate auszeichneten. Zu den Themen zählen die Rolle der Geduld, die Bedeutung des Respekts, das Verhältnis zwischen Lehrer und Schüler, die Beziehung zwischen Kampfkunst und Heilkunde sowie traditionelle Methoden zum Muskelaufbau und zur Abhärtung. Ein großer Teil des Buches ist den Kampftechniken des klassischen Karate gewidmet. Mit Hilfe von Fotografien und Erläuterungen werden eine Reihe konkreter Anwendungen von Techniken aus den alten Kata vorgestellt, von Verteidigungen, die zugleich als Angriffe eingesetzt werden, bis hin zu Vitalpunkttechniken. Besonderer Wert wird darauf gelegt, aufzuzeigen, dass die Kampftechniken einst von kampferprobten Meistern für den Zweck der Selbstverteidigung entwickelt wurden. Im modernen Karate werden viele davon kaum noch gelehrt, weil sie für den sportlichen Wettkampf nicht geeignet sind.

Der Autor erläutert, welche nützliche Rolle Tradition in der modernen Zeit spielen kann. Schülern des Karate sollen die Möglichkeiten, die ihre Kampfkunst ihnen bieten kann, gezeigt werden, nicht nur hinsichtlich der Entwicklung ihrer kämpferischen Fähigkeiten, sondern auch für ihre Persönlichkeitsentwicklung, welche im klassischen Budō eine zentrale Rolle spielt. Tatsächlich kann Karate-dō einen lebenslangen Weg darstellen, eine umfassende Schule des Lebens.

Karatetrainer erhalten zahlreiche Anregungen, wie sie die Ausbildung ihrer Schüler reichhaltiger gestalten können.

Sensei Measara lebt seit 1980 in Deutschland. In seinen Lehrgängen, die ihn in zahlreiche Länder führen, verbreitet und lehrt er die klassischen Kampfkünste Okinawas.

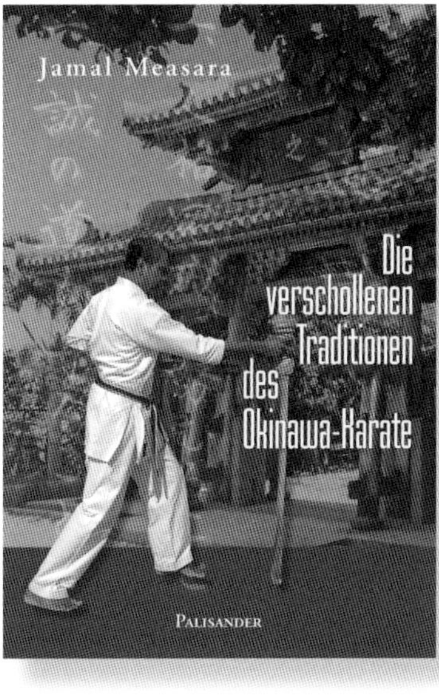

Jamal Measara
Die verschollenen Traditionen des Okinawa-Karate
160 Seiten, ca. 280 Fotos
1. Auflage 2012
ISBN 978-3-938305-11-9
€ 18,90

Von der Form einer Kampfkunst

Die Kata als zentrales Übungskonzept des Karate

Die traditionell überlieferten Formen des Karate, die Kata, enthalten sämtliche Facetten des Karatetrainings. Doch dieses Wissen wird nur dann umfassend zugänglich, wenn die Kata auf eine Weise analysiert werden, die das Weltbild der Menschen, die sie vor langer Zeit geschaffen haben, berücksichtigt, das heißt ihre religiösen Anschauungen, ihre Kenntnisse in traditioneller chinesischer Medizin, ihr Wissen über den Fluss des Ki (Qi) und vieles mehr.

Auf der Grundlage von über 40 Jahren eigener Übungs- und Unterrichtspraxis sowie umfangreicher Forschungsarbeit gelingt es dem Autor, anhand zahlreicher praktischer Beispiele und origineller Analysen darzustellen, wie es möglich ist, die Kata so zu entschlüsseln, dass der Karateka daraus vielfältiges anwendbares Wissen gewinnen kann. Erst mit solchem Wissen kann Karate wieder zu der echten und hocheffektiven Kampfkunst werden, als die es einst geschaffen wurde.

Das Werk beginnt mit Erläuterungen zu Aufbau und Struktur der Karate-Kata und zur potentiellen Wirkungsweise der enthaltenen Techniken; die Gesetze der Physik werden hierbei ebenso berücksichtigt wie alternativmedizische Modellbetrachtungen. Im zweiten Teil wird ausführlich auf das Üben der Kata und deren Umsetzung im freien Kampf eingegangen. Im dritten Teil werden einzelne für das heutige Karate besonders bedeutende Kata beschrieben und miteinander verglichen, so z. B. die Kata Naifanchin und Bassai.

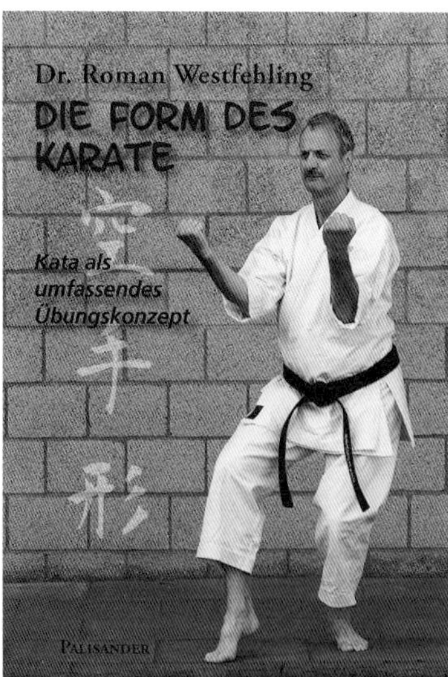

Roman Westfehling, 5. Dan, möchte den Leser ermutigen, immer wieder Altbekanntes in Frage zu stellen, damit er weiterkommt auf dem Weg der leeren Hand, dem Karate-dō. Dieses Buch richtet sich an jeden fortgeschrittenen Karateka – unabhängig von seiner Stilrichtung –, und auch dem interessierten Anfänger kann es als Wegweiser und Wegbegleiter dienen.

Roman Westfehling
Die Form des Karate
Kata als umfassendes Übungskonzept
408 Seiten mit 106 Abbildungen
1. Auflage 2015
ISBN 978-3-938305-84-3
24,80 €

Koshiki Kata

Die klassischen Kata des Karatedô

Die Kata der großen Stilrichtungen des Karate – Shôtôkan ryû, Gôjû ryû, Wadô ryû und Shitô ryû – besitzen eine gemeinsame Grundlage, die Koshiki Kata. Diese klassischen Kata des Karatedô stammen aus Okinawa. Die Meister, die sie zwischen dem 17. und 19. Jahrhundert schufen, schöpften dabei sowohl aus chinesischen Quellen (die Tao des Wushu) als auch aus der jahrhundertealten einheimischen Kampfkunsttradition, dem Tôde bzw. dem Okinawa te. Die Koshiki Kata wurden einerseits als hocheffiziente, verschlüsselte Kampfformen konzipiert, andererseits stellen sie aber auch ein wirksames Mittel für die geistige Entwicklung des Praktizierenden dar, einen Weg zu tiefer Selbsterkenntnis. Damit sind sie tatsächlich unerschöpfliche Fundgruben, unendliche Schätze.

Roland Habersetzer, 9. Dan *Karatedô*, Historiker der Kampfkünste, schildert in diesem Buch Geschichte, Philosophie und Praxis der *Koshiki Kata*. Parallel dazu beschreibt er die Entwicklung vom *Tôde* über das *Okinawa te* zum modernen Karate und die Herausbildung der bedeutendsten Stilrichtungen des japanischen und okinawanischen *Karatedô*.

28 der *Koshiki Kata* werden ausführlich und auf praktisch nachvollziehbare Weise in Wort und Bild vorgestellt, so z. B. die 16 Kata der Schule des Matsubayashi Shôrin ryû (die fünf Kata Pinan, die drei Naihanchi-Kata sowie die Kata Kûshankû, Passai, Ananko, Wankan, Rôhai, Wanshu, Chintô, Gojûshiho), acht personalisierte Kata (Itosu no Kûshankû, Matsumura no Passai, Chibana no Passai, Aragaki no Sôchin u. a.), zwei Kata des Uechi ryû (Sanchin und Seisan) und die Happoren-Kata.

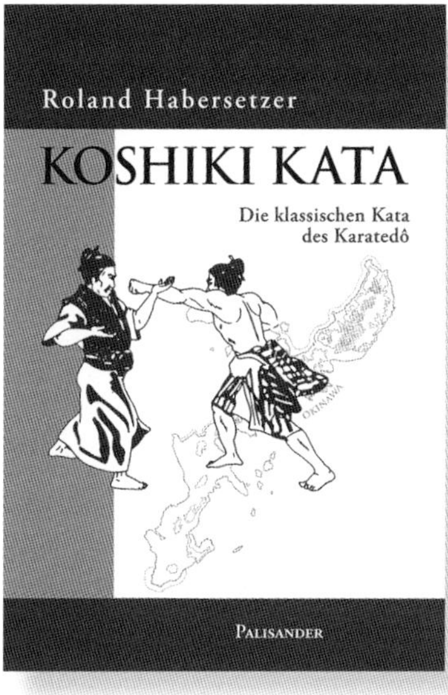

Roland Habersetzer
Koshiki Kata
Die klassischen Kata des Karatedô
Aus dem Französischen von Frank Elstner
400 Seiten mit zahlreichen Abbildungen
5. Auflage 2020
ISBN 978-3-938305-01-0
26,80 €

Enzyklopädie der Kampfkünste des Fernen Ostens

Das Lebenswerk eines Großmeisters des Budo

Diese Enzyklopädie ist das Ergebnis von fünf Jahrzehnten des Sammelns und der methodischen Aufarbeitung des Wissens über die traditionellen Kampfkünste, welche seit vielen Jahrhunderten in allen Ländern des Fernen Ostens praktiziert werden. Diese Arbeit hatte im Lauf der Zeit zur Entstehung von insgesamt 80 Werken über die Kampfkünste geführt.

Mit Unterstützung seiner Frau Gabrielle hat Roland Habersetzer es vollbracht, die Quintessenz seiner Forschungen auf dem Gebiet der Kampfkünste in Form von ca. 9 400 Haupteinträgen in einem Werk von etwa 1 200 Seiten zusammenzufassen. Die Einträge beleuchten technische, historische, philosophische, religiöse, kulturelle und biographische Aspekte der Kampfkünste aus Japan, China, Korea, Indien, Malaysia, Vietnam, Kambodscha, Birma, Thailand, Indonesien und den Philippinen. Insbesondere grundlegende Konzepte und herausragende Persönlichkeiten werden mit großer Ausführlichkeit und beispielhafter Tiefgründigkeit dargestellt.

Damit stellt dieses Werk die weltweit umfangreichste und umfassendste Darstellung dieser Thematik war. Die französische Originalausgabe erschien erstmals im Jahr 2000 und wird seither von den Autoren kontinuierlich erweitert und aktualisiert.

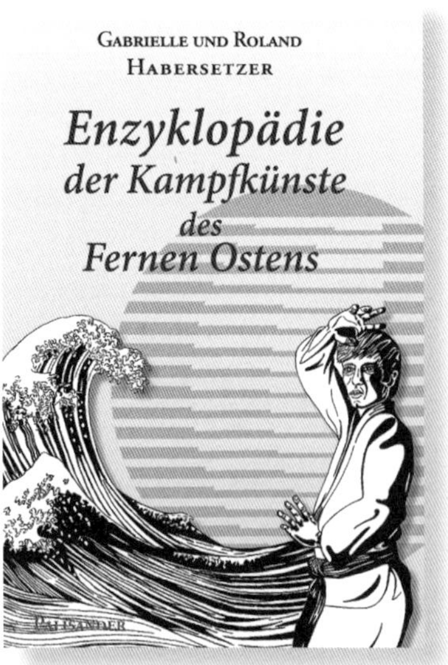

Gabrielle und Roland Habersetzer
Enzyklopädie der Kampfkünste des Fernen Ostens
Aus dem Französischen von Frank Elstner
1 214 Seiten mit über 1 000 Abbildungen
1. Auflage 2019
ISBN 978-3-957840-29-5
69,90 €

www.palisander-verlag.de